주거공익법제연구

공익법총서 9

주거공익법제연구

법무법인(유한) 태평양
재단법인 동천　공동편집

景仁文化社

| 발간사 |

주거는 인간이 살아가는 데 필요한 가장 기본적인 터전으로, 사람의 삶에서 공간적 측면뿐 아니라 정신적, 사회적 측면에서도 중요한 의미를 지닙니다. 안정적 주거는 인간다운 삶의 필수적 조건으로서 누구에게나 각 삶의 단계에서 충분히 보장되어야 합니다.

주거에 대한 권리는 다른 인권과 불가분하게 연계되어 있으며, 이러한 중요성에 따라 국내외 관련 규범들은 주거에 대한 권리를 명시하고 있습니다만, 이러한 중요성과 당위성에도 불구하고 현실에서는 주거의 물리적 안전성, 경제적 접근성, 제도적 안정성이 모든 사람에게 충분히 보장되지 못하고 있어, 주거취약계층의 주거권 보장에 이르기까지 필요한 많은 과제들이 남아 있습니다.

재단법인 동천은 북한이탈주민, 난민, 아동·청소년, 홈리스 등의 주거 보호를 위한 법률지원, 사회주택 활성화를 위한 연구 등 다양한 측면에서 주거권 증진을 위한 활동을 하여 왔습니다. 동천은 이러한 활동과정에서 우리나라의 주거공익법제가 그 체계와 내용면에서 사회적 취약계층에 대한 주거복지를 구현하기에는 대단히 미흡할 뿐만 아니라 이에 대한 법제적 연구도 아직 일천한 단계에 있다는 것을 알게 되었습니다. 이에 우리 나라의 주거문제에 관한 공익법제의 현황과 문제점을 살펴보고 여러 선진국의 법제에 관한 비교법적 연구를 통하여 우리 법제가 나아가야 할 방향을 모색하고 제도개선방안을 제시할 필요가 있다는 문제의식을 갖게 되었습니다.

법무법인(유한) 태평양과 재단법인 동천은 2014년 다양한 분야의 공익활동과 그에 관련된 법·제도를 심도 있게 조명·검토함으로써 공익활동을 제도적으로 뒷받침하고 다양한 공익활동 주체들에게 실질적 도움을 드릴 수 있도록 공익법총서를 시리즈로 발간하기로 기획하여, 2015년 제1권 '공익법인연구'를 발간한 이래 매년 다양한 주제로 1권씩 발간하여 왔습니다. 태평양과 동천은 2021년에 위에서 제기한 문제의식을 가지고 공익법총서 제9권을 주거복지 증진을 위한 민관협력의 관점에서 공공임대주택 지원체계를 포함하여 광의의 사회주택 관련 법제 및 현황을 살피고, 구체적인 제도 개선 방안에 대한 다양한 의견을 함께 나눔으로써 공익적 주택법제의 발전 방향을 함께 모색하고자 「주거공익법제연구」로 하기로 하고 선행연구의 부족 등을 고려하여 약 2년에 걸쳐 연구와 함께 발간작업을 하여 나가기로 결정하였습니다.

편집위원회는 태평양의 유욱 변호사님을 위원장으로, 연세대학교 진희선 교수님, 새로운사회를여는연구원 진남영 원장님, 서울대학교 법학전문대학원 최계영 교수님, 소셜디벨로퍼그룹 더함 양동수 대표님, 태평양의 유철형 변호사님, 재단법인 동천의 이희숙 변호사님을 위원으로 하여 구성하였습니다. 기획부터 편집까지 2년 여의 비교적 긴 시간에 걸쳐 지혜를 모아 주신 편집위원 여러분의 헌신적 노력 덕분에 오늘 공익법총서 제9권 「주거공익법연구」가 출간될 수 있게 되었습니다.

한편 저희들은 이 분야에 관한 여러 전문가, 실무가와 함께 연구와 편집을 하여 나가는 과정에서 이 책자의 발간은 애초에 목표로 하였던 우리 주거공익법제의 바람직한 제도개선방안 제시에 있어서 아주 작은 기초자료를 제공하는 것이 될 뿐이고 이를 위하여는 보다 장기적 관점에서 체계적, 집중적 연구가 필요하다는 점을 절실히 깨닫게 되었습니다. 이에 동천은 장기적 관점에서 주거취약계층의 주거권 보호를 위한 체계적이고 종합적인 공익법률지원 및 제도 개선 연구 사업을 목적으로 하는 동천주거공익법센터를 2023년 3월에 설립하였습니다.

태평양과 동천은 이 책자의 발간을 계기로 하여 우리나라 주택공익법제에 대하여 보다 폭넓고 심층적인 논의가 이루어지고, 이를 바탕으로 하여 우리 현실에 가장 적합하고 주거복지의 구현에 기여할 수 있는 진취적 법제에 관한 의견이 수렴되어 향후 관련 법령의 개정에 있어서 중요한 자료로 활용되기를 기대합니다. 동천주거공익법센터는 전문가와 실무가들이 긴밀한 연대와 협업 또는 공동연구를 통하여 이러한 과업을 이룰 수 있도록 필요한 지원과 뒷받침을 충실히 하여나갈 생각입니다.

끝으로 소중한 논문을 집필해 주신 필자들과 편집에 애써 주신 편집위원들께 깊은 감사의 인사를 드리고, 태평양과 동천의 공익활동에 격려와 성원을 보내 주시는 모든 분들께도 감사의 인사를 드립니다.

2023. 6. 17.

재단법인 동천 이사장 강용현

| 차 례 |

우리나라 공공주택 정책 총론
| 진희선 |

Ⅰ. 서론 ···2
Ⅱ. 공공주택 정책 및 제도의 변천 ···8
Ⅲ. 공공주택 현황 및 유형, 입주자격 ···26
Ⅳ. 공공주택 문제점과 향후 발전 방향 ···41

헌법상 주거권과 사회주택
| 김경묵 |

Ⅰ. 들어가며 ···50
Ⅱ. 기본권으로서의 주거권 ···52
Ⅲ. 주거권에 관한 입법례 ···63
Ⅳ. 주거권 보장의 현실 및 평가 ···73
Ⅴ. 헌법상 기본권으로서의 주거권 보장 ·······································85
Ⅵ. 마치며 ···91

미국의 사회주택 제도 고찰 및 시사점
| 김지은 |

Ⅰ. 서론 ···96
Ⅱ. 사회주택 지원 제도 ···97
Ⅲ. 비영리 주택공급 주체의 성장 ···110
Ⅳ. 맺음말 ···118

영국 사회주택 제도 고찰 및 시사점
|김정섭|

Ⅰ. 사회주택 개요 ···124
Ⅱ. 사회주택 제도의 변화 ···127
Ⅲ. 현재 사회주택 제도 ··130
Ⅳ. 국내 사회주택 제도에의 시사점 및 결론 ··152

프랑스 사회주택 제도 고찰 및 시사점
|최민아|

Ⅰ. 사회주택 관련 법제도 체계 및 주요 내용 ······································160
Ⅱ. 프랑스 사회주택 특성 및 현황 ··175
Ⅲ. 주거권과 달로법 ··189
Ⅳ. 시사점 ···196

공공주택 특별법 개정 연구
|최계영|

Ⅰ. 들어가며 ···206
Ⅱ. 공공주택과 임대주택에 관한 법체계의 변천 ···································207
Ⅲ. 사회주택과 공공주택 특별법의 관계 ···211
Ⅳ. 사회주택에 관한 법체계 재편 논의 ··215
Ⅴ. 개정 방향 ···219
Ⅵ. 마치며 ···227

공공임대주택 개념의 재설정을 통한 법제 개선 방향
|남원석·진남영|

Ⅰ. 서론 ···232
Ⅱ. 공공임대주택 개념의 변화 ···234
Ⅲ. 공공임대주택 공급 정책의 특성과 취약성 ························238
Ⅳ. 법률 개선방향 ···243
Ⅴ. 결론 ···254

주거권 증진을 위한 민간임대주택법 개정 연구
|도건철·이희숙·김윤진|

Ⅰ. 서론 ···258
Ⅱ. 민간임대주택법 현황 및 개정안 ···260
Ⅲ. 사회주택 법제화 대상 법률 및 내용 ···································265
Ⅳ. 공공지원민간임대주택 임차인 우선분양 제도 도입 여부 ···272
Ⅴ. 임대보증금 보증 의무가입제도 예외 적용 여부 ··············281
Ⅵ. 결론 ···293

사회주택 현황 및 제도개선 방안
|염철호|

Ⅰ. 서론 ···298
Ⅱ. 사회주택 공급 및 운영 현황 ···301
Ⅲ. 사회주택 관련 정책 및 제도 현황 ·······································314
Ⅳ. 사회주택 공급 및 운영 관련 정책적·제도적 쟁점 ··········321
Ⅴ. 거주가치 구현을 위한 사회주택 제도개선 방안 ·············332
Ⅵ. 결론 ···342

사회주택 운영 제도 연구
- 운영주체, 지원제도, 공동체 활성화를 중심으로 -
|남철관·한준섭|

Ⅰ. 서론 ···348
Ⅱ. 본론 ···350
Ⅲ. 결론 ···403

주거패러다임 전환을 위한 새로운 공급모델 분석과 개선 방향
|이윤형·양동수|

Ⅰ. 서론 ···410
Ⅱ. 새로운 공급모델 도입을 통한 주거패러다임 전환 ·····················422
Ⅲ. 새로운 주택공급모델 안착을 위한 개선방향 ························436

에필로그 _ 유욱
······································445

우리나라 공공주택 정책 총론

|진희선|

초록

최근 몇 년간 주택가격이 등락을 거듭하면서 국민 삶의 가장 기본이 되는 주거가 상당히 불안한 상황에 놓여 있다. 주거 불안에 가장 큰 고통을 겪는 사람은 청년과 저소득자 등 주거 취약계층이다. 주거 취약계층의 주거 문제를 해결하기 위해 정부는 1980년대부터 '임대주택건설촉진법'을 제정하는 등 제도 마련과 재정 투자, 세제 및 금융지원을 통해 공공주택 공급에 힘써 왔다. 그 결과 지난 40여 년 동안 공공임대주택을 173만여 호를 확보해서 총 주택수의 8.15%에 이르렀다. 이 수치는 OECD와 유럽 국가의 공공임대주택 평균 비율을 넘어선 것으로 짧은 기간 안에 물량 면에서는 큰 성과를 이루었다고 할 수 있다. 공공임대주택 공급유형도 영구임대, 국민임대, 행복주택, 매입임대, 전세임대, 청년주택 등 다양하게 발전해 왔다. 공공주택 공급방식도 집단 단지형 건설방식에서 일반 아파트와 혼합하여 건설하는 소셜커머스 믹서 방식으로 전환하였다. 공공주택 형식도 아파트뿐만 아니라, 여러 지역의 다세대 다가구를 매입하여 공급하는 방식을 도입하여 공공주택 거주자가 여러 지역 가운데 선택하도록 했다. 또한 공공임대주택 공급방식과 더불어 저소득 취약계층에게 주거비 보조 방식도 도입하여 병행하고 있다. 그러나 최근 신규택지가 고갈되고 재정적인 압박

---

* 연세대학교 도시공학과 교수

때문에 공공임대주택 공급에 어려움을 겪고 있는 상황에서 주거 취약 계층의 주거안정을 모색할 수 있는 다양한 방안들이 강구되어야 한다. 한편에서는 소유보다 사용에 무게를 두고, 더불어 살기의 즐거움과 유익함을 누리기 위한 사회주택, 협동조합주택 등이 시작되고 있으나 아직 정착단계에 이르기에는 많은 어려움이 있다. 주택시장이 요동치고 있는 지금 공공주택의 지난 성과를 되돌아보고, 그 한계와 문제점을 극복할 수 있는 대안은 무엇인지 고민해야 한다. 또한 변화하고 있는 시대적 수요에 대응할 수 있는 새로운 유형의 공익적 주택을 시도하여 우리 실정에 맞게 정착될 수 있도록 노력해야 한다. 그리고 공공주택에 대한 오랜 경험과 노하우가 축적된 해외 선진 사례를 연구하여 저소득 취약계층의 주거안정을 이룰 수 있는 획기적인 개선안과 법제도 마련이 필요하다.

Ⅰ. 서론

1. 집은 아직 인류 문명이 해결하지 못한 큰 과제

인간의 생존에 가장 필요한 것은 음식이다. 기원전 4천 년경에 인간은 추상적인 사고 능력을 갖추면서 사물과 사건, 그리고 생각들을 기호로 상형화하기 시작하면서 문자가 출현했다. 메소포타미아 문명과 이집트 문명에서 각각 출현한 문자는 지중해에서 상업활동을 하는 페니키아인들에 의해 교류되면서 서로 결합하고 융합되어 그리스와 라틴문자가 형성되었다. 그 문자는 오늘날 서양 문명의 기반이다. 문자 구성에서 있어서 첫 번째 글자가 황소 머리를 뒤집어 놓은 듯한 형상을 가진 'A'이고, 다음 문자는 방과 부엌의 형태를 지닌 집을 나타내는 'B'이다. 황소 머리는 인간 생존에 가장 중요한 생존조건인 식(食)에 해당한다. 황소를 잡아, 머리는 신에게 제사를 지내는 제의 음식으로 쓰고, 고기는 음식으로 먹는다. 두 번째 글자인 집은 인간의 거주공간을 뜻하는 주(住)다. 배부르게 먹고 나면 안전하고 편안하게 쉴 수 있는 공간이 필요하다. 집은 추위와 더위로부터 인간을 보호하고 맹수 등 다른 동물의 공격으로부터 안전하게 방어할 수 있는 쉘터다. 또한 집은 사회 공동체의 가장 기초단위인 가족을 구성하고 만들어 가는 장소이기도 하다. 인간의 생존과 번식에 가장 필요한 것은 첫 번째가 음식이고 두 번째가 집이다.

1800년을 전후로 인구가 급격히 증가하면서 사람들은 식량 부족을 걱정했다. 영국의 학자, 토마스 맬서스는 인구론에서 "인구는 기하급수적으로 증가하는 반면, 식량은 산술급수적으로 증가하여 인류는 빈곤과 기아를 피할 수 없다"라고 하였다. 그러나 그 이후 인류는 과학기술의 발전과 농업혁명을 통하여 식량문제를 해결한다. 이로써 인간 생존의 필수 조건 중 첫 번째인 먹는 문제가 해결되었으니, 두 번째로 중요한 집 문제가 인류의 가장 큰 현안으로 등장하게 되었다. 인간의 삶을 담는 소중한 보금자리가 안정되지 않으면 인간은 생존의 위협 속에 놓이게 된다. 인간은 생존의 위협에 놓이면 번식을 중단하거나 절제한다. 집은 한정된 자원인 토지 위에 지어지는 것으로 인간의 문명이 아직 해결하지 못한 인간 생존의 필수 조건이다

2. 불안정한 주택시장은 저소득 취약계층의 주거 불안 가중

지난 십여 년간 세계 주요 도시에 불어닥친 주택가격의 하락과 폭등은 주거환경에 큰 위협이 되었고, 개인의 삶을 힘들게 하였다. 2008년 미국 리먼 브러더스의 서브 주택담보대출 사태에서 촉발된 금융위기는 세계 경제를 강타했다. 금융시장 혼란과 함께 주택가격 폭락은 주택시장을 불안에 몰아넣고 국민의 삶을 곤궁에 빠트렸다. 대출을 끼

고 내 집 마련에 나섰던 직장인들은 은행 대출 원리금이 상승하면서 생활고에 찌들어야 했다. 설상가상으로 집값은 폭락하면서 집을 팔려고 내놓아도 팔리지 않는 절망적인 상황에 이르렀다. 이렇게 집을 가지고 있으면서도 가난에 몰리는 '하우스 푸어'는 <김광수 연구소>에 따르면 2010년 기준으로 198만 명에 달하고, <잡코리아, 2012년> 자료에는 직장인 절반가량이 스스로 '하우스 푸어'라고 생각했다.[1] 집값 하락에 따라 역전세난이 일어나고, 일부에서는 전셋값 아래로 집값이 폭락하는 깡통 전세난이 발생하는 극한 상황까지 이르게 되었다. 이명박 정부에서 20차례나 부동산 대책을 내놓으며 집값 하락을 막으려 했으나, 별로 효용이 없었다.

그러나 금융위기를 극복하고 경기가 회복되면서, 폭락했던 주택가격이 하락을 멈추며 2013년 말에 바닥을 찍고 2014년부터 상승하기 시작했다. 2017년부터 서울을 중심으로 본격적으로 올라가기 시작한 주택가격 상승세는 수도권으로 확대되며 전국 광역도시 주택가격을 끌어올린다. 2016년을 기준으로 2021년에 서울 강남 아파트 가격은 2배 이상 오른 곳이 속출할 정도 집값은 폭등했다. 세계적인 금리 인하 추세와 코로나19 대응을 위한 재정 확대는 주택가격 상승을 더욱 부채질했다. 처음으로 사회에 진출하며 집을 마련하고자 하는 20·30세대와 내 집 마련을 꿈꾸어오던 서민들은 절망했다. 게다가 전월세가 상승은 남의 집 세 살이 하는 서민과 저소득층의 주거 걱정을 증폭시켰다. 내 집 마련에 기대를 걸었던 20·30세대는 수년째 계속 치솟는 집값 상승에 위기를 넘어 공포감을 불러일으켰다. 이번 기회를 놓치면 평생 집을 살 수 없다는 강박감에 은행 대출을 받고, 주변 돈을 끌어 모아 주택매수 대열에 합류한다. 영혼까지 끌어모아서라도 집을 사야 한다는 '영끌이 집투'라는 신조어까지 생겼다. 문재인 정부에서 25차례나 부동산시장 안정화 대책을 발표하면서 집값 잡기에 주력했으나, 주택시

---

1) 진희선, 대한민국 부동산 트렌드, 행복에너지(2021), 129.

장에 별로 먹혀들지 않았다.

 지난 십여 년간 주택가격의 등락은 우리나라뿐만 아니라 세계 주요 도시에서도 거의 비슷한 현상이었다. 그러나 취약한 주택시장 환경에 놓여 있는 우리나라에서는 위기의 파고가 더 높았고, 국민은 그만큼 주택문제로 고통이 컸다. 2021년 말을 기준으로 주택가격이 안정세로 돌아섰으나, 최근에는 주택가격 폭락으로 경제에 부정적 영향을 줄까 걱정이다. 주택가격은 경제상황과 소득증가, 금리와 유동자금, 주택공급, 글로벌 리스크 등의 복합적인 요인에 의해 영향을 받기 때문에 정부가 나선다고 해서 주택시장을 안정시키기 쉽지 않다. 주택가격 하락기인 이명박 정부에서는 집값 폭락을 막고 건설경기 부양책을 썼지만, 별로 성과를 거두지 못했다. 반면, 주택가격 상승기인 문재인 정부에서는 집값 폭등을 제어하려 했지만, 큰 효과를 보지 못했다. 언론은 주택시장에서 잘 작동되지 않는 부동산 안정화 정책을 비판하고, 국민은 정부의 무능력을 원망했지만 별로 소용이 없었다. 은행 대출받아 집을 산 사람이 주택가격 하락기를 맞이하면 '하우스 푸어'가 되고, 주택가격 상승기에 무리하게 돈을 끌어당겨서 주택매수에 뛰어드는 사람은 '영끌이'가 된다. 최근 주택가격이 상승세를 멈추고 내림세로 돌아서고 있다. 물가가 상승하고 급등하는 인플레이션에 대응하기 위해서 미국을 비롯한 많은 국가에서 금리를 인상하고 있다. 금융 대출받아 집을 매수한 사람('영끌이')들이 다시 하우스 푸어가 될 것을 우려하는 상황에 직면하게 되었다. 결국 '하우스 푸어'와 '영끌이'는 집값 등락과 금리의 내리 오름으로 고통받는 사람들, 동전의 양면이다.

 주택은 인간의 생존에 절대적 필수 조건이며, 우리의 삶을 담는 소중한 보금자리다. 주택시장이 불안할수록 가장 고통스러운 계층은 저소득층과 청년, 사회초년생 등의 주거 취약계층일 수밖에 없다. 이러한 주거 취약계층에게 최소한의 안정된 주거환경을 마련해주기 위해 주거복지 차원에서 공공주택 공급은 필연적이다. 우리나라에서 1980년대 초반부터 공공주택 공급정책이 시작되었고, 40여 년이 지나면서 규모가 커지고 공급유형도 다양하게 진화됐다. 공공주택 공급방식도 집단 단지형 건설방식에서 일반 아파트와 혼합하여 건설하는 소셜커머스 믹서 방식으로 전환하였다. 공공주택 형식도 아파트뿐만 아니라, 여러 지역의 다세대 다가구를 매입하여 공급하는 방식을 도입하여 공공주 택 거주자가 여러 지역 가운데 선택하도록 했다. 또한 저리로 전세금 대출과 주택바우처(주거비 보조) 등을 통해서 주택 임차인에게 금융지 원을 하고 있다. 그러나 아직도 공공주택이 전체 주택규모 수에서 차 지하는 비중이 작을뿐더러 공급 위치와 운영, 관리 방식에 많은 문제 점을 내포하고 있다. 그리고 국민 중 일부는 여전히 공공주택을 바라 보는 시선이 곱지만은 않다. 자기 지역에 공공주택이 공급되면 주거 환경이 악화하고 집값이 떨어진다며 반대하는 집단 이기주의가 도처 에 만연하다.

3. 사회주택 등 민관협력방식 등장, 그러나...

최근에 신규택지가 고갈되고 재정부담이 가중되어 공공주택 공급 이 한계에 직면한 서울시에서는 2015년 <사회주택 활성화 지원 등에 관한 조례>를 제정하여 저렴한 임대료에 주거 안정성을 높인 민관협 력형 사회주택 제도를 도입하였다. 공공재정 투입이 높은 공공임대주 택의 새로운 대안으로 민간과 공공이 공동출자하고 주거 안정성을 높 인 '사회주택'을 추진한 것이다. 사회주택은 공공이 부지를 사들여 민 간 사업자에게 30년 이상 싼값으로 빌려주면 사업자가 이 토지에 임대 주택을 지어 시세 80% 이내의 임대료로 저소득층에 최장 10년까지 주 택을 빌려주는 제도다. 저소득층은 주택을 싸게 이용할 수 있고, 민간 사업자가 참여하기 때문에 지방자치 단체의 재정부담은 줄어든다. 서 울형 사회주택은 청년, 신혼부부 등 사회경제적 약자를 대상으로 새로 운 유형의 민관협력형 임대주택을 제공하는 것이다. 사업주체는 사회주택건설, 임대관리와 유지보수, 공동체 활성화 등의 역할을 수행한다. 서울시로부터 시작한 사회주택은 수도권을 중심으로 전국적으로 확산되어 2023년 4월 기준 6,450호[2]를 추진했다.

공공임대주택 공급의 재정적 어려움과 사회적 주거 취약계층의 주거 문제 해결을 위해 서울시에서 출발한 사회주택 제도는 현실적인 어려움이 많다. 우선은 재정적인 문제로 지속적인 사회주택 추진을 위해서는 토지매입비, 리모델링비 지원 등 중앙정부 차원의 재정지원이 절실하다. 사업 초기인 만큼, 사업주체의 역량이 아직은 미흡하고 영세하다. 사업의 건축, 임대관리에 대한 경험과 역량이 부족한 실정이다. 이러한 문제점을 극복하고 사회주택 추진을 활성화하기 위해서는 국회에서 법제를 마련하여 정부 차원의 지원이 이루어져야 한다. 그러나 지방자치단체 차원에서 출발하여 이제 걸음마 단계인 사회주택은 최근 정치적 지형이 바뀌면서 오히려 비판의 대상이 되고 있다. 사회주택 정책 취지는 저렴한 비용으로 안정적으로 거주할 수 있는 주거공간을 공급하는 데 있는데, 사회적 경제주체라는 시민단체가 끼어들어 중간관리자 역할을 하면서 중간 이윤이 추가돼 오히려 비용이 증가하는 구조로 변질하고 있다는 비판이 있다. 심지어는 부채비율이 높고 담보력이 약한 사회적 경제주체가 사업관리를 맡으면서 사업이 중단돼 입주자가 임대보증금을 반환받지 못한 일도 있다는 문제 제기가 있다. 주택공급은 비영리단체가 잘 할 수 있는 영역이 아니라는 비판 속에 사회주택 제도가 더 이상 진전을 하지 못하고 있는 것은 안타까운 상황이다.

자가 소유가 높은 미국에서도 사회주택은 주택산업의 중요한 역할을 하고 있다. 유럽에서도 국가별로 다소 차이가 있으나, 공공이 직접 소유하지 않고 비영리 법인이 주택을 건설하여 시세보다 저렴하게 임대주택을 제공할 때 공공에서 그 비용의 일부를 지원하는 사회주택이

---

2) 한국사회주택협회 홈페이지, (2023.4.21. 확인), http://www.socialhousing.kr/dashboard.

주택사업의 큰 축을 자리 잡고 있다. 공공부문은 공공주택을 직접 건설하기보다는 민관협력체계를 구축하여 비영리단체를 지원하는 역할을 주로 담당하는 것이다. 늘 불안정한 주택시장 환경에 놓여 있는 우리나라에서 경제적 약자인 서민과 청년, 사회초년생 등 주거 취약계층의 주거 안정을 위해 공공주택 공급은 필수적이다. 공공주택의 현재의 실태를 정확히 진단하고 외국의 공공주택 제도를 연구하여 우리 실정에 맞는 공공주택 공급과 운영방안을 마련하는 것이 절실하다. 특히 기존 공공주택 공급과 운영방식의 한계를 극복하기 위해서 새로 도입한 사회주택을 안착시키려면 앞서 추진했던 외국의 유사 제도들을 살펴보고 장단점을 분석하는 것이 필요하다.

II. 공공주택 정책 및 제도의 변천

1. 공공주택 역할을 대신했던 달동네 판자촌

우리나라에서 도시화 현상은 일제 식민지 시기에 이미 시작되었다고 할 수 있다. 1930년대 이르러 일제는 만주사변을 시작으로 서울을 태평양 전쟁의 전초 기지화하면서 경공업 공장들을 설립했다. 1940년대에는 서울 인구는 40만 명이 넘어서면서 이들이 당장 거주할 공간이 턱없이 부족했다. 일제 수탈에 농토를 빼앗기고 일자리를 찾아 서울로 상경한 사람들은 땅에 움막을 파고 목재 조각이나 볏짚으로 지붕을 엮은 토막촌에서 거주했다. 이 토막촌은 나중에 달동네 판자촌으로 진화한다. 1950년대 피난민과 월남민들은 옥수동, 금호동, 후암동 등 남산 자락 등 구릉지와 청계천 변에 널빤지와 기름종이로 얼기설기 지은 무허가 판자촌을 형성하면 거주하기 시작했다. 서울의 인구는 1960년 240만여 명, 1970년 540만여 명, 1980년 840만여 명으로 10년마다 300

만여 명이 증가하였다. 불과 20년만에 600만 명이 폭증하는 인구를 수용할 수 있는 정부 대책은 없었다.

이농현상으로 일자리를 찾아 서울을 비롯한 대도시로 급속하게 유입된 인구를 수용하기에 정부는 난감했다. 공공주택을 공급하기에는 턱없이 재정이 부족했고, 국가는 가난했다. 먹고살기 위해 무작정 서울로 몰려든 사람들은 구릉지나 천변에 무단으로 판잣집을 지어 잠자리를 만들었다. 정부는 판자촌을 묵인하거나 방치했다. 이렇게 형성된 달동네 판자촌은 오늘날의 공공주택과 같은 역할을 하는 서민들의 보금자리였다. 정부는 뒤늦게 주민들의 편익을 위해 판자촌 지역에 공중수도를 개설하고 공동화장실을 설치해 주었다. 1980년대에는 서울 인구의 1/3이 산자락 구릉지와 천변 저지대에 형성된 달동네 판자촌에 거주하고 있었다는 통계가 있을 정도로 서울의 주거환경은 열악했다.[3] 이곳에 거주하는 서민들은 비록 가난했지만 따뜻한 상부상조의 공동체를 이루며 고달픈 서울살이의 애환을 함께 나누었다. 경조사가 있으면 함께 돕고, 돈이 필요하면 서로 꾸어 주고 일거리가 있으면 소개해 주며, 판자촌 달동네는 압축성장의 하부구조를 담당했다. 일제 식민지 수탈과 한국전쟁의 잿더미 속에서 짧은 기간 내에 경제성장을 이루어 낸 대한민국은 대도시로 몰려드는 급격한 인구를 수용할 주택을 공급할 능력이 턱없이 부족했다. 더구나 열악한 국가 재정 여건에 저소득층을 위한 공공주택을 건설할 수 있는 여력은 거의 없었다.

---

3) 진희선, 블랙홀강남 아파트나라, 한경사(2022), 182.

<2-1. 서울시 주택현황(1970년)>[4]

구분	가구수	인구수
주택보유	596,000호 (54.4%)	3,319,000호 (59.9%)
정상가옥소유	423,000호 (70.8%)	2,443,000호 (73.6%)
무허가건물소유	174,000호 (29.2%)	876,000호 (26.4%)
무주택	500,000호 (45.6%)	2,217,000호 (40.1%)
정상가옥입주	330,000호 (66.0%)	1,670,000호 (75.3%)
무허가건물입주	170,000호 (34.0%)	547,000호 (24.7%)
계	1,097,000호 (100.0%)	5,536,000호 (100.0%)

우리나라에서 임대주택이 시작된 것은 1971년 대한주택공사에서 서울 개봉지구에 13평 64,947호를 건설하여 1년 후 분양하는 것에서 출발한다. 임대 기간이 초단기 1년짜리라서 임대주택이라고 명명하기가 불분명하다. 그러나 임대주택 중 일부가 도시계획사업으로 철거되는 철거민, 재해로 인한 이재민 등 무주택 취약계층에게 특별공급되었다는 점에서 나름으로 의미가 있다고 하겠다. 그러나 이렇게 특별공급된 임대주택은 취약계층의 구매 능력 부족으로 전대되어 입주자 거주의 안정성을 유지해야 하는 임대주택의 본래의 취지에 반하였다. 이런 점에서 당시에 공급되었던 주택을 임대주택이라고 정의하기 어려울 것이다.

임대주택의 본격적인 공급은 기업이 무주택 사원들에게 거주공간을 제공하도록 하면서 출발했다. 1982년 <임대주택 육성방안>이 추진되어 상시 근로자 100인 이상인 법인이나 정부 투자기관이 부양가족이 있는 무주택 사원을 대상으로 전용면적 13평 이하의 임대주택을 건설하는 경우 호당 530만 원의 융자와 세제지원을 하였다. 그러나 이러한 지원에도 불구하고 임대주택 공급이 부진하자, 1984년에는 <임대주택 건설촉진법>을 제정하여 일반주택 사업자에게 일반인을 대상으로 5년

---

4) 세종대학교 산학협력단&한국도시연구소, 서울시 저소득층 주거지 주민 생활사 연구(2015), 111.

형 임대주택을 건설하는 자금지원과 세제상 혜택을 주었다.

2. 노태우 정부(1988~1993), 200만 호 주택건설, 영구임대주택

본격적인 공공임대주택 공급은 1989년 우리나라 최초의 장기 공공임대주택인 영구임대주택을 건설하면서 시작된다. 1980년대 중반 이후 노동자의 소득증가로 중산층이 형성되어 주택과 부동산 수요가 증가하고, 3저 현상(환율, 유가, 금리)으로 주택 및 부동산가격이 폭등하고 전세가가 급등했다. 노태우 정부는 부동산가격 폭등으로 인한 사회불안을 해소하고 주거안정을 도모하기 위해 1988년에 '주택 200만 호 건설계획'을 발표한다. 이 계획에서 1992년까지 공공부문에서 주택 90만호를 건설하고, 민간부문에서 110만 호를 건설하는 것을 목표로 하였다. 또한 분양주택은 150만 호로 하되, 50만 호는 임대주택으로 공급하도록 하였다. 주택구매 능력이 없는 도시 저소득 영세민을 대상으로 영구임대주택 25만 호, 저소득 노동자 대상 사원용 임대주택 10만 호, 중산화 가능 계층에게는 장기임대주택 15만 호를 공급하도록 계획한 것이다.

영구임대주택의 공급비용을 최대한 절감하기 위해 건설비의 85%를 국가 재정으로 충당하고, 택지는 공장 및 학교 이전지를 활용하도록 하였다. 또한 토지형질변경 등 토지이용규제를 완화하고, 공공주택사업자에게는 취득록세를 면제하는 등 세제 혜택을 주었다. 사원용 임대주택 및 장기임대주택 등은 국민주택기금을 통해 재원을 조달하도록 하고, 자연녹지지역에서도 주택 건설이 가능하도록 토지이용규제를 완화하였으며, 취득록세 면제, 양도소득세 감면 등의 세제 혜택을 부여했다. 사원용 임대주택은 주택공사·지방자치단체·주택사업자가 건설한 주택을 기업이 분양받아 기업이 소유하면서 자사의 근로자에게 임대하는 형태다. 1992년까지 장기임대주택은 18.6만 호가 건설되고, 사원임대주택은 4.2만 호가 지어진다.

저소득 영세민에게 영구적으로 임대하는 영구임대주택은 1993년까지 당초 목표대비 6만 호가 줄어든 190,077호가 건설되었다. 영구임대주택의 입주자는 1990년에 마련된 <영구임대주택입주자선정기준및관리지침>에 근거하여 생활보호대상자, 의료부조자, 보훈대상자 등으로 한정하였으나, 입주예정자의 계약 포기 등 입주 미달가구가 발생함에 따라 1992년에 저소득 모자가정, 청약저축가입자 등에게까지 입주자격을 완화하였다. 이 당시 건설된 영구임대주택은 입주자들의 소득수준이 빈약한 상황에서 시간이 지나며 시설은 노후해짐에 따라 주거환경이 열악하게 되었다. 노후하고 열악해진 주거환경이 되어버린 영구임대주택은 지역주민들에게 부정적인 이미지를 주게 되었다. 공공임대주택이 지역에 건설되면 지역 이미지가 안 좋아지고 집값이 떨어진다는 주민의식이 강해지면서 기성시가지에 공공임대주택 공급에 난항을 겪게 된다. 소득수준이 빈약한 계층이 집단으로 거주하는 것은 사회적으로도 좋지 않기 때문에 사회적 계층별 혼합(social mix)이 이루어져야 한다는 공감대가 형성되었다. 영구임대주택 공급은 이러한 사회적 문제와 막대한 재정지원의 부담 때문에 한동안 중단된다.

〈2-2. 주택 200만 호 건설계획〉5)

(단위 : 만 호)

구분	공급목표		대상 소득계층	재원
	'89년 원안	'90년 변경		
공공부문	85	90		
▸영구임대	25	25	도시영세민	정부재정
▸근로복지	-	15	저소득근로자	국민주택기금
▸사원임대	-	10		
▸장기임대	35	15	중산화 가능계층	
▸소형분양	25	25		
민간부문	115	110	중산층 이상	민영주택자금 자기자금

3. 김영삼 정부(1993~1998), 공공임대주택(5년·50년형)

김영삼 정부는 1992년 수립된 '제7차 경제사회발전 5개년 계획'에 따라 영구임대주택 건설을 종료하고, 5년형과 50년형의 공공임대주택 25만 호 건설계획을 추진하였다. 50년 공공임대주택의 입주대상을 청약저축가입자로 한정하고, <주택공급에관한규칙>을 마련 입주자 순위 선정 방법을 세부적으로 정하였다. 다만, 청약저축가입자와 별도로 도시계획시설 설치로 발생하는 철거세입자와 보훈대상자 등에 대해서는 특별공급이 가능하게 하였다. 김영삼 정부는 임대주택 공급에 있어서 공공의 재정투입을 줄이고, 민간부문의 역할을 강조하였다.

50년 공공임대주택에 대한 초기 정부 재정지원 비율은 종전 영구임대주택(85%)보다 줄어든 50%였으나, 1994년부터는 정부 재정지원을 중단하고 국민주택기금(현 주택도시기금) 융자 70%로 바꾸었다. 기금 융자 70%로 지원하는 형태로는 사업성이 맞지 않아 결국 50년 공공임

---

5) 경제기획원, 경제백서(1990), 218~221 ; 배순석, 주택 200만 호 건설계획상의 주택공급과 지원체계, 국토정보 1992년 5월, 국토개발연구원(1992), 6~9.

대주택은 1994년 이후에 중단되고 만다. 대한주택공사(현 LH공사)는 50년 공공임대주택 대신 5년 공공임대주택 공급을 중점적으로 건설한다. 5년 임대주택도 <주택공급에관한규칙>에 따라 입주자격이 주어지지만, 5년 후에는 임대에 입주한 사람이 분양을 받을 수 있어서 인기가 좋았다. 김영삼 정부에서 1998년까지 공공임대주택(5년·50년)은 계획 25만 호를 훨씬 초과한 38.7천 호를 건설했다. 김영삼 정부는 노태우 정부 1988년에 발표한 '주택 200만 호 건설계획'이 추진되어 많은 양의 주택이 공급됨에 따라 주택가격 안정기를 구가하던 때이다.

4. 김대중 정부(1998~2003), 국민임대주택(5·10·30년형)

수십 년간 고도성장을 구가하던 한국경제는 1997년 11월 외환위기의 충격 속에 IMF 구제금융을 신청하게 된다. 경제는 추락하고 집값이 폭락했다. 김대중 정부가 IMF의 외환위기로 주거 문제로 어려움을 겪고 있는 무주택서민의 주거안정을 위해 중점적으로 추진한 정책이 '공공임대주택'이다. 1998년 10월 2003년까지 국민임대주택 5만 호 건설계획을 발표했으나, 2001년 4월에 '서민주거생활 안전을 위한 전월세 종합대책'에서 5만 호를 추가 10만 호를 계획하더니, 같은 해 '8·15 경축사'에서 수도권 지역에 12만 호 건설을 포함하여 국민임대주택 20만 호 건설계획을 발표한다.

2002년 4월에는 건설교통부는 대통령 업무보고에서 공급물량을 확대하여 50만 호를 건설하겠다고 보고했다. 이 보고에서 치솟는 집값을 잡고, 불안한 주택시장을 안정시키기 위해서 시중 임대료의 40~50% 수준인 국민임대주택 50만 호를 포함, 2003년부터 10년간 100만 호의 장기임대주택을 건설하겠다고 했다. 우리나라 전체주택 재고의 2.3%인 29만 호에 불과한 장기임대주택 비율을 2012년까지 10%로 올리겠다는 것이다. 건설교통부 장관보고를 다듬어 그다음 달인 5월 대통령주재 경제장관 간담회에서는 저소득 세입자의 주거안정을 위해 앞서 발표한 국민임대주택 50만 호를 두 배로 늘려 총 100만 호를 공급하는 것으로 계획을 수정함으로써 100만 호 국민임대주택 공급계획이 수립되었다.

1998년 5만 호에서 시작한 국민임대주택은 4년이 지나면서 100만 호 건설계획으로 20배가 확대되었다. 무슨 일이 일어난 것인가? 1997년 11월에 한국경제를 강타한 외환위기는 온 국민의 피땀 어린 노력으로 2001년 8월, 3년 9개월 만에 IMF 구제금융 차입금을 조기 상환하면서 종료되었다. 경제가 살아나면서 집값과 전월세가가 폭등하기 시작하였다. 김대중 정부 5년(1998~2003) 동안 서울 아파트 가격은 평균 66.1%가 상승하였고, 전세가는 81.8% 급등했다.[6] 외환위기를 극복했으나, 많은 기업이 도산하고, 살아남은 기업도 구조조정으로 임직원을 감원하면서 대량 실업이 발생했다. 서민 경제는 어려워지고 저소득층의 주거 불안은 심화하여 가는 상황에서 국민임대주택 공급으로 취약계층의 주거안정이 절실한 상황이었다.

그러나 국민임대주택 건설 실적은 저조하였다. 계획 100만 호 대비 실적은 11.9만(118,872) 호에 불과했다. 아파트 건설기간은 택지수용 2년, 설계 및 인허가 행정절차 2년, 공사기간 3년 등 최소 7년이 소요된다. 아무리 사업 기간을 단축한다고 하여도 5년이 걸린다. 따라서 2002년에 발표한 100만 호 공급은 물리적으로 불가능하고 2001년 4월에 발표한 10만 호를 웃도는 선에서 공급된 것이라 할 수 있다. 국민임대주택의 임대의무기간은 공급 초기에는 10년형(전용 50m² 이상)과 20년형(전용 50m² 미만)의 2가지 유형이었으나, 2002년 9월부터 30년으로 통일하였다. 입주자격도 주택규모에 따라 차등을 두었다.[7]

---

6) 진희선, 블랙홀강남 아파트나라, 한경사(2022), 197.
7) 건설교통부, 서민주거안정을 위한 주택백서(2003), 135~136.

〈2-3. 주택 유형 및 규모별 입주 자격〉

○ 2002년 9월 이전 유형별 입주 자격
- 10년형(전용면적 50m² 이상): 무주택 세대주 중 전년도 소득이 도시근로자 가구의 월평균소득 70% 이하인 자가 입주 대상, 청약저축 가입자가 우선순위
- 20년형(전용면적 50m² 미만): 무주택 세대주 중 전년도 소득이 도시근로자 가구의 월평균소득 50% 이하인 자가 입주 대상
○ 2002년 9월 이후 주택규모 별 입주 자격(임대의무기간 30년)
- 전용 면적 50m² 이상: 무주택 세대주 중 전년도 소득이 도시근로자 가구의 월평균소득 70% 이하인 자가 입주 대상, 청약저축 가입자가 우선순위
- 전용 면적 50m² 미만: 무주택 세대주 중 전년도 소득이 도시근로자 가구의 월평균소득 50% 이하인 자가 입주 대상

5. 노무현 정부(2003~2008), 장기임대주택(30년형), 주거복지 지원 로드맵

노무현 정부는 김대중 정부의 국민임대주택 건설정책을 이어받아 관련 법률을 제정하는 등 법적 기반을 마련하고 국민임대주택 100만 호 건설계획의 달성을 위한 정책을 구체화하였다.[8] 2003년 2월 '대통령 인수위원회 정책 보고'에서 노무현 정부 5년간 국민주택 50만 호를 포함하여 주택 250만 호를 건설하기로 하였다. 노무현 대통령이 취임하고, 같은 해인 2003년 9월에 '서민 중산층 주거안정 지원대책'을 수립, 향후 10년간 국민임대주택 100만 호를 포함하여 150만 호 장기임대주택 공급계획을 발표하였다. 이를 실행하기 위해 같은 해 12월에 <국민임대주택건설등에관한특별조치법>을 제정하고 국민임대주택 단지의 지정의 법적 기반을 마련했다. 이 법에 따라 택지확보와 사업절차를 간소화하여 국민임대주택 공급에 박차를 가하였다.

---

8) 건설교통부, 국민임대주택 업무편람(2007), 14.

다음 해인 2004년 3월에 국민임대주택 건설을 효율적으로 추진하기 위하여 건설교통부 내 '국민임대주택건설지원단'을 발족하고, 4월에는 '임대주택정책 개편방안'을 발표하여 임대주택의 건설 평형을 11~24평까지 확대하였다. IMF 외환위기를 극복하고 경제가 살아나면서 치솟기 시작한 집값 폭등은 노무현 정부 들어서 더욱 기승을 부리며 상승한다. 2003~2008년 동안 서울 아파트 가격은 평균 55.7%, 전세가는 10.9% 상승하였다. 이러한 주택시장 불안기에 가장 힘든 계층은 저소득 주거 취약계층일 수밖에 없다. 2004년 기준으로 임대의무기간이 5년 미만인 단기임대주택이 71%를 차지한 것으로 조사되었다.[9] 사실 단기임대주택은 저소득 주거 취약계층의 주거 안정에 크게 도움이 되지 않는다. 노무현 정부는 주거 취약계층이 집 걱정 없이 장기간 안정적으로 거주하기 위해서는 장기임대주택의 재고량이 절대적으로 확보되어야 한다고 판단하여, 임대의무기간이 30년인 국민임대주택의 적극적인 공급정책을 추진하였다.

2007년 <부도공공건설임대주택 임차인 보호를 위한 특별법>을 시행, 전용면적 60m² 이하의 미분양아파트를 매입하여 국민임대주택으로 활용하도록 했다. 미분양아파트 재고를 해결하여 민간 건설사들의 어려움을 해소하면서 국민임대주택 물량을 추가로 확보한 것이다. 공사 중 부도 등으로 장기간 방치된 주택을 매입하여 국민임대주택 공급 물량을 조기에 확보할 수 있었다. 2007년에 '장기임대주택 공급 확대 방안'을 발표하여 국민임대주택에 대한 재정지원 단가를 단계적으로 상향하도록 하는 등 임대주택 공급 사업주체의 재정적 부담을 해소하려고 노력했다.

주거 취약층을 위한 노무현 정부의 가장 특징적인 주택정책은 2003년 5월에 수립한 <주거복지 지원 로드맵>이라고 할 수 있다. 이 로드맵에 따라 다양한 유형의 임대주택을 공급하고, 소득계층별 차등화된

---

9) 재정경제부 외, 임대주택정책 개편방안(2005).

주거지원 정책을 추진했다. 소득 1분위에는 다가구 등 매입임대주택 및 소형임대주택을 공급하고, 소득 2~4분위에 대해서는 국민임대주택을 집중하여 공급하도록 분위별 소득에 따라 임대료를 감당할 수 있는 공공주택을 지원했다. 다가구 매입임대주택 사업은 2004년부터 서울에서 시범사업으로 503호를 매입 지원하면서 시작했다. 이 사업은 도시 주거빈곤층의 주거여건을 개선하기 위한 임대주택으로, 기존주택을 매입 개보수하여 시중 임대료 감정가의 50% 이내에서 임대료를 결정하였다. 2007년까지 다가구 매입임대주택을 총 17,900호 공급하였다.

6. 이명박 정부(2008~2013), 보금자리주택

이명박 정부는 무주택서민을 위한 주택정책으로 공공분양과 임대주택을 통합한 보금자리주택을 공급하였다. 보금자리주택이란 국가 및 지자체의 재정이나 국민주택기금을 지원받아 건설 또는 매입하여 공급하는 주택을 말한다. 주택 유형으로는 공공분양주택, 장기공공임대주택(영구임대주택, 국민임대주택), 공공임대주택(5년, 10년 임대주택, 장기전세주택)으로 다양하게 구분된다. 2008년 9월 '보금자리주택 건설방안'을 발표하여 공공분양과 임대주택을 보금자리주택으로 통합하고, 2009년부터 2018년까지 10년간 총 150만 호를 공급하도록 계획했다.[10] 그중 임대주택의 공급 목표는 80만 호로 10년 임대 20만 호, 장기전세 10만 호, 장기임대 50만 호였다. 지역별로는 수도권에 100만 호, 지방에 50만 호를 공급하도록 하되, 개발제한구역 해제, 도심 재개발, 신도시 개발 등을 통해 도심 인근에 택지를 확보하도록 했다.

여기서 '지분형 임대주택 유형'이 처음 등장한다. 10년 임대 후 분양할 수 있는 10년 공공임대주택 20만 호를 지분형 임대주택 위주로

---

10) 국토해양부, 국민 주거안정을 위한 도심 공급활성화 및 보금자리주택 건설방안, 언론 보도자료(2008.9.19.).

공급하겠다는 것이다. 지분형 임대주택은 임차인이 주택가격의 30%에 해당하는 지분을 취득한 후 10년 동안 단계적으로 추가 매입하여 10년 후에는 전체 지분을 매입함으로써 주택 소유권을 취득하게 되는 제도 이다. 이 제도는 주택 매입 자금을 마련하기 어려운 무주택 서민들에게 우선은 주택가격의 30%를 지불하고 임차로 살면서 차츰 소득이 생기는 대로 주택 소유 지분을 매입하는 방식으로 사회초년생이나 신혼부부에게 주택 마련을 가능케 하는 현실적인 방안이다.

〈2-4. 보금자리주택 공급계획〉

유형	분양주택	임대주택		
		공공임대 (10년 임대)	장기전세 (10~20년 임대)	장기임대 (30년 이상)
공급물량	70만 호	20만 호	10만 호	50만 호 - 국민임대 40만 호 - 영구임대 10만 호
주요내용	중소형 저가 주택 공급	10년간 임대 후 분양전환, 지분형 임대주택 위주로 공급	장기전세형을 도심 위주로 공급	국민임대는 시중가의 60~70%로 공급 영구임대는 시중가의30%로 공급

2009년 3월에 종전의 <국민임대주택건설등에관한특별조치법>을 <보금자리주택건설등에관한특별법>으로 전부 개정하고, 8월에는 '서민 주거안정을 위한 보금자리주택공급확대 및 공급 개편방안'을 발표하여 보금자리주택 공급에 박차를 가한다. 특히 서민들의 주거안정 효과를 높이기 위해 수도권의 보금자리주택을 기존 40만 호에서 2012년까지 60만 호로 확대하는 것으로 계획을 변경하였다. 단기간에 공급할 수 있도록 개발제한구역 해제를 통한 조기 개발에 방점을 두었다.

그런데 2008년 미국발 세계금융 위기가 한국경제를 강타하면서 2010년부터 주택가격이 내려가고 그 여파로 건설경기가 침체의 수렁에 빠져든다. 이명박 정부 5년간 서울 아파트 가격은 4.5% 하락하였으나, 국지적으로 집값이 2/3 수준으로 떨어진 곳이 속출했다. 신규 아파트 가격이 분양가 이하로 떨어지자 아파트 당첨을 포기한 사람들이 많았다. 이런 상황에서 서민 주거환경 개선과 집값 안정이라는 목표하에 주변 시세보다 15~50% 저렴한 보금자리 아파트를 서울 외곽에 공급하기 시작했다. 더욱이 강남권에 인접한 개발제한구역을 해제하여 아파트를 건설하면서 가뜩이나 침체하여 있는 민간건설업계에 찬물을 끼얹는 결과를 초래했다. 주택경기 침체에 따라 2010년부터 보금자리주택 사업지구가 축소되고, 주택 수급 여건이 불투명한 상황에서 한국토지주택공사의 재무여건이 악화함에 따라 주택공급물량을 조정하기에 이른다. 2011~2012년 공급계획을 당초 21~22만 호에서 15만 호로 축소함에 따라 2009~2012년 동안 보금자리주택은 총 53만 8천 호가 공급되었으며, 그중 임대주택은 28만 9천 호가 공급되었다.[11]

이명박 정부에서는 김영삼 정부 출범 이후 공급이 중단되었던 영구임대주택 공급을 재개했다. 영구임대주택은 10년간 매년 1만 호씩 10만 호 공급을 계획하여 정부 재정지원을 통해 시중 전세가의 30% 수준으로 최저소득계층에게 배분되도록 했다. 실제적으로는 2009~2012년까지 2만 3천 호가 공급되었다.

7. 박근혜 정부(2013~2017), 행복주택, 뉴스테이

박근혜 정부에서는 대학생, 신혼부부 등을 대상으로 공공임대주택을 공급하는 행복주택 제도를 도입하였다. 대통령 선거공약으로 제시한 행복주택은 취임 후 2013년 4월 '서민 주거안정을 위한 주택시장 정상화 종합대책'을 통해 도심 내 철도부지, 유휴 국공유지를 활용하여 5년 동안 총 20만 호 공급계획을 발표했다.[12] 행복주택은 수요자의

---

11) 국토교통부, 보금자리주택 업무편람(2012), 94 ; 성장환 외, 미래 국토전망과 LH 역할, 토지주택연구원(2017), 69.

직장과 학교에서 가까운 기성시가지 내에 사회초년생, 신혼부부, 대학생과 주거 취약계층에게 공급되는 주택이다. 시중보다 저렴한 임대료 책정으로 수요자 중심 공공임대주택이다. 박근혜 정부는 그 이전 정부의 주택공급 계획(김대중 정부 국민임대주택 100만 호, 노무현 정부 국민임대주택 100만 호, 이명박 정부 보금자리주택 150만 호)보다 물량면에서 현저히 감소하였다. 2008년 미국발 세계금융위기로 2010년부터 우리나라 주택가격이 폭락하기 시작했고, 박근혜 정부 초기인 2013년까지 하락세는 지속하였다. 경제가 불안한 상황에서 집값이 폭락하며 주택수요가 대폭 줄어든 마당에 대규모 주택공급 정책을 쓸 수가 없었다.

2013년 7월 <보금자리주택건설등에관한특별법>을 <공공주택건설등에관한특별법>으로 전부 개정 변경하고, 행복주택 사업과 관련한 각종 특례 조항들을 관련법에 신설했다. 예를 들어 공공시설부지에 행복주택을 건설할 수 있도록, 특례를 국유재산법과 철도건설법 등에 규정하고 2014년부터 시행하였다. 2013년 12월에는 행복주택 공급물량을 당초 20만 호에서 14만 호로 축소하는 '행복주택 활성화 방안'을 발표했다. 김대중 정부 이후로 추진되어 오던 국민임대주택의 물량이 행복주택 공급으로 감소하여 저소득층에 대한 주거복지 기회가 축소될 우려가 있다는 지적을 반영한 것이라 할 수 있다.

박근혜 정부의 공공주택의 특징은 공급 대상의 차별화이다. 그 이전 정부가 공공임대주택 공급 주요 대상을 무주택서민인 주거 취약계층을 목표로 하였다면, 박근혜 정부는 사회초년생, 신혼부부, 대학생 등 주로 청년층을 공공임대주택 공급의 주요 대상으로 하였다. 결혼비율이 감소하고 출산율이 저하되는 상황에서 행복주택은 미래세대인 청년층의 주거 마련에 방점을 두었다고 할 수 있다. 행복주택은 2015

---

12) 국토교통부, 서민 주거안정을 위한 주택시장 정상화 종합대책, 보도자료(2013. 4.1.).

년 10월에 첫 입주가 시작되어, 2016년 말까지 17개 시·도에서 14만 호의 입지를 확보하였고 10.2만 호에 대한 사업승인이 완료되었다.[13]

박근혜 정부 주택정책의 또 다른 특징은 전세임대 주택의 확대와 생애주기별 특화형 임대주택 등 공공임대주택의 유형을 다양화하는 한편, 민간의 협력을 통해 임대주택공급을 확대하려는 뉴스테이(New Stay)를 추진했다는 점이다. 뉴스테이는 기업형 임대주택으로 임대사업자가 8년 이상 임대할 목적으로 주택을 취득하여 임대하는 민간임대 주택으로 공공임대주택과 달리 중산층을 대상으로 하며 입주자격에 제한을 두지 않는다. 대부분 선진국에서는 우리나라와 달리 민간임대 주택 시장은 기업에서 임대주택을 공급하고 운영한다. 우리나라는 다주택자들이 여분의 주택을 임대하는 산발적 개별적 임대주택시장구조 이다.

그래서 우리나라 민간임대주택시장은 주택 형태나 규모가 다양하고 임대가격도 천차만별이다. 더더욱 민간임대주택의 서비스의 질은 임대인의 인성에 따라 각양각색이다. 못된 임대인을 만나면 임차인은 속수무책이다. 임대인 입장에서는 진상 임차인을 만날 수도 있다. 임대차 계약도 전형화되어 있지 않아서 임대차 관련 분쟁이 끊이질 않는다. 이러한 문제점을 해결하기 위해 우리도 선진 외국처럼 기업형 민간임대주택을 활성화하여 민간 주도로 임대주택 공급을 늘리고 임대가격과 임대주택 서비스를 일정 수준 정형화할 필요가 있다. 지역과 임대주택 규모에 따라 임대가격을 균질화하고 임대차 계약을 투명하게 한다면 지금처럼 임대차 관련 분쟁은 많이 줄어들 것이다. 기업들이 수백~ 수십만 채를 민간임대주택을 공급하고 운영한다면, 주택의 임대가격과 임대 서비스, 그리고 임대 계약관계의 공정성과 투명성을 높일 수 있다. 박근혜 정부에서 시도한 뉴스테이가 기업형 민간임대주택으로 자리매김을 할 수 있는 좋은 기회였으나, 부동산 경기 침체기

---

13) 국토교통부, 주택업무편람(2017), 248.

로 사업성이 없어 뉴스테이는 안착하지 못했다.

박근혜 정부에서 2013~2016년 동안 공공임대주택을 총 10만~13만 호 공급하였고, 민간임대주택은 연 10~18만 호 건설하여 어려운 주택시장 여건에도 불구하고 그 이전 정부들보다 임대주택 공급물량이 증가하였다. 주거급여도 개편하여 급여 대상을 기존 73만 가구에서 97만 가구로 확대하였으며, 급여금액도 8만 원에서 11만 원으로 상향하였다.

8. 문재인 정부(2017~2022), 주거복지 로드맵, 공적주택(공공지원주택)

문재인 정부는 2017년 11월 '주거복지 로드맵'을 통해 무주택서민과 실수요자를 위한 공적 주택 100만 호 공급계획을 발표하고 이중 공공임대주택을 2022년까지 총 65만 호를 공급하겠다고 발표했다.[14] 이 계획에 따르면, 공공임대와 공공지원 주택을 확대하여 2022년까지 장기공공임대주택 재고율 9%(재고 200만 호)를 달성하겠다는 목표를 제시했다. 저소득층이 장기간 저렴하게 거주할 수 있도록 30년 이상 장기공공임대주택(영구·국민·행복)의 비중을 대폭 높이고(28만 호 추가 공급), 도시재생 사업과 연계 등을 통해 공공임대주택의 도심 내 공급도 확대하겠다고 하였다.

이를 위해서는 기존 시행해 왔던 다가구 주택 매입 외에도 노후주택 재건축(노후 단독주택 등을 매입하여 소형 임대주택으로 리모델링·재건축하는 방식), 정비사업 재정착 리츠(정비사업의 조합원 포기물량을 기금이나 LH가 출자한 리츠가 매입하여 구역 내 기존 주민과 취약계층에게 공공임대주택으로 공급) 등 다양한 방식을 도입했다. 특히 수요자별 공급계획에 따라 청년, 신혼부부, 고령층, 저소득층 등 각 수

---

14) 관계부처 합동 보도자료, "사회통합형 주거사다리 구측을 위한 주거복지 로드맵"(2017.11.29.).

요자별 맞춤형 공공임대주택 공급계획을 마련했다. 문재인 정부의 '주거복지 로드맵'은 노무현 정부 '주거복지 지원 로드맵'을 확대 발전시킨 새로운 버전이라 할 수 있다.

　문재인 정부의 공공주택정책의 특징 중 하나는 '공적주택' 개념을 도입한 것이다. 공공이 소유하거나 운영하지는 않지만, 공공임대주택과 같이 저소득 주거 취약계층이 시중보다 저렴한 비용으로 장기간 거주할 수 있는 효과를 볼 수 있는 주택을 공급하는 것으로 두 가지 방법이 있다. 하나는 LH나 SH가 출자한 리츠에서 주택을 건설하거나 매입해서 임대주택으로 운용하는 방식이다. 또 하나는 민간 사업주체에게 공공토지를 저렴하게 임대하거나, 금융지원 세제 혜택 등을 통해 사업성을 보장해 주는 방식이다. 서울시를 비롯한 일부 지자체에서 조례를 제정하여 사회주택과 공동체 주택을 추진했던 사례가 두 번째 방식이다.

　문재인 정부는 '주거복지 로드맵'에 따라 공공임대주택을 2017~2019년 동안 연평균 15만 2천 호를 공급하였다. 2020년 3월에는 '주거복지 로드맵 2.0'을 새롭게 발표하면서 공공임대주택 재고를 당초 목표 2022년 200만 호에서 2025년 240만 호까지 확보하여 장기공공임대주택 재고율 10%를 달성한다는 로드맵으로 업그레이드하였다.[15] 공공임대주택이 영구·국민·행복주택으로 나누어져 입주 자격도 각양각색인 여러 유형을 통합하여 공공임대주택 칸막이 운영을 개선하기 위해 2020년 9월에 <공공주택 특별법 시행령>을 개정하였다.

---

15) 국토교통부 보도자료, "내삶을 바꾸고 지역주민과 함께하는 주거복지 2.0 시대" (2020.3.20.).

〈2-5. 역대 정부 공공주택 정책 변천 표〉

구분	주요 정책
노태우 정부 ('88~'93)	- 주택 200만 호 건설('89~'92) ▸ (임대주택 50만 호) 영구임대 25만 호, 사원임대 10만 호, 5년임대 15만 호 ▸ 실제 영구임대 19만 호 건설
김영삼 정부 ('93~'98)	- 공공임대주택(5년, 50년) 25만 호 건설계획 수립 ▸ 영구임대주택 공급 중단 ▸ 실제 공공임대 38.7만 호 건설
김대중 정부 ('98~'03)	- 국민임대주택 100만 호 공급계획 추진 ▸ 외환위기에 따른 주거불안 심화에 대응하여, 5년임대 입주가 곤란한 저소득층 대상 국민임대주택 공급 추진 ▸ '02년 당초 공급계획(5만 호)을 100만 호('03~'12년)로 변경하고, 임대의무 기간 30년으로 연장 ▸ 실제 국민임대 11.9만 호 건설
노무현 정부 ('03~'08)	- 국민임대주택 100만 호 공급계획 추진('03~'12) ▸ (국민임대주택 50만 호) 영구임대 25만 호, 사원임대 10만 호, 5년임대 15만 호 ▸ 다가구 매입임대주택 시범사업 추진('04년 서울 503호 매입)
이명박 정부 ('08~'13)	- 보금자리 150만 호 공급계획 추진('09~'18) ▸ (임대주택 80만 호) 10년임대 20만 호, 장기전세 10만 호, 장기임대 50만 호 ▸ 매입임대·전세임대 공급 확대, 저소득 대학생, 쪽방거주자 등 비주택 거주자 특별공급 확대 ▸ 영구임대주택 공급 재개(2.3만 호 공급) ▸ 실제 공공임대주택 28.9만 호 건설
박근혜 정부 ('13~'17)	- 공공임대주택 연11만 호, 행복주택 공급계획 추진 ▸ 사회초년생, 신혼부부, 청년 대상 행복주택 도입, '17년까지 15만 호 공급 ▸ 도심에 즉시 입주 가능한 매입·전세임대주택 연 4만 호 확대 ▸ 뉴스테이(기업형 임대주택) 추진 ▸ 주거급여 개편 (73만 가구→97만 가구) (8만 원→11만 원) ▸ 실제 행복주택 10.2만 호 건설(사업승인 기준)
문재인 정부 ('17~'22)	- 공적 주택 100만 호 공급계획 추진 ▸ (공공임대주택) '22년까지 65만 호 공급(장기공공임대주택 비중 확대 등) ▸ 도시재생사업과 연계 등을 통한 공공임대주택 도심 내 공급 확대 ▸ 공공임대·지원주택 확대를 통한 장기공공임대주택 재고율 10% 달성 목표 제시 ▸ 통합공공임대주택 유형 제시 ▸ 실제 공공임대주택 연평균 15.2만 호 공급

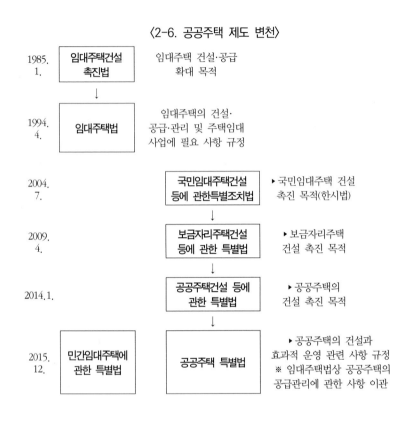

〈2-6. 공공주택 제도 변천〉

1985.
1.   임대주택건설
촉진법   임대주택 건설·공급
확대 목적

1994.
4.   임대주택법   임대주택의 건설·
공급·관리 및 주택임대
사업에 필요 사항 규정

2004.
7.   국민임대주택건설
등에 관한특별조치법   ▸국민임대주택 건설
촉진 목적(한시법)

2009.
4.   보금자리주택건설
등에 관한 특별법   ▸보금자리주택
건설 촉진 목적

2014.1.   공공주택건설 등에
관한 특별법   ▸공공주택의
건설 촉진 목적

2015.
12.   민간임대주택에
관한 특별법   공공주택 특별법   ▸공공주택의 건설과
효과적 운영 관련 사항 규정
※ 임대주택법상 공공주택의
공급관리에 관한 사항 이관

III. 공공주택 현황 및 유형, 입주자격

1. 공공임대주택 현황

2020년 기준으로 우리나라 전체 임대주택은 총 주택수 2,131만 호의 15.3%인 326.9만 호이다. 이중 공공임대주택은 지난 40여 년간 지속해서 공급한 결과 173.7만 호로 총 주택수의 8.15%에 이른다. OECD

공공주택 비율인 6.9%와 EU 수준인 7.5%를 넘어서 OECD 국가 중 8위로 비율 면에서는 선진국수준으로 도달했다고 할 수 있다. 민간임대주택은 2020년 임대사업자 등록된 임대주택을 기준으로 153.3만 호로 총주택수의 7.19%다. 공공임대주택은 시대적 정책의 변천에 따라 9가지 유형으로 발전하며 공급되었다.

주거복지 차원에서 저소득 취약계층의 주거안정을 위해 추진하는 정부의 주택정책은 크게 두 가지로 분류할 수 있다. 공급자 보조방식과 수요자 보조방식이 그것이다. 공급자 보조방식은 정부나 지자체 등 공공기관이 직접 주택을 공급하거나 주택공급이 확대될 수 있도록 보조하는 것으로 공공임대주택이 대표적이다. 이 방식은 공공기관이 공공주택을 확보하여 저소득층이 저렴한 임대료로 거주할 수 있도록 하여, 저소득층의 안정적인 주거복지에 기여할 수 있다. 그러나 건설비·매입비 등의 공급비용과 유지관리비, 운영비 등 공공부문의 재정부담이 큰 문제점으로 작용할 수 있다. 더구나 재고가 충분하지 않으면 입주가구와 미입주가구 간의 형평성 문제가 있게 된다. 또한 우리나라처럼 공공주택의 역사가 오래되지 않은 나라에서는 부지매입 단가의 상승, 택지의 고갈 등으로 공공주택의 공급에 한계가 있다.

〈3-1. 공급자 보조방식과 수요자 보조방식의 비교〉[16]

구 분	공공임대주택 프로그램 (공급자 / 생산자 보조방식)	주거비보조 프로그램 (수요자 / 소비자 보조방식)
장 점	- 주택공급의 촉진 - 주택의 질적 수준 향상 - 입주자의 임대료부담 경감: 직접적인 혜택 - 임대료상승 방지·지연의 효과 - 주택보급률이 낮거나 주택부족률이 높은 지역에 유리	- 정부의 재정지출(보조금, 행정비용등) 절감 - 수혜자의 임대료부담 경감 - 가구 간의 형평성 유지 - 주거선택의 자유 보장 - 주택재고 이용의 효율성

---

16) 하성규, 주택정책론, 박영사(2004), 287-290.

구 분	공공임대주택 프로그램 (공급자 / 생산자 보조방식)	주거비보조 프로그램 (수요자 / 소비자 보조방식)
단 점	- 입주가구와 미입주가구 간의 형평성 　문제 - 정부의 재정부담(건설비 등의 공급비용, 　유지·관리비용 등) 가중 - 주거선택의 제한 - 관리상의 한계	- 임대료상승 유도의 가능성 - 보조액 산정 및 수혜자 선정의 복잡성 　→ 부정수급, 수급지연 등의 문제 발생 - 가구소득·임대료 확인 곤란 - 주택재고가 부족한 지역에 적용상의 　한계

　수요자 주거비 보조방식은 이러한 생산자 보조방식의 문제점을 해결할 수 있는 장점이 있다. 민간 시장에서 임대료 지불능력이 없거나 적은 저소득층에게 일정 금액의 임대료 또는 주거비 보조금을 지급하는 것으로 주택바우처와 주택수당이 대표적인 프로그램이다. 그런데 공공임대주택 공급방식은 수요자 주거비 보조방식인 주택수당과 달리, 시장임대료를 안정시키는 효과가 있다. 정부가 공공임대주택을 건설·공급하면 공급량에 해당하는 만큼의 가구는 민간주택시장을 떠나 공공임대주택으로 옮기게 되고, 민간임대주택의 수요는 그만큼 줄어들게 된다. 저소득가구가 공공주택으로 이동함에 따라 민간임대주택은 빈집으로 남아 초과공급 상태가 되고, 임대료는 자연스럽게 하락한다. 따라서 모든 임차인은 공공임대주택 공급으로 인해 이익을 얻게 된다. 일부 가구는 저렴한 공공임대주택에서 거주하게 되고, 나머지 가구들은 민간주택시장에서 가격하락의 이익을 볼 수 있기 때문이다.

　우리나라는 저소득 주거 취약계층에 대한 주거복지 정책으로 초기에는 공공주택 공급방식으로 시작하다가 시간이 지남에 따라 주거비 보조방식을 도입 병행했다. 1980년대 초반에 공공임대주택(1년·5년·10년형)으로 시작했으며, 노태우 정부에서 영구임대주택 제도가 도입되었다. 김영삼 정부에서는 영구임대주택은 사회적 인식이 좋지 않고 막대한 재정투입 부담으로 중단되고, 공공임대주택(5년·50년형) 건설에 박차를 가한다. 김대중 정부에서는 국민임대주택을 건설하고, 노무현 정부는 다가구 다세대 매입형 임대주택을 공급하였다. 또한 노무현 정부에서는 택지고갈과 부지매입비 상승, 건설기간의 장기화 등 임대주택 공급에 한계를 극복하기 위하여 수요자 주거비 보조방식을 도입하는 등 주거복지 정책의 다변화를 꾀하였다.

〈3-2. 주요 국가 공공임대주택 비율〉

연번	국 가	비율 (%)	기준 년도	연번	국 가	비율 (%)	기준 년도
1	네델란드	34.1	2020	18	미국	3.6	2019
2	오스트리아	23.6	2019	19	캐나다	3.5	2019
3	덴마크	21.4	2020	20	일본	3.2	2013
4	영국	16.7	2019	21	독일	2.7	2019
5	프랑스	14.0	2018	22	헝가리	2.6	2018
6	아일랜드	12.7	2016	23	포르투갈	2.0	2011
7	아이슬란드	11.1	2017	24	라트비아	1.9	2016
8	한국	8.9	2018	25	슬로바키아	1.6	2011
9	스위스	8.0	2013	26	룩셈부르크	1.6	2011
10	폴란드	7.6	2016	27	스페인	1.1	2019
11	몰타	5.5	2011	28	에스토니아	1.1	2017
12	슬로베니아	4.7	2018	29	리투아니아	1.1	2020
13	호주	4.4	2017	30	체코	0.4	2011
14	노르웨이	4.3	2017	31	콜롬비아	0.0	2019
15	이탈리아	4.2	2010	32	EU 평균	7.5	
16	벨기에	4.2	2018	33	OECD 평균	6.9	
17	뉴질랜드	3.8	2020				

※ 주1) 국가별로 공공임대주택의 범위에 해당하는 주택의 종류가 상이함 (아이슬란드는 기숙사를 포함, 뉴질랜드, 체코는 중앙정부 공급 임대주택만 포함, 스페인은 직원용 저렴임대주택을 포함)

※ 자료) OECD, OECD Affordable Housing Database, 2021

〈3-3. 우리나라 임대주택 현황〉[17]

- 총 326.9만 호(총 주택수 2,131만 호의 15.3%(2020년)
- 공공: 173.7만 호(8.15%), 민간: 153.3만 호(7.19%) -

(단위: 호·세대)

구분	총계	임대주택 공공임대주택 소계	공공임대(5,10년)	영구임대(50년 포함)	국민임대	행복주택	장기전세	사원임대	매입임대	전세임대	통합임대	민간임대 소계	건설임대 5,10년	매입임대 5,10년
1982														
1983														
1984	77,719	77,719	77,719	-	-	-	-	-	-	-	-	-	-	-
1985														
1986														
1987	51,918	51,918	51,918	-	-	-	-	-	-	-	-	-	-	-
1988	52,218	52,218	52,218	-	-	-	-	-	-	-	-	-	-	-
1989	82,475	82,475	39,222	43,253	-	-	-	-	-	-	-	-	-	-
1990	144,544	144,544	64,890	60,004	-	-	-	19,650	-	-	-	-	-	-
1991	76,391	76,391	15,074	49,607	-	-	-	11,710	-	-	-	-	-	-
1992	62,679	62,679	15,121	36,706	-	-	-	10,852	-	-	-	-	-	-
1993	41,525	41,525	30,912	507	-	-	-	10,106	-	-	-	-	-	-
1994	75,672	74,889	65,751	-	-	-	-	9,138	-	-	-	783	-	783
1995	83,134	82,032	77,584	-	-	-	-	4,448	-	-	-	1,102	-	1,102
1996	113,880	111,063	104,648	-	-	-	-	6,415	-	-	-	2,817	-	2,817
1997	132,142	108,728	108,115	-	-	-	-	613	-	-	-	23,414	-	23,414
1998	103,365	93,795	91,294	-	2,501	-	-	-	-	-	-	9,570	-	9,570
1999	123,977	109,417	89,107	-	20,226	-	-	84	-	-	-	14,560	-	14,560
2000	112,415	95,932	85,923	-	10,009	-	-	-	-	-	-	16,483	-	16,483
2001	142,985	102,557	66,980	-	35,227	-	-	350	-	-	-	40,428	16,920	23,508
2002	119,665	86,586	35,767	-	50,819	-	-	-	-	-	-	33,079	14,142	18,937
2003	132,047	84,768	12,977	-	71,791	-	-	-	-	-	-	47,229	7,636	39,643
2004	137,950	97,226	5,803	-	90,920	-	-	503	-	-	-	40,724	11,496	29,228
2005	151,751	107,954	9,604	-	91,644	-	-	-	4,539	2,167	-	43,797	8,279	35,518
2006	175,376	118,161	14,551	-	90,473	-	-	173	6,339	6,625	-	57,215	15,143	42,072
2007	212,527	153,764	34,639	-	103,784	-	-	1,616	6,526	7,199	-	58,763	10,205	48,558
2008	186,824	125,606	30,729	-	77,752	-	-	1,297	7,130	8,698	-	61,218	26,259	34,959
2009	129,199	103,748	33,845	3,633	40,731	-	2,278	1,537	7,579	14,145	-	25,451	6,883	18,568
2010	138,009	106,850	38,140	10,103	28,262	-	8,922	861	6,990	13,572	-	31,159	11,452	19,707
2011	150,962	96,577	37,802	6,462	30,415	-	3,630	-	5,756	12,512	-	54,385	23,720	30,665
2012	199,367	99,325	38,352	3,385	24,933	-	862	522	5,646	25,625	-	100,042	42,473	57,569
2013	208,959	101,519	33,196	4,591	25,806	-	1,580	-	10,605	25,741	-	107,440	38,376	69,064
2014	225,131	108,482	31,886	1,518	11,224	26,256	545	-	9,200	27,853	-	116,649	26,083	90,566

---

17) 국토부, 주택업무편람(2022).

구분	총계	임대주택													
		공공임대주택										민간임대		
		소계	공공임대 (5,10년)	영구임대 (50년 포함)	국민임대	행복주택	장기전세	사원임대	매입임대	전세임대	통합임대	소계	건설임대 (5,10년)	매입임대 (5,10년)
2015	313,773	130,247	31,217	1,353	7,668	37,999	167	-	11,740	40,103	-	183,526	56,931	126,595
2016	280,548	119,365	21,168	2,499	4,451	38,231	685		9,656	42,675		161,183	52,360	108,823
2017	364,264	138,023	27,984	5,399	19,315	28,231	1,755		11,914	43,425		226,241	62,828	163,413
2018	514,045	179,360	26,133	7,561	41,701	30,199	31	108	14,541	59,086		334,685	36,709	297,976
2019	405,377	140,371	13,386	6,355	13,625	31,017	6		29,204	46,778		265,006	52,084	212,972
2020	408,349	127,496	1,289	2,262	10,108	33,700	388		28,686	49,882	1,181	280,853	62,367	218,486

2. 재개발 공공임대주택

한편 우리나라에서 가장 주택 현안이 많은 서울시에서는 중앙정부와 별도로 저소득 주거 취약계층을 위한 주거복지 정책들을 다방면으로 펼쳤다. 그 중 대표적인 것이 1989년 <서울특별시 주택개량재개발사업 업무지침>을 개정해 재개발사업 추진 시 세입자용 재개발임대주택을 건립하도록 한 것이다. 재개발임대주택은 조합이 재개발 구역 내에 세입자용 영구임대주택(전용 26m²~34m²)을 건립하도록 한 뒤, 서울시가 이를 매입하여 세입자에게 임대하는 방식으로 공급되었다. 재개발구역 내에 국공유지 등에 서울시가 직접 세입자용 임대주택을 건설하여 세입자에게 임대하는 방식도 병행했다.[18]

1960년대부터 무더기로 형성된 무허가 집단 주거지 달동네 판자촌은 여름철 홍수기에 산사태가 나고 사상자가 발생하는 등 1980년대에 들어서면서 사회적 큰 문제로 대두되었다. 1983년에 서울시는 이러한 달동네 판자촌의 주거환경을 개선할 수 있는 주택재개발을 촉진하기 위하여 민간주체에 의한 '합동재개발방식'을 도입하였다. 합동재개발방식은 주택소유자와 건설업체가 협력하여 불량주택구역을 재개발하는 것이다. 주택소유주는 기존 주택부지를 제공하고 건설사는 공사비

---

18) 김용호, 주택재개발의 이론과 실재, 사법행정문화원(1995), 121.

를 투입하여 건설하는 방식으로 관리처분을 통하여 비용과 수익을 정산한다. 건설사의 참여로 재개발사업의 투자재원 문제를 해결하고, 그간 공공 주도의 재개발사업을 민간차원의 재개발사업으로 전환함으로써 불량주택거주자와 정부의 직접적인 갈등을 줄이고자 했다. 결과적으로 합동재개발방식은 민간의 활력을 도입함으로써 재개발사업이 활발하게 추진되는 효과를 낳았다. 1983년~1988년 불과 5년 만에 4.6만 가구가 이주하고, 저소득층 집단 주거지역의 약 25% 이상 철거된 곳에 합동재개발방식으로 아파트가 건설되었다.[19)]

이러한 합동주택재개발은 서울의 구릉지에 집단으로 형성되어 있는 판자촌을 일거에 철거하고 아파트를 짓는 획기적인 방식으로 달동네 불량주거지를 개선하는 효과가 있었으나, 그곳에 세 들어 살고 있던 영세세입자가 갈 곳 없이 쫓겨나야 하는 사회적 문제를 낳았다. 합동재개발이 본격적으로 시행되는 1980년 중반부터 재개발 현장에서는 물리적 충돌이 벌어지는 극한 상황에 놓였다. 토지주와 건설사가 연합한 재개발 사업시행자는 용역을 동원하여 달동네 판자촌을 물리력으로 강제 철거를 시도하고, 영세세입자들은 이에 저항했다. 이농현상으로 일거리를 찾아 도시에 몰려든 이들은 그나마 판자촌에 싼 비용으로 세 들어 살다가 재개발이 되면서 보상도 제대로 받지 못하고 길거리에 내 앉아야 했다. 철거 위기에 처한 영세세입자들은 옥상에 망루를 설치하고 화염병을 투척하며 옥쇄 작전을 펼치는 등 갈수록 저항이 격렬했다. 재개발 철거 현장에서 사상자가 발생하고, 이러한 문제를 해결하는 방안으로 서울시에서는 <서울특별시 주택개량재개발사업 업무지침>을 개정하여 재개발 세입자들에게 공급되는 임대주택을 건설하도록 했다. 그 이후에 재개발관련법이 개정되면서 서울시 업무지침 내용이 법제화되어, 전국 모든 주택재개발 현장에 적용되었다. 이러한 우여

---

19) 김수현, "한국 공공임대주택 정책의 전개과정과 성격", 박사학위 논문, 서울대학교(1996), 123-124.

곡절 끝에 마련된 재개발임대주택은 2022년 기준 서울에만 6.9만 호가 있다.

3. 서울형 공공주택

재개발임대주택 외에도 서울시는 저소득계층의 주거안정을 위해 여러 정책을 발굴하여 시행하였고, 나중에 법제화되어 전국으로 확대된 정책들이 많다. 그중에 시프트(shift)은 중산층과 실수요 무주택자를 대상으로 서울시와 SH공사가 2007년부터 공급하기 시작한 장기전세주택으로, 주변 전세 시세 80% 이하의 가격에 최장 20년까지 거주할 수 있다. 주택의 개념을 소유에서 주거로 변환시킨다는 의미로 '시프트(Shift, 바꾸다)'란 명칭을 만들었다. 공공임대주택은 임대료가 싸지만, 저소득계층이 거주하는 주택이라는 부정적인 인식을 불식시키기 위해서 도입했고, 나중에 '장기전세주택'으로 법제화가 되었다.

장기안심주택은 전세 세입자가 입주를 원하는 주택 전세보증금의 30%를 서울시에서 지원하여, 최대 6년까지 전세보증금 인상 걱정을 덜고 거주할 수 있는 공공임대주택이다(서울시 공공주택 건설 및 공급에 관한 조례). 또 희망하우징은 원룸형 및 기숙사형 주택으로 나눌 수 있는데, 서울시 방침으로 주거지원이 필요한 대학생에게 저렴하게 공급하는 임대주택으로 최장 6년까지 지원한다. 역세권 청년주택은 대중교통 이용이 편리한 역세권의 개발용적률을 상향하여 그 개발이익의 일부를 저렴하게 청년들에게 제공하는 주택이다. 입주 자격은 19세~39세 이하의 청년, 신혼부부 등이다. 역세권 청년주택은 서울시 조례로 시행되었고, 그 이후 공공주택 특별법 시행령과 시행규칙으로 법제화되었다.

두레주택은 2014년에 주거지 도시재생을 추진하면서 지역공동체 활성화를 위해, 주거환경관리사업구역 내에서 공급하는 새로운 유형의 수요자 맞춤형 주택이다. 주방과 거실 등 주택의 일부를 건물 내 이웃 세대와 공유하면서 더불어 살아가는 분위기를 조성하자는 취지로 급격히 증가하는 1~2인 가구의 인간 소외문제를 해결하기 위한 대안으로 시작했다. 유럽과 일본에서는 이미 일반화된 주거유형인 셰어하우스 형태와 유사한 것이다. 입주자의 거주공간과 생활공간을 분리한 형태로 거주공간에서는 프라이버시를 보장하고, 취사와 휴식 등의 생활은 공동공간에서 이루어지도록 했다. 공간을 효율적으로 계획하여 공동체를 촉진하고 임대비용을 저렴하게 한 것이다.

서울의 공공임대주택은 2022년 기준, 13개의 유형으로 총 37.2만 호로 총 주택수 390.9만 호의 9.5% 수준에 이른다. 서울시의 공공임대주택은 다각도의 노력 결과 전국 수준인 8.15%를 상회하는 물량을 확보하였으나, 여전히 저소득 주거 취약계층의 주거 문제를 해결하기에는 역부족이다. 서울의 공공임대주택 비율은 뉴욕이나 도쿄보다는 높지만, 런던이나 파리보다 한참 부족하다.

〈3-4. 주요 도시 공공임대주택 비율〉

도 시	서울**	뉴욕	런던	파리	도쿄
공공임대주택 비율**	9.5%	5.8%	23.0%	17.0%	6.6%

* 국가별로 공공임대주택의 범위에 해당하는 주택의 기준이 달라 구체적 데이터는 상이할 수 있음
** 서울은 '20년, 뉴욕 15년, 런던 '20년, 파리 '21년, 도쿄 '13년 활용

〈3-5. 서울시 공공임대주택 현황, 2022.3월 기준〉

- (공급주체) **37.2만 호** 중 SH **25.7만 호(69.0%)**, LH 11.5만 호(31.0%)
- (공급방식) **건설형 38.4%**, 매입형 35.6%, 임차형 25.8%
  ▶ SH : 건설형 41.9%, 매입형 **43.0%**, 임차형 15.0%
  ▶ LH : 건설형 30.5%, 매입형 19.2%, **임차형 49.8%**

구 분			총계	SH공사	LH공사
합 계			372,303 (100.0%)	256,951 (69.0%)	115,352 (31.0%)
건설형			142,815 (38.4%)	107,672 (41.9%)	35,143 (30.5%)
	영구임대		48,108 (12.9%)	22,672 (8.8%)	25,436 (22.1%)
	50년 공공임대		20,740 (5.6%)	17,432 (6.8%)	3,308 (2.9%)
	국민임대		30,892 (8.3%)	28,792 (11.2%)	2,100 (1.8%)
	행복주택	SH 건설형	8,382 (2.3%)	4,703 (1.8%)	3,679 (3.2%)
		리츠	1,638 (0.4%)	1,638 (0.6%)	
	장기전세(Shift)		30,175 (8.1%)	29,555 (11.5%)	620 (0.5%)
	도시형생활주택		777 (0.2%)	777 (0.3%)	-
	희망하우징		140 (0.0%)	140 (0.1%)	-
	주거환경		1,963 (0.5%)	1,963 (0.8%)	-
매입형			132,678 (35.6%)	110,548 (43.0%)	22,130 (19.2%)
	장기전세(Shift))		3,777 (1.0%)	3,777 (1.5%)	-
	재개발임대		69,009 (18.5%)	69,009 (26.9%)	-
	행복주택	SH 매입형	6,509 (1.7%)	6,509 (2.5%)	-
		리츠	3,257 (0.9%)	3,257 (1.3%)	-
	원룸	일반	5,406 (1.5%)	5,406 (2.1%)	-
		맞춤형	1,306 (0.4%)	1,305 (0.5%)	-
		청년	1,197 (0.3%)	1,197 (0.5%)	-
	다가구	일반	38,836 (10.4%)	16,706 (6.5%)	22,130 (19.2%)
		맞춤형	728 (0.2%)	728 (0.3%)	
		청년	987 (0.3%)	987 (0.4%)	
	역세권 청년주택		1,667 (0.4%)	1,667 (0.6%)	-
임차형			95,894 (25.8%)	38,430 (15.0%)	57,464 (49.8%)
	전세임대		79,900 (21.5%)	22,436 (8.7%)	57,464 (49.8%)
	장기안심 (역세권주거비지원 포함)		15,994 (4.3%)	15,994 (6.2%)	-
기타			916 (0.2%)	301 (0.1%)	615 (0.5%)

주 1. 주택 수는 HIS(주택공급통계정보시스템) '22.3월말 기준 3,909,925호 적용
주 2. 공급기준. 단, '13년~'15년까지 매입임대 다가구는 매입계약기준, '16년~'21.4월까지 매입임대(다가구, 원룸, 희망하우징 등), 소유권이전 등기기준, SH 장기안심 재고는 역세권 주거비 지원 포함

4. 유형별 입주 자격

공공주택은 크게 장기공공임대 정책과 자가촉진 정책으로 구분할 수 있으며, 시대적 정책 변천에 따라 다양한 유형이 도입되었다. 그 입주 자격도 주택 유형에 따라 다르다. 장기공공임대정책는 임대의무기간이 20년 이상인 공공임대주택으로 정의할 수 있다. 자가촉진 정책은 1년, 2년, 5년, 10년 동안은 임대주택으로 활용하다가, 임대기간이 종료하면 임대자에게 분양 전환하는 주택과 공공분양주택으로 구분할 수 있다. 이 중에 장기공공임대주택은 수요계층의 경제적 수준을 고려하여 공급되고 있다. 영구임대주택·50년 공공임대주택·국민임대주택은 빈곤층 및 무주택 저소득층을 대상으로 하고, 장기전세주택은 중산층의 주거안정과 공공임대주택에 대한 부정적인 이미지 탈피하기 위해 공급·운영되고 있다. 소득 1분위는 영구임대·매입임대주택, 소득 2~4분위는 국민임대주택과 50년 공공임대주택, 소득 5~6분위는 행복주택을 제공하도록 입주기준을 정했다. 장기전세는 소득 분위에 따라 주택 크기를 달리하되, 전용 60m² 이상은 소득 7~8분위 계층도 입주할 수 있도록 하였다.

그리고 공공임대주택의 유형·면적에 따라 입주자 선정을 위한 소득 및 자산 기준의 차이가 있다. 예를 들어 공공임대주택 우선 공급의 경우 수급자 가운데 국가유공자, 5·18 민주유공자, 특수임무수행자 또는 그 유족, 참전유공자 등은 자산 기준이 없다. 또한 혼인 기간 5년 이내 신혼부부, 수급자 가운데 자녀가 있는 무주택 세대주도 소득 또는 자산 기준이 없다. 그러나 소득 2~4분위를 대상으로 하는 국민임대주택은 소득·자산 기준 모두가 적용되는 공공임대주택이다. 아래 입주 자격 표와 같이 13개로 나누어진 공공임대 주택유형별로 상세한 입주기준을 마련하여 운영하고 있다.

⟨3-6. 공공임대주택 유형과 법령 근거, 입주 자격⟩

구 분	정 의	근거 법령
영구임대 (50년)	국가나 지방자치단체의 재정을 지원 받아 최저소득 계층의 주거안정을 위하여 50년 이상 공공임대주택	공공주택 특별법 시행령 제2조 제1항 제1호 공공주택 특별법 시행규칙 제14조 서울특별시 공공임대주택 운영 및 관리규칙
국민임대 (30년)	국가나 지방자치단체의 재정이나 주 택도시기금의 자금을 지원받아 저소 득 서민의 주거안정을 위하여 30년 이상 공공임대주택	공공주택 특별법 시행령 제2조 제1항 제2호 공공주택 특별법 시행규칙 제15조 및 별표4
재개발임대 (50년)	건설 또는 매입하여 정비사업구역에 거주하는 세입자에게 공급하는 임대 주택	도시 및 주거환경정비법 시행령 제69조 제1항 별표3 서울특별시도시및주거환경정비조례 제46조
공공임대 (50년)	10년임대주택: 의무임대기간이 10년 5년임대주택: 의무임대기간이 5년	주택공급에 관한 규칙 제27조 및 제35조 공공주택 특별법 시행규칙 제13조
주거환경임대 (50년)	건설 또는 매입하여 정비사업구역에 거주하는 세입자에게 공급하는 임대 주택	도시 및 주거환경정비법 시행령 제66조 관련 별표2
행복주택 (6~20년)	국가나 지방자치단체의 재정이나 주 택도시기금의 자금을 지원받아 대학 생, 사회초년생, 신혼부부 등 젊은 층의 주거안정을 목적으로 공급하는 공공임대주택	공공주택 특별법 시행령 제2조 제1항 제3호 공공주택 특별법 시행규칙 제17조, 별표5
장기전세 (20년)	국가나 지방자치단체의 재정이나 주 택도시기금의 자금을 지원받아 전세 계약의 방식으로 공급하는 공공임대 주택	공공주택 특별법 시행령 제2조 제1항 제4호 도시 및 주거환경정비법 제55조 제4항 공공주택 특별법 시행규칙 제18조 서울특별시 공공주택 건설 및 공급 등에 관한 조례 제8조
도시형 생활주택 (10년)	300세대 미만의 국민주택규모에 해 당하는 주택으로 「국토의계획및이용 에관한 법률」에 따른 도시지역에 건 설하는 주택	주택법 제2조제20호 주택법 시행령 제10조제1항 주택공급에 관한 규칙 제3조제2항제9호
희망하우징 (2~6년)	건설한 원룸형 및 기숙사형 주택을 주거지원이 필요한 대학생에게 저렴 하게 공급하는 임대주택	서울시 방침통보
기존주택 매입임대 (다가구,원룸) (6~20년)	국가나 지방자치단체의 재정이나 주 택도시기금의 자금을 지원받아 기존 주택을 매입하여 「국민기초생활 보 장법」에 따른 수급자 등에게 공급하 는 공공임대주택	공공주택 특별법 제43조 기존주택등 매입임대주택 업무지침 (국토교통부훈령)
역세권	대중교통 이용이 편리한 역세권의	서울특별시 역세권 청년주택 공급 지원에 관한

구 분	정 의	근거 법령
청년주택 (6~20년)	규제완화와 체계적인 개발을 통해 만 19세 이상 만 39세 이하의 청년, 신혼부부 등에게 공급하는 주택	조례 공공주택 특별법 시행령 제2조 제1항 제3호 공공주택 특별법 시행규칙 제17조
장기안심 (역세권주거비 지원 포함) (10년)	전세세입자가 입주를 원하는 주택 전세보증금의 30%를 서울특별시에 서 지원하여, 최대 6년까지 전세보증 금 인상 걱정을 덜고 거주할 수 있 는 공공임대주택	서울특별시 공공주택 건설 및 공급 등에 관한 조례 제9조 보증금지원형 장기안심주택, 제10조 리모델링지원형 장기안심주택
전세임대 (20년)	국가나 지방자치단체의 재정이나 주 택도시기금의 자금을 지원받아 기존 주택을 임차하여 「국민기초생활 보 장법」에 따른 수급자 등 저소득층과 청년 및 신혼부부 등에게 전대(轉貸) 하는 공공임대주택	공공주택 특별법 시행규칙 제21조 (기존주택전세임대주택의 입주자 선정 등)

구 분			입주 자격
영구임대			▪생계급여·의료급여 수급자/일본군 위안부 피해자/지원 대상 한부모 가족 ▪전년도 도시근로자 가구당 월평균 소득의 70% 이하, 영구임대주택의 자산요건을 충족한 사람 에 다음의 하나에 해당하는 사람(국가유공자 및 유족/보훈보상대상자 및 유족/5·18민주유공자 및 유족/특수 임무유공자 및 유족/참전유공자/북한이탈주민/장애인등록이 교부된 자/아동복지 시설에서 퇴소하는 사람 중 아동복지시설 장이 추천하는 사람) ▪65세 이상 직계존속을 부양하는 사람으로서 가목의 수급자 선정기준의 소득 인정액 이하인 사람
국민 임대	50m² 미만		▪서울시 거주 무주택 세대주로서 소득 및 자산보유 기준 해당자(전년도 도시근로자 가구원수별 가구당 월 평균소득 70% 이하자) ▪1순위 : 공급주택이 소재하는 구 및 인접구 거주자 ▪2순위 : 1순위에 해당되지 않는 자치구 거주자
	50m² 이상 60m² 이하		▪서울시 거주 무주택 세대주로서 소득 및 자산보유 기준 해당자(전년도 도시근로자 가구원수별 가구당 월 평균소득 70% 이하자) ▪청약저축가입자(납입횟수, 연령, 부양가족, 거주지간 등에 따라 가점 부여)
	60m² 초과		▪서울시 거주 무주택 세대주로서 소득 및 자산보유 기준 해당자 - 전년도 도시근로자 가구원수별 가구당 월 평균소득 100% 이하자 ▪청약저축가입자(납입횟수, 연령, 부양가족, 거주지간 등에 따라 가점 부여)
재개발임대			〈특별공급〉 ▪당해(타) 재개발사업지구 철거세입자, ▪시장이 정한 처분방법에 따라 선정된 자 〈일반공급〉 ▪서울시 거주 무주택 세대구성원으로서 소득 및 자산, 자동차보유 기준 해당자 ▪1순위 : 전년도 도시근로자 가구당 월 평균소득 50% 이하자 (2순위: 50% 초과 70% 이하자)
공공임대			▪철거세입자, 시의 승인을 받은 기타 공급대상자(북한이탈주민 등), 청약저축 가입자
주거환경임대			
행복 주택	대학생		▪대학(대학교 정의는 주택공급에관한규칙 참조)에 재학중이거나(다음 학기 입학 또는 복학 예정 포함) 대학 또는 고등학교(정의는 공공주택 특별법 참조)를 졸업 또는 중퇴한 후 2년 이내인

구 분		입주 자격
		미혼 무주택자 - 본인, 부모 합계 소득 평균소득의 100% 이하, 국민임대주택 자산기준(자동차 무소유 / 부동산 총자산 7,200만 원) 충족
	청년	▪ 미혼인 무주택자로 (1)19세 이상이면서 39세 이하인 사람 (2)소득이 있는 업무에 종사하는 사람 또는 퇴직한 후 1년이 지나지 않은 사람으로서 고용보험법 제43조에 따라 구직급여 수급자격을 인정받은 사람(소득이 있는 업무에 종사한 기간이 5년 이내 (3)예술인 복지법 제2조제2호에 따른 예술인(소득이 있는 업무에 종사한 기간이 5년 이내) 중 1개의 자격을 갖춘 자 - 해당세대의 소득(신청자가 세대원인 경우 신청자의 월평균 소득)이 평균 소득의 100% 이하 - 5년·10년 공공임대주택 자산기준 (자동차 3,496만 원 / 총자산 25,400만 원) 충족 - 입주 전까지 청약저축 또는 주택청약종합저축 가입할 것
	신혼부부	▪ 혼인 중인 사람, 예비신혼부부, 혹은 한부모가족으로서 무주택세대구성원(예비신혼부부의 경우 혼인으로 구성될 세대의 세대구성원 모두 무주택자)이며 각 세부 신청자격 갖춘 자 - 세대 소득이 평균 소득의 100% 이하(맞벌이인 경우 120% 이하) - 5년·10년 공공임대주택 자산기준(자동차 3,496만 원 / 총자산 29,200만 원) 충족 - 본인 또는 배우자(예비신혼부부의 경우 혼인할 상대방) 중 1인이 청약저축 또는 주택청약종합저축 가입할 것
	고령자	▪ 행복주택 건설지역에 거주하는 65세 이상의 무주택세대구성원 - 세대 소득이 평균 소득의 100% 이하, 5년·10년 공공임대주택 자산기준 (자동차 3,496만 원 / 총자산 29,200만 원) 충족
	주거급여 수급자	▪ 행복주택 건설지역에 거주하는 주거급여수급 대상자인 무주택세대구성원
장기전세	60m² 이하	▪ 서울시 거주 무주택 세대구성원으로서 소득 및 자산보유 기준 해당자 - 전년도 도시근로자 가구원수별 가구당 월 평균소득 100% 이하자 (단, 소득70% 이하자에게 우선공급 함) ▪ 1순위: 청약저축 가입 2년경과 월 불입액 24회 이상 ▪ 2순위: 청약저축 가입 6개월경과 월 불입액 6회 이상
	60m² 초과 85m² 이하	▪ 서울시 거주 무주택 세대구성원으로서 소득 및 자산 보유 기준 해당자 - 전년도 도시근로자 가구원수별 가구당 월 평균소득 120% 이하 ▪ 1순위: 청약저축 가입 2년경과 월 불입액 24회 이상 ▪ 2순위: 청약저축 가입 6개월경과 월 불입액 6회 이상
	85m² 초과	▪ 서울시거주 무주택 세대구성원으로서 소득 및 자산 보유 기준 해당자 - 전년도 도시근로자 가구원수별 가구당 월 평균소득 150% 이하자 ▪ 1순위: 주택청약종합저축(청약예금)에 가입하여 2년 경과하고 예치기준금액에 상당하는 금액을 납입한 자 ▪ 2순위: 1순위에 해당하지 아니한 자
도시형생활주택		▪ 서울시거주 무주택 세대구성원으로서 소득 및 자산 보유 기준 해당자 - 해당 세대(무주택 세대구성원 전원)의 월평균소득액의 합이 도시근로자 가구당 월평균소득의 50% 이하인 무주택 구성원에게 먼저 공급하고 남은 주택 있는 경우 70% 이하인 자에게 공급
희망하우징		▪ 서울소재 대학교(전문대 포함)에 재학중인 학생으로 아래 순위에 해당하는 자(단, 학생 본인 무주택) - 본인의 월평균소득이 전년도 도시근로자 가구당 월평균소득의 100% 이하

기존주택
매입임대
		〈일반매입임대〉
		▪ 1순위 : • 생계급여수급자 및 의료급여 수급자 • 한부모 가족 • 최저주거기준 미달자
		  • 소득대비 임차료의 비율이 30% 이상인 자
		  • 장애인(전년도 도시근로자 가구당 월평균소득 70% 이하인 자)

구 분		입주 자격
		• 수급권자 또는 차상위계층에 해당하는 자 중 65세 이상인 자 ▪2순위 : • 장애인(전년도 도시근로자 가구당 월평균소득 이하인 자 • 전년도 도시근로자 가구당 월평균소득 50% 이하인 자 **〈신혼부부매입임대 I, II〉** ▪신청자격 : 무주택세대구성원으로서 신혼부부, 예비신혼부부, 한부모가족, 6세 이하 자녀가 있 는 가구로 소득및 산보유 기준 해당자 • 신혼부부 : 공고일 현재 혼인 7년 이내인 사람 • 예비신혼부부 : 공고일 현재 혼인 예정인 사람으로서 입주일 전일까지 혼인신고를 하는 사람 • 한부모가족 : 만 6세 이하 자녀를 둔 모자가족 또는 부자가족 • 6세 이하의 자녀가 있는 혼인가구 : 만 6세 이하 자녀가 있는 혼인가구 - 소득기준 : 전년도 도시근로자 가구당 월평균소득 70%(신혼II 100%)/(배우자 소득이 있는 경우 에는 90%(신혼II 120%)이하 **〈청년매입임대〉** ▪1순위 : 생계·의료·주거급여 수급자 가구/한부모 가족/차상위계층 가구 ▪2순위 : 본인과 부모의 소득이 전년도 도시근로자 가구당 월평균소득 100% 이하인 자 ▪3순위 : 본인의 소득이 전년도 도시근로자 가구당 월평균소득 100% 이하인 자
역세 권 청년 주택	대학생	▪만 19세 이상 만 39세 이하인 미혼, 무주택자 • (대학생) 대학에 재학중이거나 (취업준비생) 대학 또는 고등학교를 졸업 또는 중퇴한 지 2년 이내일 것 • 본인, 부모 소득 합계가 도시근로자 가구당 월 평균소득의 120% 이하
	청년	▪만 19세 이상 만 39세 이하인 미혼, 무주택자(해당세대 소득이 도시근로자 가구당 월 평균소득 의 120% 이하)
	신혼부부	▪만 19세 이상 만 39세 이하인 무주택세대구성원 • (신혼부부), (예비신혼부부) 자격을 갖출 것 • 해당 주택공급신청자의 현재 혼인 기간이 7년 이내일 것 • 해당세대 소득이 도시근로자 가구당 월 평균소득의 120% 이하
장기안심주택		▪서울시 거주 무주택 세대구성원으로서 아래 기준 해당자 • 일반공급(100%) : 월 평균소득 100% 이하자 • 신혼특별 공급(120%) : 월 평균소득 120% 이하이며 혼인기간 7년 이내인 자 - 부동산(토지와 건축물 합산기준 21,550만 원 이하), 자동차(2,764만 원 이하)
기존주택 전세임대		▪ 서울시 거주 무주택 세대구성원 ▪ (1순위) • 국민기초생활보장법에 의한 수급자(생계·의료) • 한부모가족지원법 시행규칙에 의한 한부모가족 • 최저주거기준 미달가구 • 장애인 중 도시근로자 월평균소득 70% 이하인 자 • 수급권자 또는 차상위계층에 해당하는 고령자 • 혼인기간 7년 이내 유자녀 신혼부부 및 예비신혼부부, 6세 이하 자녀가 있는 한부모 가족 ▪ (2순위) • 도시근로자 가구당 월평균 소득의 50% 이하인 자 • 장애인 중 도시근로자 월평균소득 100% 이하인 자. 혼인기간 7년 이내 신혼 및 예비 부부 ▪ (3순위) • 만 6세 이하 자녀가 있는 혼인가구

IV. 공공주택 문제점과 향후 발전 방향

1. 공공주택의 성과와 한계

일제 식민지 지배의 수탈과 6·25 한국전쟁으로 인한 파괴 속에서도 지난 70년간 대한민국은 잿더미에서 장미를 피우는 신화를 이루어왔다. 산업화에 따른 이농현상으로 서울을 중심으로 인구가 집중되면서 이를 수용할 주택이 절대적으로 부족한 상황이었다. 일거리를 찾아 상경한 서민과 더 나은 교육을 받고자 대도시로 몰려온 청년들은 구릉지와 천변에 집을 짓고 판자촌을 형성하면서 삶의 터전을 일구었다. 1950~1980년대까지 이 달동네 판자촌이 공공주택 역할을 대신했다. 정부에서 저소득 주거 취약계층에게 공공주택을 공급하기 시작한 것은 1980년대 초반부터였다.

1982년 <임대주택 육성방안>이 추진되고, 1984년 <임대주택건설촉진법>을 제정하여 임대주택 건설사업자에게 융자와 세제지원을 하면서부터 공공주택 역사가 시작되었다. 노태우 정부에서 영구임대주택과 사원임대주택, 5년 임대주택 등 임대주택 50만 호 건설계획을 발표하면서 본격적인 공공주택을 공급했던 것이다. 지난 40여 년 동안 공공임대주택을 173.7만 호를 확보해서 총 주택수 8.15%에 이르렀다. 이 수치는 OECD와 유럽의 공공임대주택 비율을 넘어선 것이다. 유럽을 비롯한 선진국들은 산업화와 도시화가 본격적으로 시작한 1900년대 초부터 대도시로 몰려들기 시작한 인구를 수용하고 저소득층의 주거 안정을 위해 공공주택을 공급하기 시작했다. 우리나라는 불과 40여 년 동안, 공공주택 공급 역사가 100년을 넘어서는 유럽 선진국들의 평균 비율보다 많이 공급했으니, 물량 면에서는 큰 성과를 이루었다고 할 수 있다.

공공임대주택의 공급유형도 영구임대, 5~10년 공공임대, 국민임대,

행복주택, 장기전세, 사원임대, 매입임대, 전세임대 등으로 다양하게 발전해 왔다. 서울시에서는 중앙정부의 공공임대 공급정책에 더하여 다양한 유형의 공공임대주택 정책을 펼쳤다. 재개발임대주택, 장기전세주택, 역세권 청년주택 등은 서울시가 조례를 제정하여 시행하다가 이후에 정부에서 법령을 개정하여 제도화한 것이다. 초기에는 공공임대주택 공급자 보조방식으로 공공임대주택 공급에 역점을 두었는데, 최근에는 저소득 취약계층에게 주거비보조 방식을 도입하여 병행하고 있다.

그러나 지난 40여 년 동안 공공임대주택의 많은 물량을 확보하고 다양한 유형을 공급 다변화하면서 성과를 내왔지만, 공공주택 정책은 다음과 같은 한계에 놓여 있다. 첫째, 지난 10년 동안 부동산 경기가 등락을 반복하면서 저소득 취약계층의 주거 문제는 더욱 심각했다. 특히 사회초년생과 신혼, 청년들의 주거 불안정은 갈수록 심해지고 있다. 이들의 주거안정을 위해 공공주택을 더 많이 공급해야 하지만, 택지는 고갈되고 건설비가 상승하면서 정부와 지방자치단체는 재정압박에 힘들어하고 있다. 둘째, 이를 타개하기 위해 서울시 등 지방자치단체 차원에서 시도하고 있는 희망하우징과 두레주택, 사회주택, 공동체 주택 등은 정책이 제대로 안착되기도 전에 여러 가지 어려움으로 사업이 취소될 수도 있는 한계에 이르고 있다.

셋째, 우리나라 공공임대주택은 정권 교체기마다 새로운 유형의 제도가 도입되고, 지방정부도 경쟁적으로 공공임대주택을 공급하기 시작하면서 그 유형이 너무 세분되어 있다. 공공임대주택은 유형별 정책목표에 따른 배분체계·임대료체계로 운영되고 있어, 유형별로 각각 다른 입주자 선정기준과 임대료 산정기준을 적용하고 있다. 공급 주체별로 14가지~17가지에 이르는 공공임대주택을 공급하고 이 유형마다 다른 입주자격과 선정기준을 두고 있다. 정책대상별, 공급주체별, 주택규모별 등에 따라 입주자격과 선정기준이 달라, 수요자가 이해하기 쉽지 않다. 입주희망자가 희망하는 유형의 모집공고가 날 때마다 입주자격을 확인하고, 입주신청을 하는 등의 번거로움이 발생하고 있다. 관련 정보가 부족한 희망자는 공공주택사업자뿐만 아니라 주거지원단체, 민간 컨설팅업체, 온라인카페 등을 통해 입주기준과 방법에 대한 정보를 구하고 있는 실정이다.

2. 공공주택의 향후 발전 방향

지난 40여 년 동안 상당한 성과를 거둔 공공주택 정책은 지금의 문제점과 한계를 극복하고, 저소득 취약계층의 더 나은 주거안정을 위해 한 단계 더 도약하는 계기를 마련해야 한다. 그러기 위해서는 첫째, 수요자가 필요한 곳에 더 많은 공공주택을 공급해야 한다. 역세권을 비롯한 출퇴근이 편리한 곳에 공공주택을 공급하여 사회초년생, 청년, 신혼부부들의 주거 안정과 삶의 질을 높이는 방향으로 공급정책을 수립해야 한다. 신도시에 공급하는 공공주택은 역세권에 위치하도록 배려하고, 교통 등 인프라 시설이 양호한 기성시가지에서는 과감하게 용적률을 상향하여 개발이익 일부가 공공주택 공급에 투입되도록 해야 한다.

둘째, 신규택지가 고갈되고 재정적인 압박 때문에 공공임대주택 공급에 어려움을 겪고 있는 상황에서 저소득 주거 취약계층의 주거안정을 모색할 수 있는 새로운 유형의 주택을 공급할 수 있는 다양한 방안을 강구해야 한다. 새로운 유형의 주택은 사회주택, 협동조합주택, 코하우징, 컬렉티브하우징, 쉐어하우스, 두레주택 등이다. 이러한 새로운 유형의 주택은 경기침체, 고령화, 도시쇠퇴 등의 사회문제를 경험하면서 주거에 대한 사회적 서비스를 확대 강화해 왔던 선진 유럽 등의 선험적 사례에서 벤치마킹한 것이다. 소유보다 사용에 무게를 두고, 이미 건설된 상품으로써 집의 가치보다, 함께 만들어 가는 과정을 중시하는 것으로 더불어 살기의 즐거움과 유익함을 누리기 위한 집이다. 결과보다는 과정에 방점을 두고 함께 살아가는 집의 본질적 가치를 추구한 것이다.

새로운 유형의 주택 중 하나가 서울시 등 지자체에서 시도하고 있는 사회주택 등이다. 2015년 <사회주택 활성화 지원 등에 관한 조례>를 제정하여 저렴한 임대료에 주거 안정성을 높일 수 있는 '민관협력형' 사회주택 제도를 도입했다. 공공재정이 높은 공공임대주택의 새로운 대안으로, 민간과 공공이 공동출자하고 운영을 민간이 맡아서 하는 것이다. 공공이 민간사업자에게 30년 이상 싼값으로 토지를 빌려주면, 사업자는 이 토지에 임대주택을 지어 시세 80% 이내의 임대료로 청년, 신혼부부 등 저소득층에게 최장 10년까지 주택을 임대하는 제도이다. 공공은 공공토지 임대, 리모델링 비용 보조, 금융지원을 등을 하고, 사업주체는 사회주택 건설, 임대관리와 유지보수, 공동체 활성화 등의 임무를 수행하는 것이다.

서울시에서 시작한 사회주택은 수도권을 중심으로 확산하여 2023년 4월 기준 6,450호가 공급되었다. 그러나 자치단체 수준에서 시행되고 있는 사회주택은 많은 어려움을 겪고 있다. 우선은 재정적인 문제로 토지매입비, 리모델링 지원, 금융지원 등 정부 차원의 재정적 지원이 절실하다. 또한 사회적 사업주체가 영세하고 아직 역량을 제대로 갖추지 못한 상태이기 때문에 건축, 재무, 임대관리 등에 관한 컨설팅이 필요하다. 정부 차원에서 기금 마련과 재정지원을 하기 위해서는 사회주택 법제화가 절실하다. 유럽이나 미국에서는 이미 저소득층의 주거안정을 위해 공공임대주택 공급과 더불어 사회주택 공급에 힘을 쏟고 있다. 선진 외국의 사회주택 제도를 연구하여 우리 실정에 맞는 사회주택 제도 마련이 필요하다. 이번 기회에 그동안 국회에서 몇 차례 논의했던 사회주택 관련법이 제정되어 공공임대주택과 더불어 저소득층의 주거안정에 도움이 되길 기대한다.

셋째, 공급 주체별로 14가지~17가지에 이르는 공공임대주택을 공급하고 이 유형마다 다른 입주자격과 선정기준을 두고 있는 공공임대주택의 유형을 통합하여야 한다. 유형 입주 자격과 선정기준이 너무나 세분되어 전문가들조차도 알기 어려운 공공임대주택 유형별 기준을 통합하고, 칸막이 운영을 개선해야 한다. 2020년 9월 「공공주택 특별법 시행령」 개정에 따라 통합공공임대주택 유형의 법적 근거가 마련되었다. 기존의 영구·국민·행복주택을 하나로 통합하고, 입주자격과 임대료 체계 등 제도 전반을 수요자 관점에서 개선해 나가야 한다. 서울시에서는 2022년부터 신규 사업승인 받는 건설임대 물량은 모두 통합공공임대로 공급하고 차차로 기존 영구·국민·행복주택은 재공급 시에 통합으로 전환하여 공급하겠다는 계획을 수립하고 있다.

이제까지 공공임대주택 배분체계는 주택 중심으로 배분되는 것이었다. 유형화된 공공임대주택에 따라 정부보조금, 금융지원, 입주계층, 임대료 등이 결정되어, 실제로 주거복지가 절실한 가구가 지원받지 못하는 사례가 있다. 더구나 공급량 중심의 양적 정책목표 달성을 위해 건설이 쉬운 지역에 집중하여 공급되기 때문에 수요와 공급의 불일치가 일어나고 있다. 이번 기회에 기존 주택 중심 배분체계를 사람 중심 배분체계로 전환해 나가야 한다. 공공주택에 대한 오랜 경험과 노하우가 축적된 해외 선진 사례를 연구하고 우리 실정을 좀 더 자세히 분석하여 저소득 취약계층의 주거안정을 이룰 수 있는 획기적인 개선안과 법제도 마련이 필요하다.

참고문헌

단행본

김용호, 주택재개발의 이론과 실재, 사법행정문화원 (1995)

김수현, 한국 공공임대주택 정책의 전개과정과 성격, 박사학위 논문, 서울대학교 (1996)

하성규, 주택정책론, 박영사 (2004)

세종대학교 산학협력단&한국도시연구소, 서울시 저소득층 주거지 주민 생활사 연구 (2015)

진희선, 대한민국 부동산 트렌드, 행복에너지 (2021)

진희선, 블랙홀강남 아파트나라, 한경사 (2022)

간행물

배순석, 주택 200만 호 건설계획상의 주택공급과 지원체계, 국토정보 1992년 5월, 국토개발연구원 (1992)

재정경제부 외, 임대주택정책 개편방안 (2005)

성장환 외, 미래 국토전망과 LH 역할, 토지주택연구원 (2017)

업무편람, 백서, 언론 보도자료

경제기획원, 경제백서 (1990)

건설교통부, 서민주거안정을 위한 주택백서 (2003)

건설교통부, 국민임대주택 업무편람 (2007)

국토해양부, 국민 주거안정을 위한 도심 공급활성화 및 보금자리주택 건설방안, 언론 보도자료 (2008.9.19.)

국토교통부, 보금자리주택 업무편람 (2012)

국토교통부, 서민 주거안정을 위한 주택시장 정상화 종합대책, 보도자료 (2013. 4.1.)

국토교통부, 주택업무편람 (2017)

관계부처 합동, 사회통합형 주거사다리 구축을 위한 주거복지 로드맵, 보도자료
  (2017.11.29.)

국토교통부, 내삶을 바꾸고 지역주민과 함께하는 주거복지 2.0 시대, 보도자료
  (2020.3.20.)

국토부, 주택업무편람 (2022)

한국사회주택협회 홈페이지 (http://www.socialhousing.kr/dashboard, 2023.4.21.)

헌법상 주거권과 사회주택

|김경목|

초록

주거의 확보는 인간 생존에 필수적 조건이므로, 적절한 주거권은 인간의 생존에 필요한 가장 기본적인 권리라고 할 수 있다. 주거권이 헌법상 보장되는 기본권인지 여부, 주거권의 내용에 대해서는 아직 충분한 논의가 이루어지지 않고 있다. 사회적 기본권으로서의 주거권 보장 측면에서 주거약자에 대한 사회주택 공급의 문제를 살펴본다.

헌법재판소는 그동안 사회적 기본권의 보장과 관련하여 최저생계비 사건 등에서 국가가 인간다운 생활을 보장함에 필요한 최소한도의 조치를 취하였는지 여부를 기준으로 제시하면서 그 구체적인 수준의 결정은 행정부의 광범위한 재량에 맡겨져 있다는 소극적인 입장을 취하고 있다. 이는 인간다운 최저생활의 헌법적 보장에 대한 의회의 입법재량을 인정하면서도 최저생활수준의 산출 절차에 대해 적극적으로 심사를 하여 사회적 기본권의 실질적 보장을 도모하고 있는 독일 연방헌법재판소와 비교된다.

주거권의 실질적 보장을 위한 방안을 찾기 위해 주거권에 관한 각국의 입법례와 주거권과 관련하여 주거기본법을 비롯한 현행 법령에서 어떠한 내용의 보장이 이루어지고 있는지를 살펴보았다. 주거약자법은 65세 이상의 고령자, 장애인 등 주거약자에 대한 임대주택 의무

---

* 법무법인(유한) 태평양 변호사

건설비율을 정하고, 공공주택 특별법은 주거지원필요계층을 위한 공공 임대주택 공급의무를 부과하는 등 여러 제도를 두고 있으나, 아직까지는 공급이 상당히 부족하고 제도적 뒷받침이 단단하지 못하여 실효성 있는 보장이 이루어지고 있다고 보기 어렵다. 그리고 쾌적하고 살기 좋은 생활을 위해 필요한 최소한의 주거수준을 정한 최저주거기준은 사회적·경제적인 여건의 변화를 반영하지 못한 채 미흡한 수준으로 남아 있다.

이처럼 현행 법령상 인간다운 생활을 위한 주거권 보장은 아직 제대로 실현되고 있지 못하다. 인간다운 생활을 위한 주거의 최저선 확보를 위해 '쾌적하고 안정적인 주거생활을 할 권리' 또는 '존엄하고도 적절한 주거를 보장받을 권리'를 헌법상 기본권인 주거권으로 명시하도록 하는 헌법 개정을 제안한다. 주거권은 단순히 국가가 시혜적으로 국민에게 베푸는 것이 아니라 인간다운 삶의 보장을 위하여 모든 국민에게 보장되어야 하는 기본권이라는 점에서 헌법에 주거권을 명시적으로 규정하고 사법적 심사의 강화를 통해 주거권의 적극적 실현이 이루어지기를 기대한다.

Ⅰ. 들어가며

장애인·고령자 등 주거약자의 주거안정과 주거수준 향상을 목적으로 2012. 2. 22. 「장애인·고령자 등 주거약자 지원에 관한 법률」이 제정되고, 국민의 주거안정과 주거수준의 향상에 이바지하는 것을 목적으로 2015. 6. 22. 「주거기본법」이 제정되는 등 주거복지 문제에 대한 사회적 인식이 제고되고 입법적 노력이 뒤따르고 있음은 상당히 고무적인 일이다. 주거의 확보는 인간 생존에 필수적 조건이므로, 적절한 주거권은 인간의 생존에 필요한 가장 기본적인 권리라고 할 수 있다.

국가가 국민에게 적절한 주거공간을 보장해 줄 수 있는 정책수단으로는 주거수당을 제공하는 방안, 주택의 임대료나 임대 기간을 통제하는 방안, 사회적 약자에게 직접 또는 사회적 경제주체를 통해 주거를 제공하는 방안 등이 있을 수 있다. 이 중 사회적 약자에게 주거를 제공하는 방안으로 언급되는 사회주택은 넓게는 공공·민간·비영리조직 등 다양한 주체에 의해 공급·관리되는 공공성이 강한 주택으로서 일반적으로 공공주택(public housing)을 포함하는 개념으로 통용되나,[1] 좁게는 사회적 약자에게 주거를 제공하는 방안 중 공공 중심의 공급이 지난 한계에 대한 대안으로서 사회적경제 주체에 의한 공급이 강조되는 배경을 고려하여 사회적경제 주체가 사회경제적 약자를 대상으로 지불가능한 임대료로 공급하는 임대주택으로 정의되기도 한다.[2]

주거권이 헌법상 보장되는 기본권에 포함된다는 당위론에 대해서는 이견(異見)이 별로 없다. 그렇다면 이러한 주거권에 근거하여 국가는 국민에게 적절한 주거공간을 보장해 줄 의무를 가지며, 국민은 국가에 적절한 주거공간을 보장해줄 것을 청구할 수 있는 권리를 가지는가. 사회적 기본권이 어느 정도로 보장되어야 하는지에 대해 헌법재판소는 지금까지 매우 소극적인 태도를 보여 왔다. 사회적 기본권의 실질적인 보장을 통해 인간다운 생활을 할 수 있는 여건이 확보되지 않는 한 자유권의 보장 역시 형식적인 것이 될 수밖에 없다. 사회적 기본권은 자유의 조건을 보장하여 개인의 자유를 실질적으로 실현하는 과제를 가지며 국가는 개인에게 절대적인 차원에서 자유를 향유하기 위하여 필요한 최소한 혹은 적절한 수준의 조건을 보장하여야 한다.[3] 이러한 점에서 사회적 기본권에 대한 인식 전환이 필요한 때이다. 인간으로서의 존엄을 지키기 위해 필요한 수준이라면 법적으로 구제수단

---

1) 최은영 외 4, "사회주택공급 활성화를 위한 대응방안", 한국도시연구소(2016), 2.
2) 이희숙, "사회주택 법제도 현황과 개선 방안", 공간과사회 제31권 2호(2021), 70.
3) 전광석, "사회적 기본권의 헌법적 실현구조", 국가인권위원회, 사회권포럼 자료집I(2007), 38-39.

이 있어야 하며, 인간다운 최저생활을 보장하는 국가의 과제는 적극적으로 사법심사의 대상이 되어야 한다.4)

이 글은 사회적 기본권으로서 주거권의 현실을 파악하고, 주거권이 기본권으로 보다 실질적으로 보장될 수 있도록 규범적 지위를 제고하고자 하는 데 목적이 있다. 이를 위해 사회적 기본권 보장에 관한 헌법재판소의 입장을 알아보고, 주거권 보장에 관한 해외 입법사례를 통해 바람직한 주거권 보장의 모습을 살펴본다. 그리고 주거복지를 위한 현행 법제에서 제공되는 급부의 내용을 사회적 기본권으로서의 주거권 보장을 위한 사회주택 위주로 검토하고, 기본권으로서 주거권 보장을 강화하기 위하여 헌법에 명문으로 주거권을 규정하는 방안을 제안한다.

II. 기본권으로서의 주거권

1. 사회적 기본권의 보호

가. 사회적 기본권의 법적 성격 및 보호수준

헌법상 보장되고 있는 사회적 기본권의 성격에 대해서는 단지 입법자의 입법방향을 제기하는 선언적 규정에 불과하다는 견해, 사회적 기본권을 실현해야 할 국가의 목표나 의무를 부과하는 객관적 규범으로 보는 견해와 같은 객관설 및 개인의 주관적인 권리로 이해하는 주관설의 대립이 있다.5) 헌법재판소는 사회적 기본권을 주관적 권리로 이해

---

4) 전광석, 위의 논문, 47.
5) 한수웅, "사회복지의 헌법적 기초로서 사회적 기본권", 헌법학연구 제18권 제4호(2012. 12.), 72-74.

하는 입장을 취하고 있으나, 사회적 기본권의 보장에는 국가의 재원이 필요하다는 점을 근거로 입법자의 입법에 의하여 비로소 구체화되는 권리로 이해하여 권리구제를 위한 사법심사의 가능성에 있어서는 소극적인 태도를 취하고 있다.

헌법은 제34조 제1항에서 국민에게 인간다운 생활을 할 권리를 보장하는 한편, 동조 제2항에서는 국가의 사회보장 및 사회복지증진의무를 천명하고 있다. '인간다운 생활을 할 권리'는 여타 사회적 기본권에 관한 헌법규범들의 이념적인 목표를 제시하고 있는 동시에 **국민이 인간적 생존의 최소한을 확보하는 데 있어서 필요한 최소한의 재화를 국가에게 요구할 수 있는 권리를 내용**으로 하고 있다. … (중략) … 즉 국가가 '인간다운 생활을 할 권리'를 국민에게 보장하기 위하여 국가의 보호를 필요로 하는 국민들에게 한정된 가용자원을 분배하는 이른바 사회보장권에 관한 입법을 할 경우에는 국가의 재정부담능력, 전체적인 사회보장수준과 국민감정 등 사회정책적인 고려, 제도의 장기적인 지속을 전제로 하는 데서 오는 제도의 비탄력성과 같은 사회보장제도의 특성 등 여러 가지 요소를 감안하여야 하기 때문에 **입법자에게 광범위한 입법재량이 부여되지 않을 수 없고**, 따라서 헌법상의 사회보장권은 그에 관한 수급요건, 수급자의 범위, 수급액 등 구체적인 사항이 법률에 규정됨으로써 비로소 구체적인 법적 권리로 형성된다고 보아야 할 것이다(헌재 1995. 7. 21. 93헌가14, 판례집 7-2, 1, 21).

나. 최저생계비 관련 사건

(1) 1994년 생계보호기준 위헌확인 사건(헌재 1997. 5. 29. 94헌마33)

청구인들은 부부이고 생활보호법 제6조 제1항 및 동법시행령 제6조 제1호 소정의 "거택보호대상자"로서, 1994. 1.경 보건복지부장관이 고시한 1994년 생활보호사업지침상의 "94년 생계보호기준"에 의하여 생계보호급여를 받고 있는바, 이 보호급여 수준은 최저생계비에도 훨씬 미치지 못하여 헌법상 보장된 청구인들의 행복추구권과 인간다운 생활을 할 권리를 침해하고 있다는 이유로 1994. 2. 25. 위 "94년 생계보호기준"에 대하여 헌법소원심판을 청구하였다. 청구인들은 생활보호법상의 거택보호대상자에게 지급되는 생계보호기준이 1994년 현재 매월 금 65,000원 정도의 수준으로서, 이는 1993년도의 월 최저생계비(전국 118,600원, 대도시 : 141,400원, 중소도시 : 126,400원, 농촌 : 106,100원)는 물론 육체적인 생존을 위하여 필요한 최저생계비 105,000원에도 훨씬 미치지 못한다고 주장하였으나, 이에 대해 헌법재판소는 다음과 같이 판단하였다.

보건복지부장관의 사실조회회신에 의하면, 1994년도를 기준으로 볼 때 거택보호대상자에게는 청구인들이 주장하는 매월 1인당 금 65,000원 정도 (주식비, 부식비, 연료비등을 합한 것) 의 생계보호6) 이외에도 월동대책비로 1인당 1년에 61,000원, 생활보호대상자 중 70세 이상의 노인에게는 노인복지법에 의한 노령수당으로 1인당 월 15,000원이 각 지급되었고, 65세 이상 노인 전체에 대하여는 매월 1인당 3,600원 상당의 버스승차권이 지급되었으며, 생활보호법은 보호의 수준에 관하여 건강하고 문화 생활보호대상자에 대하여는 각 지방자치단체의 급수조

---

6) '94년 생계보호기준

구 분		1993년	1994년
보 호 대 상		338,000	320,000
거택 보호	지원 기준	백 미(인/월)	10kg	10kg
		정 맥(인/월)	2.5kg	2.5kg
		부식비(인/일)	700원	820원
		연료비(가구/일)	563원	675원
		장의비	250,000원	300,000원
		보호수준(인/월)	56,000원	65,000원

례 및 하수도조례에 의하여 상하수도 사용료가 감면되며 (서울특별시
의 경우 매월 기본사용료 각 2,500원 면제), 한국방송공사법시행령에
의거 월 2,500원의 텔레비전 수신료가 면제되고, 한국통신공사 이용약
관에 의거하여 전화 사용료 월 6,000원 (기본요금＋통화 150회) 까지는
면제되는 등 각종 급여와 부담감면이 행하여지고 있음을 알 수 있고,
한편 청구인들과 같이 2인이 1가구를 구성하는 경우의 1994년도 최저
생계비는 1인당 매월 대도시에서는 190,000원 정도, 중소도시에서는
178,000원 정도, 농어촌에서는 154,000원 정도임을 알 수 있다.7)

··· 따라서 비록 **위와 같은 생계보호의 수준이 일반 최저생계비에 못
미친다고 하더라도** 그 사실만으로 곧 그것이 헌법에 위반된다거나 청
구인들의 행복추구권이나 인간다운 생활을 할 권리를 침해한 것이라고
는 볼 수 없다 할 것이다(헌재 1997. 5. 29. 94헌마33).해한 것이라고는
볼 수 없다 할 것이다(헌재 1997. 5. 29. 94헌마33).

위 헌법재판소 결정 당시 생활보호법상 보호 대상자는 65세 이상의
노쇠자, 18세 미만의 아동, 임산부, 폐질 또는 심신장애로 인하여 근로
능력이 없는 자, 기타 생활이 어려운 자로서 보호기관이 보호를 필요
로 한다고 인정하는 자(제3조 제1항), 생활유지의 능력이 없거나 생

---

7) 우리나라 정부기구에 의해 계측된 최초의 최저생계비는 1974년 사회보장심의위
원회에서 계측된 1973년 최저생계비이며, 그 후 15년 후인 1989년에 한국보건
사회연구원에 의해 대도시, 중소도시, 농어촌의 세 개 지역별로 계측되었다. 중
소도시 기준 1인 가구 최저생계비는 109,581원, 4인 가구 최저생계비는 315,076
원으로 산출되었으며, 1988년 1인당 국민소득(2000년 기준)은 324만원(월 환산
27만원)으로, 1인가구 최저생계비는 1인당 국민소득의 40.6%이다. 이후 5년만인
1994년에 대도시, 중소도시, 농어촌의 3지역 최저생계비와 더불어 인구가중치를
부여하여 산출한 전국 최저생계비를 계측하였는데, 전국 기준으로 1인가구 최
저생계비는 206,997원, 4인가구 최저생계비는 547,303원으로, 1인당 국민소득과
비교해 볼 때 1994년 1인당 국민소득(2000년 기준) 760만원(월 환산 63만원)으
로, 1인가구 최저생계비는 1인당 국민소득의 32.7%이다[김미곤 외 8, "최저생계
비 계측방식 개선방안에 관한 연구", 한국보건사회연구원(2009. 9.), 31-32.].

활이 어려운 자에 해당한다. 생활보호법은 이러한 사람들에게 필요한 보호를 행하여 이들의 최저생활을 보장하는 것을 목적으로 하고, 보호의 기준은 "이 법에 의한 보호의 수준은 **건강하고 문화적인 최저생활을 유지할 수 있는 것이어야 한다.**"라고 규정하였다(제5조 제1항). 헌법재판소는 "인간다운 생활을 보장하기 위한 객관적 내용의 최소한을 보장하고 있는지의 여부는 생활보호법에 의한 생계보호급여만을 가지고 판단하여서는 아니 되고 그 외의 법령에 의거하여 국가가 생계보호를 위하여 지급하는 각종 급여나 각종 부담의 감면 등을 총괄한 수준을 가지고 판단하여야 한다."라고 하면서 1인당 연간 월동대책비, 65세 이상 노인에 지급되는 버스승차권, 상하수도 사용료 감면, TV 수신료 면제, 전화 사용료 면제 등을 들어 생계보호기준이 최저생계비에 미치지 못하더라도 인간다운 생활을 할 권리를 침해한 것으로 볼 수 없다고 판단하였다. 그러나 최저생계비야말로 인간다운 생활을 위해 보장되어야 할 최저선이라고 할 수 있는데, 생계보호기준이 최저생계비의 절반 정도밖에 이르지 않음에도 소소한 부가적인 급여가 있다는 이유만으로 과연 이러한 생계보호기준이 '건강하고 문화적인 최저생활을 유지할 수 있는 것'인지에 대해 헌법재판소는 제대로 된 답변을 하지 않은 채 위헌이 아니라는 판단을 내리고 있다.

위 94헌마33 결정은 사회권의 주관적 권리성을 인정하였다는 점에서 의미가 있다고 할 것이나, 당시 최저생계비 항목에 포함된 내용의 적정성을 평가하고, 이와 비교하였을 때 최저생계비의 절반 정도밖에 되지 않는 생계보호기준이 인간다운 생활을 보장하기에 충분한지 여부에 대한 적극적인 판단으로 나아가지 않은 점에 대해 아쉬움이 남는다.

(2) 2002년도 국민기초생활보장최저생계비 위헌확인
(헌재 2004. 10. 28. 2002헌마328 결정)

헌법재판소는 보건복지부장관이 2002년도 최저생계비를 고시함에 있어 장애로 인한 추가지출비용을 반영한 별도의 최저생계비를 결정하지 않은 채 가구별 인원수만을 기준으로 최저생계비를 결정한 2002년도 최저생계비고시가 생활능력 없는 장애인가구 구성원의 인간의 존엄과 가치 및 행복추구권, 인간다운 생활을 할 권리, 평등권을 침해하지 않았다고 결정하였다.

보건복지부장관은 2001년도 최저생계비를 3.5% 인상하여 가구별 인원수를 기준으로 2002년도 최저생계비를 결정하여 이 사건 고시를 하였는데, 당시 가구유형(성, 연령, 장애여부, 질병여부 등)을 고려한 최저생계비를 계측할 수 있는 모형개발이 미흡했고, 예산상의 이유로 가구유형별 최저생계비를 계측하기 위한 충분한 표본수를 확보할 수 없었음을 이유로 장애인가구의 추가지출비용을 반영한 장애인가구용 최저생계비는 따로 결정하지 아니하였다.

국가가 행하는 보장법상의 "생활능력 없는 장애인에 대한 최저생활보장을 위한 생계급여 지급"이 헌법이 요구하는 객관적인 최소한도의 내용을 실현하고 있는지의 여부는 국가가 인간다운 생활을 보장함에 필요한 최소한도의 조치를 취하였는가의 여부에 달려있다고 할 것인바, "인간다운 생활"이란 그 자체가 추상적이고 상대적인 개념으로서 그 나라의 문화의 발달, 역사적·사회적·경제적 여건에 따라 어느 정도는 달라질 수 있는 것이고, "최소한도의 조치" 역시 국민의 사회의식의 변화, 사회·경제적 상황의 변화에 따라 가변적인 것이므로, … (중략) … 따라서, 생활이 어려운 장애인의 최저생활보장의 구체적 수준을 결정하는 것은 입법부 또는 입법에 의하여 다시 위임을 받은 행정부 등 해당기관의 광범위한 재량에 맡겨져 있다고 보아야 한다.

그러므로 국가가 인간다운 생활을 보장하기 위한 헌법적 의무를 다 하였는지의 여부가 사법적 심사의 대상이 된 경우에는, 국가가 최저생활보장에 관한 입법을 전혀 하지 아니하였다든가 그 내용이 현저히 불합리하여 헌법상 용인될 수 있는 재량의 범위를 명백히 일탈한 경우에 한하여 헌법에 위반된다고 할 수 있다.

헌법재판소는 생계보호의 위헌 여부에 대하여 국가가 국민의 '인간다운 생활'을 보장함에 필요한 최소한도의 조치를 취하였는가에 달려 있다고 하여 그 판단기준을 '최소한도의 보장'으로 낮춰 놓고, 여기에 더하여 최저생활보장의 구체적 수준을 결정하는 것은 입법부 또는 행정부 등 해당기관의 광범위한 재량이라고 하고 있다. 즉 최소한도의 보장이 이루어졌는지를 따지되, 그 최소한도의 보장 수준은 국가가 광범위한 재량으로 결정할 사항이라고 하는 것은 사실상 사법심사를 하지 않겠다는 말에 다름 아니다.

다. 헌법재판소 결정에 대한 비판

사회적 기본권 보장에 관한 독일 연방헌법재판소 결정 중에서 주목할 만한 것은 2010. 2. 9. 내린 소위 하르츠 IV (Hartz IV) 결정[8]이다. 독일 연방헌법재판소는 근로능력은 있지만 스스로 최저생활을 유지할 수 없는 실업자와 그 가족에 대한 기초생활 보장을 위한 급여를 규정하고 있는 사회법전(Sozialgesetzbuch) 상의 급여 수준이 최저생활을 보장하기에 미흡하다는 이유로 헌법불합치 결정을 내렸다.[9]

하르츠 IV 결정에서 독일 연방헌법재판소는 인간다운 최저생활 보

---

8) BVerfG 125, 175.
9) 박귀천, "독일 연방헌법재판소의 하르츠IV 위헌결정에 따른 사회권 침해 위헌 심사기준 및 그 의의", 국민기초생활보장법상 부양의무자 기준과 사회적 기본권의 보장 토론회(2016. 6. 14.) 자료집, 33.

장에 관한 기본권이 사회국가원칙(기본법 제20조 제1항)과 인간존엄의
보호 조항(기본법 제1조 제1항)으로부터 도출된다고 보았으며,10) 모든
부조를 필요로 하는 사람들에게 그들의 육체적 생존과 사회적, 문화적,
정치적 생활에의 최저한도의 참여를 위하여 필수적인 물질적 전제조
건을 보장하여야 하고, 이러한 청구권은 입법자의 형성에 의해 구체화
되는데, 입법자는 급부의 이행을 사회의 발전상태와 현재의 생활조건
에 맞추어야 한다고 하였다.11) 인간다운 최저생활 보장에 관한 직접적
인 헌법적 급부청구권은 인간의 육체적 생존, 즉 음식, 살림집기, 숙박,
난방, 위생, 건강뿐만 아니라 인간관계를 유지할 수 있도록 보장하는
것, 사회적, 문화적 정치적 생활의 참여를 위한 최소한도의 가능성을
보장하는 것을 포함한다.12)

그리고 청구권의 구체화를 위하여 입법자는 모든 생존에 필요한 비
용을 투명하고 객관적인 절차를 통해 실제적인 수요에 따라, 즉 현실
에 맞게 산정하여야 하며, 연방헌법재판소는 입법자가 필수적인 사실
들을 본질적으로 완전하고 적절하게 산출하였는지 여부 등을 검토함
으로써 최저생활수준의 산출에 관한 절차에 관하여 통제한다.13)

독일 연방헌법재판소는 독신자에게 지급되는 월 345유로의 생계급
여가 입법자 스스로 선택한 통계모델로부터 벗어난 것으로서 헌법에
합치되지 않는 방식으로 산출된 금액이라는 점에서 헌법에 합치되지
않는다고 판단하였으며, 14세 이하 아동에 대하여 일률적으로 성인에
게 지급되는 생계급여의 60%를 지급하도록 하는 것은 경험적, 통계적
근거가 결여된 입법으로서 위헌이라고 판단함으로써 어린이들에 대한

---

10) 독일 기본법
　　제1조 (1) 인간의 존엄성은 훼손될 수 없다. 이를 존중하고 보호하는 것은 모든
　　　　국가권력의 의무이다.
　　제20조 (1) 독일연방공화국은 민주적이고 사회적인 연방국가이다.
11) 박귀천, 앞의 논문, 42.
12) 박귀천, 앞의 논문, 46.
13) 박귀천, 앞의 논문, 47.

별도의 고려가 입법에 반영되어야 한다는 점을 밝히고 있다. 또한 인간다운 최저생활 보장은 전형적인 수요는 아니지만 개인의 특별한 상황으로 인해 발생되는 현존하고 있고 1회적인 것이 아닌 수요를 포함하여야 한다고 판단하는 등 인간다운 최저생활 보장을 위한 급여에 관한 새로운 중요한 기준을 제시하였다.[14]

위와 같은 독일 연방헌법재판소의 태도는 우리나라 헌법재판소가 2건의 최저생계비 사건에서 보여준 태도와 비교된다. 독일 연방헌법재판소는 인간다운 최저생활의 헌법적 보장은 의회가 제정하는 법률을 통해 이루어져야 하고 의회에 입법재량을 인정하면서도, 생계급여가 헌법에 부합되는 방식으로 산출되지 않은 것은 위헌이며, 특히 인간다운 최저생활의 보장은 전형적인 수요가 아니더라도 개인의 특별한 상황으로 인해 발생되는 부가적인 특별수요도 포함되어야 한다고 판단하여 최저생활의 보장이 실질적으로 이루어질 수 있도록 하였다. 이러한 입장에 따르면 장애로 인한 추가지출비용 역시 전형적인 수요는 아니지만 개인의 특별한 상황으로 인해 발생되는 부가적인 특별수요에 포함될 수 있고, 실제 연방노동청이 업무지침을 통해 타인의 도움 없이는 자신의 가사를 할 수 없는 휠체어 사용자가 제3자로부터 도움을 받고 있지 않다면 가사보조를 위한 추가적인 수단을 지원받는다고 한 바 있어,[15] 위 헌법재판소 2002헌마328 결정과는 달리 장애로 인한 추가지출비용이 생계보호에 포함될 수 있도록 하였다.

독일 연방헌법재판소와 우리나라 헌법재판소는 인간다운 최저생활의 보장에 관한 주관적 청구권을 인정하고 있으며 최저생활 보장 수준의 결정은 입법자에게 형성의 자유가 있다고 인정한다는 점에서는 같지만, 독일 연방헌법재판소는 입법자가 최저생활의 보장을 위하여 원칙적으로 적절한 산정절차를 선택하였는지 최저생활수준의 산출 절차

---

14) 박귀천, 앞의 논문, 54.
15) 박귀천, 앞의 논문, 54.

에 대해 적극적으로 심사를 하고 있는 반면, 우리나라 헌법재판소는 입법자의 광범위한 재량으로 미뤄둔 채 사실상 사법심사를 하지 않고 있다. 인간다운 최저생활의 보장이 이루어지지 않으면 자유권의 보장 역시 공허한 외침에 지나지 않는다는 점을 새긴다면 인간다운 최저생활의 보장이 재정을 수반하는 문제라는 이유로 마냥 입법자에게만 기대어 해결되기를 기대하기보다는 헌법재판소의 좀 더 적극적인 통제가 필요하다.

2. 헌법상 주거권 보장

주거권의 법적 성격과 관련하여 자유권, 사회권, 재산권, 환경권 등이 논의된다. 자유권으로서의 주거권은 국가로부터 간섭받지 않을 소극적 권리를 뜻하며, 강제퇴거, 철거로부터 보호받을 권리가 도출된다. 이 글에서는 국가, 지방자치단체, 사회적 경제주체 등이 주거의 안정성을 보장하기 위해 공급하는 사회주택과 관련하여 사회적 기본권으로서의 주거권만을 살피기로 한다.

주거권이 헌법상 사회적 기본권으로 보장된다면 주거권의 근거조항은 무엇인가. 현행 헌법은 주거권을 명시적으로 규정하고 있지는 않다. 주거권의 헌법적 근거로는 인간의 존엄과 가치 및 행복추구권을 규정한 헌법 제10조, 인간다운 생활을 할 권리를 규정한 헌법 제34조 제1항, 쾌적한 주거생활을 할 권리를 규정한 헌법 제35조 제3항을 들 수 있다.

먼저 헌법 제10조는 "모든 국민은 인간으로서의 존엄과 가치를 가지며, 행복을 추구할 권리를 가진다. 국가는 개인이 가지는 불가침의 기본적 인권을 확인하고 이를 보장할 의무를 진다." 라고 규정한다. 주거는 인간이 생존하기 위한 보금자리이고, 사회의 기본적 조직단위인 가정의 근거지이며, 건강하고 문화적인 생활을 영위하기 위한 필수적

인 요소이므로 헌법 제34조 제1항의 인간다운 생활을 할 권리를 근거
로 쾌적한 주거환경을 보장해 줄 것을 요구할 수 있는 권리를 가진
다.16) 그리고 헌법 제35조 제1항은 "국가는 주택개발정책 등을 통하여
모든 국민이 쾌적한 주거생활을 할 수 있도록 노력하여야 한다."라고
규정하는 바, 이러한 국가의 의무에 상응하여 국민은 쾌적한 주거생활
을 누릴 권리를 가진다고 할 수 있다.

주거권의 내용으로는 생존권을 위협하는 열악한 주택에 거주하는
국민이 인간다운 생활을 하는 데 적합한 주택에서 안전하고 문화적인
주거생활을 영위할 수 있도록 국가에 요구할 권리를 가지며, 주거의
수준은 인간이 생활하기에 적합한 일정 수준 이상의 요건을 의미하는
것으로 이해할 수 있다.17) 특히 열악한 주거환경에 노출되어 있는 주
거취약계층의 주거 문제는 생존권적 차원에서 우선적으로 주거권을
보장해야 한다.

아직까지 헌법재판소에서 주거권의 문제를 정면으로 다룬 사례는
없다. 청구인이 무주택자 주택공급 부작위 위헌확인을 구하면서 국가
가 소득·재산의 유무나 다과에 관계없이 모든 국민에게 1가구 1주택의
보편적 주거권을 보장하지 아니하여 기본권을 침해받았다고 주장한
사건에서, 헌법재판소는 지정재판부 결정으로 "국민기초생활보장법,
주택법, 임대주택법 및 그 시행령 등에 따르면, 국가는 저소득층 국민
에게 주거급여를 지급하고, 국민임대주택을 공급하는 등, 주거에 관하
여 인간다운 생활을 보장하기 위한 일정한 제도적 장치를 마련하고 있
다. 이와 같은 저소득층 국민에 대한 주거권 보장을 넘어서, 청구인이
주장하는 바와 같은 내용의 보편적 주거권을 보장할 국가의 작위의무
는 헌법에 명문으로 규정되어 있지 않으며, 헌법해석상 위와 같은 작
위의무가 바로 도출된다고 볼 수도 없고, 법령에도 위와 같은 작위의

---

16) 조양재, "주거권 보장에 관한 헌법적 과제와 개선방안", 박사학위 논문, 울산대
    학교(2019), 21.

17) 조양재, 위의 논문, 22.

무가 구체적으로 규정되어 있지 않다."라는 이유로 각하하였다(헌재 2013. 11. 19. 2013헌마754, 제1지정재판부 결정).

대법원은 헌법상 기본권으로서의 주거권을 인정하는 취지의 판시를 한 바 있다. 원고들이 행정청의 노외주차장 설치 결정 취소를 구하는 소송에서 대법원은 "…관련되는 제반 공익과 사익을 비교·형량하여 노외주차장을 설치하여 달성하려는 공익이 그로써 제한받는 다른 공익이나 침해받는 사익보다 우월한 경우에 한하여 그 주차장 설치계획이 정당하다고 볼 수 있다. 특히 노후·불량주택 자체를 효율적으로 개량하기 위한 목적이 아닌 공익사업을 시행하는 과정에서 다수의 기존 주택을 철거하여야 하는 경우에는 단순히 재산권 제한에 그치는 것이 아니라 매우 중요한 기본권인 '주거권'이 집단적으로 제한될 수 있으므로, 이를 정당화하려면 그 공익사업에 중대한 공익상 필요가 분명하게 인정되어야 한다."(대법원 2018. 6. 28. 선고 2018두35490, 35506 판결)라고 판시하였다.

III. 주거권에 관한 입법례

1. 국제규범

가. 세계인권선언

1948년 유엔의 '세계인권선언'은 주거권과 관련하여 그 방향성의 설정을 위한 중요한 근거가 된다.[18] 세계인권선언 제25조 제1항은 주거권을 포함하여 사회보장의 권리에 대해 다음과 같이 규정한다.

---

18) 윤현식, "주거기본법의 의의와 과제", 일감부동산법학 제11호(2015. 8.), 62.

모든 사람은 식량, 의복, **주거(housing)**, 의료, 필수적인 사회서비스를 포함하여 자신과 가족의 건강과 안녕에 적합한 생활수준을 누릴 권리를 가지며, 실업, 질병, 불구, 배우자와의 사별, 노령, 기타 자신이 통제할 수 없는 상황의 생계곤란과 같은 경우에 사회보장의 권리를 갖는다.

나. 사회권 규약 및 경제·사회·문화적 권리위원회의

(1) 1991년 일반논평 제4호

우리나라가 1990년에 비준한「경제적·사회적 및 문화적 권리에 관한 국제규약」(이하 "사회권 규약") 제11조 제1항은 "모든 사람은 적당한 식량과 의복 및 주택을 포함하여 자기 자신과 가정을 위한 적당한 생활수준을 누릴 권리와 생활 조건을 지속적으로 개선할 권리를 가진다."고 규정하고 있다. 헌법 제6조 제1항에서 "헌법에 의하여 체결·공포된 조약과 일반적으로 승인된 국제법규는 국내법과 같은 효력을 가진다."라고 규정하므로 위 사회권 규약은 국내법적 효력이 인정된다.

경제·사회·문화적 권리위원회의 1991년 일반논평 제4호(이하 "일반논평 제4호")는 사회권 규약 제11조 제1항의 적당한 생활수준을 영위할 수 있는 권리에서 파생된 적절한 주거에 대한 인간의 권리는 모든 경제적, 사회적 문화적 권리를 누리는 데 있어 가장 중요한 요소임을 선언하면서, 적절한 주거에 대한 권리에 관한 구체적인 기준을 다음과 같이 제시하고 있다.[19]

① 점유의 법적 보장: 공공임대 또는 민간 임대, 자가소유 등 다양한 점유형태와 상관없이 모든 사람은 강제 퇴거, 괴롭힘 또는 기타 위협으로부터 법적인 보호를 받을 수 있는 점에 대한 법적 안정성을 보장받아야 한다.

---

19) 국가인권위원회, 주거권 국제기준 자료집(2020), 20-21.

② 서비스, 물, 시설, 인프라에 대한 가용성: 적절한 주택은 건강, 안전, 편안함, 영양에 필수적인 일정한 시설을 갖추고 있어야 하며, 적절한 주거권의 수혜자는 안전한 식수, 에너지, 위생과 세면시설 등에 지속적으로 접근할 수 있어야 한다.

③ 비용의 적정성: 주거 관련 비용이 다른 기본적인 수요의 확보 및 충족을 위협하지 않거나 제한하지 않는 수준이 되어야 한다. 주거비용을 감당할 수 없는 이들에 대한 주택 보조금 및 주택 수요를 적절하게 반영하는 주택 보조금의 형식과 수준을 확립해야 한다.

④ 거주가능성: 적절한 주거는 거주자에게 충분한 공간을 제공하고 추위, 습기, 더위, 비, 바람, 기타 건강에 위협이 되는 요인, 구조적 위험, 해충으로부터 거주자를 보호해야 한다는 점에서 거주 가능해야 하며, 거주자의 물리적인 안전도 보장되어야 한다.

⑤ 접근성: 적절한 주거는 권한을 갖는 자들 모두에게 접근 가능해야 하며, 혜택을 받지 못한 집단들에게도 적절한 주거 자원에 대해 완전하고 지속적인 접근이 허용되어야 한다. 혜택을 받지 못한 집단, 즉 노인, 아동, 신체장애인, 불치병환자, 후천성면역결핍증 양성 환자, 만성질환자, 정신질환자, 자연재해의 피해자, 재해 상습 지역 거주자 등에게 주거영역에서 일정 정도의 우선순위가 보장되어야 한다. 주택에 관한 법률 및 정책은 이들 집단의 특별한 주거의 필요성을 충분히 감안해야 한다.

⑥ 위치: 적절한 주거는 직장 선택, 보건의료 서비스, 학교, 보육시설 및 기타 사회적 시설에 근접한 장소에 있어야 한다.

⑦ 문화적 적절성: 주택 건축방법, 사용되는 건축 자재, 이들을 지원하는 정책들은 문화적 정체성과 주택의 다양성을 적절히 표현할 수 있도록 하여야 한다.

위 일반논평 제4호는 주거권을 점진적으로 실현할 의무를 다하기 위해 국가는 자국이 취한 조치가 총체적으로 최단시간 내에 최대의 가용자원으로 모든 국민의 권리를 실현시키기에 충분하다는 것을 증명해야 한다고 언급했다. 주거 전략을 위한 예산은 사회권규약 제2조 제1항에 따른 "최대한의 가용 자원"과 "모든 적절한 수단"의 기준을 준수해야 한다.[20]

2. 독일

헌법상 주거권의 보장에 관한 독일 연방헌법재판소의 구체적인 사건은 아직까지 찾아볼 수 없다. 사회적 기본권의 보장과 관련하여 위에서 살펴본 바와 같이 독일 연방헌법재판소는 하르츠 IV 결정에서 사회국가원칙(기본법 제20조 제1항)과 인간 존엄의 보호 조항(기본법 제1조 제1항)으로부터 인간다운 최저생활 보장에 관한 기본권이 도출된다고 보았으며, 모든 부조를 필요로 하는 사람들에게 그들의 육체적 생존과 사회적, 문화적, 정치적 생활에의 최저한도의 참여를 위하여 필수적인 물질적 전제조건을 보장하여야 하고, 이러한 청구권은 입법자의 형성에 의해 구체화 되는데, 입법자는 급부의 이행을 사회의 발전 상태와 현재의 생활조건에 맞추어야 한다고 판시한 바 있다.

사회적 약자에 대한 주거권 보장에 관한 독일의 정책은 사회적 시장경제 체제를 택하고 있어 주거문제는 주택시장을 통해 해결되어야 하며, 주택시장에 대한 국가의 개입은 주택시장이 제대로 작동하지 않을 경우로 제한하고 있다. 2차 세계대전이 끝난 후 시장을 통해 주택 공급 부족으로 주택문제가 심각했을 때 국가가 공공주택을 대량으로 공급한 적이 있으나, 1950년대 후반 이후 주택 부족 문제가 어느 정도 해결되자 정부가 주택시장에 개입하는 것을 자제하고, 1960년대 중반

---

20) 적정 주거 특별보고관 레일라니 파르하의 보고서, 국가인권위원회, 주거권 국제 기준 자료집, 139.

이후부터는 공공주택 공급자를 지원하는 제도나 임대료, 임대계약을 통제하는 제도보다 현금으로 지급되는 주거수당 제도를 선호하는 정책을 펼쳐 지금까지 지속되고 있다.[21]

저소득층에 속하는 임차인의 임대료 부담과 자가주택 소유자의 비용 부담을 덜어 줄 목적으로 1965년 주거수당(Wohngeld)제도가 도입되었다. 주거수당 제도의 도입은 공공주택을 공급하는 방식으로 주택시장에 직접 개입하는 것보다 현금 급여 지원을 통해서 간접적으로 개입하는 방식을 선호하는 사회적 시장경제 이념에 영향을 받았다.[22] 독일은 주거수당 제도가 공공부조제도와 분리되어 독자적으로 운영되고 있으며, 2017년 주거수당 수급가구와 공공부조제도에서 제공하는 주거급여 수급가구는 전체 가구 대비 11%에 달했다.[23]

2005년부터 일반적인 주거수당을 받는 집단과 사회부조를 받는 집단으로 나누어, 사회부조를 받는 수급가구에게는 주거수당이 생존권을 보장하는 차원에서 일반수급가구와는 달리 주거 및 난방비용을 현금으로 지급하였다. 주거 및 난방비용의 수급가구는 장기실업자, 노동이 불가능한 사회부조 수급자, 노령기초연금을 받는 65세 이상의 노인가구로 구성되어 있다.[24]

한편, 2006년 연방주의 개혁에 따라 사회적 주거공간 지원에 관한 권한주체가 연방에서 주로 변경되었고, 이에 따라 각 주는 개별적으로 주거공간 지원 법률(Wohnraumfoerderungsgesetz)을 제정하였다. 사회주

---

21) 2018년 독일은 GDP 대비 0.73%를 주거수당 예산으로 사용하고 있으나, 경제개발협력기구 회원 국가들의 평균 주거수당 예산은 0.28%에 그치고 있다[이신용, "공공의 주거보장에 관한 연구: 독일의 사회적 시장경제에서의 주거수당에 대한 고찰", 한국공공관리학보 제34권 제2호(2020. 6.), 22].

22) 이신용, 위의 논문, 27.

23) 이신용, 위의 논문, 23.

24) 2017년 현재 일반적인 주거수당을 받는 가구는 592,043 가구이고, 주거 및 난방비용의 수급가구는 3,800,000 가구로, 현금으로 주거비를 보조받는 4,400,000 가구는 독일 전체 가구의 11%에 달한다[이신용, 위의 논문, 32].

택의 경우 건축주는 일정한 기간 동안 사회주택 입주권 (Wohnberechtigungsschein)을 가진 이에게만 낮은 수준의 임차료로 제공해야 한다. 사회주택 입주권자의 소득 수준이 1인 가구인 경우 1년 기준 12,000유로로이며, 2인 가구의 경우 18,000 유로로 설정되어 사회주택 지원의 대상 범위가 한정된다.[25]

독일은 국가에 의한 직접적인 주택 공급은 제한적이어야 한다는 사회적 주택시장경제의 입장을 60년대 이후 지속적으로 유지하고 있으며, 1960년대 이후 신축 주택 또는 사회임대주택의 공급이 지속적으로 감소하고 있다. 이러한 주택 공급의 감소는 주택 수요가 계속 늘고 있는 상황에서 전체 독일 가구 및 주거수당 수급가구의 주거비 부담률을 상승시켰다는 점에서 주택시장의 자유화로 발생하는 주거비 부담 문제는 주거수당 제도만으로는 해결할 수 없다는 점을 엿볼 수 있다. 즉 정부가 민간자본이 주택을 짓도록 동기를 부여하는 정책을 취하는 것과 아울러 저소득층과 취약 계층을 위해서는 사회임대주택을 충분히 공급하는 정책도 필요하다.[26]

3. 프랑스

프랑스 헌법은 주거권을 명시적으로 규정하고 있지는 않지만 일반적으로 1946년 10월 27일 헌법전문 제10-11문단을 주거권의 근거규정으로 보고 있다. 헌법 전문에 "10. **국가는 개인과 가정에 자신들을 개발하는 것에 필요로 하는 조건들을** 보장하여야 한다.", "11. 국가는 특히 어린이, 부녀, 노인노동자들에, 건강보호 물질적 안전, 휴식과 여가를 보장하여야 한다. **연령이나 육체적 혹은 정신적 상태, 경제적 상황**

---

25) 변무웅, "독일의 사회주택 관련 문제점과 해결방안", 일감 부동산법학 제16호, 87.
26) 이신용, 앞의 논문, 37-38.

을 이유로 노동을 할 수 없는 모든 인간은 살아갈 수 있는 적정한 수
단을 집단으로부터 얻을 수 있는 권리를 가지고 있다."라고 규정하고
있다.[27]

1989년 7월 6일법 일명 메르마즈법(Mermaz) 제1조는 주거권이 기
본권임을 명시적으로 규정하고 있다. 1990년 3월 31일법은 "주거권을
보장하는 것은 국가전체의 연대적 의무를 구성한다"고 규정함으로써
주거권 보장을 국가의 의무로 규정하고 주거권의 내용과 조건을 구체
적 권리로 규정하였다.[28]

1995년 1월 19일 헌법위원회는 주거권에 관하여 의미 있는 판결
(Decision n° 94-359 DC du 19 janvier 1995)을 내렸는데, "적정한 주거
를 사용할 수 있는 가능성은 헌법적 가치를 가지는 것이다"라고 판시
하면서 국가가 법률로 정하여 일정한 주거가 없는 사람을 위하여 주거
를 제공하도록 하는 의무를 지방자치단체에 부여하는 것은 헌법에 위
반되는 것이 아니라고 하였다.[29]

2007년 통과된 일명 DALO법은 대항력 있는 주거권을 규정하면서
주거가 없는 사람, 가난한 노동자, 아이를 가진 독신 엄마, 비위생적이
고 낡은 주거에 사는 사람은 2008년부터 수혜를 받을 수 있도록 하였
다. 주거권을 주장할 수 있는 사람은 프랑스 국적을 가지거나 정기적
으로 프랑스에 거주하는 사람이어야 하고, 독립적이고 적정한 주거를
보유하지 못한 사람이어야 한다. 사회적 주택을 요구하고 이러한 요구
가 도(department)에 등록되어 증명되어야 한다. 주거권의 행사는 주거
의 요구, 중개위원회의 심사, 주거의 제공이라는 절차를 거치게 되며,
주거의 제공이 중개위원회의 심사를 통과하지 못하여 거처를 얻지 못
할 경우에는 행정소송을 제기할 수 있다.[30] 주거권을 행사하여 주거를

---

27) 권세훈, "프랑스의 주거정책과 주거권", 법제(2016. 12.), 169-170.
28) 권세훈, 위의 논문, 173.
29) 권세훈, 위의 논문, 174.
30) 권세훈, 위의 논문, 175.

신청하는 경우 관계기관은 신청한 날로부터 3개월에서 6개월 안에 결정을 내려 통보해 주어야 하며, 거부처분의 경우에는 반드시 그 사유를 적시하도록 하고 있다.[31]

프랑스의 경우 최저주거기준에 미달하는 경우에는 적극적으로 국가를 상대로 주거를 청구할 수 있고 그것에 대한 처분을 법원에 소구할 수 있도록 한 점에서 아직 적극적 권리로서의 성격을 규정하고 있지 않은 우리나라 주거기본법과 비교된다.

4. 남아프리카공화국

남아프리카공화국(이하 '남아공') 헌법재판소는 헌법 제26조의 주거를 이용할 권리 및 제27조의 보건권[32] 등을 심사하면서 사회적·경제적 권리가 지우는 국가의 적극적 의무 준수 여부를 판단하기 위한 심사모델로 '합리성 심사(reasonableness review)'를 채택하고 있다.[33]

---

31) 권세훈, 위의 논문, 176 참조.
32) 남아공 헌법 제26조 주거
  1. 모든 사람은 적절한 주거에 대한 접근권이 있다.
  2. 국가는 가용자원의 범위 내에서 이러한 권리를 점진적으로 실현하기 위하여 적절한 입법 및 기타 조치를 취하여야 한다.
  3. 누구도 법원이 모든 관련 상황을 검토하여 내린 명령 없이 자신의 집에서 퇴거당하지 않으며 집이 파괴되어서도 안 된다. 법률은 임의적 퇴거를 허용해서는 안 된다.
  제27조 보건, 음식, 물 및 사회보장
  1. 모든 사람은 이하에 대한 접근권을 갖는다.
   a. 재생산 의료를 포함한 보건서비스
   b. 충분한 음식과 물
   c. 자신과 피부양자를 부양할 수 없는 경우의 적절한 사회부조를 포함하는 사회보장
  2. 국가는 가용 자원의 범위 내에서 이러한 권리들을 점진적으로 실현하기 위하여 적절한 입법 및 기타 조치를 취해야 한다.
33) 장선미, "사회적 기본권의 사법적 판단 구조에 관한 비교법적 고찰", 법제(2018.

남아공 헌법재판소는 국가 의무의 범위는 제26조 제2항이 규정하고 있는 (a) 합리적인 입법 및 기타 조치, (b) 권리의 점진적 실현, (c) 가용자원 내라는 세 가지 핵심 요소에 의해 규정된다고 한다.[34]

남아공 헌법재판소에 의하면 적절한 주거에 대한 접근권은 우리가 인간을 소중히 여기며, 인간이 기본적인 인간의 필요를 확보하도록 보장하기 위하여 확립된 것이다. 인간 존엄, 자유 및 평등에 기초한 사회라면 삶의 기본적 필요를 모든 사람에게 제공되도록 보장하여야 한다. 가장 긴절하고 모든 권리를 향유할 능력이 가장 위험에 직면해 있는 사람들이 권리실현을 목표로 하는 조치로 인해 무시되어서는 안 된다. 해당 조치들이 통계상 성공적이지만, 가장 절실한 사람들의 요구에 부응하지 못한다면 합리성 심사를 통과할 수 없다.[35]

2001년 남아공 헌법재판소는 Grootboom 사건에서 정부 주택정책의 헌법 적합성을 평가하면서 합리성 테스트를 사용하였다. 무주택자들이 불법 거주하는 남아공 웨스턴케이프 오스텐버그의 한 지역에서 토지소유자들에 의해 강제 퇴거조치가 이루어지자 무주택자들은 영구적 거주 지역을 찾을 때까지 임시 거주시설을 국가가 제공해 줄 것을 고등법원에 요청하였고, 고등법원은 남아공 헌법 제28조 제1조(c)에 따라 그 그룹에 속한 아이들이 임시 거주시설을 국가의 비용으로 제공받을 권리가 있다는 결정을 내렸다. 남아공 헌법재판소에서 사건 심리가 열리기 전에 국가가 일정기준에 부합하는 임시 거주시설을 제공하는 것으로 합의를 하였고, 남아공 헌법재판소는 국가가 이러한 무주택자들에게 임시 거주시설을 제공하여야 하는지 여부에 대한 헌법적 판단에서, 모든 국민은 적절한 주거에 접근할 권리를 갖는다는 헌법상 권리(헌법 제26조 제1항)에 근거하여, 국가는 그에 부합하는 광범위하고 실행 가능한 계획을 세워야 하는 의무가 있다고 판시하였다.[36] 이러한

9.), 59.

34) 장선미, 위의 논문, 60.

35) 장선미, 위의 논문, 61-62.

판단을 내림에 있어 남아공 헌법재판소는 정부의 정책 판단과 집행은 정책목적을 달성하기 위한 합리성이 있어야 하고 그것을 일탈하면 법원은 이를 심사하여 사회권 위반 여부를 판단할 수 있는데, 이때 고려한 것은 ⅰ) 합리적 입법과 수단들을 취할 필요가 있는지, ⅱ) 그 권리에 대한 점진적인 실현을 달성할 필요가 있는지, ⅲ) 이용 가능한 자원들을 사용할 필요적 조건이 있는지의 3가지이며, 이에 근거하여 남아공 헌법재판소는 국가에 그루트붐 집단과 같은 오갈 곳 없는 무주택자들의 곤경을 해결하기 위해 최소한의 실행계획을 세울 법적 의무가 있다고 판시하면서 국가의 주택정책이 무주택자들에게 임시 거주시설을 제공하지 못한 것은 합리성이 없으므로 위헌임을 선언하였다.[37)]

5. 소결

남아공 헌법재판소가 합리성 심사의 핵심요소를 사회적 기본권 규정으로부터 도출하여 합리적인 입법 및 기타 조치, 권리의 점진적 실현, 가용 자원 내로 구체화시키는 노력을 하고 있는 것과 비교하여, 우리나라 헌법재판소가 주거권 보장에 관련된 것은 아니지만 사회적 기본권의 침해 여부를 판단하는 심사기준에 관하여 1994년 생계보호기준 위헌확인 사건에서 인간다운 생활을 보장하기 위한 최소한의 조치를 취하지 않았는지를 심사기준으로 삼으면서 최저생활보장의 구체적 수준 결정은 입법부 등의 광범위한 재량이라고 하여 사실상 사법심사를 포기한 것은 실체적인 판단 기준의 제시라는 측면에서 상당히 소극적인 입장이라고 하지 않을 수 없다. 그리고 이는 인간다운 최소생활 보장 청구권이라는 사회적 기본권을 관련 규정의 결합을 통해 적극적

---

36) 박찬운, "사회권의 사법구제가능성 강화를 위한 사법부의 역할", 법학논총 제35권 제4호(2018. 12.), 38.

37) 박찬운, 앞의 논문, 39.

으로 도출하고, 그 침해 여부를 판단함에 있어서도 입법자가 신뢰할
수 있는 수치와 적절한 산출 방법에 근거하여 투명하고 객관적인 절차
로 인간의 생존에 필수적인 모든 지출을 사실적으로 납득할 수 있게
평가하였는지 여부를 적극적으로 판단하는 독일 연방헌법재판소의 태
도와도 상당한 차이가 있다.[38]

IV. 주거권 보장의 현실 및 평가

1. 주거권 보장을 위한 법령

주거권 보장을 위한 근간이 되는 법률은 「주거기본법」이다. 주거권
보장 내용은 크게 1) 주거비 부담이 과다하여 주거생활을 영위하기 어
려운 저소득가구에게 주거급여 지급(주거기본법 제15조)을 위한 「주거
급여법」, 2) 장애인·고령자 등 주거약자가 안전하고 편리한 주거생활
을 영위할 수 있도록 지원(주거기본법 제16조)하기 위한 「장애인·고령
자 등 주거약자 지원에 관한 법률」, 3) 주거지원필요계층을 위한 공공
임대주택 공급(주거기본법 제11조)에 관한 「공공주택 특별법」, 4) 국민
이 쾌적하고 살기 좋은 생활을 하기 위하여 필요한 최소한의 주거수준
에 관한 지표로서 최저주거기준 설정·공고(주거기본법 제17조) 등으로
나누어 볼 수 있다. 이와 같이 주거권을 실현하고 있는 현행 법령의 내
용이 국민의 인간다운 생활을 보장함에 필요한 최소한도의 조치라고
할 수 있는지에 대하여 대략적으로 살펴본다.

---

38) 장선미, 앞의 논문, 79.

가. 주거기본법

주거기본법은 2015년 제정(법률 제13378호)되었는데, 주거권 보장에 있어 중요한 의미를 지닌다. 주거기본법은 "국민은 관계 법령 및 조례로 정하는 바에 따라 물리적·사회적 위험으로부터 벗어나 쾌적하고 안정적인 주거환경에서 인간다운 주거생활을 할 권리를 갖는다."(제2조)라고 규정하여 적정한 주거공간에 대한 국민의 권리성을 인정하고 있으며, 국가의 주거권 실현에 대한 법적 의무를 규정하고 있다.

주거기본법이 정하고 있는 주거정책의 기본원칙은 1)소득수준·생애주기 등에 따른 주택 공급 및 주거비 지원을 통하여 국민의 주거비를 부담 가능한 수준으로 유지, 2) 주거복지 수요에 따른 임대주택의 우선공급 및 주거비의 우선지원을 통하여 장애인·고령자·저소득층·신혼부부·청년층·지원대상아동 등 주거지원필요계층에 대한 임대주택의 우선공급 및 주거비의 우선지원, 3) 양질의 주택 건설 촉진, 임대주택 공급 확대, 주택의 체계적·효율적 공급, 4) 주거환경 정비, 노후주택 개량 등을 통한 주거수준 향상, 5) 장애인·고령자 등 주거약자의 편의 도모 등이다(주거기본법 제3호).

나. 장애인·고령자 등 주거약자 지원에 관한 법률

주거기본법 제16조는 국가 및 지방자치단체가 장애인·고령자 등 주거약자가 안전하고 편리한 주거생활을 영위할 수 있도록 지원하여야 한다고 규정한다. 2012. 2. 22. 제정된 장애인·고령자 등 주거약자 지원에 관한 법률(이하 "주거약자법")의 제정이유를 살펴보면, "장애인 가구 소득이 월평균 전국가구소득의 54%에 불과하고 2000년에 이미 고령화사회에 진입하여 2026년경에는 초고령사회가 될 것으로 예상되는 국가적 상황에서 사각지대에 놓인 장애인가구의 주거안정과 노인의 노후 여건을 고려한 주거환경 확보는 그 어느 때보다도 중요하고 필요한 일이라는 인식하에, 장애인·고령자 등 주거약자용 주택의 최저주거기준 및 편의시설 설치기준 등을 설정·공고하도록 하고, 일정 요건을 충족하는 건설임대주택의 경우 일정비율 이상을 주거약자용 임대주택으로 건설하도록 의무화하며, 주거약자용 주택으로의 개조 비용을 지원할 수 있도록 하는 등 주거약자 지원 방안을 마련함으로써 장애인·고령자 등 주거약자의 주거안정과 주거복지 향상에 기여하려는 것"이라고 밝히고 있다.

"주거약자"는 65세 이상인 사람, 「장애인복지법」 제2조 제2항에 해당하는 장애인,[39] 그 밖에 대통령령으로 정하는 사람[40]으로 정의된다 (주거약자법 제2조 제1호).

국가, 지방자치단체, 한국토지주택공사 또는 주택사업을 목적으로 설립된 지방공사가 「공공주택 특별법」 상의 영구임대주택, 국민임대주택, 행복주택, 통합공공임대주택을 건설하는 경우 100분의 3 이상의 범위에서 대통령령으로 정하는 비율 이상을 주거약자용 주택으로 건설하여야 한다(제10조 제1항). 현재 주거약자법 시행령에서는 주거약

---

39) 장애인복지법 제2조(장애인의 정의 등) ② 이 법을 적용받는 장애인은 제1항에 따른 장애인 중 다음 각 호의 어느 하나에 해당하는 장애가 있는 자로서 대통령령으로 정하는 장애의 종류 및 기준에 해당하는 자를 말한다.
　1. "신체적 장애"란 주요 외부 신체 기능의 장애, 내부기관의 장애 등을 말한다.
　2. "정신적 장애"란 발달장애 또는 정신 질환으로 발생하는 장애를 말한다.
40) 주거약자법 시행령
제2조(주거약자의 범위) 「장애인·고령자 등 주거약자 지원에 관한 법률」(이하 "법"이라 한다) 제2조제1호다목에서 "대통령령으로 정하는 사람"이란 다음 각 호의 사람을 말한다.
　1.「국가유공자 등 예우 및 지원에 관한 법률」에 따른 국가유공자로서 상이등급 1급부터 7급까지의 판정을 받은 사람
　2.「보훈보상대상자 지원에 관한 법률」에 따른 보훈보상대상자로서 상이등급 1급부터 7급까지의 판정을 받은 사람
　3.「5·18민주유공자예우 및 단체설립에 관한 법률」에 따라 등록된 5·18민주화운동부상자로서 신체장해등급 1급부터 14급까지의 판정을 받은 사람
　4.「고엽제후유의증 등 환자지원 및 단체설립에 관한 법률」에 따른 고엽제후유의증환자로서 경도(輕度) 장애 이상의 장애등급의 판정을 받은 사람

자용 주택 의무건설 비율과 관련하여 수도권에 건설하는 임대주택은 100분의 8, 그 외의 지역에 건설하는 임대주택은 100분의 5로 규정하고 있다(제5조 제2항).

국토교통부장관은 「주거기본법」 제17조에 따라 최저주거기준을 설정함에 있어 필요하다고 인정하는 경우에는 주거약자용 주택에 대하여 강화된 기준을 설정할 수 있고(주거약자법 제8조), 주거약자의 안전하고 편리한 주거생활을 위하여 주거약자용 주택의 안전기준 및 편의시설 설치기준을 설정·공고하여야 한다(제9조).

「2020년 장애인 실태조사」에 의하면, 장애인의 영구임대주택 이용과 관련하여 응답자의 7.5%가 이용 경험이 있고, 국민임대주택 이용경험이 있는 장애인은 5.2%, 공공임대주택 이용 경험이 있는 장애인은 3.0%로 조사되었다.[41] 한편 한국장애인개발원의 장애인삶 패널조사에서 주거안정을 위해 필요한 정책과 관련하여 2020년 임대주택 건설과 같은 주택제공이 46.5%, 주택자금 제공이 22%로 조사되었다.[42]

그리고 2018 주거실태조사에 의하면 가구주의 연령이 만 65세 이상인 노인가구는 약 391만 가구로(전체 가구의 19.9%)에 달하는 것으로 나타났으며, 그중 노인 1인 가구의 비율은 40.1%, 노인 2인 가구의 비율이 46%로 가장 많았다. 노인 1인 가구는 평균 월소득이 82만 4천 원에 불과하여, 2018년 1인 가구 월평균 생활비 142만 원에 훨씬 못 미친다.[43] 특히 노인 1인 가구는 주거환경이 열악한 것으로 알려진 비거주용 건물 내 주택, 고시원, 판잣집, 비닐하우스, 컨테이너, 움막 등에 거주하는 비율이 전체 가구의 3.8%에 달하여, 비적정 주거에 거주하는 비율이 높게 나타났다. 노인 가구에 대한 공공임대주택 지원을 살펴보

---

41) 2020년 전국 장애인수는 2,633,026명(2020년 장애인 실태조사, 한국보건사회연구원, 414-415).

42) 국가통계포털(kosis.kr) 장애인삶패널조사.

43) 강은나 외 3, "초고령사회 대응을 위한 노인주거정책 개편 방안", 한국보건사회연구원 연구보고서(2019-25), 120-122.

면, 국민임대주택의 경우 고령자에게 우선권을 부여하지는 않으며, 다만 가구주가 고령자이거나 가구원에 고령자가 포함된 경우 입주자 선발 시 가점을 부여하고 있다.[44] 행복주택의 경우 기본적으로 젊은 층을 위한 임대주택의 일종이지만 고령자에 대한 공급 기준이 포함되어 있어, 고령자의 경우 일반형 행복주택에서 주거급여 수급자와 합하여 20% 수준, 산업단지형의 경우 입주가구의 10% 수준에서 입주 가능하다.[45]

위와 같은 점에서 볼 때 65세 이상의 고령자 및 장애인의 주거권 보장 차원에서 주거약자법이 실효성 있게 작용하고 있는 것으로는 보기 어려울 듯하다.

다. 공공주택 특별법

주거기본법은 국가 및 지방자치단체에 주거지원필요계층을 위한 공공임대주택을 공급하여야 할 의무를 부과하고, 민간임대주택의 공급 활성화를 위한 지원뿐만 아니라 사회적기업, 사회적협동조합 등 비영리단체가 공익적 목적으로 임대주택을 공급할 수 있도록 지원할 수 있다고 규정한다(주거기본법 제11조). 이에 따라 공공주택 특별법은 공공주택사업자에게 주거지원필요계층[46]에 공공주택을 우선 공급하도록 하고 있다(제48조 제2항).

---

44) 강은나 외 3, 위의 연구보고서, 43.
45) 강은나 외 3, 위의 연구보고서, 44-45.
46) 주거지원필요계층은 청년층·장애인·고령자·신혼부부 및 저소득층 등 주거지원이 필요한 계층을 말한다(공공주택 특별법 제3조의2 제2항).

[공공임대주택의 종류(공공주택 특별법 시행령 제2조)]

영구임대주택	국가나 지방자치단체의 재정을 지원받아 **최저소득계층의** 주거안정을 위하여 **50년 이상 또는 영구적인 임대**를 목적으로 공급하는 공공임대주택
국민임대주택	국가나 지방자치단체의 재정이나 「주택도시기금법」에 따른 주택도시기금의 자금을 지원받아 **저소득서민**의 주거안정을 위하여 **30년 이상 장기간 임대**를 목적으로 공급하는 공공임대주택
행복주택	국가나 지방자치단체의 재정이나 주택도시기금의 자금을 지원받아 대학생, 사회초년생, 신혼부부 등 **젊은층의 주거안정**을 목적으로 공급하는 공공임대주택
통합공공임대주택	국가나 지방자치단체의 재정이나 주택도시기금의 자금을 지원받아 최저소득 계층, 저소득 서민, 젊은 층 및 장애인·국가유공자 등 사회취약계층 등의 주거안정을 목적으로 공급하는 공공임대주택
장기전세주택	국가나 지방자치단체의 재정이나 주택도시기금의 자금을 지원받아 전세계약의 방식으로 공급하는 공공임대주택
분양전환공공임대주택	일정 기간 임대 후 분양전환할 목적으로 공급하는 공공임대주택
기존주택등 매입임대주택	국가나 지방자치단체의 재정이나 주택도시기금의 자금을 지원받아 기존주택등을 매입하여 「국민기초생활 보장법」에 따른 수급자 등 **저소득층과 청년 및 신혼부부등에게** 공급하는 공공임대주택
기존주택전세임대주택	국가나 지방자치단체의 재정이나 주택도시기금의 자금을 지원받아 기존주택을 임차하여 「국민기초생활 보장법」에 따른 수급자 등 저소득층과 청년 및 신혼부부 등에게 전대(轉貸)하는 공공임대주택

1989년 이후 2019년까지 공급(사업승인 기준)된 공공임대주택은 총 346.6만 호, 2019년 기준 공공임대주택 재고는 166만 호이다. 같은 기간 가장 많이 공급된 공공임대주택은 국민임대주택(89.3만 호, 47.7%)이며, 그다음으로 전세임대주택 37.6만 호(20.1%), 영구임대주택 24.2만 호(12.9%), 행복주택 19.2만 호(10.3%)이다.[47] 이 중 저소득층의 주

---

47) 강미나 외 4, "공공임대주택과 주거급여제도의 정책효과 분석과 성과제고 방안", 국토정책 Brief 865호(2022. 5. 16.), 3.

거권 보장을 위한 것은 영구임대주택, 국민임대주택이라 할 수 있다. 「2020년 주거실태조사」에 의하면 기초생활수급가구 중 공공임대주택 거주 비율이 42.7%(영구임대주택 18.2%, 국민임대주택 13.1%)로 나타났다. 소득하위가구(가구 경상소득이 10분위 중 1~4분위에 해당하는 가구)의 경우에는 공공임대주택 거주 비율이 21.3%(영구임대주택 8.2%, 국민임대주택 8.1%)로 나타났다. 이러한 점에서 저소득층의 주거권 보장을 위한 공공임대주택, 특히 영구임대주택 및 국민임대주택의 공급은 아직까지 상당히 부족한 것으로 보인다.

한편, OECD(2016)에 따르면 2015년 기준으로 사회주택이 가장 활성화되었다고 볼 수 있는 네덜란드는 총 가구 중에서 약 34%가 사회주택에 거주하고 있으며, 그 외 오스트리아 26%, 덴마크 22%, 프랑스 19%, 영국 18% 순으로 사회주택 비중이 높은 상황이다. 같은 자료에서 한국은 사회주택 비중이 2015년 기준 6.4%로 나타나 있다.[48] 여기서 주목할 만한 것은 사회주택의 공급주체별로 살펴보았을 때 네덜란드의 경우 중앙정부나 지방정부가 공급하는 것은 없고 비영리단체가 81%, 영리·개인이 19%이며, 오스트리아, 덴마크, 프랑스, 영국의 경우에도 중앙정부가 공급하는 물량은 없고, 지방정부가 일부를 공급하나 대부분은 비영리단체에서 공급하고 있는 반면, 우리나라는 중앙정부와 지방정부가 공급하는 비중이 67.7%, 16.9%로 거의 대부분을 차지한다는 점이다. 극빈층 또는 저소득층을 위한 공공임대주택의 공급은 국민의 주거권 보장을 위해 국가의 부담으로 할 필요성이 인정되지만, 보다 보편적인 주거 안정을 보장하기 위해 주거권 보장의 대상을 확대하

48) UN, EU, OECD 등의 국제기구에서 사용하는 사회주택이라는 용어는 공공임대주택, 협의의 사회주택, 세제우대주택을 모두 포괄하는 광의의 사회주택을 말하며, OECD 통계는 시장 임대료 수준보다 낮게 공급되는 주택을 사회주택으로 집계하고 있다. 이 국가들의 사회주택 보유물량은 네덜란드 248만 호, 오스트리아 89만 호, 덴마크 61만 호, 프랑스 540만 호, 영국 494만 호이다[임병권, 강민정, 장한익, 김병국, "유럽국가의 사회주택 현황과 지원정책에 관한 사례연구", 주택금융리서치 제2호(2018), 7].

[표] 공급주체별 사회주택 보유비중[49]

국가	중앙정부	지방정부	비영리단체	영리·개인
네델란드	0.0	0.0	81.0	19.0
오스트리아	0.0	32.8	67.2	0.0
덴마크	0.0	3.7	96.3	0.0
프랑스	0.0	0.0	100.0	0.0
영국	0.0	43.7	56.1	0.0
아일랜드	0.0	89.6	10.4	
폴란드	2.7	80.4	7.9	9.0
대한민국	67.7	16.9	0.0	12.4
미국	0.0	22.2	3.1	68.7
일본	0.0	100.0	0.0	0.0

※자료 : OECD(2016), 단위%

려면 국가의 부담이 아닌 비영리단체를 통해 사회주택을 공급하는 해외 사례가 좋은 참고가 될 것이다.

라. 주거급여법

주거기본법은 국가 및 지방자치단체에 대하여 주거비 부담이 과다하여 주거생활을 영위하기 어려운 저소득가구에게 주거급여를 지급하여야 할 의무를 부담시키고 있으며(주거기본법 제15조), 그 구체적인 내용은 주거급여법에서 규정하고 있다.

주거급여는 「국민기초생활 보장법」 제7조 제1항 제2호의 주거급여로서 주거안정에 필요한 임차료, 수선유지비, 그 밖의 수급품을 지급하는 것을 말한다(주거급여법 제2조 제1호). 주거급여 수급권자는 소득인정액이 「국민기초생활 보장법」 제20조 제2항에 따른 중앙생활보장위원회의 심의·의결을 거쳐 결정하는 금액(이하 이 항에서 "주거급여

49) 임병권 외 3, 위의 논문, 8면에서 인용.

선정기준"이라 한다) 이하인 사람으로 하며, 이 경우 주거급여 선정기준은 **기준 중위소득의 100분의 43 이상**으로 한다(제5조 제1항). 「주거급여 실시에 관한 고시」에 의하면, 주거급여의 최저보장수준은 임차급여의 경우 기준임대료로 하고, 수선유지급여의 경우 경보수, 중보수, 대보수 등 보수범위별 수선비용을 기준금액으로 한다(제4조 제1항).

2020년 12월 기준 주거급여 수급가구수는 118.9만 가구(일반가구의 5.8%)로, 이 중 임차급여 수급가구가 109.3만 가구이며, 임차급여 수급가구 중 약 42%가 공공임대주택에 거주하고 있다.[50] 동일한 행정구역이라도 임대주택 임대료 차이가 발생하는데, 현재는 같은 급지 내에서는 동일한 임대료를 지급하고 있어 임차급여만으로 임대료를 충당하지 못하는 경우가 발생하고 특히 민간임대에서 이러한 비중이 높게 나타난다. 민간임대의 경우 2019년 급지별 실제 임차료가 기준임대료를 초과하는 가구 비율이 62.3%로, 민간임대주택에 거주하면서 임차급여를 지급받는 수급자는 주거의 안정성이 충분히 보장되고 있지 않다고 할 수 있다.[51]

「2022년 주거급여 선정기준 및 최저보장수준」
(2021. 8. 26. 국토교통부고시 제2021-1048호)

1. 주거급여 선정기준
「주거급여법」제5조제1항에 따라 주거급여 선정기준은 다음 값 이하로 한다.

구분	1인 가구	2인 가구	3인 가구	4인 가구	5인 가구	6인 가구	7인 가구
금액(원/월)	894,614	1,499,639	1,929,562	2,355,697	2,771,277	3,177,222	3,579,072

* 8인 가구는 7인 가구 기준과 6인 가구 기준의 차이를 7인 가구 기준에 더하여 산정(9인 가구 이상은 동일한 방식에 따라 산정)

---

50) 강미나 외 4, 위의 보고서, 4.
51) 김성연, "주거권 실현을 위한 주거급여 실태분석:임차급여를 중심으로", 도시행정학보 제33집 제4호(2020. 12.), 112.

2. 주거급여 최저보장수준
 가. 임차급여
  「주거급여법」 제7조제3항 및 「주거급여 실시에 관한 고시」 제4조제1항에 따
  른 기준임대료는 다음과 같다.

구분	1급지(서울)	2급지 (경이·인천)	2급지 (광역·세종시·수도권 외 특례시)	4급지 (그외 지역)
1인	327,000	253,000	201,000	163,000
2인	367,000	283,000	224,000	183,000
3인	437,000	338,000	268,000	218,000
4인	506,000	391,000	310,000	254,000
5인	524,000	404,000	320,000	262,000
6인	621,000	478,000	379,000	310,000

* 가구원수가 7인의 경우 6인 기준임대료와 동일하고 가구원수가 8~9인의 경우 6인 기
 준임대료의 10%를 가산 (10인 가구 이상은 동일한 방식(2인 증가 시 10% 인상)에 따
 라 적용)

마. 최저주거기준

국토교통부장관은 국민이 쾌적하고 살기 좋은 생활을 하기 위하여
필요한 최소한의 주거수준에 관한 지표로서 **최저주거기준을 설정·공
고**하여야 한다(주거기본법 제17조 제1항). 최저주거기준에 포함되어야
할 사항으로 가구구성별 최소 주거면적, 용도별 방의 개수, 전용부엌·
화장실 등 필수적인 설비의 기준, 안전성·쾌적성 등을 고려한 주택의
구조·성능 및 환경기준이 있다(주거기본법 시행령 제12조).

최저주거기준은 사회적·경제적인 여건의 변화에 따라 그 적정성이
유지되어야 함(주거기본법 제17조 제3항)에도 불구하고 이는 전혀 지
켜지고 있지 않다. 최저주거기준은 2004. 6. 15. 처음 제정되었는데(건
설교통부공고 제2004-173호), 2011. 5. 27. 가구구성별 최소 주거면적
이 처음보다 조금 늘어나도록 개정된 후에는 아무런 변경도 이루어지
지 않은 것을 볼 때 사회적·경제적인 여건의 변화에 따라 적정성이 유
지되고 있다고 볼 수 없다.

[가구구성별 최소 주거면적 및 용도별 방의 개수
(최저주거기준 제2조 별표)]

가구원 수(인)	표준 가구구성	실(방) 구성	총주거면적(m²)
1	1인 가구	1 K	14
2	부부	1 DK	26
3	부부+자녀1	2 DK	36
4	부부+자녀2	3 DK	43
5	부부+자녀3	3 DK	46
6	노부모+부부+자녀2	4 DK	55

※ 주: K는 부엌, DK는 식사실 겸 부엌을 의미하며, 숫자는 침실(거실 겸용 포함) 또는 침실로 활용이 가능한 방의 수를 말함.

일본의 경우 최저거주면적이 1인 25m²로 우리나라(14m²)의 약 1.8 배인 것과 비교하면 우리나라의 최소 주거면적이 현저히 낮다는 점을 알 수 있고, 더구나 우리나라 가구의 1인당 평균 주거면적이 2020년 33.9m²인 것[52]과 비교하더라도 2011년에 설정된 최저주거기준은 인간다운 주거생활을 할 권리를 보장하기에 충분하지 않다.[53]

한편 주택의 구조·성능 및 환경기준에 대해서 최저주거기준은 ① 영구건물로서 구조강도가 확보되고, 주요 구조부의 재질은 내열·내화·방열 및 방습에 양호한 재질일 것, ② 적절한 방음·환기·채광 및 난방 설비를 갖출 것, ③ 소음·진동·악취 및 대기오염 등 환경요소가 법정기준에 적합할 것, ④ 해일·홍수·산사태 및 절벽의 붕괴 등 자연재해로 인한 위험이 현저한 지역에 위치하지 않을 것, ⑤ 안전한 전기시설과 화재 발생 시 안전하게 피난할 수 있는 구조와 설비를 갖출 것을 요구하고 있다. 그러나 이러한 기준은 구체적인 판단 기준을 제시하지 않

---

52) 1인당 주거면적 자료. 1인당 주거면적은 개별 가구의 주택사용면적을 개별 가구원수로 나눈 값의 평균임(국가지표체계, www.index.go.kr).

53) 송민경, "최저주거기준의 내용과 개선과제", 이슈와 논점 제1783호, 국회입법조사처(2020. 12. 30.), 4.

고 추상적으로 규정할 뿐이어서 그 충족 여부를 판단하기가 어렵다. 주거기본법은 '물리적·사회적 위험으로부터 벗어나 쾌적하고 안정적인 주거환경에서 인간다운 주거생활을 할 권리'를 보장하고 있으므로, 최저주거기준은 주택의 구조·성능 및 환경기준에 대해 쾌적하고 안정적인 주거환경이 될 수 있는 구체적인 기준을 제시하여야 한다.

2019년도 최저주거기준 미달 가구 비율은 5.3%(106만 가구), 2020년도는 4.6%(약 92만 가구)인바, 주거실태조사에서는 최저주거기준 미달 가구 수를 최저주거기준 중 시설기준과 침실기준 및 면적기준만을 적용하여 산정하고,[54) 주거의 품질에 해당하는 구조·성능·환경 기준은 적용되지 않으므로 최저주거기준 미달 가구 수가 비적정 주거의 규모를 나타낸다고 보기는 어렵다. 더구나 주택이 아닌 거처(오피스텔, 기숙사, 특수사회시설 등을 제외한 고시원, 숙박업소, 판잣집·비닐하우스 등)에 거주 중인 가구가 2020년 기준으로 약 91만 가구에 이른다.

유엔 사회권규약위원회 일반논평 제4호는 적절한 주거를 위해서는 충분한 공간이 확보되고 추위, 습기, 더위, 비, 바람, 기타 건강에 위협이 되는 요인, 구조적 위험 등으로부터 거주자를 보호해야 하며, 거주자의 물리적인 안전이 보장될 것을 요구하고 있다. 유엔 적정 주거 특별보고관의 대한민국 방문결과보고서에서도 1980년과 2016년 사이 1인당 평균 주거 면적인 세 배 늘어 33m²를 기록하였지만, 여전히 많은 이들이 평균 3.3m²밖에 되지 않는 '쪽방' 또는 '고시원'에 살고 있는 문제를 지적하고 있으며, 빈곤선 아래에 놓인 가구 중 5.3%는 여전히 독립적인 수세식 화장실을 갖추지 못하고 있는데 이는 OECD 평균을 웃도는 수치임을 지적하고 있다.[55)

국가인권위원회는 2019. 12. 31.자 "비적정 주거 거주민 인권증진을

---

54) 국토교통부의 2020년도 주거실태조사에 의하면, 2020년 기준 최저주거기준 미달가구 92만 1천가구 중 면적기준 미달가구가 67만 2천 가구, 시설기준 미달가구가 56만 3천 가구, 침실기준 미달가구가 4만 5천 가구로 나타난다.
55) 국가인권위원회, 주거권 국제기준 자료집, 161.

위한 제도개선 권고"에서 최저주거기준이 주거의 적정성에 관한 기준으로 활용될 수 있도록 변화한 가구구성, 주거여건, 국제기준 등을 고려하여 면적기준과 시설기준을 개정하고, 주거의 품질을 판단할 수 있는 구체적이고 측정 가능한 기준으로 구조·성능·환경 기준을 개정할 것을 권고한 바 있다.

주거기본법에 의하면, 국가 및 지방자치단체는 최저주거기준에 미달되는 가구에게 우선적으로 주택을 공급하거나 개량 자금을 지원할 수 있고, 주거정책을 수립·시행하거나 사업주체가 주택건설사업을 시행하는 경우에는 최저주거기준에 미달되는 가구를 줄이기 위하여 노력하여야 하며, 최저주거기준에 미달되는 가구가 밀집한 지역에 우선적으로 임대주택을 건설하거나 우선적으로 정비사업을 시행할 수 있도록 하기 위하여 필요한 조치를 할 수 있다(주거기준법 제18조). 그러나 이러한 법조항에도 불구하고 최소주거기준을 충족하지 못한 가구와 주택도 아닌 곳에 거주하는 가구 수가 여전히 많다는 점에서 인간다운 생활을 위한 주거권 보장의 실현은 아직 갈 길이 멀다.

V. 헌법상 기본권으로서의 주거권 보장

1. 헌법개정

가. 2018년 3월 26일 문재인 정부는 사회적 약자의 주거에 관한 권리를 강화하여 인간으로서의 존엄성을 존중받을 수 있도록 하기 위한 주거권을 명시한 헌법개정안을 발의하였으나 국회의 동의를 받지 못하였다.

2018년 3월 26일 헌법개정안(대통령 발의)
제35조 ① 모든 국민은 인간다운 생활을 할 권리를 가진다. ② 모든 국민은 질병·장애·노령·실업·빈곤 등으로 초래되는 사회적 위험으로부터 벗어나 적절한 삶의 질을 유지할 수 있도록 사회보장을 받을 권리가 있다. ④ **모든 국민은 쾌적하고 안정적인 주거생활을 할 권리를 가진다.**

국회 헌법개정특별위원회 자문위원회 2018년 1월 4일 헌법개정안
제33조 ① 모든 국민은 인간다운 생활을 할 권리를 가진다. ② 모든 국민은 질병·장애·노령·실업·사망·출산 등으로 발생하는 사회적 위험으로부터 적절한 생활을 유지할 수 있도록 소득 보장과 사회서비스를 포함한 사회보장을 받을 권리가 있다. ④ **모든 국민은 쾌적한 주거생활을 할 권리를 가진다.**

국회 헌법개정특별위원회 자문위원회의 헌법개정안에도 주거권을 기본권으로 명시하였으며, 대통령 발의안에서 "쾌적하고 안정적인 주거생활을 할 권리"라고 한 것과 달리 "쾌적한 주거생활을 할 권리"라고 표현하였다.

나. 헌법상 주거권을 규정한 국가들을 살펴보면 다음과 같다.

국가	조문
벨기에[56]	제23조 모든 사람은 인간으로서의 존엄성을 유지하는 생활을 영위할 권리를 가진다. 이를 위해 법률, 명령 또는 제134조의 규정은 경제적, 사회적 및 문화적 권리에 상응하는 의무를 고려하여 이러한 권리를 보장하고 이 권리의 행사조건을 결정한다. 이러한 권리에는 다음이 포함된다. 1. 가능한 안정적이고 높은 수준의 고용을 보장하기 위한 일반고용정책의 틀 내에서 직업활동을 자유롭게 선택하여 근로할 권리, 공정한 근로조건과 보수를 보장받을 권리, 그리고 정보를 제공받고 열람할 권리와 단체교섭권 2. 사회보장권, 보건권 및 사회적, 의료적, 법률적 지원을 받을 권리 3. **적절한 주거를 보장받을 권리** 4. 건강한 환경을 보장받을 권리

국가	조문
	5. 문화적, 사회적 활동을 향유할 권리 6. 가족수당을 받을 권리
남아프리카 공화국	**제26조 주거** 1. 모든 사람은 적절한 주거에 대한 접근권이 있다. 2. 국가는 가용자원의 범위 내에서 이러한 권리를 점진적으로 실현하기 위하여 적절한 입법 및 기타 조치를 취하여야 한다. 3. 누구도 법원이 모든 관련 상황을 검토하여 내린 명령 없이 자신의 집에서 퇴거당하지 않으며 집이 파괴되어서도 안 된다. 법률은 임의적 퇴거를 허용해서는 안 된다.
스페인[57]	제47조 **모든 스페인 국민은 존엄하고도 적절한 주거를 향유할 권리를 가진다.** 공권력은 필요조건을 개선하고, 또한 위험을 억제하기 위하여 공공의 이익에 준하는 토지의 이용을 규제하고 이 권리를 이행하기 위한 규범을 정한다. 지역사회는 공공의 도시계획에 기여하여야 한다.

포르투갈[58]	제65조(주택 및 도시계획) ① **모든 국민은 자신과 가족을 위해 청결하면서도 쾌적한 조건에서 개인 및 가족의 사생활을 보호하는 충분한 규모의 주택을 보유할 권리가 있다.**
	② 국민의 주거의 권리를 보장하기 위해 국가는 다음에 열거한 의무들을 이행한다.
	  1) 일반 지자체 및 국가개발계획문서에 구체적으로 설명되어 있으며 충분한 교통망 및 사회 시설망의 존속을 보장하는 도시계획을 통해 입증된 주택정책을 계획 및 실시할 의무
	  2) 자치구 및 지방자치단체와 협력해 저비용의 사회적 주택 건설을 촉진할 의무
	  3) 일반적인 이해관계에 따라 민간 부문의 주택건설을 촉진하고 자택 또는 임대주택을 이용할 수 있는 기회를 증진할 의무
	  4) 주택문제해결을 위해 노력하면서 주택 및 자가건축 협동조합의 구성을 촉진하는 지역사회 개발계획을 장려 및 지원할 의무
	③ 국가는 가계소득 및 개인주택 보유능력에 걸맞은 임대제도를 위한 정책을 마련한다.

핀란드	제19조(사회보장의 권리) **존엄한 삶에 필요한 수단을 얻을 수 없는 사람은 생존에 필수적인 지원과 보살핌을 받을 권리를 가진다.** 모든 사람은 실업, 질병, 및 장애, 노년 및 출생하였을 때 또는 보호자의 상실 시 법률에 의해 기본적인 지원을 보장받는다. 공공기관은 모든 사람에게 법률에 자세히 규정된 바와 같이 적절한

국가	조문
	사회적, 보건 및 의료 서비스를 제공하고 국민의 건강을 증진하여야 한다. 또한 공공기관은 자녀의 복지와 발달을 보장할 수 있는 능력을 가지도록 가족 및 자녀에 대해 책임을 지는 사람들을 지원하여야 한다. **공공기관은 모든 사람의 주거에 대한 권리 및 자기의 주거를 마련할 기회를 증진하여야 한다.**
폴란드	제75조 ① 공공기관은 국민의 주택수요를 충족시키는 데 도움이 되는 정책, 특히 무주택을 방지하기 위해 노력하고 저소득주택의 개발을 촉진하며 국민 개개인의 주택마련을 목적으로 하는 활동을 지원하는 정책을 추진하여야 한다. ② 임차인의 권리에 대한 보호는 법률로 정한다.

다. 적절한 주거의 보장이 없다면 인간은 인간으로서의 존엄을 유지하는 생활을 영위하기 어렵기 때문에 주거권은 인간이 인간으로서의 존엄을 유지하면서 생활할 수 있도록 하기 위해 필수적인 권리가 된다. 주거권 보장의 수준을 단계별로 나누어 보자면, ① 인간의 존엄에 필수적으로 필요한 최소한의 주거권 보장, ② 최소한의 주거권 보장 수준을 넘어서는 보다 보편적인 범위를 대상으로 한 주거권 실현, 그리고 ③ 적절한 주거환경의 개선 등 보다 광범위한 차원의 주거권 보장이 있다. 인간의 존엄에 필수적으로 필요한 최소한의 주거권 보장은 사회적 기본권으로서 국가의 시혜가 아닌 의무로 보아야 한다.59) 주거 취약계층에게 주거는 생존권적 문제이기 때문이다.

위에서 본 바와 같이 현재 주거기본법을 기반으로 하여 주거약자법, 주거급여법, 공공주택 특별법 등이 있지만 아직까지 열악한 주거환경으로 고통받고 있는 주거취약계층의 주거의 질적 향상과 이를 유지할 수 있는 주거의 안정성을 확보하기에 충분하지 않은 것이 현실이다. 특히 최저주거기준 미달 가구 비율이 2020년도 4.6%(약 92만 가

---

56) 법제처, 세계법제정보센터(www.moleg.go.kr), 벨기에 헌법 번역본, 11-12.
57) 국회도서관, 세계의 헌법 I, 2010, 692.
58) 국회도서관, 세계의 헌법 II, 2010, 458.
59) 조양재, 앞의 논문, 19.

구)에 이르고, 고시원, 숙박업소, 판잣집·비닐하우스 등 주택이 아닌 거처에 거주 중인 가구가 2020년 기준으로 약 91만 가구에 달하여 인간다운 생활을 위한 최저수준의 주거를 보장받지 못한 수가 상당함에도 현행법상으로는 이들에게 국가를 상대로 주거의 제공을 청구할 수 있는 권리가 인정되지 않고, 단지 국가 및 지방자치단체로 하여금 최저주거기준에 미달되는 가구에게 우선적으로 주택을 공급하거나 개량자금을 지원할 수 있게 하고, 주거정책을 수립·시행하거나 사업주체가 주택건설사업을 시행하는 경우 최저주거기준에 미달되는 가구를 줄이기 위하여 노력할 의무를 두고 있을 뿐이다. 프랑스에서 주거권을 헌법상의 권리로 인정하고, 독립적이고 적정한 주거를 보유하지 못한 사람으로 하여금 사회적 주택을 요구할 수 있도록 하면서 주거의 제공을 얻지 못하였을 때에는 행정소송을 제기할 수 있게 한 입법례는 주거권의 실효성 있는 보장을 위하여 참고할 만하다.

인간다운 생활을 위한 주거의 최저선 확보를 위해서는 '쾌적하고 안정적인 주거생활을 할 권리' 또는 '존엄하고도 적절한 주거를 보장받을 권리'를 헌법상 기본권인 주거권으로 명시하여 규범력을 제고하는 것이 반드시 필요하다. 주거권의 실현을 단지 장래에 달성하여야 할 국가적 목표 정도로 인식하고 광범위한 입법재량을 인정하는 태도는 지양되어야 한다.

2. 사법적 심사의 강화

지금까지는 사회적 기본권에 대해 사법적 심사가 거의 이루어지지 않은 것과 다름없다. 헌법재판소는 최저생계비에 대해 매우 약하게나마 사회적 기본권으로서 헌법적 구제의 가능성을 인정하였지만, 최저생활보장의 구체적 수준을 결정하는 것은 입법부 또는 행정부의 광범위한 재량에 속한다는 이유로 소극적인 태도로 일관하고 있다. 그러나 사회적 기본권에 관한 입법은 입법부에 상당한 형성의 재량권을 줄 수밖에 없으므로 약한 심사 방법을 택할 수밖에 없으나, 약한 심사 방법이라는 이유로 마냥 사법심사를 회피하는 것은 정당하지 못하다.[60]

독일 연방헌법재판소는 기본법 제20조 제1항의 사회국가원칙 및 헌법 제1조 제1항의 인간 존엄의 원칙에 근거하여 어려움에 처한 사람에 대하여 국가가 필요 최소한의 식량 주거, 사회복지를 이용할 수 있는 '필수적 최소' 혹은 '생존의 최소 수준'(Existenzminimum)이란 원칙을 발전시켜 왔다. 곤궁에 처한 사람들이 존엄한 삶을 살 수 있도록 하는 최소한의 조건에 대한 보호장치를 넘어서 입법부는 가능한 자원과 국가의 다른 의무들을 고려해 그들에게 제공된 사회복지의 정도를 결정할 재량권을 가진다.[61] 독일 연방헌법재판소는 입법자의 이러한 재량권을 인정하면서도 입법자 스스로 선택한 절차의 전 과정에서의 정당화를 요구함으로써 헌법적 통제를 가하고 있다. 그리고 남아공 헌법재판소는 사회적 기본권의 심사에 있어 최소 보호가 아니라 합리성 심사를 기준으로 하여 보다 적극적인 사법심사를 실시하고 있다.

사회적 기본권의 실현은 국가 재정의 뒷받침이 이루어져야 하는 것이어서 입법부와 행정부의 재량이 넓게 인정되고 점진적으로 실현될 수밖에 없는 것이기는 하지만, 그렇다고 해서 국가가 어떠한 즉각적인 조치도 취할 필요가 없다는 뜻으로 해석되어서는 안 된다. 위에서 본 일반논평 제4호에서 국가는 주거권을 점진적으로 실현할 의무를 다하기 위해 자국이 취한 조치가 총체적으로 최단 시간 내에 최대의 가용 자원으로 모든 국민의 권리를 실현시키기에 충분하다는 것을 증명해야 한다고 하였듯이, 헌법상 기본권으로 주거권을 보장하고 국가가 최대한의 가용 자원 내에서 모든 적절한 수단을 동원하였는지에 대하여 보다 적극적으로 사법심사가 이루어지는 것이 바람직하다.

---

60) 박찬운, 앞의 논문, 34.
61) 박찬운, 앞의 논문, 35.

VI. 마치며

'주거문제는 그동안 교육이나 의료 등 다른 사회보장 문제에 비해 상대적으로 공공성이 약한 사적 소비재로 인식되고 사회복지분야에서 별로 다루어지지 않았다. 그러나 주거는 인간다운 삶의 가장 기본적인 문제이며, 주거의 열악함은 주거 자체의 문제만이 아니라 고용기회나 교육 기회, 건강 문제 등 다양한 측면에서의 삶의 질과 관련된 문제 원인이 될 수도 있다. 삶의 질에 대한 시대적 요구, 복지국가를 지향하는 현대 흐름에서 주거권을 기본권으로 선언하고, 주택정책에서 주거복지 정책으로 전환하는 것은 필수적이다.62)

'주거권은 단순히 국가가 시혜적으로 국민에게 베푸는 것이 아니라 인간다운 삶의 보장을 위하여 모든 국민에게 보장되어야 하는 기본권이다. 그리고 이러한 주거권의 보장은 스스로 적절한 주거를 확보하는 것이 어려운 주거취약계층에 대한 특별한 보호를 수반하여야 한다. 주거가 사람에게 갖는 중요성을 가볍게 여기지 않고 인간다운 생활의 가장 기본이 되는 주거권을 헌법에 규정하고 주거권을 포함한 사회적 기본권에 대한 적극적 실현을 통하여 전체 국민의 삶이 나아질 수 있기를 희망한다.

---

62) 김태영, "주거권 실현을 위한 주거비 지원의 법적 고찰", 박사학위 논문, 이화여자대학교(2015), 117.

참고문헌

국가인권위원회, 주거권 국제기준 자료집 (2020)

국회도서관, 세계의 헌법 I (2010)

국회도서관, 세계의 헌법 II (2010)

김미곤 외 8, "최저생계비 계측방식 개선방안에 관한 연구", 한국보건사회연구원 (2009. 9.)

한국보건사회연구원, 2020년 장애인 실태조사

강미나 외 4, "공공임대주택과 주거급여제도의 정책효과 분석과 성과제고 방안", 국토정책 Brief 865호 (2022. 5. 16.)

강은나 외 3, "초고령사회 대응을 위한 노인주거정책 개편 방안", 한국보건사회연구원 연구보고서 (2019-25)

권세훈, "프랑스의 주거정책과 주거권", 법제 (2016. 12.)

김성연, "주거권 실현을 위한 주거급여 실태분석·임차급여를 중심으로", 도시행정학보 제33집 제4호 (2020. 12.)

김태영, "주거권 실현을 위한 주거비 지원의 법적 고찰", 박사학위 논문, 이화여대 (2015)

박귀천, "독일 연방헌법재판소의 하르츠IV 위헌결정에 따른 사회권 침해 위헌심사기준 및 그 의의", 국민기초생활보장법상 부양의무자 기준과 사회적 기본권의 보장 토론회 (2016. 6. 14.) 자료집

박찬운, "사회권의 사법구제가능성 강화를 위한 사법부의 역할", 법학논총 제35권 제4호 (2018. 12.)

변무웅, "독일의 사회주택 관련 문제점과 해결방안", 일감 부동산법학 제16호 (2018. 2.)

송민경, "최저주거기준의 내용과 개선과제", 국회입법조사처 이슈와 논점 제1783호 (2020. 12.)

윤현식, "주거기본법의 의의와 과제", 일감부동산법학 제11호 (2015. 8.)

이신용, "공공의 주거보장에 관한 연구: 독일의 사회적 시장경제에서의 주거수당에 대한 고찰", 한국공공관리학보 제34권 제2호 (2020. 6.)

이희숙, "사회주택 법제도 현황과 개선 방안", 공간과사회 제31권 2호(통권 76
호) (2021)

임병권, 강민정, 장한익, 김병국, "유럽국가의 사회주택 현황과 지원정책에 관한
사례연구", 주택금융리서치 제2호 (2018)

장선미, "사회적 기본권의 사법적 판단 구조에 관한 비교법적 고찰", 법제 (2018. 9.)

전광석, "사회적 기본권의 헌법적 실현구조", 국가인권위원회, 사회권포럼 자료
집 I (2007)

조양재, "주거권 보장에 관한 헌법적 과제와 개선방안", 박사학위 논문, 울산대
학교 (2019)

최은영 외 4, "사회주택공급 활성화를 위한 대응방안", 한국도시연구소 (2016)

한수웅, "사회복지의 헌법적 기초로서 사회적 기본권", 헌법학연구 제18권 제4
호 (2012. 12.)

미국의 사회주택 제도 고찰 및 시사점

| 김지은 |*

초록

　미국의 사회주택은 1930년대 공공임대주택에서 출발하여 현재는 공공지원 민간임대주택 중심으로 운영되고 있다. 미국은 50개 주가 개별 국가와 비슷한 수준의 자치권을 갖고 있지만 사회주택의 건설과 운영 재원은 여전히 연방정부에 크게 의존하고 있다. 따라서 이 글의 전반부에서는 미국 사회주택의 역사적 전개에 있어서 중요한 전환점을 가져온 연방정부의 사회주택 지원 제도를 소개한다. 다음으로 미국 사회주택의 3분의 1을 공급하는 비영리 민간주체의 성장 과정과 영리 주체와의 경쟁 및 보완 관계를 짚어볼 것이다. 오늘날 사회주택에 대한 연방정부의 지원은 저소득층 지원에 주로 투입되는 주택 및 도시개발부(HUD) 예산뿐만 아니라 국세청의 사회주택 투자세액공제(LIHTC), 다세대주택 면세채권, 공적 모기지 보증 및 유동화 기관에 부과되는 수수료 형식의 국가주택기금 등으로 다각화되어 있다. 미국 사회주택 제도의 가장 중요한 특징은 이처럼 자본시장 및 부동산 시장과 긴밀히 연계된 지원 제도를 통해 사회주택 정책의 수혜층을 공급자와 수요자뿐만 아니라 자본시장의 금융투자자, 투자중개기관 등으로 확대했다는 점이다. 미국의 사회주택 재원 다각화와 정치적 영향을 최소화하기 위한 노력은 정부 예산 의존도가 높은 우리나라의 사회주택 정책에 중요한 시사점을 제공한다.

---

* 서울주택도시공사 도시연구원 수석연구원

Ⅰ. 서론

미국에서 사회주택과 가장 유사한 의미로 쓰이는 용어는 정부보조 임대주택(subsidized rental housing)이다. 시장 임대료(market rent)를 감당하기 어려운 중저소득층을 위해 정부 보조를 통해 부담가능성을 높인 다양한 유형의 임대주택을 포괄하는 개념이다. 정부보조 임대주택은 시장 임대료 이하로, 정해진 규칙(예: 일정 소득 이하 가구에게 공급)에 따라 배분하는 주택이라는 점에서 OECD가 정의한 사회주택 정의와 일맥상통한다. 미국에서는 수요자를 지원하는 주거선택바우처 (Housing Choice Voucher)[1]까지 정부보조 임대주택의 범주에 포함하여 논의하는 경우가 많지만, 이 글에서는 정부보조 임대주택 중 공급자 지원에 해당하는 것을 사회주택으로 정의하고 소유 및 운영 주체에 따라 공공임대주택과 공공지원 민간임대주택으로 구분하고자 한다.

오늘날 미국의 사회주택 공급은 공공지원 민간임대주택이 주도하고 있다. 영리 또는 비영리 민간 주체가 정부의 지원을 받아 중저소득층에게 공급하는 공공지원 민간임대주택 재고는 2020년 510.8만 호로 사회주택 재고 609.5만 호[2]의 83.8%를 차지한다. 공공임대주택 재고는 1994년 140.9만 호로 정점을 기록한 후 감소하는 추세이며,[3] 연방정부의 공공임대주택 예산은 대부분 공급 확대가 아닌 기존 노후 공공임대주택 재고의 보존이나 재건축에 사용되고 있다(Schwartz, 2021, 7). 따라서 신규 사회주택 공급은 전적으로 민간 부문이 담당하고 있다 해도 과언이 아니다.

---

1) 주택 바우처는 우리나라의 주거급여와 유사한 임대료 보조 사업임.
2) 연방정부 지원 프로그램에 해당하는 공공임대주택과 공공지원 민간임대주택을 집계한 것으로, 주정부 및 지방정부가 자체 재원을 통해 공급한 사회주택은 포함되지 않음.
3) 2021년 미국의 공공임대주택 재고는 93.2만 호로 미국 전체 주택 재고의 0.7%에 불과함.

사회주택의 공급 주체는 지방정부 산하 공공주택공사(public housing authorities, 이하 지방주택공사), 비영리 단체, 영리 기업으로 다양하다. 미국 전역에 3천 개 이상의 공공주택공사가 있지만 신규 사회주택 공급은 거의 하지 않으며, 기존 공공임대주택 재고의 유지관리와 주거선택바우처 운영을 주로 담당하고 있다. 비영리 주택 부문은 미국 사회주택 공급의 3분의 1을 차지하며(Bratt, 2007), 영리기업과 견줄만한 규모로 성장한 곳도 적지 않다.

미국은 50개 주가 개별 국가와 비슷한 수준의 자치권을 갖고 있지만 사회주택의 건설 및 운영 재원은 연방정부에 크게 의존하고 있다. 따라서 2장에서는 미국의 사회주택이 공공임대주택에서 공공지원 민간임대주택 중심으로 전환되는 과정에서 나타난 연방정부의 주요 정책과 제도를 살펴볼 것이다. 3장에서는 저소득층을 위한 장기임대주택 공급에 있어서 중추적인 역할을 하고 있는 민간 비영리 주택 부문의 성장 요인과 최근 부각되고 있는 영리 주체와의 경쟁 이슈를 짚어볼 것이다. 마지막으로 4장에서는 미국 사회주택 제도의 특징과 시사점을 제시하고자 한다.

II. 사회주택 지원 제도

1. 공공임대주택 정책[4]

미국 사회주택 정책의 출발점은 1937년 주택법(Housing Act of 1937)으로 도입된 공공임대주택이었다. 1920년대 말 미국을 덮친 대공황을 극복하기 위한 뉴딜 정책의 일환으로 저소득층의 주거문제 해결

---

4) Schwartz, 앞의 책 144-177을 참고하여 작성. 그 외 출처는 별도 표기함.

과 공공임대주택 건설을 통한 경제 활성화를 동시에 도모하기 위한 것
이었다. 이 법에 따라 지방주택공사는 사업비의 90%까지 연방정부가
보증하는 60년 장기저리대출을 받아 공공임대주택을 건설하기 시작했
다. 공공임대주택 운영비의 50%는 임대료 수입, 33%는 연방정부 지원,
17%는 지방정부의 지원으로 충당하기로 했으며, 1940년대 말까지 500
개 이상의 사업이 추진되었다.[5]

　　2차 세계대전 이후 연방정부는 1949년 주택법을 통해 공공임대주
택 건설에 대한 지원 확대를 재확인하고, 6년간 공공임대주택 81만 호
를 공급하기로 했다. 도심재개발(urban renewal)로 철거되는 주택을 대
체하기 위해서였다. 당시 공공임대주택의 사업 구조는 지방주택공사가
개발비 조달을 위한 공채 발행과 임대주택 운영을 맡고, 연방정부가
공채의 원리금을 상환하는 방식이었다. 그리고 장기적인 임대주택 유
지관리를 위해 지방주택공사가 임대료 일부를 적립하여 자본준비금
(capital reserve fund)을 조성하도록 했다. 그러나 1950년대에 의회가
지방주택공사의 자본준비금을 연방정부 대신 공채 원리금을 상환하는
데 사용하도록 하면서 공공임대주택의 운영비 부족 문제가 누적되기
시작했다. 1968년부터 연방정부가 공공임대주택 유지보수 비용을 보조
하기 시작했으나, 실제 필요한 비용에 비해 운영비 보조는 턱없이 낮
은 수준에 머물렀다.

　　교외화(suburbanization)로 중산층이 떠난 도심에 고층 임대아파트
단지를 건설하는 정책은 인종 차별과 빈곤의 집중, 공공임대주택 운영
비 부족에 따른 유지관리 부실, 도심 쇠퇴와 각종 사회 문제를 심화시
키는 결과를 낳았다. 중산층이 선호하는 교외 단독주택과 달리 쇠퇴하
는 도심에 저소득층이 모여 사는 고층 임대아파트 단지는 정책 실패의
상징처럼 인식되었다. 이는 1973년 1월 닉슨 행정부가 모든 연방정부

---

5) Franklin D. Roosevelt Presidential Library and Museum, https://www. fdrlibrary.
org/housing#:~:text=President%20Roosevelt%20signed%20the%20Wagner,housing%
20projects%20across%20the%20country (접속일: 2022.12.9.).

주택 보조 사업에 대한 모라토리엄을 선언한 주된 원인이 되었다. 같은 해 9월 닉슨 행정부는 연방정부 중심의 비효율적인 시스템을 지방정부 주도로 전환하는 새로운 정책 방향을 의회에 제출했다. 그리고 후속 조치로 1974년 주택 및 커뮤니티 개발법(Housing and Community Development Act of 1974)을 제정하여 섹션8 임대료 지원 사업(Section 8 rental assistance program)6)을 도입했다. 섹션8 임대료 지원 사업은 공정시장임대료와 저소득층7)이 부담하는 임대료8)의 차액을 정부가 보조하는 사업으로, 임차인에게 임대료를 지원하는 주거선택바우처(tenant-based housing choice voucher)와 임대인에게 보조금을 지급하는 주택기반 임대료보조(project-based rental assitatnce)9) 두 가지 방식으로 운영된다. 2022년 HUD 예산 687억 달러 중 주거선택바우처 예산이 304억 달러(44%), 주택기반 임대료보조 예산이 141억 달러(20%)로, 오늘날 섹션8 임대료 지원사업은 HUD 예산의 60% 이상을 차지하는 주요 사업으로 자리잡았다(HUD, 2022, 8).

1980년대부터 1990년까지 레이건 및 클린턴 행정부의 주택 및 도시개발부(Department of Housing and Urban Development, HUD) 예산 삭감이 이어지면서 공공임대주택의 위상과 역할은 점차 축소되었다. 60년대와 70년대에 연평균 3.6만 호 이상 증가했던 공공임대주택 재고는

---

6) 주택 및 커뮤니티 개발법 제8절(section 8)에 근거하기 때문에 섹션8 사업이라는 명칭으로 부르는 경우가 많음.

7) HUD는 저소득층(low-income)을 지역중위소득(Area Median Income, AMI)의 50% 이하 가구로 정의하며, AMI 30% 미만 가구는 극빈층(extremely low-income)으로 분류됨. AMI 50% 초과~80% 이하는 중저소득층(moderate income), AMI 80% 초과~120% 이하는 중간소득층(medium income)임.

8) 도입 초기에는 가구소득의 25%까지였으나, 이후 30%까지로 조정됨.

9) 주택기반 임대료 보조 사업은 HUD가 주택소유자와 계약을 체결하고, 세입자가 소득 30% 한도로 지불하는 임대료 및 광열비와 임대주택 유지관리 비용의 차액 또는 월 $25보다 많은 금액을 정부가 주택소유자에게 보전하는 사업임 [Center on Budget and Policy Priority, (2023.1.8. 확인), https://www.cbpp.org/research/housing/section-8-project-based-rental-assistance].

80년대에 연평균 2.1만 호 증가하는데 그쳤으며, 90년대 이후로는 연평균 1.5만 호씩 재고가 감소하고 있다. 공공임대주택 재고 감소에 결정적인 역할을 한 것은 1993년에 도입된 HOPE VI 공공임대주택 철거 및 재건축 프로그램이었다. HOPE VI는 공공자금으로 임대주택 단지를 철거하나 민간 참여를 통해 계층혼합형 주택으로 재건축함으로써 과거의 정책 실패를 지우고자 했다. HOPE VI 공공임대주택 재건축은 2000년대 이후 새로운 라이프스타일로 부상한 도심회귀 현상과 맞물리며 뉴욕, 시카고 등 대도시의 젠트리피케이션을 자극했다는 비판을 받고 있다. 더 큰 문제는 HOPE VI의 영향으로 2010년까지 약 9.6만 호의 공공임대주택 재고가 감소(Schwartz, 앞의 책, 189)했다는 점이었다. HOPE VI 프로그램은 2010년 공공임대주택 재건축 시 기존 공공임대주택의 일대일 대체를 의무화한 Choice Neighborhood Initiative로 대체되었다.

[표 1] 공공임대주택 재고 변화

연도	호수 (호)	연평균 재고 변화 (호/연)
1949	170,436	(1950년대) 25,202
1959	422,451	(1960년대) 36,978
1969	792,228	
1980	1,192,000	(1970년대) 36,343
1990	1,404,870	(1980년대) 21,287
2000	1,282,099	(1990년대) -12,277
2010	1,168,503	(2000년대) -11,360
2020	957,971	(2010년대) -21,053
2021	931,624	

(자료) 1949~1990년: Schwartz, 앞의 책, 145, 2000~2020년: Office of Policy Development and Research, Picture of Subsidized Households database

[표 2] 주택 및 도시개발부의 정부보조 임대주택 지원 실적

구분		2014 (가구)	2021 (가구)	2014~2021	
				(가구)	(%)
기존 재고 보존	공공임대 Public Housing	1,141,596	931,624	-209,972	-18.4%
	공공지원 민간임대 Moderate Rehab Section 236	76,528	30,572	-45,956	-60.1%
임대료 지원	주택선택바우처 Housing Choice Voucher	2,415,692	2,669,691	253,999	10.5%
	주택기반 Project-based Section 8	1,225,595	1,306,727	81,132	6.6%
특수 소요	노인	122,040	125,568	3,528	2.9%
	장애인	33,673	33,860	187	0.6%
합계		5,015,124	5,098,042	82,918	1.7%

출처: Office of Policy Development and Research, Picture of Subsidized Households dataset, 각 연도

2. 공공지원 민간임대주택 지원 제도

공공지원 민간임대주택에 대한 연방정부의 제도적 지원은 1960년대 초에 시작되어 1980년대 중반에 획기적인 전환점을 맞게 된다. 1980년대 초까지가 민간 참여를 통한 사회주택 공급 확대를 위한 시행착오를 겪은 시기였다면, 1980년대 중반부터는 HUD 예산 제약에서 벗어난 새로운 금융지원 시스템 도입으로 공공지원 민간임대주택 공급이 크게 확대되었다. 오늘날 HUD 주거보조 사업 예산의 상당 부분은 1980년대 이전에 공급된 사회주택을 계속 부담가능한 주택으로 유지하는 데 쓰이고 있다.

가. 1960년대~1980년대 초[10]

공공지원 민간임대주택은 1961년 케네디 행정부가 공공임대주택에 입주할 수 없는 중간소득계층을 위한 임대주택을 민간이 공급할 수 있도록 연방정부가 보증하는 저금리 자금지원 제도를 도입하면서 시작되었다. 최초의 지원 제도인 섹션221(d)3 저금리 프로그램은 사회주택을 개발하는 영리 또는 비영리 민간 주체가 연방정부 보증 저금리 대출을 은행에서 받으면, 이 대출을 연방정부 기관인 패니메(Fannie Mae)가 매입하는 방식이었다. 당시 6%대였던 금리를 3%에 제공함으로써 민간 주체가 중위소득 가구를 위한 임대주택을 공급하도록 하는 것이 목표였다. 임대료는 금융비용을 포함한 건설비, 유지관리비, 6%로 제한된 배당금을 기반으로 책정하도록 했다. 그러나, 저금리 혜택만으로 임대료를 충분히 낮추기는 어려웠기 때문에 중간소득층 중에서도 상단에 속한 일부 가구에게만 혜택이 돌아간다는 비판이 당시 제기되기도 했다. 이후 1970년대 높은 인플레이션에 따른 운영비 급등의 여파로 섹션221(d)3 임대주택의 4분의 1이 담보대출 채무불이행에 처하게 된다.

1968년 닉슨 행정부는 섹션221(d)3을 폐지하고 새로운 금융지원 프로그램인 섹션236을 도입했다. 공공지원 민간임대주택 사업자에게 담보대출 금리를 1%로 낮춰주고, 세법상 가속상각을 통한 절세를 허용하는 등 인센티브를 강화한 것이었다. 지원 방식도 연방정부가 대출을 직접 매입하지 않고, 시장금리와 1% 금리의 차액을 보조금 형식으로 제공하는 방식으로 전환되었다. 섹션 236은 훨씬 낮은 금리와 절세 혜택을 추가한 대신에 공급 대상을 지역중위소득 80% 이하 가구로 낮추고, 일부 저소득층에게는 임대료 보조 혜택을 제공하여 저소득층의 접근성을 높였다. 입주자는 금융비용을 포함한 건설비, 유지관리비, 6%로 제한한 배당금을 기초로 산정된 기본임대료와 가구소득 25% 중 높

---

10) Schwartz, 앞의 책 178~182를 참고하여 작성함.

은 금액을 임대료로 납부하고, 일부 저소득층에게는 가구소득 25%와 기본임대료의 차액을 정부가 보전했다. 공급자 인센티브를 확대하고 일부 임대료 보조 혜택까지 더한 덕분에 섹션236는 이전 프로그램보다 빠르게 확산되었으나, 정부 지원이 확대된 만큼 HUD의 예산 부담도 크게 증가했다. 이 사업도 닉슨 행정부의 1973년 주택보조 사업 모라토리엄 선언으로 종료되었다.

섹션221(d)3과 섹션236은 정부가 지원하는 저리대출 기간 동안 민간이 사회주택을 공급하는 구조였다. 대출기간은 통상 40년으로 설정되었지만 20년 후부터 조기상환이 허용되었다. 대출 상환이 완료되거나 HUD와 임대인 간의 계약이 만료되면 사회주택으로 공급할 의무가 없어지기 때문에 연방정부는 두 프로그램으로 공급된 사회주택 재고를 유지하기 위해 계속해서 추가 인센티브를 마련하고 있는 실정이다. 그 결과 2020년 기준으로 2만 6천 호 가량의 섹션221(d)3과 섹션236 공공지원 민간임대주택이 사회주택 재고로 남아 있다.

저리대출 지원사업을 폐지한 닉슨 행정부는 1974년 섹션8 임대료 보조 사업의 한 유형[11]으로 공급자 지원사업인 섹션8 신축 및 대규모 개보수(Section8 New Construction and Substantial Rehab) 사업을 도입했다. 저소득층에게 공공임대주택 이외의 주거 선택권을 제공하기 위해서였다. 섹션8 신축 및 대규모 개보수 사업은 민간 주체가 스스로 자금을 조달하여 주택을 건설한 후 전체 혹은 일부 호수에 대해 HUD와 섹션8 공급계약을 체결하고, 이를 지역중위소득 80% 이하 가구에게 임대하면 가구 소득의 25%와 공정시장임대료(fair marekt rent)[12]의 차액을 임대인에게 지급하는 방식이었다. 이후 근거법,[13] 임대료 지원

---

11) 주거급여와 같은 수요자 보조 방식인 Section8 Existing Housing Program과 공급자 보조 방식인 Section8 New Construction and Substantial Rehab이 도입됨.

12) 당시 공정시장임대료는 중위임대료 수준으로 결정되었으며, 84년에는 45분위 임대료, 95년에는 40분위 임대료 등 시기에 따라 산출 기준이 달라짐.

13) 1998년 Quality of Housing and Work Responsibility Act에 따른 주거선택바우처

기준, 운영방식 등 세부 사항은 몇 차례 변경되었지만, 섹션8에 기반한 공급자 보조 사업은 오늘날까지 가장 중요한 저소득층 주거지원사업으로 남아 있다. 주택기반 임대료 보조(project-based rental assistance)로 통칭되는 섹션8 공급자 지원[14]을 통해 공급된 사회주택 재고는 2021년 130.6만 호로, HUD 예산으로 시행되는 주거지원사업의 16.1%를 차지한다.[15]

한편, 닉슨 행정부는 단독주택에 비해 저비용주택으로 간주되는 다세대주택을 공급하는 민간의 자금조달을 지원하기 위해 1974년부터 다세대주택 면세채권(tax-exempt multi-family housing bond)[16] 발행을 허용했다. 면세채권은 공익에 부합하는 사업을 시행하는 민간 주체를 지원하는 기업활동채권(private activity bond)의 일종으로 주정부 또는 지방정부 산하 금융공사가 발행한다. 1973년 섹션 236 저리대출 지원 사업이 중단되고 1980년대까지 고금리 기조가 지속되면서 시중금리보다 1%p 가량 낮은 수준의 장기 고정금리를 제공하는 다세대주택 면세채권에 대한 수요는 크게 확대되었다. 70년대까지는 발행규모나 저소득층을 위한 주택 확보에 관한 규제가 없었으나, 1980년에 공급호수의 20%를 지역중위소득 50% 이하 가구를 위한 임대주택으로 확보하도록 하는 규정이 도입되고(Congressional Budget Office, 1982, 10), 1984년부터는 주별로 기업활동채권 발행한도가 설정되었다(NLIHC, 2022 5-18). 저소득층에게 공급된 주택은 15년 이상 부담가능한 주택으로 유지되어야 한다. 다세대주택 면세채권은 여전히 공공지원 민간임대주택

(Housing Choice Voucher)로 통합됨.

14) 현재 공급자 지원형 임대료 보조 사업은 공공주택사업자가 주거선택바우처의 25% 이내를 주택기반바우처(project-based voucher)로 사용할 수 있도록 하는 방식으로 운영됨.

15) Office of Policy Development and Research, Picture of Subsidized Households dataset, https://www.huduser.gov/portal/datasets/assthsg.html (접속일: 2023.1.15.).

16) Internal Revenue Code, Title26, Subtitle A, Chapter 1, Subchapter B, Part IV, Subpart A, Section 142: Exempt facility bond.

사업에 저리자금을 제공하는 중요한 역할을 하고 있다.

나. 1980년대 중반 이후

(1) 저소득주택 투자세액공제(Low Income Housing Tax Credit)[17]

저소득주택 투자세액공제(이하 LIHTC)는 1986년 조세개혁법(Tax Reform Act of 1986)을 근거로 도입되었다. 민주당이 다수였던 하원에서 당초 제출한 법안은 영리 디벨로퍼, 주택건설사 등에게 유리한 세금 혜택을 축소하되 저소득 임대주택에 대해서는 감가상각 공제혜택을 확대하는 것이었다. 공화당이 다수였던 당시 상원은 저소득주택 개발에 대한 세금감면 필요성은 인정했지만 영리 디벨로퍼에 대한 세금감면 축소에 따른 임대주택 공급 감소를 우려했다. LIHTC는 이러한 두 가지 문제를 함께 풀어내기 위해 도입된 것이다(Ballard 2003). 즉, 영리 디벨로퍼에게 제공되었던 감세 혜택을 축소하는 대신[18], LIHTC을 신설하여 저소득층을 위한 임대주택을 공급하는 영리, 비영리 주체에게 세액공제 혜택을 부여한 것이다.

LIHTC는 저소득 임대주택 투자자에게 투자금액 1달러당 1달러의 세액공제 혜택을 제공하는 제도이다. 매년 재무부 산하 국세청(Internal Revenue Service)이 주정부 산하 주택금융공사에 세액공제 한도를 배분하고,[19] 주정부 주택금융공사는 세액공제권 배분계획(Qualified Allocation Plan)을 수립한 후 공모를 통해 적격 사업자를 선정한다. 사업자에게 할당되는 LIHTC 총액은 토지매입비를 제외한 총사업비에

---

17) 근거법: Internal Revenue Code, 26 U.S. Code §42. Low-income housing credit.

18) 임대주택 투자자에게 허용되었던 가속상각을 통한 절세 혜택을 축소하고, 수동손실공제(passive loss deduction) 혜택을 제한하는 등 임대주택 투자자가 활용할 수 있는 절세 수단이 크게 축소되었음.

19) 국세청은 매년 세액공제 제공한도를 결정하는데, 2022년에는 인구 1인당 2.60달러 또는 총 297.5만 달러 중 많은 금액을 배분함[Congressional Research Service, (2022.4.)].

저소득임대주택 비율을 곱하여 적격사업비(qualified basis)[20]를 도출한
후, 여기에 세액공제율(credit rate)을 곱한 금액이다. 10년 동안 나누어
받을 수 있는 세액공제 총액을 현재가치로 환산하면 사업 유형에 따라
적격사업비의 70% 또는 30%에 해당한다. 이를 매년 받는 세금공제액
으로 환산하면 전자는 적격사업비의 9%, 후자는 4%에 해당하므로 각
각 9% 세액공제, 4% 세액공제라고 부른다(Schwartz, 앞의 책, 118~
119). 9% 세액공제는 신축 또는 대규모 개보수 사업, 4% 세액공제는
호당 3천달러 이하가 소요되는 소규모 사업에 적용된다. 또한, 다세대
주택 면세채권으로 자금을 조달한 사업은 자동으로 4% 세액공제를 받
을 수 있다.

세액공제권을 할당받아 건설된 주택은 15년 이상 입주자의 소득과
임대료 제한을 받는 저소득 임대주택으로 운영해야 한다. LIHTC 도입
초기에는 저소득주택으로 공급해야 하는 의무기간이 15년이었으나,
1989년 세입조정법(Revenue Reconciliation Act)를 통해 30년 이상 부담
가능주택으로 유지할 수 있는 규정이 도입되었다(이재춘·강미나, 2016).

LIHTC는 복잡한 과정을 거쳐 시장에 유통된다. 세액공제권을 할당
받은 주택사업자는 대부분 세액공제권을 시장에 매각하여 자금을 조
달한다. 투자중개사(syndicator)는 매물로 나온 세액공제권을 모아 투자
자들에게 매각한다. LIHTC 투자자는 주로 연방정부 세액공제가 필요
한 대기업이나 금융기관으로, 해당 주택사업의 지분 99.9%를 보유한
유한책임파트너(limited partner)가 되어 10년간 세액공제 혜택뿐만 아
니라 감가상각, 대출이자 등에 대한 절세 혜택과 해당 주택사업의 운
영수익 및 양도차익까지 공유할 수 있다. 영리 또는 비영리 디벨로퍼
는 무한책임파트너(general partner)가 되어 개발 및 운영을 책임지는
구조이다. 주택사업자는 세액공제권 거래 가격에서 투자중개사 수수료

---

20) 시세에 임대하는 임대주택 사업비는 적격사업비에서 제외되고, 부담가능 임대
주택 건설비만 인정됨. 소득에 비해 주거지가 높은 지역은 적격사업비에 30%를
추가할 수 있음.

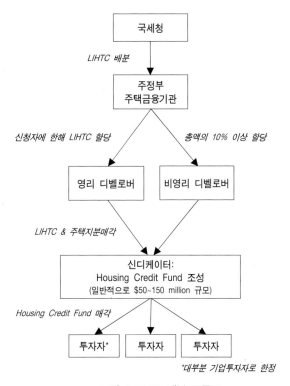

그림 1. LIHTC 배분 흐름도

(출처: 김지은 2016, p.62 그림4-8 인용)

등을 제외한 금액을 세액공제권 매각대금으로 받게 된다. 세액공제권의 거래 가격과 투자 수익률은 시장 수급에 따라 달라진다. LIHTC 도입 초기 10년은 1달러 세액공제권이 0.6달러 미만에 거래되었으나, 2000년대 초중반에는 0.8~0.9달러까지 상승했다가, 세계금융위기 직후 0.7달러 수준으로 하락했고, 이후 경기 회복에 따라 거래가가 상승하여 최근에는 0.9달러 내외, 수요가 높은 해에는 1달러 이상으로도 거래되기도 한다(Schwartz, 앞의 책, 122-123).

주정부 주택금융기관은 연방정부 기준에 따라 매년 세액공제권 배분계획(Qualified Allocation Plan)을 수립해야 한다. 배분계획에는 주정부의 주거 우선순위와 그에 따른 LIHTC 사업 선정 기준이 명시된다. 주택사업자 간에 세액공제권 확보 경쟁이 치열하기 때문에 주정부 기관은 세액공제권 배분계획에 사업자 선정 우선순위 결정 기준 및 방법을 명시함으로써 양질의 저소득 임대주택을 공급하는 사업에 우선적으로 세액공제권을 배분하는 전략을 취하게 된다. 미국 50개 주와 워싱턴 D.C.의 세액공제권 배분계획을 분석한 Nelson & Sorce(2013)에 따르면, 저소득 임대주택 유지 기간을 30년 이상으로 설정한 주택사업에 우선순위를 부여한 곳이 82.4%였으며, 이 중 13개 주는 저렴임대 의무기간을 30년 이상으로 제시한 사업에만 세액공제권을 배분하는 기준을 운영하는 것으로 나타났다.

1987년부터 2020년까지 LIHTC를 통해 344만 호의 주택이 공급되었고, 80% 이상이 저소득층에게 공급되었다.[21] 연방정부 기준에 따라 세액공제권을 받은 사업은 공급호수의 20% 이상을 가구원수별 지역중위소득 50% 미만 가구에게 임대하거나, 40% 이상을 지역중위소득 60% 미만 가구에게 임대해야 한다. 저소득가구에 부과되는 임대료 상한은 가구원수별 가구소득의 30%지만, 실제 가구원수를 기준으로 하지 않는다는 맹점이 있다. LIHTC 주택의 임대료 산정 시 적용하는 가구원수는 임대주택의 방 개수를 가구원수로 환산한 것으로, 원룸=1인 가구, 방 1개=1.5인 가구, 방2개=3인 가구, 방3개=4.5인 가구, 방 4개=6인 가구로 계산한다. 예를 들어, 지역중위소득 40% 가구에게 공급하기로 약정한 방 2개짜리 주택을 2인 가구가 임대하는 경우, 세입자의 가구소득은 실제 가구소득이 아닌 3인 가구 지역중위소득의 40%로 간주되며, 여기에 30%를 곱한 값이 임대료 상한선이 된다(National Low Income Housing Coalition, 2022, 5-7). 결과적으로 LIHTC 임대주택에

---

21) HUD, Characteristics of LIHTC Properties: Properties Placed in Service through 2020 (2023.1.11. 확인), https://www.huduser.gov/portal/datasets/lihtc/property.html#codebook.

거주하는 저소득층은 실제 가구소득의 30% 이상을 임대료로 지불하는 경우가 적지 않기 때문에[22] 소득이 낮은 계층에게는 부담가능하지 않다는 비판을 받고 있다.

(2) 국가주택기금(National Housing Trust Fund)

국가주택기금은 HUD가 주정부에 배분하는 포괄보조금으로 2008년 주택 및 경제 회복법(Housing and Economic Recovery Act of 2008)에 의해 도입되었으나, 실제 운영은 2016년부터 시작되었다. 기금의 재원은 공적 모기지 보증 및 유동화 기관인 페니메(Fannie Mae)와 프레디맥(Freddie Mac)에 부과하는 수수료로 충당하도록 되어 있는데, 2008년 금융위기로 인해 두 기관이 연방정부의 긴급구제 및 관리대상에 편입되어 재원 확충이 불가능했기 때문이다. 주택 및 경제회복법에 따라 페니메와 프레디맥은 매년 신규 모기지 매입 총액의 0.042%에 해당하는 금액의 65%를 국가주택기금에 기여해야 한다. 즉, 국가주택기금의 재원은 정부 예산이 아닌 페니메와 프레디맥의 모기지 매입실적에 좌우된다. 따라서, 주택시장이 활황일 때 적립금이 늘어나는 구조이다. 2016년 총 1억 7,360만 달러의 국가주택기금이 배정된 이래로 줄곧 연간 2억~3억 달러 대를 유지하다가, 최근 부동산 호황에 힘입어 2021년에는 6억 9,290만 달러, 2022년에는 7억 3,960만 달러가 배정되었다(Congressional Research Service, 2021, 4-7).

국가주택기금은 지역중위소득 30% 이하의 최저소득계층이나 연방정부가 정한 빈곤선 이하에 속하는 가구(이하 극빈층)를 위한 임대주택의 건설, 리모델링, 보존, 운영을 지원하는 것을 주된 목적으로 한다. 따라서 사용가능한 범위가 법으로 엄격히 제한되어 있다. 기본적으로 국가주택기금은 지역중위소득 50% 이하 계층을 위해서만 사용할 수

---

22) 일부 저소득층은 주택 바우처로 가구소득의 30%와 LIHTC 임대료의 차이를 메울 수 있지만, 주택 바우처 자격기준을 초과하는 저소득층은 가구소득의 30% 이상을 임대료로 지불할 수밖에 없음.

있으다. 기금의 80% 이상을 부담가능한 임대주택 사업에 배정해야 하며, 최대 10%는 최초 주택구매자의 주택구입 지원에, 최대 10%는 행정비용으로 사용할 수 있다. HUD의 2021년 실적보고서(National Production Report)에 따르면, 2021년 11월 기준으로 국가주택기금을 사용해 공급된 주택은 1,641호로 모두 임대주택이었으며, 배정된 기금의 98%는 지역중위소득 30% 이하 가구를 위해 사용되었다 (Congressional Research Service, 앞의 자료, 14-15).

1980년대 중반 이후 도입된 공공지원 민간임대주택 지원 제도의 특징은 연방정부 재원으로 지원하되 HUD의 예산 확보에 의존하지 않는다는 것이다. 오늘날 공공지원 민간임대주택 공급에 가장 많이 활용되는 LIHTC는 국세청의 세금지출 형식이며, 국가주택기금은 페니메와 프레디맥에 부과되는 수수료를 재원으로 한다. 따라서 예산확보를 위해 매년 의회를 설득할 필요 없이 재원을 확보할 수 있다는 장점이 있다. 반면, 두 제도 모두 금융시장과 부동산 경기에 민감한 구조이기 때문에 불황기에는 재원 마련이 어려워지는 한계가 있다.

III. 비영리 주택공급 주체의 성장

부담가능한 주택 금융(Affordable Housing Finance)이라는 잡지가 발표한 2021년 50대 부담가능주택 디벨로퍼(Top 50 Affordable Housing Developers) 중 11개사(21.6%)는 비영리 디벨로퍼였다.[23] 이는 2009년부터 2013년까지 비영리 디벨로퍼 비중이 평균 35.2%에 달했던 것에 비하면 낮아진 것이다. 비영리 디벨로퍼가 미국 사회주택 공급에 중요

---

23) 동률인 회사를 포함한 총 51개 사 중 비영리가 11개 사이며, 순위는 연간 착공 호수를 기준으로 매겨짐. 2021년 TOP50에 속한 회사의 착공 호수는 총 4.3만 호임.

한 역할을 지속하는 가운데, 영리 디벨로퍼의 영향력이 점차 확대되고 있음을 의미한다. 이 장에서는 주택사업을 영위하는 비영리 주체의 대표 격인 커뮤니티 개발회사(community development corporations, 이하 CDC)의 성장 동인을 살펴보고, 사회주택 영역에서 벌어지는 영리와 비영리 주체의 경쟁 이슈를 짚어보고자 한다.

1. 비영리 주택 부문의 성장 과정

연방정부가 비영리 주체를 사회주택 공급에 참여시키기 시작한 사업은 1959년 섹션202 노인 및 장애인 지원주택이었다(O'Regan & Quigley, 2000, 297). 지금까지도 성공적인 정책으로 평가되는 섹션202 지원주택 사업에는 영리 주체의 참여가 허용되지 않는다. 노인과 장애인을 위한 지원주택이라는 특수성 때문에 적정한 서비스를 제공할 수 있도록 공급주체를 비영리로 한정했던 것이다. 1960년대 이후 도입된 공공지원 민간임대주택 지원 사업은 대부분 영리와 비영리 모두에게 열려 있기 때문에 상호 경쟁이 불가피하다. 그럼에도 불구하고 비영리 주체가 지속적으로 성장할 수 있었던 것은 공공과 민간 양쪽에서 제도적, 구조적 지원체계를 구축했기 때문이다. 그 과정을 CDC의 발아기(60~70년대), 성장기(80~90년대), 성숙기(2000년대 이후)로 구분하여 살펴보고자 한다.

가. 발아기: 1960~70년대

1960~70년대는 비영리 주체가 참여 또는 활용할 수 있는 다양한 정책 지원사업과 제도가 도입된 시기이다. 1940년대 말부터 정부 주도로 쇠퇴지역에 대규모 공공임대주택단지를 건설했던 도시개조사업(urban renewal program)이 실패로 귀결된 후, 연방정부의 사회주택 정책과 슬럼 재생 정책은 민간 주도의 상향식 접근으로 전환하게 된다. 1966년

개정된 경제기회법(Economic Opportunity Act)은 커뮤니티 개발에 기여하는 비영리기관에 보조금을 제공할 수 있도록 명문화함으로써 CDC가 빈곤지역의 물리적, 경제적, 사회적 재생사업에 참여할 기반을 구축했다. 또한 1960년대 연방정부의 공공지원 민간임대주택 지원 정책(섹션202, 섹션221(d)3, 섹션236)에 힘입어 주택공급 사업 참여 기회도 확대되었다. 그 결과 CDC는 1960년대에 저금리 금융지원을 받아 건설된 공공지원 민간임대주택의 28%를 공급했다(Bratt, 앞의 글, 3).

1970년대에는 쇠퇴지역에 대한 정부 보조와 민간 투자 확대를 목적으로 하는 두 가지 중요한 정책이 등장했다. 하나는 쇠퇴지역의 물리적 재생과 경제적 기회 확대를 위한 사업을 지원하기 위해 1974년 주택 및 커뮤니티 개발법에 따라 도입된 커뮤니티 개발 포괄보조금(Community Development Block Grant, CDBG)이다. 주택에 대한 지원보다는 폭넓은 환경개선과 고용창출을 목적으로 한 CDBG는 쇠퇴지역에서 활동하는 CDC의 중요한 재원이 되었다. 또 다른 하나는 1977년에 제정된 지역재투자법(Community Reinvestment Act)으로, 금융기관들이 쇠퇴지역에서 대출을 거절하는 관행을 바로잡기 위한 것이었다. 이 법은 연방정부 금융감독기관이 은행의 쇠퇴지역 대출 실적을 4단계로 평가한 후 공개하고, 하위 2단계에 해당하는 은행의 인수합병이나 신규지점 확장을 승인하지 않을 수 있도록 함으로써 쇠퇴지역에 민간자본이 유입되도록 했다. 또한, 금융기관이 지역 단체들과 함께 쇠퇴지역에 대한 융자, 투자, 서비스 계획 등을 포함하여 수립한 전략계획을 기준으로 평가받는 옵션을 선택할 수 있게 함으로써 금융기관과 CDC의 실질적인 접점을 확대했다(Office of the Comptroller of the Currency, 2014, 2). 쇠퇴지역에 대한 대출뿐만 아니라 1980년대 후반에 도입된 LIHTC 투자도 실적으로 인정되기 때문에 CRA는 공공지원 민간임대주택 확대와 밀접한 연관성을 갖게 된다. 이처럼 지역사회에서 지방정부, 금융기관, 비영리 주체의 협력을 요하는 재원과 제도가 확충되면서 주택 및 재생사업에 진입하는 CDC도 점점 늘어났다.

나. 성장기: 1980~90년대

발아기의 특징이 CDC의 참여 기회 확대였다면, 1980~90년대는 CDC가 주택사업으로 성장할 수 있는 구조적인 기반이 강화된 시기이다. 사회주택 정책이 공공지원 민간임대주택 중심으로 전환되면서 사회주택 공급을 위한 정부 지원 확보와 자본시장을 통한 사업비 조달이 중요해지게 되었다. 특히 저소득층을 위한 장기임대주택 공급을 위해서는 면세채권, 지역재투자법에 따른 금융기관의 쇠퇴지역 투자 의무, LIHTC 같은 복잡한 제도를 활용한 사업비 절감이 필수 역량으로 자리 잡았다. 연방정부는 LIHTC의 10%를 비영리 주체에게 할당하도록 하여 일정 부분 CDC의 참여를 보장했지만, 제한된 정부 지원을 확보하기 위한 영리와 비영리 주체의 경쟁은 불가피했다.

이 시기의 가장 중요한 구조적 변화는 CDC의 주택사업 진출을 지원하는 민간 비영리 금융중개기관(financial intermediary)의 등장이었다. 1980년대 초에 설립된 LISC(Local Initiative Support Corporation)와 엔터프라이즈(Enterprise Community Partners)[24]는 CDC의 자본 접근성을 높이는데 크게 기여했다. 이들은 CDC 육성을 통해 저소득층을 위한 양질의 부담가능한 주택을 공급하는 것이 쇠퇴지역 재생과 빈곤 극복의 출발점이라고 보았다. 따라서, 민간 금융기관이 신뢰할 수 있는 CDC를 발굴하고, 자금조달 노하우와 민관 네트워크 구축 및 각종 정부 프로그램을 활용할 수 있도록 CDC를 지원하는 역할을 했다. LISC와 엔터프라이즈는 정부지원 없이 자체 자금으로 운영되며[25], 지출의 80% 이상을 쇠퇴지역 재생 및 CDC 지원에 사용한다. 중개기관은 쇠퇴지역에 대한 투자 및 주택공급 활성화를 위한 정책 옹호 활동도 활발히 벌이고 있다. 1986년 조세개혁법 제정 과정에서 LISC와 엔터프라

---

24) LISC는 1980년 포드재단 주도로 설립되었으며, 엔터프라이즈는 1982년 디벨로퍼 출신 사업가가 설립함.

25) LISC는 수입의 거의 절반을 기업 기부금으로 충당하며, 엔터프라이즈는 자체 금융사업으로 대부분의 수입을 충당함.

이즈는 비영리주체가 공급 및 운영하는 저소득층 임대주택을 위한 투자세액공제를 적극적으로 제안하여 LIHTC의 도입에 기여하기도 했다 (Ballard, 앞의 글, 221). 현재 두 기관 모두 직접 또는 자회사를 통해 LIHTC 시장에서 투자중개사(syndicator) 역할을 겸하고 있다.

1990년대에는 부담가능한 주택 확대를 위해 지방정부에 배분하는 연방정부 포괄보조금인 주택투자파트너쉽 프로그램(HOME Investment Partnership Program, HOME, 1990) 도입,[26] 커뮤니티재투자법 이행에 관한 연방정부의 실질적 감독 강화, 지역기반 커뮤니티 개발금융기관 (Community Development Financial Institution, CDFI)에 출자·융자·보조하는 재무부 산하 CDFI 기금 설치(1994) 등 CDC가 사회주택 건설 및 운영에 활용할 수 있는 재원의 종류와 범위가 크게 확대되었다.

중개기관을 통한 지원 체계가 구축되고, 사회주택 건설 및 운영 재원이 다양화되면서 CDC는 양적, 질적 성장을 거듭하게 된다. 연방정부도 LIHTC의 10%, HOME 보조금의 15%를 비영리주체에게 할당하도록 하여 영리 부문과의 경쟁에서 비영리 주택부문을 일정 부분 보호한다. 제도적 지원 체계가 강화되면서 CDC가 공급한 주택수는 1988년 12.5만 호에서 1998년 65만 호로 5배 이상 확대되었다(National Congress for Community Economic Development, 2005[27]).

다. 성숙기: 2000년대 이후

저소득층을 위한 주택공급과 쇠퇴지역 재생에 있어서 CDC의 역할

---

26) HOME 보조금을 배정받은 지방정부는 15% 이상을 비영리 주택 부문에 할당하도록 함.

27) National Congress for Community Economic Development(NCCED)는 1998년부터 2005년까지 전미커뮤니티개발통계(National Community Development Census)를 총 5번 발표했으며, 2010년에는 National Alliance of Community Economic Development Associations(NACEDA)에서 2005~2007년의 변화를 집계한 통계를 발표한 이래로 관련 통계가 생산되지 않고 있음. NCCED는 현재 운영되지 않음.

과 역량에 대한 신뢰가 높아짐에 따라 공공 및 민간의 파트너로서 CDC의 입지도 강화되었다. 공공지원 임대주택의 가장 큰 재원인 LIHTC 사업에서 비영리 디벨로퍼의 비중은 1980년대 10% 미만에서 1990년대 평균 13%, 2000년대 16%, 2010년대 22%로 높아지는 추세이다.28) 주택의 공급 및 운영은 CDC의 핵심 사업으로 자리 잡았고, 상업·업무시설, 보육시설, 청소년센터 등으로 사업 영역을 확대하면서 지역기반 비영리 디벨로퍼 역할을 하고 있다. 2005년 기준으로 미국 전역에 4,500개 이상의 CDC가 활동하고 있다. 여전히 CDC의 절반 이상은 10명 이내의 정규 직원으로 운영되고 있지만, 전체의 15% 가량은 100명 이상의 직원을 고용할 정도로 성장했다. 도시를 기반으로 활동하는 CDC가 공급한 주택의 77%는 임대주택이며, 고객의 87%는 지역중위소득 80% 이하의 저소득층이다. 또한 지역주민을 위한 주택구매 상담, 임차인 지원, 직업교육, 청소년 프로그램 등 다양한 사회서비스를 통해 지역사회에 이바지하고 있다(National Congress for Community Economic Development, 앞의 글).

CDC의 역량과 영향력이 강화되고 있는 가운데, 이들의 주요 활동 거점인 미국 주요 대도시의 도심지역이 젠트리피케이션을 겪으면서 CDC는 새로운 도전에 직면하게 된다. 부담가능한 주택에 대한 수요는 급증하고 있지만 도심지역의 부동산 가격 상승으로 인해 신규 저렴주택 공급이 점점 더 어려워지고 있기 때문이다. 과거 CDC가 방치된 쇠퇴 도심지역 재생을 위해 육성되었다면, 지금은 도심지역의 부동산을 기대수익이 큰 우량 투자자산으로 접근하는 영리 주체와의 경쟁이 점점 치열해지고 있다.

---

2. 영리와 비영리 주체의 경쟁

CDC가 성장하면서 비영리 주체를 영리 주체와의 경쟁으로부터 보호할 필요가 있는지에 대한 논의도 종종 이루어지고 있다. 이 문제에 대해 Bratt(2006)은 비용-효율성과 장기적인 부담가능성 유지 여부를 중요한 판단 기준으로 제시한다. 그가 조사한 바에 따르면 개발 비용에 있어서 통계적으로 유의미한 차이가 나타나지 않으며, 비영리 주체의 개발 비용이 높은 경우에도 다른 요인들이 개발비용의 차이를 상쇄하기 때문에 큰 틀에서 어느 쪽이 더 비용-효율적이라는 명확한 결론을 내리기 힘든 것으로 나타났다. 그러나 장기적인 부담가능성과 최저소득층에게 부담가능한 주택의 공급 측면에서는 비영리 주체의 기여도가 훨씬 큰 것으로 평가되고 있다.

영리 부문은 전미주택건설협회(National Association of Home Builders)를 통해 LIHTC 제도 운영에 있어서 비영리 부문을 우대하거나 보호하는 규정을 무력화하려는 시도를 계속해왔다. 영리와 비영리가 공정하게 경쟁해야 한다는 이유에서였다. 강력한 로비 집단인 전미주택건설협회는 2000년에 주정부가 세액공제권 신청서를 검토할 때 지역의 면세기관(비영리)의 참여를 고려해야 한다는 조항을 삭제하는 데 성공했다(Ballard 앞의 글, 226). 그리고 비영리 주체에게 10%를 할당하는 규정을 폐지하기 위한 로비도 계속하고 있다. 이는 연방정부의 지원을 받아 공급하는 사회주택을 수익사업으로 인식하는 영리 기업이 많다는 것을 의미한다.

미국 최대의 사회주택 지원 재원인 LIHTC 제도에는 비영리 주체를 저소득층을 위한 장기임대주택의 공급 및 운영자로 인정하는 관점이 반영되어 있다. 비영리 주체가 무한책임파트너로 참여한 LIHTC 주택의 의무 임대기간의 만료가 다가오면 해당 비영리 주체는 국세법(Internal Revenue code[29])에 따라 우선매수권(right of first refusal)을 행사할 수 있다. 매수 가격은 담보대출 잔액과 매매에 따른 각종 세금을 더한 값 이상으로 정의되어 있기 때문에 비영리 주체는 시세보다 저렴한 가격에 소유권을 확보하여 장기 저렴 임대주택으로 운영할 수 있게 된다. LIHTC에 참여하는 투자자는 비영리 디벨로퍼의 우선매수권 청구를 당연한 수순으로 받아들이는 것이 일반적이다. 투자자인 유한책임파트너의 목적은 세액공제권이며, 의무기간이 만료된 주택에 투자하는 것이 더 이상 매력적이지 않다고 판단하기 때문이다(Housing Finance Commission, 2019, 3-6).

그런데 최근 부동산 가격이 급등하는 지역을 중심으로 비영리 주체의 우선매수권을 둘러싼 분쟁이 잦아지고 있다. 10년간 세액공제를 받은 최초 LIHTC 투자자로부터 지분을 매입한 후 갖가지 전략을 써서 비영리 주체의 우선매수권 행사를 방해하는 나쁜 투자자(aggregator)가 등장했기 때문이다. 이들은 초기 투자자로부터 확보한 지분을 비싼 값에 매각해 차익을 얻는 것을 목표로 한다. 그동안 국세법을 근거로 관행처럼 진행된 비영리 주체의 우선매수권 행사에 대해 법률 조문의 모호함을 파고들어 소송을 제기하고, 그에 따른 시간과 비용을 감당하기 힘든 비영리 주체가 더 비싼 가격에 LIHTC 주택의 지분을 인수하거나 우선매수권을 포기하게 만드는 것이다(National Finance Commission, 2019, 6). 한편, LIHTC 사업의 무한책임파트너가 영리 주체인 경우에는 세액공제권을 할당받을 때 약정한 의무기간이 끝나면 시장 여건에 따라 높은 가격에 매각하거나 시세 수준의 임대료를 부과할 수 있다. 주거비 부담이 높은 지역에서 저렴한 사회주택 재고가 사라질 위험이 큰 것이다.

---

29) 26 U.S. Code § 42 - Low-income housing credit, (i) Definitions and special rules (7) Impact of tenant's right of 1st refusal to acquire property: 의무임대기간 이후 우선매수권 행사 가능한 주체로 qualified nonprofit organization을 명시함.

IV. 맺음말

미국의 사회주택은 공공임대주택에서 출발했지만 지금은 공공지원 민간임대주택 중심으로 운영되고 있다. 사회주택의 공급 주체와 재원 조달 방식은 우리나라와 다르지만, 90여 년의 역사를 가진 미국 사회주택 정책에서 나타난 시행착오와 제도적 혁신은 우리에게 여러 가지 시사점을 제공한다.

첫째, 미국의 사회주택 역사를 관통하는 중요한 사실은 공급 주체가 공공이든 민간이든 관계없이 사회주택의 공급과 운영은 연방정부의 재정 지원에 크게 의존해왔다는 것이다. 공공임대주택에 관한 미국의 사회적 담론은 '빈곤의 집중으로 인한 슬럼화'라는 공간사회적 현상에 매몰되는 경향이 있다. 그러나, 공공임대주택 정책이 실패한 근본 원인은 1950년대부터 시작된 재정 지원 축소에 있으며, 이것이 미국 대도시의 공간사회적 변화가 맞물리면서 공공임대주택 정책이 사회적 지지를 받지 못했기 때문이었다. 공공지원 민간임대주택도 지속가능성을 담보하기 위해 막대한 연방정부 예산이 투입되는 것은 마찬가지이다. 연방정부는 LIHTC라는 세금지출 형식으로 연평균 135억 달러[30] (약 17조 5천억 원)를 공공지원 민간임대주택 건설비 지원에 투입하고 있다. 저소득층이 입주하는 경우 HUD의 주거선택 바우처로 임대료를 보전받을 수 있기 때문에 운영 단계에도 사실상 재정이 투입되고 있다.

둘째, 미국은 공공지원 민간임대주택 정책 초기부터 영리와 비영리 부문 모두를 사회주택 공급에 참여시켰다. 사회주택 공급의 3분의 2를 영리 부문이 담당하고 있다는 사실은 그만큼 수익성에 대한 기대가 존

---

30) Congressional Research Office, 2023, 1.

재한다는 것을 의미한다. 한편, 비영리 부문은 수익성 극대화보다 저소
득층의 주거비 부담 완화, 장기 혹은 영구적인 사회주택 공급을 추구
한다는 점에서 차별화된 강점을 지닌다. 공공주택사업자가 떠난 자리
를 비영리 주체가 대신하고 있다고도 볼 수 있을 것이다. 영리 부문과
의 경쟁 속에서도 50대 부담가능주택 디벨로퍼의 20% 이상을 비영리
부문이 차지하고 있다. 공공지원 민간임대주택의 공급 확대 측면에서
는 참여 주체를 영리나 비영리로 한정할 필요가 없을 것이다. 그러나,
장기적 지속가능성과 빈곤층의 주거문제까지 고려한다면 영리 부문이
비영리 주체의 역할을 대신하기 어렵다는 것을 미국의 사례에서 확인
할 수 있다.

마지막으로, 연방정부의 사회주택 재원은 HUD 예산뿐만 아니라 국
세청 세액공제 형식의 LIHTC와 다세대주택 면세채권, 공적 모기지 보
증 및 유동화 기관에 부과하는 수수료 형식의 국가주택기금 등으로 다
양화되어 있음에 주목할 필요가 있다. HUD 예산은 섹션8 임대료 지원
사업(65%), 공공임대주택 운영기금(12%) 등 대부분 저소득층의 주거
지원에 사용되지만, 신규 공공임대주택 공급에는 예산을 지원하지 않
고 있다. 미국은 1960-70년대에 연방정부 예산을 투입한 저리자금 지
원이나 임대료 차액 보조 정책의 한계를 확인했다. 민간부문의 사회주
택 공급자 입장에서는 정치적 환경에 좌우되는 의회의 통제를 받는 정
부 예산의 불확실성에서 벗어난 재원을 확보할 필요성이 컸다. 이에
따라 공공지원 민간임대주택에 대한 연방정부 지원은 민간자본의 사
회주택 투자를 유도하는 구조로 자본시장과 밀접하게 맞물리게 되었
다. 1980년대 중반에 도입되어 공공지원 민간임대주택의 최대 재원으
로 자리 잡은 LIHTC와 비교적 최근에 도입된 국가주택기금이 대표적
인 사례이다.

저소득 임대주택 투자자에 대한 세액공제권인 LIHTC의 거래 가격
은 대규모 금융사의 절세 수요, 사업 확대를 위한 지역재투자법 요건

충족 필요성과 직결되어 있다. 금융시장의 경기에 따라 디벨로퍼가 세액공제권 매각을 통해 실제로 조달할 수 있는 액수가 달라지는 구조인 것이다. 최근 최저소득층을 위한 임대주택 공급의 새로운 재원으로 주목받고 있는 국가주택기금은 파니메와 프레디맥의 신규 모기지 매입 실적, 즉 주택금융시장의 등락에 따라 조성 규모가 달라진다. 자본시장과 연동된 연방정부 보조 프로그램은 금융 및 부동산 시장 상황에 영향을 받는 것이 불가피하지만, 분명한 장점도 존재한다. 정부 예산은 사회주택에 대한 정권과 여론의 변화에 취약한 반면, 자본시장과 결부된 지원제도는 사회주택 공급자와 수요자뿐만 아니라 금융투자자, 투자중개사 등도 정책의 수혜자로서 사회주택 공급을 지지하게 만들기 때문이다. 이처럼 사회주택 재원 확대에 대한 폭넓은 지지 확보와 정치적 영향을 최소화하기 위한 노력(정부 예산 의존도가 낮은 재원 발굴)은 우리나라의 사회주택 정책에서도 적극적인 검토가 필요할 것이다.

참고문헌

단행본

Alex F. Schwartz, Housing Policy in the United States(4th Edition), Routledge, (2021)

김지은, 노후주거지 재생을 위한 지역재생회사 육성방안, SH도시연구원 (2016)

이재춘, 강미나, 주거지원정책 참여자간 협력체계 연구: 서울리츠 방식 및 미국 저소득주택세금감면 프로그램의 비교를 중심으로, 국토연구원 (2016)

논문

Katherine M. O'Regan and John M. Quigley, "Federal Policy and the Rist of Nonprofit Housing Providers", Journal of Housing Research Volume 11, Issue 2(2000), 297-317

Megan J. Ballard, "Profiting from Poverty: The Competition between For-Profit and Nonprofit Developers for Low-Income Housing Tax Credits", Hasting Law Journal Volume 55, Issue 1(2003), 211-244

기타 자료

Congressional Budget Office, The Mortgage Subsidy Bond Tax Act of 1980: Experience Under the Permanent Rules, Working Paper (1982)

Congressional Research Service, The Housing Trust Fund: An Overview (2021)

_____, An Introduction to the Low-Income Housing Tax Credit (2022)

_____, An Introduction to the Low-Income Housing Tax Credit (2023)

Housing Finance Commission, Nonprofit Transfer Disputes in the Low Income Housing Tax Credit Program: An Emerging Threat to Affordable Housing (2019)

Marla Nelson and Elizabeth Sorce, Supporting Permanantly Affordable Housing in the Low-Income Housing Tax Credit Program: An Anlysis of State Qualified Allocation Plans, Planning and Urban Studies Reports and

Presentations (2013)

National Alliance of Community Economic Development Associations, Rising Above: Community Economic Development in a Changing Landscape (2010)

National Congress for Community Economic Development, Reaching New Heights: Trends and Achievement of Community-Based Development Corporations (2005)

National Low Income Housing Coalition, Advocates' Guide (2022)

Office of Comptroller of the Currency, Community Reinvestment Act Fact Sheet (2014)

Rachel G. Bratt, Should We Foster the Nonprofit Housing Sector as Developers and Owners of Subsidized Rental Housing? Revisiting Rental Housing: A National Policy Summit (2007.11)

U.S. Department of Housing and Urban Development(HUD), 2022 Budget in Brief (2022)

영국 사회주택 제도 고찰 및 시사점

|김정섭|*

초록

　영국에서 사회주택은 법적으로 등록사회주택공급자가 공급하는 부담가능 임차주택 및 저비용 자가주택을 모두 포괄하는 것으로 정의된다. 이 중 부담가능 임차주택(이하, 사회주택)은 지방정부가 공급하는 공영주택과 민간 주택협회에서 공급하는 주택으로 구분된다. 사회주택의 공급 및 운영에 대한 감독은 Regulator of Scoial Housing이 담당하고 있으며, 사회주택 공급자는 경제적 표준과 소비자 표준을 따라야 한다. 사회주택의 임차권(tenancy)은 영구적인 거주가 가능했던 보장/보증임대차에서 5년 단기간을 보장하는 유연한 임차권(유연 임대차/단기 보증임대차)로 변화하고 있으며, 임대료도 사회임대료에서 시세의 80% 이하로 설정되는 부담가능임대료를 적용하는 것으로 점차 전환되고 있다. 각 지방정부는 사회주택 배분계획을 수립할 의무가 있으며, 사회주택 입주 희망가구는 대기자명부에 등록되어 관리된다. 영국에서는 사회주택 입주자의 자가 전환 촉진을 명분으로 사회주택 임차인들에게 사회주택매입우선권(Right to Buy)를 제공한다. Right to Buy는 저소득 가구의 자가 소유를 지원함에도 불구하고 사회주택 재고량의 절대적 감소로 이어져 정책의 타당성에 대하여 지속적으로 논란이 있다. 영국의 사회주택 제도는 정부의 역할 축소 및 민간 주택협회의 역

---

* 울산과학기술원 교수

할 강화, Right to Buy, 유연 임대차 및 부담가능임대료 제도 도입을 통한 사회주택 관리의 유연성 및 효율성 제고로 요약될 수 있다. 신자유주의 정책 기조 아래 민영화를 추진해 왔고, 2010년대에는 Localism Act 등을 제정하여 사회적 경제주체의 역할을 강조하고 있지만, 제도 시행 과정에서 저소득 주거취약계층을 위한 사회주택 재고 감소, 임대료 부담 상승 등 부작용도 경험하고 있다. 영국의 사회주택 정책 시행 과정에서의 논의와 교훈을 참고하여 국내 사회주택 활성화를 위한 제도 설계에 참고할 수 있을 것이다.

I. 사회주택 개요

영국의 사회주택은 등록사회주택공급자(Registered Providers of Social Housing)가 공급하는 주택으로서 지방정부가 건설하여 제공하는 공영주택(council housing)과 주택협회(housing associations) 등 민간 부문에서 공급하는 주택을 포괄한다. 영국은 서구 국가 중 한때 지방정부 주도의 사회주택을 가장 활발하게 공급했던 국가들 중 하나로서 1971년 사회주택 거주 가구 비중이 29%, 1981년에는 31.7%에 달하였다(표 1). 하지만 마거릿 대처(Margaret Thatcher) 정부가 신자유주의 기조 아래 1980년대부터 사회주택매입 우선권(Right to Buy, 이하 Right to Buy) 제도와 사회주택의 민영화를 추진하면서 사회주택의 재고는 점차 감소하고 있으며 사회주택 핵심 공급주체도 지방정부에서 주택협회로 변화되었다. 2020-21년 회계연도 기준 주택점유형태는 자가주택 거주가구가 64.9%, 사회주택 임차가구는 16.6%, 민간임차주택 거주가구는 18.5% 수준이다. 사회주택 임차가구 중 60.6%는 민간 부문 주택협회에서 제공하는 사회주택에 거주한다.

영국에서 사회주택을 규제·관리하는 정부 당국인 Regulator of Social

〈표 1〉 영국(잉글랜드, 웨일스) 주택 점유형태 변화

년도	자가 (천가구)	사회주택임차(천가구)			민간임차 (천가구)	계 (천가구)
		지방정부	주택협회	계		
1971	8,060 (51.0%)			4,640 (29.0%)	3,240 (20.0%)	15,940 (100%)
1981	9,860 (57.2%)			5,461 (31.7%)	1,904 (11.1%)	17,225 (100%)
1991	13,050 (67.6%)			4,435 (23.0%)	1,824 (9.4%)	19,309 (100%)
2001	14,358 (70.4%)			3,983 (19.5%)	2,062 (10.1%)	20,403 (100%)
2010-11	14,450 (66.0%)	1,835 (8.4%)	1,992 (9.1%)	3,826 (17.5%)	3,617 (16.5%)	21,893 (100%)
2020-21	15,540 (64.9%)	1,570 (6.6%)	2,414 (10.1%)	3,984 (16.6%)	4,434 (18.5%)	23,958 (100%)

출처: Live Table FT1101(S101): trends in tenure

Housing의 2022년 11월 기준 등록리스트[1]에 따르면 영국에는 1,613개의 등록사회주택공급자가 활동하고 있으며, 이들은 220개소의 지방정부 공급자(local authority), 1,324개의 비영리기관 및 69개의 영리기관으로 구성되어 있다. Regulator of Social Housing에 따르면 2022년 3월말 기준으로 등록사회주택공급자가 소유한 사회주택 재고는 4,426,926호에 달한다.[2] 하지만, 영국의 경우, 최근 사회주택 공급이 수요에 비하여 부족하여 공급을 확대할 필요가 있다는 논의가 진행되고 있다.[3]

신규 준공 기준으로 사회주택 공급물량을 살펴보면 1970년대 매년

---

1) Regulator of Social Housing은 매달 등록사회주택공급자 목록을 업데이트하여 공개한다. 또한, 해당 목록에서 제외된 사업자 목록도 별도로 공개한다. https://www.gov.uk/government/publications/registered-providers-of-social-housing(2023. 4. 20. 확인).

2) Regulator of Social Housing, Registered provider social housing in England – stock and rents 2021-2022, Regulator of Social Housing(2022), 5.

3) Wilson, W., Barton, C., O'Donnell, M., & Cromarty, H., General Debate on Social Housing. House of Commons Library(2019). [Wilson et al.]

10만 호 이상 공급되던 것이 점차 감소하는 패턴을 보인다(그림 1). 1978년 신규로 준공된 주택 241,310호 중 지방정부나 주택협회가 공급한 물량(사회주택 물량)은 전체 공급물량의 47% (113,870호)에 해당하여 사회주택이 신규 주택공급에서 핵심적인 기능을 담당하였다. 당시에 지방정부가 공급한 사회주택 물량은 93,310호로 전체 사회주택 중 81.9%를 담당하였다. 하지만 사회주택 신규 공급(준공) 물량은 1979년 10만 호 미만(91,070호)으로 감소하였고 1990년대에는 연간 2-3만 호 수준에 머물렀고, 2000년대 초중반에는 연간 2만 호를 하회하였다. 특히, 1990년대부터는 지방정부에서 신규 공급하는 사회주택이 급감하여 1999년에는 신규 준공이 연간 50호인 경우도 있었다. 최근 사회주택 공급이 일부 증가하여 연간 3만 호 내외의 공급이 이루어지고 있으며 대부분의 물량은 주택협회에서 공급한다. 2021년 기준 신규로 준공된 사회주택은 총 32,820호이며 전체 신규 준공 주택호수의 19% 수준이며, 주택협회 공급 31,230호, 지방정부 공급 1,590호로 사회주택 중 주택협회 공급물량이 95%를 상회한다.

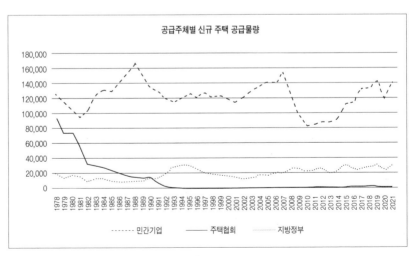

〈그림 1〉 공급주체별 신규 준공 주택호수 (잉글랜드)
출처: Live Table 213 House building

II. 사회주택 제도의 변화

영국의 사회주택제도는 19세기 후반 노동자 계층(working class)을 위하여 위생 등 최소한의 주거조건을 갖춘 주택공급의 필요성에서 기인하였다.4) 19세기 중반 런던, 리버풀 등에서 지방정부가 노동자 계층을 위한 아파트(tenements)를 공급한 초기 사례가 있었으나, 본격적으로 사회주택 공급에 대한 지방정부의 역할을 제도화한 것은 1885년 제정된 「노동자 계층의 주택법(Housing of the Working Classes Act of 1885)」이다. 이 법은 공중위생의 관점에서 지방정부에 비위생적 불량주택 운영을 중지시킬 수 있는 권한을 부여하였다. 1890년 개정된 법(Housing of the Working Classes Act of 1890)에서는 사회주택 건설과 관련한 지방정부의 권한을 처음으로 명시하였다. 이 법을 통해 런던시 당국은 관할 구역 내 주택을 개선하고 주택건설을 위한 토지를 취득할 수 있는 권한을 부여받았다. 1900년에는 해당 법 개정을 통하여 시골지역을 제외한 모든 지방정부에게 해당 권한을 부여함으로써 지방정부의 역할을 확대하였다.

「노동자 계층의 주택법」을 통해 지방정부가 사회주택 건설을 통해 주거문제 해결에 개입할 수 있는 권한이 생겼지만, 본격적으로 지방정부 주도의 사회주택 공급이 시작된 것은 1919년 제정된 「주택 및 도시계획법(Housing and Town Planning Act of 1919)」에 따른 주택공급사업이 진행되면서이다. 1918년 11월 제1차세계대전 휴전 직후 Lloyd George는 연설을 통해 "Homes fit for heroes"란 슬로건을 표방하고 전역 군인 등 전쟁에서 돌아온 이들을 위한 주거를 약속하였다. 이를 뒷받침하기 위한 사회주택건설이 1919년 제정된 「주택 및 도시계획법」에 기초하여 시행된 것이다. 이 법은 50만 호 공급 계획을 제안하였으

---

4) Hall, P., Cities of tomorrow: An intellectual history of urban planning and design since 1880. John Wiley & Sons(2014).

며, 실제로 20년간 약 30만 호의 사회주택 공급이 이루어졌다. 1930년
에는 Greenwood Act로 알려진 「주택법(Housing Act of 1930)」을 통해
지방정부에 슬럼지역을 철거하고 새로운 주택을 공급할 수 있는 권한
을 부여하였다. 제2차세계대전 후에는 기존 시 외곽 지역의 신도시개
발과 연계하여 대규모 사회주택 공급이 진행되었다. 「신도시법(New
Town Act of 1946)」과 「도시계획법 (Town and Country Planning Act of
1947)」은 이러한 대규모 사회주택 공급의 기초를 제공하였다. 1950년
대에는 한때 전체 공급되는 신규 주택의 80% 이상이 사회주택으로 공
급되기도 하였다.[5]

공공주도의 사회주택공급을 강조하던 영국 사회주택 정책은 1979
년 대처 정부가 집권하면서 전환기를 맞이하게 되었다. 대처 정부가
1980년 시행한 Right to Buy는 사회주택거주자가 지방정부로부터 해당
주택을 시세보다 30% 이상 저렴한 가격으로 자가로 매입할 수 있도록
하는 자가 촉진정책으로 볼 수 있다. 이를 통해 현재까지 2백만 호에
가까운 사회주택이 임차인들에게 매각이 된 바 있다.[6] 대처정부는 사
회주택의 민영화도 적극 추진하였다. 1985년 「주택법(Housing Act of
1985)」 개정을 통하여 지방정부가 소유한 사회주택을 주택협회와 같은
비영리기관에 이전할 수 있도록 하였으며, 유사하게 「주택 및 도시계
획법(Housing and Planning Act of 1986)」은 지방정부 소유 사회주택을
등록사회주택공급자에게 이전할 수 있도록 허용하였다. 비슷한 시기에
「주택협회법 (Housing Association Act of 1985)」이 제정되어 민간 사회
주택공급자에 대한 제도적 기반이 본격적으로 마련되었다.

Right to Buy와 사회주택 민영화를 골자로 하는 대처 정부의 사회
주택 정책은 2000년대 중반 토니 블레어의 노동당 정부에 이르기까지

---

5) 오도영, 박준, 김혜승, "영국 주거복지정책의 변화: 2010년 이후 심화된 신자유
   주의적 변화를 중심으로". 공간과 사회 제25권 (2015), 227-266.

6) Wilson, W. & Barton, C. Social rented housing (England): Past trends and prospects.
   House of Commons Library(2022).

큰 변화 없이 이어지다가, 2008년 고든 브라운이 총리가 되면서 사회
주택 정책에서 공공의 역할을 강조하는 방향으로 선회를 하게 되었다.
2008년 제정된 「주택 및 재생법(Housing and Regeneration Act 2008)」
은 고든 브라운 정부의 정책의지를 담고 있는데, 주택커뮤니티기구
(Homes and Community Agency(HCA))를 설립하여 사회주택 공급과
도시재생사업을 공공주도로 적극 시행할 수 있는 기반을 마련하였다.
하지만, 고든 브라운 정부의 새로운 시도는 2000년대 말 글로벌 경제
위기로 2010년 노동당 정부가 실각하고 다시 보수당이 집권하면서 대
폭 축소되었다. HCA의 경우, 2012년 사회주택에 대한 규제와 감독 역
할을 담당하는 임차인서비스기구(Tenant Service Authority)를 통합하여
사회주택 공급 및 관리 기관으로서 명목을 유지하였으나, 2018년에는
사회주택 관련 관리 기능을 Regulator of Social Housing으로 이관시키
고 주택공급 기능만 살려 Homes England로 명칭이 변경되었다. 2010
년에는 사회주택 공급확대를 명분으로 사회주택 임차인에게 시세의
80%의 임대료를 부과할 수 있도록 하는 부담가능임대료(Affordable
rent) 제도가 도입되었고, 최근에는 2016년 「주택 및 계획법(Housing
and Planning Act of 2016)」을 통해 새로운 사회주택 임차인에게 제한
된 기간의 거주(fixed-term tenancy)를 적용하는 제도도 시행되었다. 전
반적으로 사회주택 거주자의 임대료 부담은 높이고 거주의 안전성은
낮추는 방향으로 사회주택 제도가 변경되고 있어 사회주택 정책 방향
에 대한 많은 비판과 토론이 진행되고 있다.[7]

---

7) Wilson et al., 앞의 글.

III. 현재 사회주택 제도

1. 사회주택의 정의, 공급주체 및 관리기관

2008년 「주택 및 재생법(Housing and Regeneration Act of 2008)」2부 (Part2)는 사회주택(social housing)과 등록사회주택공급자(Registered Providers of Social Housing)의 정의, 사회주택 관리기관인 Regulator of Social Housing의 구성과 역할 등 사회주택제도 전반에 대한 사항을 담고 있다. 해당법 제68조제1항에 따르면 사회주택은 저비용 임차주택(low cost rental accommodation)과 저비용 자가주택(low cost home ownership accommodation)을 포괄한다. 저비용 임차주택은 상업용 주택시장 (commercial housing market)에 의해서 주거를 제공받기 어려운 사람들을 위해서 시장임대료보다 낮은 임대료로 공급되는 임차주택을 의미한다(제69조). 저비용 자가주택은 상업용 주택시장에 의해서 주거를 제공받기 어려운 사람들을 위해서 제공되는 지분공유형자가(shared ownership arrangements), 지분적립형자가(equity percentage arrangements) 및 공유형 신탁(shared ownership trusts) 주택을 의미한다(제70조).

사회주택의 공급은 지방정부와 주택협회와 같은 등록사회주택공급 자(Registered Providers of Social Housing)에 의해 이루어진다. 앞 장에서 언급한 것처럼 지방정부는 1890년부터 본격적으로 공영주택 (council housing) 건설 및 공급과 관련한 법적 권한을 가지고 사회주택 공급자로서 역할을 수행해왔으며, 민간 부문에서는 1980년대 이래로 주택협회가 사회주택 공급의 핵심 역할을 담당하고 있다. 1985년에 제정된 「주택협회법 (Housing Association Act of 1985)」에 따르면, 주택협회는 주택을 공급, 건설, 개선 또는 관리하거나 이를 촉진시키고 장려하기 위한 목적으로 설립된 비영리 단체나 회사를 의미한다.[8] 지방정부, 주택협회 등 사회주택사업자는 「주택 및 재생법」에 따라 사회주택공급자로 등록하여야 하며, 등록사회주택공급자는 사회주택 관리를 총괄하는 공공기관인 Regulator of Social Housing의 관리를 받는다.

Regulator of Social Housing은 등록사회주택공급자가 따라야 하는 규제적 표준(Regulatory Standards)을 제시하고 이를 기준으로 등록사회주택공급자를 관리한다. 등록사회주택공급자에 대한 규제적 표준은 크게 경제적 표준(Economic Standards)과 소비자 표준(Consumer Standards)으로 구성되어 있다. 경제적 표준은 등록사회주택공급자의 거버넌스 구조와 재무건전성 상태에 관한 '거버넌스 및 재무건전성 표준(Governance and Financial Viability Standard)', 등록사회주택공급자의 효율적인 자원 활용과 관련한 '금전적 가치 표준(Value for Money Standard)' 및 정부 정책에 따르는 사회주택 임대료와 관련한 '임대료 표준(Rent Standard)'으로 구성되어 있다. 소비자 표준은 주택의 질과 수리, 유지관리와 관련한 '주택 표준(Home Standard)', 주택임대차 계약기간 및 조건 등과 관련한 '임대차표준(Tenancy Standard)', 커뮤니티 관련 이슈와 반사회적 행동 관리와 관련한 '근린 및 커뮤니티표준(Neighborhood and Community Standard)', 임차인 보호, 민원 등과 관련한 '임차인 참여 및 권한 표준(Tenant Involvement and Empowerment Standard)'으로 구성되어 있다. 각각의 표준에 대한 상세 내용은 <표2>와 같이 정리할 수 있다.

경제적 표준은 사회주택 사업과 관련한 법규 및 기준 준수 의무 외

---

8) 1 Meaning of "housing association" and related expressions.

(1)In this Act "housing association" means a society, body of trustees or company —(a)which is established for the purpose of, or amongst whose objects or powers are included those of, providing, constructing, improving or managing, or facilitating or encouraging the construction or improvement of, housing accommodation, and (b)which does not trade for profit or whose constitution or rules prohibit the issue of capital with interest or dividend exceeding such rate as may be prescribed by the Treasury, whether with or without differentiation as between share and loan capital.

〈표 2〉 영국 사회주택 규제적 표준

구 분		주요 내용
경제적 표준	거버넌스 및 재무 건전성	· 모든 관련 법률, 정관, 규제 사항 준수 · 임차인, 규제 기관, 이해 관계자에 대한 책임 · 납세자의 이익 및 평판 보호 · 효과적인 위험 관리 프레임워크 보유 · 사회 주택 자산 보호
		· 자산과 부채에 대한 정확한 최신 기록 유지 · 다양한 시나리오에 따른 위험 식별 및 완화 전략 마련 · 새로운 부채의 비즈니스 영향 검토
	금전적 가치	· 명확한 전략적 목표 설정 및 달성 전략 · 다양한 주거소요를 충족하는 주택 공급 전략 · 매년 성과 및 계획 관련 증빙
	임대료	· 임대료 유형별 관련 상세 기준 준수: social rent, fair rent, affordable rent 등
소비자 표준	주택	· 주택의 품질, 수리, 유지관리에 대한 기준
	임대차	· 임대주택 할당 및 상호교환 · 임차권(tenancy) 관련 사항
	근린 및 커뮤니티	· 안전하고 청결한 근린 관리 · 지역사회와의 협력 방안 · 반사회적 행동 관리 방안 등
	임차인 참여 및 권한	· 고객 서비스에 대한 피드백, 평가 체계 · 임차인의 다양한 필요에 대한 대응 및 책임

에도 사회주택 사업의 위험을 체계적으로 관리하기 위한 프레임워크를 마련하여 이사회의 승인을 받도록 하고 금전적 가치 목표 달성을 위한 성과 및 계획이 모니터링되도록 하는 등 등록사회주택공급자의 재무적 건전성 확보 의무를 강조하고 있다. 위험 관리 프레임워크는 1) 충분한 유동성 확보, 2)적절하고 합리적 가정에 기초한 재무 예측, 3) 모니터링 및 보고 체계 마련, 4) 사업 위험에 대한 재정적 영향 고려, 5)자금 제공 약정과 관련한 모니터링·보고·준수 의무 등을 포함한다 (거버넌스 및 재무건전성 표준 2.4.1).

소비자 표준은 사회주택 임차인의 삶의 질과 만족도와 관계되는 주택의 품질 관리, 임차권 보호, 지역사회와의 협력 방안에 대한 규제 기준을 제시한다. 최근에는 그렌펠 타워 화재 사고 이후, 입주민의 권한 강화 차원에서 '임차인 참여 및 권한 표준' 관련 규정이 강화되어 사회주택 관리 및 서비스 제공 전반에 대한 의사결정 과정에서 임차인의 참여 기회를 확대하는 방향으로 제도가 운영되고 있다.

2. 사회주택 임차권(tenancy)

주택에 대한 임차권(tenancy)은 주택 임대차와 관련하여 임대 기간 및 갱신 조건 등에 대한 임대인과 임차인의 합의된 규칙을 의미한다. 영국의 사회주택은 평생임차권을 제공하던 방식이 일반적이었으나 최근에는 일정기한(fixed-term)만 거주가 가능한 임차권을 제공하는 방식으로 점차 변화되고 있다. 일반적으로 지방정부가 공급하는 공영주택(council housing)에서는 주택협회 사회주택에 비하여 임차인의 권리가 보다 강하게 보장된다.

지방정부에서 공급하는 공영주택에는 평생임차권인 보장임대차(secure tenancy)와 일정 기한(fixed-term) 거주가 보장되는 유연임대차(flexible tenancy)가 적용된다. 1985년 개정된 「주택법(Housing Act of 1985)」 4부(Part IV)에서는 보장임대차와 관련한 규정을 제시한다. 보장임대차 계약의 경우, 반사회적 행동, 임대료 연체, 마약거래 등 주택의 불법적 이용 등의 사유로 법원 퇴거 판결을 받는 경우를 제외하면 임대인이 임의로 임대계약을 종료시킬 수 없다. 즉, 임차인은 원하는 기간만큼 계속 거주가 가능하다. 임대차기한에 제한을 두는 유연임대차의 경우, 계약 기간이 최소 2년 이상이면서 계약 당시 유연임대차임을 임차인에게 명확하게 서면 통지된 임대차계약이다(Housing Act of 1985, 107A). 보통 최소 5년의 거주가 보장되며, 임대료 연체 이력 등이 있는 제한된 경우에 한하여 최소 2년 이상 5년 미만의 기간제 계약이 허용된다.

주택협회에 적용되는 보증임대차(assured tenancy)와 관련한 규정은 1988년에 개정된 「주택법(Housing Act of 1988)」에 기초한다. 보장임대차와 유사하게 보증임대차는 임차인이 원하면 지속적으로 거주가 가능하다. 임대계약 종료 시점이 있는 기간제(fixed-term) 임차와 종료 시점 없이 주 단위/월 단위/년 단위로 정기적으로 임대료를 지불하는 정기적(periodic) 임차, 기간제 임차 종료 후 기간을 특정하지 않고 정기적 임차로 바뀐 법정 정기 임대차(statutory periodic tenancy) 유형이 있다. 1996년 「주택법 (Housing Act of 1996)」 개정(1997년 2월 시행)으로 주택협회가 공급하는 사회주택에서는 단기보증임대차(assured shorthold tenancies)의 적용이 보편화되었다. 단기보증임대차는 최소 6개월 이상을 임대차계약으로 하며 보통 5년 거주를 보장한다. 최초 임대차 계약(starter tenancy)을 6개월 또는 1년 단위로 한 후 추가로 5년의 거주기간을 제공하는 방식이다. 임차권 보장 기간 외에도 보증임대차와 단기보증임대차는 퇴거요건 등에서 차이를 보인다. 보증임대차에서 임대인은 임차인의 명백한 계약 불이행이나 불법 행위가 있는 경우에 한하여 Section 8 퇴거통보 및 절차를 이행할 수 있다. 하지만 단기보증임대차에서 임대인은 계약 불이행이나 불법 행위가 아닌 경우에도 적용할 수 있는 Section 21 퇴거통보 및 절차(예: 기간제 계약 종료 후 퇴거하지 않는 임차인에 대한 명도 소송)를 진행할 수 있다.

<표 3> 영국 사회주택 유형별 점유형태 유형 및 임대료 기준

임차권 유형	지방정부 공영주택 (council housing)		주택협회 사회주택 (Housing association home)	
	secure tenancy	flexible tenancy	assured tenancy	assured shorthold tenancy
거주 기간	평생 (임차인이 원하는 시점 종료 가능)	보통 5년 최소 2년 (임대료연체 이력 등 특수한 경우, 2년-5년 사이 적용 가능)	평생 (임차인이 원하는 시점 종료 가능)	보통 5년 최소 6개월
임대차 종료	임차인: 4주전 통보	임차인: 4주전 통보 임대인: 6개월 전 계약 연장 없음 통보, 2개월 전 명도 통보	임차인: periodic 계약 (4주전 통보) fixed-term 계약(계약 기간 내 통보)	임차인: 4주전 통보 계약 종료 시점 임대인이 연장 결정
퇴거	임대료연체 반사회적 행동 주택의 불법이용 서브리스 등 법원 판결		Section 8[9] 퇴거통보 절차 적용(Section 21퇴거통보 적용 불가)	Section 8 또는 Section 21 퇴거통보 절차 적용
상속	1회 가능	-	1회 가능	-

출처: Shelter 홈페이지 tenancy 및 eviction 관련 정보 정리

3. 임대료 체계

앞서 법적 사회주택 정의에서 설명한 것처럼 영국의 부담가능주택 통계는 <그림2>와 같이 임대료 방식에 따른 사회주택 임차주택과 부담가능자가방식, 지분공유형 자가 등을 포함한다. 자가를 제외한 임차

---

9) Section 8 퇴거통보 절차는 임차인이 임대차 조건을 어겼을 때 적용, Section 21 퇴거통보 절차는 임차인의 임대차 조건을 어겼을 때와 무관하게 적용 가능[예: 일정기한 임차(fixed term tenancy)가 종료 시].

주택에 한정할 경우, 사회주택의 임대료 체계는 사회임대료(social rent), 부담가능임대료(affordable rent) 및 중간임대료(intermediate rent)로 구분된다. 런던지역의 높은 임대료 특수성을 고려해서 2017-18년 회계연도부터는 런던 부담가능임대료(London affordable rent) 방식이 별도로 적용되고 있다. 당초 영국의 모든 사회주택에 사회임대료(social rent) 방식으로 임대료가 부과되었으나, 2003-2004 회계연도에 중간임대료 방식이 처음 도입되었고, 2011년부터는 부담가능임대료 방식이 적극적으로 도입되면서, 2020-21년 회계연도 기준으로는 새롭게 공급된 사회주택 중 18%가 사회임대료 방식, 6%가 중간임대료 방식을 적용하고 있고, 전체 신규 공급 물량의 70%가 부담가능임대료 방식으로 공급되었다. 사회임대료나 부담가능임대료는 연 소득 6만 파운드 이하의 사회주택 임차인에게 적용되며 소득이 해당 기준을 초과하는 경우, 더 높은 임대료 부과가 가능하다.

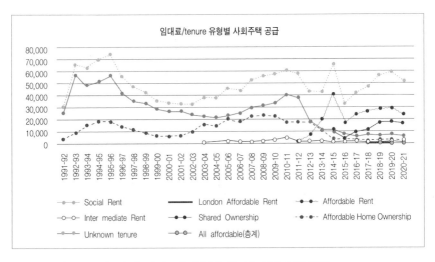

〈그림 2〉 사회주택 유형별 연도별 신규 공급 물량

출처: Live Table 1000 Additional affordable homes provided by tenure, England

사회임대료는 당초 지방정부가 임의로 임대료를 결정하는 구조였으나, 임대료 결정의 합리성이 결여되었다는 비판에 따라 2002년부터는 임대료 산정의 합리성을 높이기 위해서 특정 산식에 의하여 계산되고 있다. 2014년 발표된 HCA의 임대료기준가이드(Rent Standard Guidance)에 따르면, 지역별 소득의 차이, 침실 개수 가중치, 지역별 부동산가격 차이를 고려하여 임대료가 산정된다. 이때, 임대료의 70%는 지역별 소득 차이를 반영하여 결정되고, 나머지 30%는 지역별 주택가격 차이를 고려하여 계산된다.

주당 임대료(weekly rent) = (0.7 X 국가평균임대료 X 지역별 상대소득 가중치 X 침실수 가중치) + (0.3 X 평균임대료 X 지역별 상대 주택가격 가중치)

지역별 상대소득 가중치와 상대가격 가중치는 지역평균소득 및 주택가격을 각각 국가평균소득 및 주택가격으로 나눈 값을 활용한다. 국가평균임대료는 2000년 4월 기준 국가평균 주간 임대료를 의미하며, 지역평균소득과 주택가격은 1999년 값을 적용한다. 이를 기준으로 계산된 사회임대료에 매년 물가상승률을 고려한 임대료 상승분이 적용되며, 임대료 상한을 별도로 적용한다. 방 개수에 대한 가중치의 경우, 2베드 주택을 기준(가중치 = 1.0)으로 하여 방 개수가 1개씩 증감할 때마다 0.1씩 가중치를 증감하는 방식이다.

사회임대료 상한(rent cap)은 산식에 의하여 계산된 사회임대료의 최대값으로서 방 개수에 따라 다른 임대료 상한이 적용된다. 임대료 상한은 소비자 물가지수에 1.5%를 더한 상승률을 적용하여 매년 증가한다. 산식에 의한 사회적 임대료 결정이 사회주택 공급자의 자율성을 재량적 임대료 결정을 제한한다는 비판이 있어 최근에는 임대료 유연성 제도를 도입하였다. 이를 통해, 등록사회주택공급자가 지역의 특수성 등 합리적 사유가 있다면 산식보다 5%(지원주택의 경우, 10%) 높

〈표 4〉 영국 사회주택 임대료 침실 개수 가중치

방수	방수 가중치
0	0.8
1	0.9
2	1
3	1.1
4	1.2
5	1.3
6 이상	1.4

출처: MHCLG(2019), p.19[10)]

게 사회 임대료를 책정할 수 있다.

등록사회주택공급자는 사회임대료를 매년 전년도 소비자 물가상승률(CPI)+1%(2002-03년 회계연도에서 2014-15년 회계연도까지는 CPI+0.5%) 이하의 범위에서 인상할 수 있다. 이를 통해 1999-20년 회계연도에는 4.2%, 2000-21년 회계연도에는 2.1% 등과 같이 임대료 인상률의 상한이 결정되었다. 2016-17년 회계연도부터 4년간은 높은 임대료 상승 등을 고려하여 임대료 인상을 제한하고, 오히려 1% 임대료 인하를 적용한바 있으며, 2020-21년 회계연도부터 다시 CPI+1% 임대료 상승률 상한 기준이 적용되고 있다.

부담가능임대료 방식은 2011년 민간주도의 사회주택 공급을 확대하기 위한 목적으로 시장임대료의 80%의 수준에서 사회주택 임대료를 결정할 수 있도록 도입한 제도이다. 부담가능임대료는 일반적으로 사회임대료 수준보다 높다. 부담가능임대료는 시장총임대료(gross market rent)의 80%를 넘을 수 없다. 시장총임대료란 주택의 크기, 입지 등을 고려하여 민간 임대차시장에서 합리적으로 기대되는 임대료를 의미하며

---

10) Ministry of Housing, Communities & Local Government, Policy statement on rents for social housing, Ministry of Housing, Communities & Local Government (2019). 19.

<표 5> 사회임대료 산정 과정 예시

단계	산정 과정
1 지역/주택 조건	· Leicestershire지역 3베드룸 주택 · 1999년 가격 55,000파운드
2 임대료기준 가이드 조건	· 임대료기준 가이드 부록 A에 따른 조건 - 2000년 4월 평균 임대료 54.62파운드 - Leicestershire지역 평균 소득 303.1 파운드 - 국가 평균 소득 316.4파운드 - 방수 가중치 1.10 - 국가 평균 주택가격(1999년 1월): 49,750파운드
3 사회임대료 산식 적용	· 70% 평균 임대료 : 70% X 54.62 = 38.23파운드 · 지역상대소득 적용: X 303.1/316.4 = 36.62파운드 · 방수 가중치 적용: X 1.10 = 40.29 파운드 (소계 a) · 30% 평균 임대료: 30% X 54.62 = 16.39 파운드 · 상대주택가격 가중치 적용: X 55,000/49.750=18.12(소계 b) · 합계 : 40.29 + 18.12 = 58.41파운드 (소계a+b)
4 임대료 상한 검토	· 58.41파운드가 3베드룸 임대료 상한 미만(채택) · 임대료 상한 초과 시 임대료 상한 적용
5 임대료 상승률 적용	· 년도에 따른 연간 임대료 상승률 적용 (부록A 연간 임대료 상승률 적용)

출처: DLHC(2022, p.25) 산정 과정 번역[11]

임대료와 각종 서비스차지(service charges)가 포함된 금액을 의미한다. 신규공급 사회주택의 초기 임대료는 Royal Institution of Chartered Surveyors에서 제공하는 방법론에 따라 결정되며, 사회임대료와 유사하게 CPI+1%의 범위 내에서 매년 임대료를 인상할 수 있다. 새로운 임차인을 받을 경우, 해당 시점의 시세를 고려하여 부담가능임대료를 재산정한다.

---

11) Department for Levelling Up, Housing & Communities, Policy statement on rents for social housing. Department for Levelling Up, Housing & Communities(2022). 25.

중간임대료 방식은 다음 세 가지 경우에 적용가능하다. 1) 공공보조(public assistance)를 받지 않은 민간사회주택공급자가 건설하거나 취득하여 단기보증임대료로 제공한 주택으로서 사회임대료나 부담가능임대료로 적용되지 않았던 주택, 2) 중간임대료 주택제도에 따라서 공공보조를 받아 공급된 주택, 3) 키 워커(key worker) 주택. 영국 정부는 연소득이 3만 파운드 이하인 단독가구 또는 4만 파운드 이하인 성인 2인 이상으로 구성된 가구를 대상으로 보통 시세의 80% 이하의 임대료로 최소 5년간 거주가 보장된 중간임대료 방식의 사회주택 공급 확대를 위한 정책연구와 논의를 진행하고 있다.[12)]

4. 사회주택 배분

사회주택의 배분은 대기자명부 제도를 활용하여 이루어진다. 사회주택에 대한 입주를 희망하는 가구는 대기자명부에 등록하고, 대기자명부의 우선순위에 따라서 사회주택이 배분되는 방식이다. 1987년 사회주택 대기자는 잉글랜드 전체적으로 1,289,492명, 런던 대도시권에서는 264,343명 수준이었고, 2000년대 중후반 증가하다가, 2021년 기준 잉글랜드 전체 1,188,762명, 런던 대도시 권역 296,322명으로 1987년 대비해서는 런던 대도시권에서는 다소 증가하였으나, 전국적으로는 다소 감소하였다.

---

12) Department for Communities, Intermediate Rent. Summary Document. Department for Communities(2022).

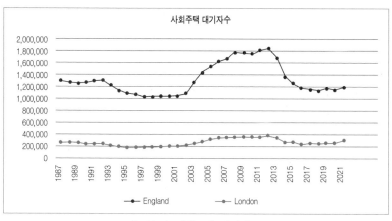

〈그림 3〉 사회주택 대기자수

출처: Live Table 600 Numbers of households on local authorities'housing waiting lists

사회주택 배분과 관련한 사항은 1996년 개정된 「주택법(Housing Act of 1996)」4부(Part IV) 주택의 배분(Allocation of Housing Accommoda-tion) 규정을 따른다. 해당법은 지방정부별 배분계획 수립 및 대기자명부 운영과 관련한 사항을 규제한다. 제166조제1항에 따르면 지역주택청(local housing authority)은 사회주택 입주신청이 가능하도록 정보제공 등의 역할을 수행하여야 한다. 2011년 Localism Act에 따라 지방정부의 역할이 강화되면서, 모든 지방정부는 주택배분계획(allocation scheme)을 수립하여 사회주택 배분을 위한 구체적인 기준을 수립하여 운영하여야한다(166A조).

〈표 6〉 영국 잉글랜드 주택배분계획 필수 포함 항목

구분	항목
Reasonable preference (우선 배정요건)	(1) 홈리스 상태(homelessness)이거나 홈리스에 처할 위기에 놓여 있는 경우 (2) 부적합 거처 거주(unsanitary, overcrowded or unsatisfactory housing) (3) 건강 또는 복지 관련 사유로 특정 지역으로 이사가 필요한 경우(medical and welfare grounds) (4) 돌봄 프로그램, 특별한 의료 치료, 전근, 교육 등 특수한 이유로 특정 지역으로 이사할 필요성이 인정되는 경우 (hardship ground)
Additional preference (부가 배정요건)	(1) 긴급한 주거 소요(urgent housing needs)가 있는 경우-갑작스러운 건강 악화, 장애 등, 과밀에 따른 건강 위험, 가정폭력 피해자 등 (2) 군 복무 중이거나, 군 복무를 마쳤거나, 혹은 군 복무로 인해 심각한 건강상 피해를 입은 경우 (3) 위의 경우에 해당하는 자의 배우자(spouse or civil partner)이며, 국방부(Ministry of Defence)에서 제공하는 거처에서 거주할 기간이 만료된 경우
Provision for priorities (추가 우선순위 기준)	(1) 입주자의 재정적 여건(financial resources) (2) 모범적인 입주자 여부, 지역사회 공헌 여부 등 (3) 입주신청자의 지역연관성(local connection) (4) 특정 주택 유형 입주에 대한 요건
Right of an applicant	(1) 본인에게 어떻게 우선순위가 부여되는지, 언제 입주가 가능한지에 대한 정보를 요청할 권리 (2) 본인에게 배분된 결정에 관련된 사항을 통지할 것을 요청할 권리 (3) 본인에게 배분된 결정에 대해 재검토할 것을 요청할 권리
Considering other strategies	(1) 현재 해당 지방 의회의 Homelessness Strategy (2) 현재 해당 지방 의회의 Tenancy Strategy (3) (런던 지역일 경우) 현재 London Housing Strategy
Adopting and altering scheme	(1) 우선, 계획 적용(변경)안에 대한 사항을 모든 사회주택 관리자에게 고지해야 함 (2) 해당 사항에 대한 사회주택 관리자들의 의견이 반영될 수 있는 기회를 제공해야 함

자료 : Department for Communities and Local Government[13], 김정섭 외 표18[14] 인용

<표 6>은 지방정부의 주택배분계획 수립을 위한 항목에 대한 요건이다. 사회주택배분계획에는 사회주택 배분의 우선순위, 대상자, 입주자 선정 기준 등을 구체적으로 결정한다.

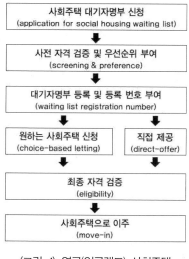

〈그림 4〉 영국(잉글랜드) 사회주택
대기자명부 운영 및 임대주택 배분 절차
출처: 김정섭 외 32 그림5 인용

대기자명부를 활용한 사회주택 배분 절차는 <그림4>와 같다. 각 지방정부에서 운영하는 대기자명부에 사회주택 입주희망자가 등록을 하면 사전 자격 검증 절차 등을 거쳐, 배분의 우선순위를 부여한다(우선순위 밴드 결정 등). 가구가 대기자명부에 등록되면 지방정부별 배분 우선순위와 배분방식에 따라 순차적으로 배분과 입주가 진행된다. 배

---

13) Department for Communities and Local Government, Allocation of Accommodation: Guidance for Local Housing Authorities in England, Department for Communities and Local Government(2012).

14) 김정섭, 오지훈, 박주현, 이하늘, "미국 및 영국 대기자명부 운영사례 비교분석 용역", 서울주택도시공사(2019), 31 [김정섭 외].

분 순서가 되었을 때 공가인 사회주택을 주택 선호도 등을 고려하여 제시받고 제시받은 사회주택에 입주를 진행하는 직접 제공방식(direct offer)과 사회주택 공가가 나왔을 때, 입주 희망 주택에 본인이 직접 신청하여 다른 대기자와 경쟁하여 우선순위가 높은 입주자가 해당 주택에 입주하는 방식(choice-based letting) 등으로 대기자와 공가 간의 매칭이 이루어진다. 입주자가 확정되면 최종적으로 입주자격 요건(eligibility) 검증 후 사회주택으로의 이주가 진행된다.

각 지방정부에서 운영하는 대기자명부 배분방식은 주거 지원 우선순위에 따라 밴드를 나누고 밴드 내에서 먼저 등록한 대기자에게 우선 배분하는 밴드제 방식(예: Tower Hamlets), 주택소요 및 주거지원의 필요와 관련한 요소들을 점수화하여 점수가 높은 가구에게 우선 배분하는 배분제 방식(예: City of London), 밴드 구분과 점수제를 혼합하여 활용하는 방식(예: Waltham Forest) 등 지방정부별로 다양하게 적용된다.[15]

〈표 7〉 대기자명부 우선순위 부여 기준 사례: Waltham Forest

Band	항목	신청 제한시간
Additional Preference Plus	(1) Plus[주]: 2개 이상의 Additional preference 항목에 중복 해당될 경우	12개월 후 취소
	(2) Severely under-occupied: 2개 이상의 여분 침실이 있으며 더 작은 주택으로 이동하려는 사회주택 거주자의 경우	12개월 후 취소
Additional Preference	(1) Urgent welfare need: 건강, 복지 등 이유로 긴급하게 이동이 필요한 경우	3개월 후 직접 제공
	(2) Urgent medical/disability need: 장애나 치료 문제로 인해 긴급하게 이동이 필요한 경우	12개월 후 취소
	(3) Discharging need: 보호기관/요양원/병원 등에서 퇴원하여 독립된 주거가 필요한 경우	3개월 후 직접 제공
	(4) Care leaver	3개월 후 취소

---

15) 김정섭 외.

Band	항목	신청 제한시간
	(5) Council employees: 현재 의회 직원이거나 은퇴한 경우	3개월 후 취소
	(6) Decant property: Decant block으로 지정되어 해당 주택 매입이 필요한 경우	12개월 후 취소
	(7) Under-occupied: 1개 이상의 여분 침실이 있으며 더 작은 주택으로 이동하기를 원하는 사회주택 거주자의 경우	3개월 후 취소
	(8) No wheelchair need: 현재 휠체어 시설이 있는 주택에 거주하나 일반 주택으로 이사하고자 하는 사회주택 거주자의 경우	3개월 후 취소
	(9) Long-term carer: 사회주택 거주자의 간병인이었으나, 해당 거주자의 사망 혹은 Supported accommodation 이주 이후 임차권 승계를 받지 못한 경우	3개월 후 취소
	(10) Council Quota: 매년 다양한 Scheme에 따라 정해진 배분량(quota)만큼 주택을 배분	대체로 직접제공
Reasonable Preference	· Homelessness (1점): 홈리스 의무가 없는 경우 · Non-complete statutory homelessness (2점): Priority need를 제외한 홈리스 의무가 있는 경우 · Statutory homelessness (6점): 홈리스 의무가 있는 경우 · Welfare need (해당되는 이유 별로 각 3점): 건강, 복지 등 이유로 이동이 필요한 경우 · Medical/disability need: 장애나 치료 문제로 인해 이동이 필요한 경우 · Insanitary or unsatisfactory housing (3점): 비정상적 거처에 거주하는 경우 · Overcrowded (부족한 침실 1개당 3점): 과밀 상태(침실 1개 이상 부족)인 경우	
No Preference	· 위 밴드에 포함되지 않는 경우 / 자가 소유자인 경우 / 연간 소득이 £70,000 초과일 경우	
비고	· 여러 Band에 속하면, 가장 높은 Band로 배정 · Additional preference의 경우, 신청 제한 시간(time limit for bidding) 경과 후 우선순위가 취소되거나, 직접 제공(direct-offer)하는 것으로 전환 · Reasonable preference의 경우, 각 항목에 해당하는 점수 합계를 계산하여 해당 Band 내 우선순위 부여 · 동일 Band, 동점 시 등록일(registration date) 우선	

주 1 : 우선순위 기준일은 중복되는 항목 중 제일 최근 날짜로 함.
출처: 김정섭 외 46 표33 인용.

5. 사회주택매입우선권(Right to Buy)

영국의 사회주택 제도의 가장 큰 특징은 사회주택 거주 후 자가로의 전환을 촉진하는 사회주택매입우선권(Right to Buy) 제도를 적극적으로 활용하여 왔다는 점이다. Right to Buy는 지방정부 사회주택 거주자 중 보장임대차(secure tenancy)를 가진 임차인에게 해당 사회주택을 시세보다 할인된 가격으로 구매할 수 있도록 하여 자가 소유자가 되도록 지원해 주는 제도이다. 지방정부는 소유한 사회주택을 임차인에게 매각할 수 있는 권한을 가지고 있었지만 그 사용은 매우 미미한 수준이었다. 하지만 대처 정부가 들어서고 1980년 개정한 「주택법(Housing Act of 1980)」을 통해 Right to Buy 제도를 본격 추진하면서 1980년부터 2020-21년 회계연도까지 약 187만 호의 사회주택이 임차인 소유로 전환되었다. 1980-81년 회계연도에 2,328건에 불과하던 Right to Buy 거래는 1981-82년 105,199건으로 증가하였고, 1982-83년도에는 167,123건으로 최고치를 기록하였다. 최근에는 연간 10,000호 내외의 거래가 발생하고 있다. 런던 지역에서 사용된 사회주택매입우선권은 잉글랜드 전체 대비 16.7%를 차지한다.

현재 Right to Buy 관련 규정은 1985년 개정된 「주택법(Housing Act of 1985)」에 기초한다. 사회주택매입우선권은 최소 3년(연속 3년일 필요는 없으며, 총 거주기간 합계 3년) 이상 공공 부문에서 제공하는 사회주택에 거주한 보장임대차를 가진 임차인에게 주어진다. 지방정부가 공급하는 사회주택 및 법에서 명시된 다른 공공기관이 제공하는 사회주택에 적용된다. Right to Buy 신청 자격은 보장임대차 임차인에게만 주어진다. 지방정부 공영주택에 보장임대차로 거주하다가 해당 주택이 주택협회로 팔려 주택협회 소유의 사회주택에 거주하게 되더라도 해당 임차인은 Right to Buy를 행사할 수 있다. 이를 보전된 사회주택매입우선권(Preserved Right to Buy)이라 부른다. 주택협회가 공급한 주택

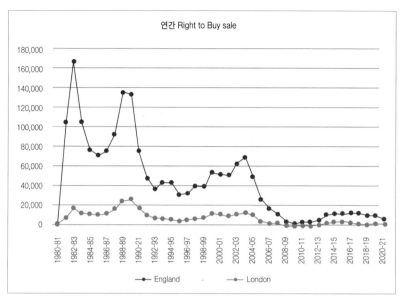

<그림 5> 연도별 Right to Buy 거래건수

출처: Live Table 691b Annual Right to Buy Sales

에 거주하는 임차인이나 보장임대차를 가지지 못한 지방정부 공영주택에 거주하는 임차인의 경우에는 최소 3년 이상 거주 시 사회주택우선취득권(Right to Acquire)을 가질 수 있는데, 사회주택우선취득권은 매입가격의 시세 대비 할인의 폭이 Right to Buy에 비하여 낮다.

사회주택매입우선권을 사용하고자 하는 임차인은 Right to Buy 신청서를 사회주택 임대인(landlord)에게 제출하여야 하며, 임대인은 4주 이내 수용 여부를 답변하여야 한다. 「주택법(Housing Act of 1985)」 Schedule 5 11번 조항에 의거하여 노인들에게 적합한 입지, 설계, 구조를 가진 주택에 해당하는 경우에는 사회주택 임대인이 Right to Buy 신청을 거절할 수 있다. 노인 주택임을 사유로 Right to Buy 신청이 거절된 경우, 임차인은 주거법원(Property Chamber-Residential Property)에 해당 결정의 정당성에 대하여 소송을 제기할 수 있다. 사회주택 임대인이 Right to Buy 사용을 수용할 경우, 수용 통지 8주(flat과 같은 leasehold 부동산은 12주) 이내에 매매가격, 할인금액 등 상세한 거래 내용을 담은 가격 제안서를 임차인에게 제시하여야 한다. 임차인은 3개월(12주) 이내에 가격 수용 여부를 회신하여야 하는데, 제안된 가격에 동의하지 않는 경우, 독립된 기관의 가격 감정을 요청할 수 있으며, 새롭게 평가된 가격에 대하여 12주 이내 수용 여부를 통지하면 된다.

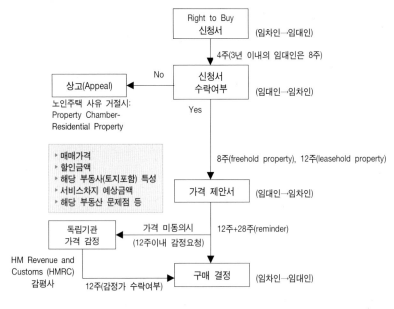

〈그림 6〉 Right to Buy 진행 절차

Right to Buy로 거주 중인 사회주택을 구매하면 시세 대비 저렴한 가격으로 자가 소유자가 될 수 있다. 사회주택 임차인이 Right to Buy 를 사용할 때 거주 기간에 따라 시세 대비 할인을 적용받기 때문이다. 잉글랜드 지역에서는 최대 £87,200까지의 할인이 가능하며, 런던 지역에 위치한 사회주택의 경우 최대 £116,200의 할인이 가능하다. 할인금액의 상한은 주택가격 상승률을 고려하여 매번 조정된다. 사회주택 거

〈표 8〉 거주기간별 Right to Buy 가격 할인율

검증된 거주 기간	주택(house) (%)	Flats (%)
3	35% / £43,750	50% / £62,500
4	35% / £43,750	50% / £62,500
5	35% / £43,750	50% / £62,500
10	40% / £50,000	60% / £75,000
15	45% / £56,250	70% / £87,200
20	50% / £62,500	70% / £87,200
25	55% / £68,750	70% / £87,200
30	60% / £75,000	70% / £87,200
35	65% / £81,250	70% / £87,200
40	70% / £87,200	70% / £87,200
40년 초과	70% / £87,200	70% / £87,200

출처: Department for Levelling Up, Housing & Communities (2022)[16]

주 기간으로 최소치인 3년을 인정받으면 주택(house)의 경우, 시세 대비 35%, 최대 £43,750 할인이 가능하며 40년 이상 거주자는 시세 대비 70%, 최대 £87,200의 할인이 적용된다. Flats의 할인율은 주택보다 높다. 하지만 해당 사회주택에 대하여 사회주택공급자가 최근 구매하였거나 최근 시설 수선 및 관리를 위한 투자를 한 경우에는 해당 비용을 고려하여 할인금액이 감소한다. 이러한 할인금액 감소 제도를 cost floor라 부른다. 구체적으로 최근 10년 이내(2012년 4월 2일 이후 건설되거나 취득한 주택의 경우에는 15년 이내) 투자금이 현재의 시장가격보다 높은 경우에는 할인을 받을 수 없다. Right to Acquire의 cost floor도 15년 이내 투자 기준이 적용된다.

Right to Buy로 구매한 주택은 언제든지 시장에서 재판매할 수 있

---

16) Department for Levelling Up, Housing & Communities, Your Right to Buy Your Home: A guide for tenants of councils and registered providers, including housing associations, Department for Levelling Up, Housing & Communities(2022), 8.

다. 하지만, 일정 기한 내 재판매 시 할인된 금액에 대해서는 반환 조
항이 적용된다. 1년 이내 재판매할 경우 할인금액을 100% 반환하여야
하며, 매년 20%씩 반환 금액이 감소(2년 차 80%, 3년 차 60%, 4년 차
40%, 5년 차 20%)하며 6년 이후 재판매할 경우, 할인금액에 대한 반환
은 불필요하다. 다만, 할인금액 반환의 경우, 재판매 금액에서의 비율
이 적용된다. 즉, £100,000에 40% 할인(£40,000)받아 구매한 주택을 18
개월 후 £120,000에 재판매 할 경우, 반환하여야 하는 금액은 £38,400
(£120,000 X 40% X 80%(2년차 반환율))이다.

한편, 10년 이내 재판매할 경우, 당초 소유하였던 사회주택공급자나
해당 주택이 위치한 지역 내 등록사회주택공급자에게 시장가격으로
구매할 것을 우선 제시하여야 한다. 8주 이내 사회주택공급자와의 거
래가 성사되지 않는다면 민간 시장에서 자유롭게 판매할 수 있다.

6. 그렌펠 타워 화재 사고 이후 사회주택 제도개혁 관련 쟁점

영국의 사회주택 정책 및 제도의 적절성, 타당성에 대하여 의회에
서 지속적으로 토론이 진행되고 있다.[17] 2018년 출판된 사회주택
green paper[18]와 2020년 출판한 사회주택 white paper[19]는 사회주택과
관련한 쟁점사항 및 제도개선 방향을 종합적으로 제시하고 있다.

---

17) Cromarty, H., Social housing reform in England: What next?, House of Commons
   Library(2022).
18) green paper는 아직 형성(formation) 단계에 있는 제안에 대하여 정부가 제작하
   는 협의 문서로서, 의회 안팎의 사람들이 정책이나 입법 제안에 대하여 부서에
   피드백을 제공할 수 있도록 공유하는 문서이다.
19) white paper는 영국 의회에서 법률(안)을 만들기 전에 정부 정책에 대한 설명,
   법률 개정에 대한 제안 등을 포함하는 정책문서로서 계획 중인 법안의 초안 버
   전을 포함하는 경우가 많다. 이 문서는 이해 관계가 있거나 영향을 받는 그룹과
   의 추가 협의 및 토론을 위한 기초자료로서 법안이 의회 제출되기 전에 의견수
   렴을 통해 최종 변경이 이루어질 수 있도록 하는 역할을 한다.

〈표 9〉 사회주택 주민 헌장

모든 사회주택 거주자는	every social housing resident should be able to expect:	관련 제도 개혁
(1) 안전한 집에서 거주한다.	To be safe in your home	사회주택 건설 및 관리에 있어 안전 관련 규제 강화
(2) 임대인의 성과를 알 수 있다.	To know how your landloard is performing	등록사회주택공급자 관련 정보 공개, 입주민 만족도 조사 및 공개 등
(3) 민원이 신속하고 공정하게 다루어진다.	To have your complaints dealt with promptly and fairly	표준화된 분쟁 해결 절차 도입. Housing Ombudsman을 활용한 빠른 분쟁조정
(4) (소비자로서) 존중을 받는다.	To be treated with respected	소비자 표준 (consumer standard)에 대한 준수 여부 등 감독 기능 강화
(5) 임대인은 주민의 목소리에 귀기울인다.	To have your voice heared by your landlord	사회주택 관리 과정에서 임차인 참여 확대를 위한 제도 마련
(6) 양질의 주택과 살기 좋은 동네에 거주한다.	To have a good quality home and neighbourhood to live in	주택에 대한 시설기준, 녹지 기준, 에너지 효율성 등 기준 강화
(7) 자가 소유자가 되기 위한 첫걸음을 지원받는다.	to be supported to take your first step to ownership	사회주택 공급 확대 및 공유형 자가 모델 확대 등

출처: MHCLC(2020) 주요내용 요약 정리

최근 사회주택 제도 개혁은 2017년 6월 사회주택 중 하나였던 그렌 펠 타워 화재(Grenfell Tower fire) 사건 이후에 본격적으로 논의가 되었으며, 1,000명에 가까운 사회주택 거주민들의 의견을 듣고, 7,000명이 넘는 사람들의 의견을 온·오프라인을 통하여 수렴하여 green paper[20]

---

20) Ministry of Housing, Communities & Local Government, A new deal for social housing, Ministry of Housing, Communities & Local Government(2018).

가 출판되었다. 화재 사건 이후 제도개혁이 논의된 만큼 사회주택에서
의 안전 확보가 최우선 과제로 제시되었지만, 사회주택 내 분쟁 해결,
주민 참여 및 Regulator of Social Housing 기능 강화, 사회주택 거주자
에 대한 낙인효과(stigma) 제거, 사회주택 공급확대와 자가지원 확대
등의 이슈를 포함한다. 사회주택 제도 개혁을 위한 green paper를 바탕
으로 보리스 존슨 정부는 2020년 11월 구체적인 입법 방향을 담은
white paper[21]를 출판하였다. 이 보고서는 모든 사회주택 거주자에게
적용될 7가지 헌장을 포함한다. 최근 사회주택 제도개혁과 관련한 이
슈는 단순한 공급확대 논의에서 나아가 사회주택 관리와 거주민의 참
여 확대 관점에서 이루어지고 있는 점을 참고할 필요가 있다.

IV. 국내 사회주택 제도에의 시사점 및 결론

한때 전체 신규 건설되는 주택 물량의 80% 이상을 지방정부 주도
의 공영 사회주택으로 공급하였던 영국에서는 1980년대 대처정부가
집권하면서 신자유주의 정책 기조 아래 주택협회로 불리는 민간 사회
주택공급자가 사회주택의 공급 및 관리 주체로서 핵심 역할을 수행하
고 있다. 영국 정부는 사회주택 공급확대보다는 Right to Buy, 지분공
유형 자가 등을 통한 자가지원 정책을 강화하고 있다.

영국에서 사회주택은 다양한 공급주체와 점유형태를 포함하는 포
괄적 의미로 사용된다. 법적으로 사회주택은 등록사회주택공급자가 공
급하는 부담가능 임차주택 및 저비용 자가주택을 모두 포괄하는 것으
로 정의된다. 공공이 공급하는 임차형 사회주택은 공영주택(council

---

21) Ministry of Housing, Communities & Local Government, The Charter for Social
   Housing Residents. Social Housing White Paper. Ministry of Housing,
   Communities & Local Government(2020) [MHCLC(2020)].

housing)으로 민간에서 공급하는 임차형 사회주택은 주택협회 사회주택(housing association homes)으로 구분되어진다. 한국에서 사회주택은 보통 민간 임대사업자가 정부의 지원을 받아 시세보다 낮은 임대료로 제공하는 주택을 통칭한다고 볼 때,[22] 주택협회에서 공급하는 사회주택의 개념과 유사하다. 향후, 한국의 사회주택 활성화를 위한 정책과 제도를 설계할 때, 사회주택과 사회주택 공급주체를 어떻게 정의할 것인지 영국의 다양한 사회주택의 종류와 공급주체를 참고할 수 있겠다. 당초 영국에서는 비영리기관만을 등록사회주택공급자로 허용하였으나 최근에는 영리기관도 등록사회주택공급자로 허용하고 있다.

영국에서 민간 주택협회 주도의 사회주택 공급은 신자유주의 정책 기조 아래 공공주택의 민영화 과정에서 본격적으로 이루어졌다. 1980년대부터 지방정부의 사회주택 공급 기능을 축소하고, 지방정부 소유의 공영주택을 주택협회 소유로 이전하였으며, 사회주택 신규공급은 주택협회 주도로 이루어졌다. LH, SH와 같이 공공부문의 공공임대주택 공급주체의 기능과 역할이 명확하고 여전히 공공주도의 공공임대주택 공급의 중요성이 강조되고 있는 우리나라의 상황을 고려할 때 공공임대주택 정책의 민영화를 통해 주택협회 등 민간 사회주택공급주체의 기능과 역할을 강화한 영국의 사례를 직접적으로 참고하기는 어렵다. 하지만, 다양한 부담가능주택에 대한 선택지를 확대한다는 측면에서 민간 사회주택사업자의 사회주택 공급 및 관리 기능 확대를 고려해 볼 수 있겠다. 특히, 민간 사회주택사업자들이 다양한 임차인의 수요에 대응하는 사회주택 운영(임대료 차별화, 공동체 프로그램 특화 등)을 통하여 기존 대형 공공임대주택사업자가 제공하기 어려운 다양한 형태의 서비스 제공이 가능하므로 사회주택 서비스의 다양화와 경쟁을 통한 주택서비스 및 관리 질적 제고를 목표로 민간 비영리주체의

---

22) 이하, 한국의 사회주택에 대한 시사점과 관련한 논의에서, 한국의 사회주택은 민간 임대사업자가 공공의 지원을 받아 시세의 80% 임대료 등과 같이 부담가능한 임대료로 공급하는 주택을 의미.

역할을 기대할 수 있겠다.

영국에서는 사회주택 임차인의 임차권(tenancy)와 관련하여 지방정부 공영주택과 주택협회 사회주택 모두에서 기존의 평생임차권을 5년 단기 임차권으로 전환하는 과정에 있다. 단기 임차는 임차인 관점에서는 지속 거주를 해쳐 주거안정을 저해하는 측면이 있지만 사회주택사업자 관점에서는 임대사업의 효율성을 높일 수 있는 방법이 된다. 한국에서는 행복주택을 제외한 영구임대주택, 국민임대주택, 통합공공임대주택 등에서 소득 및 자산 기준만 만족한다면 사실상 평생 임차권이 제공되고 있다. 반면, 사회주택 사업자가 제공하는 주택에 대해서는 임차권과 관련한 구체화 된 기준과 규제 없는 실정이다. 2020년 「주택임대차보호법」의 계약갱신청구권제 도입으로 2년+2년의 임대차 기간이 보장되어 있지만, 이는 영국의 사회주택의 단기 임대차 보장 기간인 5년에 비하면 짧다. 국내 사회주택 사업자들의 의견, 임차인들의 의견을 종합적으로 고려하여 우리나라의 상황에 맞는 사회주택 임차권(보장 기간, 계약 갱신, 임대료 상한 등) 규정 마련이 요구된다.

영국의 사회주택의 임대료 체계는 사회임대료와 부담가능임대료가 공존하는 시스템이다. 영국의 부담가능임대료 제도는 주택협회가 시세의 80% 수준의 임대료를 받을 수 있는 근거를 제공한다. 이를 통해 정부의 보조금이 많지 않더라도 사회주택공급자는 임대료 수입을 통한 사회주택 운영 재원을 일정 정도 확보할 수 있는 장점이 있다. 하지만 부담가능임대료 방식은 기존 사회임대료 방식에 비하여 임차인의 주거비 부담은 높아질 수밖에 없어, 영국에서는 공공부조(급여 제도)제도와 연계하여 저소득 계층의 주거비 부담 문제를 해결하고 있다. 우리나라 사회주택 사업자의 경우, 시세의 80% 수준의 임대료로 주택을 공급하는 경우가 많으나, 영세한 사업자가 많아, 정부의 충분한 재정지원이 담보되지 않는 경우에는 시세의 80% 수준의 임대료를 받더라도 해당 임대사업 유지가 쉽지 않은 현실이다. 사회주택의 임대료 체계는 적정한 수준의 정부지원과 임대료 수입을 통하여 사회주택 사업자의 재무구조가 지속 가능하게 사회주택 공급이 가능한 수준에서 설계될 필요가 있다.

영국의 사회주택의 배분은 지방정부 주도의 대기자명부 운영을 통하여 이루어진다. 각 지방정부는 지역의 주택소요와 주거취약계층을 고려하여 사회주택배분이 우선적으로 필요한 그룹을 선별하고, 지역 사정에 맞는 밴드나 우선순위 기준을 수립할 수 있다. 사회주택 입주 희망자는 대기자명부 등록 후 본인의 입주를 기다리거나 희망하는 사회주택 공가가 나온 경우, 신청할 수 있다. 우리나라에서는 아직 대기자명부 제도가 도입되지 않았고, 각 임대주택 유형별로 가점제, 추첨제 등을 활용하여 공공임대주택 배분이 이루어진다. 사회주택의 경우에는 어떻게 배분을 하여야할지에 대한 구체화된 기준이 미비하고 사회주택 사업자가 임의로 입주자를 선정하는 것이 일반적이다. 국내 사회주택이 공공지원을 받는다면 입주자 모집의 방식과 배분 방식이 정부의 정책 목표에 따라 이루어질 수 있도록 관리될 필요성이 있다.

마지막으로 영국에서 사회주택 거주자의 자가 전환 지원정책으로 추진된 Right to Buy 제도의 경우, 저소득 사회주택 거주자의 자산축적을 지원하고 자가 전환을 통한 주거안정을 도모하며, 지방정부의 사회주택 운영에 따른 비용 부담을 절감하는 장점이 있다. 하지만 Right to Buy 확대에 따라 국가 전체 사회주택의 재고가 감소하여 주거취약계층을 위한 주거안정망이 위협받는 결과로도 이어졌다. 최근 영국에서는 연간 3만 호 내외의 사회주택 공급이 이루어지지만 동시에 연간 1만 호 내외의 사회주택이 Right to Buy 사용으로 자가 주택으로 전환되고 있어, 사회주택 재고 확대가 제대로 이루어지고 있지 않는 현실이다. 한국의 경우, 선거 과정에서 Right to Buy 제도와 유사한 방식의 프로그램 도입이 특정 후보의 공약으로 논의되기는 하였지만, 국가나 지방정부 단위의 정책 방향으로 고려되고 있지는 않다. Right to Buy 제도와 유사한 방식으로 저소득층의 자가 전환 지원프로그램이 운영된다면 영국에서 경험한 제도 시행의 문제점을 체계적으로 분석하여 제도의 부작용을 최소화할 수 있는 프로그램 설계가 필요할 것이다.

영국의 사회주택 제도는 정부의 역할 축소 및 민간 주택협회의 역할 강화, Right to Buy 등을 활용한 저소득층 자가 전환 유도, 유연한 임차권 및 부담가능임대료 제도 도입을 통한 사회주택 관리의 유연성 및 효율성 제고로 요약될 수 있다. 신자유주의 정책 기조 아래 민영화를 추진해 왔고, 2010년대에는 Localism Act 등을 제정하여 사회적 경제주체의 역할을 강조하고 있지만, 제도 시행 과정에서 저소득 주거취약계층을 위한 사회주택 재고 감소, 임대료 부담 상승 등 부작용도 경험하고 있다. 한편, 그렌펠 타워 화재 사고 이후 사회주택의 안전 문제, 입주민 참여 중심의 사회주택 관리 강화 등을 추진하고 있다. 한국과는 다른 정치적, 사회경제적, 문화적 맥락 속에서 발전한 영국의 사회주택 제도를 벤치마킹하여 한국에 바로 적용하기는 어렵지만, 정책 시행과정에서의 논의와 교훈을 참고하여 국내 사회주택 활성화를 위한 제도 설계에 참고할 수 있을 것이다.

참고문헌

Cromarty, H., Social housing reform in England: What next?, House of Commons Library (2022)

Department for Communities, Intermediate Rent. Summary Document. Department for Communities (2022)

Department for Communities and Local Government, Allocation of Accommodation: Guidance for Local Housing Authorities in England, Department for Communities and Local Government (2012)

Department for Levelling Up, Housing & Communities, Policy statement on rents for social housing. Department for Levelling Up, Housing & Communities (2022)

Department for Levelling Up, Housing & Communities, Your Right to Buy Your Home: A guide for tenants of councils and registered providers, including housing associations, Department for Levelling Up, Housing & Communities (2022)

Hall, P., Cities of tomorrow: An intellectual history of urban planning and design since 1880. John Wiley & Sons (2014)

Ministry of Housing, Communities & Local Government, A new deal for social housing, Ministry of Housing, Communities & Local Government (2018)

Ministry of Housing, Communities & Local Government, Policy statement on rents for social housing, Ministry of Housing, Communities & Local Government (2019)

Ministry of Housing, Communities & Local Government, The Charter for Social Housing Residents. Social Housing White Paper. Ministry of Housing, Communities & Local Government (2020)

Regulator of Social Housing, Registered provider social housing in England – stock and rents 2021-2022, Regulator of Social Housing (2022)

Wilson, W., Barton, C., O'Donnell, M., & Cromarty, H., General Debate on Social

Housing. House of Commons Library (2019)

Wilson, W. & Barton, C. Social rented housing (England): Past trends and prospects. House of Commons Library (2022)

김정섭, 오지훈, 박주현, 이하늘, "미국 및 영국 대기자명부 운영사례 비교분석 용역", 서울주택도시공사 (2019)

오도영, 박준, 김혜승, "영국 주거복지정책의 변화: 2010년 이후 심화된 신자유주의적 변화를 중심으로". 공간과 사회 제25권 (2015), 227-266

프랑스 사회주택 제도 고찰 및 시사점

|최민아|*

초록

　프랑스에서 사회주택은 우리나라의 사회주택과는 다르게 포괄적인 공적주택의 성격을 지닌다. 해당 주택은 일반 시민의 주거안정 및 기회균등의 수단으로 주거정책에서 그 역할이 매우 중요하다. 프랑스 사회주택은 서민층 뿐 아닌 중산층까지 입주대상으로 포괄해 대중모델의 특성을 지니고, 대부분의 지자체는 2025년까지의 25%의 사회주택을 보유해야 하는 법적 의무를 지닌다.

　본 논문에서는 프랑스 사회주택 공급의 법적 근거, 관련 법률의 주요 내용, 사회주택 공급 활성화를 위한 최근 제정 법률의 내용과 관련 체계에 대해 고찰한다. 프랑스의 법제도는 법률과 법전으로 구분된다. 이는 한국과는 다른 체계로 개별적으로 제정되는 법률이 연관된 법전으로 수렴되어 적용되는 특징을 지닌다.

　최근 프랑스는 주거권의 보장 및 강화를 위해 여러 법률 및 제도가 제정되었다. 특히 달로법은 사회주택 공급과 밀접하게 연관되어 취약계층의 주거권을 보장한다. 이에 본 논문은 사회주택 및 주거권 관련 SRU, ALUR, ELAN 등 관련 법률과 주택 및 건설법전, 도시계획법전 등을 고찰하여 프랑스 사회주택 공급에 대한 세부적 제도를 고찰하고 관련 시사점을 제시하는 것을 연구의 목적 및 주요내용으로 한다.

* 한국토지주택공사 토지주택연구원 수석연구원

Ⅰ. 사회주택 관련 법제도 체계 및 주요 내용

1. 법제도 체계 및 구성의 이해

프랑스 사회주택은 Logement social(Social housing)의 명칭으로 불리고, "Habitations à loyer modéré("적정 임대료 주택"을 의미, 주로 HLM으로 표기)"이 사회주택의 주요 비율을 차지한다. 이에 프랑스의 사회주택은 주로 HLM을 중심으로 정책이 마련되고 공급된다. 프랑스의 사회주택의 역사는 1850년대부터 기업가, 지자체장, 박애주의자 등을 중심으로 노동자의 열악한 주거환경을 개선하기 위해 시작되었고, 1890년대 중앙정부 차원의 제도가 마련되었다.

초기 제도가 마련될 당시에는 HBM(Habitation à bon marché, "저렴 임대료 주택"을 의미함)의 명칭을 지녔고, 1894년 스트로스법(loi Strausse)에 의해 HBM 공급기관의 설립 근거가 제도적으로 마련되어 사회주택이 제도화되었다. 1920년대부터 사회주택 공급기관이 설립되면서 본격적으로 사회주택이 공급되기 시작했다. 1950년 법률에 의해 명칭이 HLM으로 변경되었고 지금까지 서민 및 취약계층(personnes de ressources modestes ou défavorisées, 평범하거나 빈곤한 소득의 사람)에 대한 주택공급 및 주거안정 지원을 목적으로 하고 있다.

1998년 7월 29일 98-657법률은 "사회임대주택의 건설, 개발(정비)사업, 공급, 관리는 서민이나 취약계층의 주거 환경을 향상시키는 것을 목적으로 한다. 해당 사업은 주거의 권리(droit au logement)를 시행하고, 도시와 지역(동네의 의미, quartier)의 사회적 혼합에 기여하는 것에 참여한다"(건설 및 주거법전 4권 첫조항. L.411-1)라고 명시한다. 해당 법률 조항은 프랑스 사회주택의 성격 및 목적을 명확하게 설명한다.[1]

---

1) Code de la construction et de l'habitation. Article L411: La construction

즉, 프랑스의 사회주택은 사회적인 측면에서 공적 기능을 수행하는 주택을 전반적으로 포괄하는 성격을 지녀, 한국의 관점에서는 "공적주택"에 해당한다. 그렇기에 한국에서 제도적으로 정의되는 사회적경제주체가 건설, 관리, 운영에 참여하는 민간임대주택으로서의 사회주택과는 다른 성격을 지닌다.[2]

본 연구는 사회주택 법제 연구로서 프랑스의 사회주택을 제도적 측면에서 접근하여 고찰하는 목적을 지닌다. 그러므로 우리나라와 차별화되는 프랑스의 법제도 체계 및 구성에 대한 설명과 이해가 우선적으로 필요하다. 프랑스의 법제도는 우리나라와 다른 구성을 지녀 Loi(루와, 이하 "법률"로 번역) 와 Code(코드, 이하 "법전"으로 번역)로 구성된다.

프랑스의 법률(Loi)은 개별적인 법률로서 각 법률의 목적과 그에 대한 내용을 담고 있다. 반면 법전(Code)는 관련 분야에 대한 법률의 내용을 모아놓은 것으로 개별 법률(Loi)의 내용은 법전으로 종합적으로 담겨진다. 이러한 체계를 통해 프랑스 제도는 법전을 통해 관련 분야의 법적 내용을 모아 볼 수 있어 용이한 점을 지니며, 내용상 연계를 강화할 수 있다.

우리나라의 경우 주택에 관한 법률은 주택법, 공공주택 관련 법률, 민간주택 관련법률, 정비 및 개발사업 관련 법률이 별도로 제정되고 각 사업마다 개별적인 법률에 따라 시행되지만 프랑스는 건축 및 주택 관련 제도는 건설 및 주거 법전에 해당 내용이 모여있고, 도시계획 관련 제도는 도시계획법전에 모여있는 특징을 지닌다. 법률과 법전의 관

---

l'aménagement, l'attribution et la gestion des logements locatifs sociaux visent à améliorer les conditions d'habitat des personnes de ressources modestes ou défavorisées. Ces opérations participent à la mise en oeuvre du droit au logement et contribuent à la nécessaire mixité sociale des villes et des quartiers.

2) 본 논문에서 언급하는 사회주택은 프랑스의 사회주택으로 우리나라 공적주택의 성격을 지니며, 한국에서 시행되는 사회주택사업, 사회적주택사업(테마형매입임대주택사업)과는 차별화된다.

계는 대부분의 법률은 법전에 모아지지만 신규로 만들어져 분야가 명확하지 않은 법률의 경우 법전이 존재하지 않는 경우도 있다.[3)]

사회주택에 대한 법제도로서는 여러 연관된 개별적 법률이 있고, 이를 종합적으로 담는 법전이 있다. 프랑스 사회주택은 역사적으로 오래되어 연관된 매우 다양한 법률이 있지만 최근의 사회주택과 관련된 중요한 법률로는 도시의 연대 및 재생에 관한 법률(loi Solidarité et renouvellement urbains du 14 décembre 2000, 이하 SRU법), 주거접근 및 도시재생에 관한 법률(loi pour l'accès au logement et un urbanisme rénové, 이하 ALUR법), 주택, 정비 및 디지털 발전에 관한 법률(loi portant évolution du logement, de l'aménagement et du numérique, 이하 ELAN법) 등이 밀접하게 관련되어 있다. 그리고 이런 개별 법률은 모두 건설 및 주거 법전(code de la construction et de l'habitation)과 도시계획 법전(code de l'urbanisme)에 해당 내용이 담겨있다. 그러므로 본 연구에서는 개별 법률과 관련 법전을 중심으로 사회주택에 관련된 내용을 고찰한다.

2. 사회주택 관련 법전

프랑스 사회주택에 관련된 제도적 내용은 "건설 및 주거 법전"에 의해 주요 내용이 규정된다. 이는 앞서 언급한 바와 같이 주택에 관련된 다양한 법률이 종합적으로 모인 것으로 법전에는 사회주택에 관련된 기관 및 조직, 예산, 지원, 원가산정, 입주자 기준, 사회주택의 자가 주택 취득 등에 대한 내용이 담겨있다. 프랑스의 법전은 법률적 부분(Partie législative)과 규율적 부분(Partie réglementaire)으로 구성되어 있으며 제도적인 특성은 주로 법률적 부분을 통해 검토가 가능하다.

건설 및 주거 법전에서 사회주택 관련 내용은 4권(Livre IV :

---

3) vie-publique.fr

Habitations à loyer modéré)에서 제시된다. 법전 4권 전체는 HLM에 대해 할애되어 있으며, 해당 권은 6부(titre)까지 구성된다. 각 부에 대한 세부내용은 아래와 같으며 이를 통해 프랑스 사회주택의 세부적 성격 및 관련 제도의 파악이 가능하다(2022.11.18. 기준).

■ Partie législative(법률적 부분)

1권: 건물의 건설, 관리, 재건축
Livre Ier : Construction, entretien et rénovation des bâtiments (Articles L111-1 à L192-7)

2권: 건설자의 지위
Livre II : Statut des constructeurs. (Articles L200-1 à L291-4)

3권 :주택 건설 및 주거 개량에 대한 다양한 지원–개인 주거 지원(주거급여를 의미함)
Livre III : Aides diverses à la construction d'habitations et à l'amélioration de l'habitat – Aide personnalisée au logement (Articles L300-1 à L381-3)

4권: 적정 임대료 주택 (HLM) / 이 부분이 사회주택에 해당됨
Livre IV : Habitations à loyer modéré. (Articles L411 à L482-4)

◆ 1부 일반사항
   Titre Ier : Dispositions générales. (Articles L411 à L411-10)

◆ 2부 HLM 기관
   Titre II : Organismes d'habitations à loyer modéré. (Articles L421-1 à L424-3)
· 1장: 공적 주택기관(OPH)
   Chapitre Ier : Offices publics de l'habitat. (Articles L421-1 à L421-26)
- 1부. 일반사항(Section 1 : Dispositions générales. (Articles L421-1 à L421-7-1)
- 2부. OPH 행정(운영)
   Section 2 : Administration des offices publics de l'habitat. (Articles L421-8 àL421-13-1)
- 3부. 재정, 예산, 회계 관리
   Section 3 : Gestion financière, budgétaire et comptable. (Articles L421-15 à L421-22)

- 3-1부: 공통사항

Sous-section 1 : Dispositions communes. (Articles L421-15 à L421-18)

- 3-2부: 공공회계 규칙에 적용되는 OPH

Sous-section 2 : Offices publics de l'habitat soumis aux règles de la comptabilité publique

- 3-3부 상업회계 규칙에 적용되는 OPH

Sous-section 3 : Offices publics de l'habitat soumis aux règles de la comptabilité de commerce. (Articles L421-21 à L421-22)

- 4부: 인력관리

Section 4 : Gestion du personnel. (Articles L421-23 à L421-25)

- 5부. 계약

Section 5 : Marchés (Article L421-26)

· 2장 HLM 민간 기관

Chapitre II : Organismes privés d'habitations à loyer modéré. (Articles L422-1 à L422-19)

- 1부: 설립

Section 1 : Fondations. (Article L422-1)

- 2부: HLM 주식회사

Section 2 : Sociétés anonymes d'habitations à loyer modéré. (Articles L422-2 à L422-2-1)

- 3부: HLM 생산을 위한 협동조합 주식회사 및 공공이익을 위한 협동조합 주식회사

Section 3 : Sociétés anonymes coopératives de production d'habitations à loyer modéré et sociétés anonymes coopératives d'intérêt collectif d'habitations à loyer modéré. (Articles L422-3 à L422-3-2)

- 4부: HLM 판매 회사

Section 4 : Sociétés de ventes d'habitations à loyer modéré (Article L422-4)

- HLM 관련 공통사항

Section 5 : Dispositions communes aux sociétés d'habitations à loyer modéré.(Articles L422-5 à L422-11-1)

..... 이하 생략

· 3장 다양한 기관 유형의 HLM 관리에 대한 사항

Chapitre III : Dispositions applicables à la gestion des diverses catégories d'organismes d'habitations à loyer modéré. (Articles L423-1 à L423-17)

- 4장 다양한 조항

  Chapitre IV : Dispositions diverses. (Articles L424-1 à L424-3)

◆ 3부: 재정적 수단

  Titre III : Dispositions financières. (Articles L431-1 à L435-1)

- 1장: HLM 기관에 대한 재정적 대출 및 지원

  Chapitre Ier : Prêts et concours financiers divers aux organismes d'habitations à loyer modéré. (Articles L431-1 à L431-5)

- 2장: 다른 기관 및 지자체에 대한 대출

  Chapitre II : Prêts aux autres organismes et collectivités. (Articles L432-1 à L432-6)

- 3장: HLM 기관 거래 또는 계약(해당 문구의 번역은 확실하지 않음)

  Chapitre III : Marchés des organismes d'habitations à loyer modéré. (Articles L433-1 àL433-2)

- 4장: 엔지니어, 건축가, 기술자 보수

  Chapitre IV : Rémunération des ingénieurs, architectes et techniciens.

- 5장 주택건설 국가 기금

  Chapitre V : Fonds national des aides à la pierre (Article L435-1)

◆ 4부: HLM 기관 보고서 및 수혜자

  Titre IV : Rapports des organismes d'habitations à loyer modéré et des bénéficiaires.(Articles L441 à L445-7)

- 1장. 주택 공급 조건(입주자 조건) 및 소득 상한

  Chapitre Ier : Conditions d'attribution des logements et plafonds de ressources - Supplément de loyer de solidarité. (Articles L441 à L441-15)

  - 1부: 주택공급 조건 및 소득 상한

    Section 1 : Conditions d'attribution des logements et plafonds de ressources.(Articles L441 à L441-2-9)

  - 2부: 연대 임대료의 할증

    Section 2 : Supplément de loyer de solidarité. (Articles L441-3 à L441-15)Article

- 2장: 임대료와 기타사항

  Chapitre II : Loyers et divers. (Articles L442-1 à L442-12)Article L442-1

- 3장: 주택의 취득 및 기타 양도

  Chapitre III : Accession à la propriété et autres cessions. (Articles L443-1 à L443-18)

  - 1부: 임차인이 아닌 주거 취득사업 수혜자에 대한 적용 규정

    Section 1 : Dispositions applicables aux bénéficiaires d'opérations d'accession à la propriété autres que les locataires. (Articles L443-1 à L443-6-1)Article L443-1

  - 1-1부: 임차인의 점진적인 자가 취득에 적용되는 규정

    Section 1 bis : Dispositions applicables à l'accession progressive des locataires à la propriété. (Articles L443-6-2 à L443-6-13)Article L443-6-2

  - 2부: 건물의 양도, 용도변경, 철거 관련 규정

    Section 2 : Dispositions applicables aux cessions, aux transformations d'usage et aux démolitions d'éléments du patrimoine immobilier. (Articles L443-7 àL443-15-6)

  - 하부 조항 1: 고령자 공동주택 이외의 주택 건물 관련 조항

    Sous-section 1 : Dispositions applicables aux éléments du patrimoine immobilier autres que les logements-foyers. (Articles L443-7 à L443-15-5)

  - 하부조항 1-1: 공동소유 형식 이외의 다른 적용으로 개인에게 주택 매도

    Sous-section 1 bis : Vente de logements à des personnes physiques avec application différée du statut de la copropriété (Articles L443-15-5-1 àL443-15-5-8)

  - 하부조항 2: 고령자 공동주택4)

    Sous-section 2 : Dispositions applicables aux logements-foyers. (Article L443-15-6)

  - 2부: 주택의 사회적 취득

    Section 2 bis : Accession sociale à la propriété. (Articles L443-15-7 à L443-15-8)

  - 3부: 전쟁 연금자 관련 특별 조항

    Section 3 : Dispositions particulières aux pensionnés de guerre. (Articles L443-16 à L443-17)

  - 4부: 지불유예 이자율

    Section 4 : Taux des intérêts moratoires. (Article L443-18)

· 4장: HLM에 의한 계약 체결 및 주택 관리

Chapitre IV : Prise à bail et en gestion de logements par les organismes d'habitations à loyer modéré. (Articles L444-1 à L444-14)

- 1부: 공가의 재임차 관련 조항

Section 1 : Dispositions applicables à la sous-location des logements vacants.(Articles L444-1 à L444-6)

- 2부: L. 321-4 ou L. 321-8. 적용에 의한 협약주택의 재임차 관련 조항

Section 2 : Dispositions applicables à la sous-location des logements conventionnés en application des articles L. 321-4 ou L. 321-8. (Articles L444-7 àL444-9)

- 3부: 계절 근로자에 대한 공가 재임차 관련 조항

Section 3 : Dispositions applicables à la sous-location des logements vacants au profit des travailleurs saisonniers (Articles L444-10 à L444-14)Article L444-10

· 5장: 사회적 활용 협약 체결 HLM 적용 특수 조항

Chapitre V : Dispositions particulières applicables aux organismes d'habitations à loyer modéré ayant conclu une convention d'utilité sociale. (Articles L445-1 à L445-7)

◆ 5부: 기관의 관리, 재건 및 사회적 주택 취득자에 대한 보증

Titre V : Contrôle, redressement des organismes et garantie de l'accession sociale à la propriété. (Articles L451-5 à L453-3)

· 1장: 감사

Chapitre Ier : Contrôle. (Articles L451-5 à L451-6)

· 2장: 사회임대주택 보증 금고 및 기관의 재건

Chapitre II : Caisse de garantie du logement locatif social et redressement des organismes. (Articles L452-1 à L452-7)

· 3장: 사회주택 주택 취득 사업 보증

Chapitre III : Garantie des opérations d'accession sociale à la propriété. (Articles L453-1 à L453-3)

◆ 6부: 자문기관

Titre VI : Organismes consultatifs

단일 장으로 구성
 - 1부: HLM 상위 자문기관
   Section 1 : Conseil supérieur des habitations à loyer modéré.
 - 2부: HLM 레지옹 위원회
   Section 2 : Comités régionaux des habitations à loyer modéré.
 - 4부: 공통사항
   Section 4 : Dispositions communes.

이처럼 살펴본 법전의 구성은 프랑스 사회주택 전반에 대한 제도적 규정 및 성격에 대한 중요한 이해를 돕는다. 우선 프랑스의 사회주택은 일반적인 건축, 건설, 주거에 관련된 법전에서 함께 규정이 된다. 사회주택은 법전 제4권에서 HLM 으로 언급되고 있지만, 세부적인 내용을 보면 임대주택 이외에도 자가로 취득되는 사회주택, 고령자 주택, 협약에 의한 주택 등 다양한 형태의 공적 성격을 지니는 주택을 포괄하는 것을 알 수 있다. 법전 L421조는 OPH는 상공 성격을 지니는 지자체 공공기관이라고 명시한다. 즉 우리나라와 달리 프랑스 사회주택의 공적 주체는 지자체를 중심으로 공급됨을 알 수 있다.

해당 법전은 사회주택의 건설, 양도, 계약 체결, 임대료 기준, 재원 마련, 대출 등 일반적 사항을 규정하고 있다. 또한, 그 외에 일정소득 기준 가구가 주택을 취득할 경우 지원하는 사회적 주택 취득 관련 내용, 사회주택 공급기관 관련 보증, 기관 관리 등 다양한 내용을 담고 있어, 프랑스의 사회주택의 개념 및 범주, 성격이 우리나라보다 훨씬 넓음을 알 수 있다.

해당 법전은 4권에서 HLM 법률 내용을 규정하기 이전에 3권에서 "주택 건설 및 주거 개량에 대한 다양한 지원-개인 주거 지원"을 통해 주거급여 및 주거환경 개선을 법적으로 규정하고 있다. 즉 건설 및 주거법전은 주택의 건설 뿐 아닌 국민 주거복지에 대한 종합적인 내용을

---

4) 고령자 공동주택(logements-foyers): 고령자가 독립적인 생활을 하면서 하며 공용시설을 함께 이용하는 형식의 공동주택.

담고 있다.

이전 시점의 사회주택은 1995년 1월 14일 법에 의해 "코뮌 법전 (Code des communes, 코뮌-commune-은 프랑스 기초지자체임)에 의해서도 함께 규정되었다. 해당 법전에서 사회주택은 코뮌 재정에 대한 부분을 주로 담고 있었고, L211-에서 L264-10까지 해당 내용을 담고 있었다. 주요 내용은 교부금 및 도시연대 기금에 대한 내용을 담고 있으며, 1996년 2월 24일에 폐지되었다. 해당 법 조항의 구성은 아래와 같다.

2권: 코뮌 재정
LIVRE 2 : Finances communales (Articles L211-1 à L264-10)
　3부: 수입
　TITRE 3 : Recettes (Articles L231-1 à L237-2)
· 4장: 기능에 대한 종합적 교부금(기금) 밀 지방 재정 배분 수입
CHAPITRE 4 : Dotation globale de fonctionnement et autres recettes réparties par le comité des finances locales (Articles L234-1 à L234-23)
　1부:
　- 1부: 기능에 대한 종합적 교부금(기금)
1SECTION 1 : Dotation globale de fonctionnement (Articles L234-1 à L234-21)
Article L234-2 Article L234-3

　- 2절: 도시연대 기금
　PARAGRAPHE 2 : Dotation de solidarité urbaine. (Article L234-12)

---

3. 사회주택 관련 법률

프랑스에서 현 시점의 사회주택에 대한 가장 중요한 법률은 SRU법이다. 해당 법률은 2000년 12월 14일에 제정되었다. 이는 국가 발전의 기본 방향을 지속가능한 발전으로 규정한 법률로서 도시계획, 주택 전반에 큰 영향을 미쳤다. SRU법에 의해 프랑스의 대부분의 지자체는 주택물량의 20%를 사회주택으로 2025년까지 보유해야 하는 의무를

지닌다. SRU법의 55조(Articles)부터 93조는 관련 내용을 규정한다.[5] 또한 2014년에 ALUR법에 의해 관련 규정은 다시 25%로 강화되었다. 두 법률에 기반한 현 시점의 프랑스 사회주택 기준은 다음과 같다.[6]

도시연합권역의 규모가 5만 명 이상이며, 그중 1개 꼬뮌이 인구 15000명인 경우에 속하는 인구 3500명 이상의 꼬뮌(파리 도시권의 경우 인구 1500명)은 주요 거주 주택(résidences principales)의 25%를 사회주택으로 보유하여야 한다. 지역적 특성으로 주택 보유 의무의 강화 필요성이 높지 않은 꼬뮌의 경우 이 비율은 20%로 정해진다.

인구 1만 5천명 이상의 꼬뮌으로 인구 증가율이 5% 이상인 꼬뮌의 경우도 앞서 언급된 인구 밀집지역이 아니지만 20%의 사회주택 보유 의무를 지닌다. 해당 지역에서는 사회주택의 보유 물량 산정에 대해 사회주택과 함께 다음과 같은 기준을 사회주택 물량 산정에 적용한다: 10년 이상 거주자에게 매각된 사회주택, PSLA(prêt social location accession, 자가취득을 위한 사회적 임차주택)[7]의 경우 임대기간이나 자가전환 후 5년간, 공동체토지신탁에 의한 연대 계약서(BRS, bail réel solidaire)[8]

즉 프랑스는 지자체 특성에 맞게 사회주택의 보유를 통해 시민 주거안정을 지원하고 있으나, 획일적인 임대주택이 아닌 지자체 특성 및

---

5) 해당 법조항은 건설 및 주거 법전 조항으로 연결된다.
6) SRU법 적용에 대한 내용은 프랑스 정부부처 홈페이지의 내용에 기반한다. https://www.ecologie.gouv.fr/larticle-55-loi-solidarite-et-renouvellement-urbain-sru-mode-demploi.
7) 자가취득을 위한 사회적 임차주택(Le prêt social location-accession, PSLA)은 일정소득 기준 이하 가구가 자가취득을 할 경우 재정 지원을 받을 수 있다. 2004년 제도화 되었다. 기존에는 신규 주택만 가능했으나 2020년부터 기존주택에 대해서도 공사 시행 후 지원이 가능하다.[hlm 협동조합 사이트, Le prêt social location-accession (PSLA) : comment ça marche? https://www.hlm.coop/ressources/all/9733].
8) BRS, bail réel solidaire는 프랑스의 공동체토지신탁기관(organismes fonciers solidaires, OFS)에 의한 장기 임대계약을 말한다.

자가와 임차를 포괄하는 전반적인 주거 안정에 초점을 맞추고 있음을
알 수 있다. 최근 프랑스는 공동체토지신탁을 통해 토지와 주택의 가
치 상승을 방지하고 사회주택의 공급 확대를 지향하고 있는데, 이와
연계한 주택 정책이 SRU법에 연계되고 있음을 알 수 있다.

　ALUR법은 "주거접근 및 도시재생에 관한 법률"이라는 명칭에서
알 수 있는 것처럼 사회주택 부문에 있어 사회주택 신청자들의 입주를
용이하게 하여 사회주택에 대한 접근성을 제고한다.[9] 이의 방안으로
입주신청을 위해 인터넷을 통해 사회주택 신청을 할수 있게 되었다.
프랑스의 경우 사회주택 공급기관이 약 400여개 이상으로 매우 다양한
데, 이에 대한 사회주택을 한 번의 서류 접수로 가능하게 되었다.

　2007년 프랑스에는 DALO법(loi DALO, 원고 뒷부분에서 다시 설
명)이 제정되어 일반 국민이 정부를 대상으로 주거대항권을 지니게 되
었다. ALUR법은 DALO법의 적용대상을 사회주택으로 확대하였다. 주
거대항권 신청자가 퇴거의 위험에 처한 경우 그의 요구에 대해 숙소
(hébergement)가 아닌 주택(logement)을 제공할 수 있게 되었다. 또한
공동체주택(프랑스에서는 "참여주택-logement par l'habitat participatif"
의 명칭을 지님)을 건설 및 주거법전 200-1조에 의해 규정하여 새로운
유형의 공적 기능의 주택사업이 진행될 수 있는 법적 근거를 마련했
다. ALUR법은 또한 임대료관측소를 설립하도록 했다.

　프랑스의 사회주택 공급기관은 지자체 차원에서 활성화되며, 공공
과 비영리 민간기관이 함께 공급하는 특징을 지닌다. ALUR법은 이에
대한 관리기관으로 국가 사회주택 관리청(Agence nationale de contrôle
du logement social, 이하 ANCOLS)을 설립하도록 해 사회주택 기관,
사회주택 공급 SEM(혼합경제회사), ANAH(국가주택개량청) 협약 주
택, 1% 주택기금(건설노력을 위한 기업주 분담금) 및 관련 인력을 하

---

9) https://www.maisonapart.com/edito/autour-de-l-habitat/politique-du-logement/habitat-
　social---ce-que-change-la-loi-alur-8998.php.

도록 했다. ANCOLS은 자가취득으로 전환되는 사회주택에 대해서도 기존의 도지사를 대신하여 관리 기능을 지닌다.

ALUR법은 그 외에도 사회주택을 자가취득자가 개조한 후 취득하도록 하고, 사회주택 공급기관이 주택을 매각, 매수, 재매수(판매한 사회주택을 다시 기관이 매입)하도록 하는 등 다양하고 유동적인 사회주택 관리 방안을 제도화했다.[10] 공가인 사회주택 제고가 일정 수준 이상이고 인구증가가 높은 조건의 지자체 대해 20% 이내에서 사회주택을 자가취득을 위해 매도할 수 있도록 했다. 매입약정 사회주택(vendre en l'état futur d'achèvement, 주로 VEFA로 명명)에 대해서 공공의 토지에 건설할 수 있도록 하여 사회주택의 공급이 확대될 수 있는 방안을 제시했다. 또한 리모델링 후 매각 주택에 대한 내용도 ALUR법에서 규정한다.

ELAN법은 2018년 11월 23일에 제정되었다. 법률 명칭인 "주택, 정비 및 디지털 발전에 관한 법률에"서 알 수 있는 것처럼 주택을 건설하고, 그중 특히 사회주택을 발전시키고, 사회적 혼합을 촉진하여 사람들의 요구를 보다 잘 충족시키고, 생활을 향상시키는 것을 주요 목적으로 한다. 법률의 주요 내용 구성은 다음과 같다.

1부: 더 많이, 더 잘, 더 싸게 짓기
Titre Ier : CONSTRUIRE PLUS, MIEUX ET MOINS CHER (Articles 1 à 80)
2부: 사회주택 부문의 발전
Titre II : ÉVOLUTIONS DU SECTEUR DU LOGEMENT SOCIAL
3부: 각자의 요구에 대응하고, 사회적 혼합을 촉진하기
Titre III : RÉPONDRE AUX BESOINS DE CHACUN ET FAVORISER LA MIXITÉ SOCIALE (Articles 107 à 156)
4부: 생활을 향상시키기
Titre IV : AMÉLIORER LE CADRE DE VIE (Articles 157 à 234)

---

10) Habitat. Loi pour l'accès au logement et un urbanisme rénové (ALUR), Union sociale pour l'habitat (USH), 2014.

앞에서 언급한 전반적인 법률의 방향을 살펴보면 해당 법률은 사회주택과 밀접하게 연관이 되어 있음을 알 수 있다. ELAN법이 사회주택에 대해 미친 주요 영향은 다음과 같다.[11] 우선 2021년 1월 1일 이전에 12000호 미만을 보유하거나 4천만 유로 이하 사업규모를 지닌 HLM 기관은 합병되어야 한다. 이는 HLM을 보다 효과적으로 건설하거나 리모델링(renové) 하기 위해서이다. 해당 사항은 협동조합, SEM, 해외 영토지역에 대해서는 적용되지 않는다.

주택 수요가 높은 지역(zone tendu, 주택시장 과열지역으로 해석 가능)에서는 사회주택 관리기관은 2019년 1월 1일부터 입주자 가정의 상황을 3년마다 재검토해야 한다. 이는 이를 통해 가정에 적합한 주택 규모와 임대료를 제공하기 위한 것이다. 가정 상황이 변화된 경우는 입주자 위원회(commission d'attribution des logements, CAL)에 서류가 송부된다. 만약 이혼 가정에서 자녀 방문권이 있는 경우 배우자는 주택 임차상황에 감안된다.

프랑스에서는 사회주택 중 8천 호 이상이 매년 매각된다. 이는 정부 입장에서는 매우 낮은 수치이다. 이에 대해 ELAN법은 HLM 기관이 입주자에게 사회주택을 쉽게 매각할 수 있도록 촉진한다. 건설 및 주거법전은 관련 규정을 담게 되어 주택 양도를 용이하게 했다. 프랑스 국유재산관리 기관(France Domaine)의 개입 없이 사회주택 운영기관이 주택 가격을 책정할 수 있도록 했다. 이는 관련 부처(ministère de la cohésion des territoires et des relations avec les collectivités territoriales)에 의하면 하나의 사회주택을 매각할 경우 이를 통해 2~3호의 신규 주택 건설을 재정지원 할 수 있고, 3~4호의 기존 사회주택을 리모델링 할 수 있기 때문이다.

정부는 매년 4만 호의 사회주택 매각을 목표로 하고 있고, HLM매

---

11) 이하 내용은 다음 자료에 의한다. https://www.habitat-en-region.fr/actualites/loi-elan-5-esures-cles-pour-les-acteurs-du-logement-social/

각 비용의 50%이상은 해당 코뮌, 코뮌 연합, 도의 지자체에 다시 재투자되어 사회주택 운영기관의 영속성을 지원하여야 한다.[12]

ELAN법은 가정폭력 피해자를 보호하는 내용을 포함한다. 가정폭력 피해자 및 성폭력 피해자에게 주택공급 우선순위를 부여한다. 폭력으로 인해 거주하는 사회주택을 퇴거할 때 예외사항을 적용하고, 사회주택 운영자는 이를 통지 받는다. ELAN법은 세대 간 연계를 도모하는 내용을 담고 있다. 60세 이상의 거주자가 자신 주택 일부를 30세 이하의 청년에서 재임차할 경우 양측은 모두 주거보조금(allocation logement, ALS)을 받게 된다. 이는 세대 간 교류를 활성화하고 주택 활용성을 높이는 의미를 지닌다.

그 외에도 ELAN법은 사회주택 이외에서 민간주택의 임대료 규제(encadrement des loyers)에 대한 내용을 담고 있고, 업무시설의 주거 전용 가능 및 긴급숙소로 활용할 수 있도록 하고 부적정 주거 임대인(marchand de sommeil, 어휘 자체는 "잠자리 상인"을 의미, 이 단어는 프랑스 정부가 직접 사용하는 어휘임)에 대한 처벌을 강화해 신규 부적정 주거 임대인은 일정 기간 동안 향후 신규 주택 취득을 불허한다. 이를 통해 주택시장 전반에 공급을 활성화하고 공공성을 강화한다.[13]

---

12) Justine Gay, Loi Elan : encadrement des loyers, HLM et copropriété, (2019.10.7.), https://www.journaldunet.fr/patrimoine/guide-de-l-immobilier/1209945-loi-elan-encadrement-des-loyers-hlm-et-copropriete-15-03-2019/

13) ELAN법은 정직하지 않은 주택소유자에 대한 처벌을 강화해 10년간 경매에 참여하지 못하도록 하는 내용을 담고 있어 주택을 공공재로서 활용을 강화한다.

II. 프랑스 사회주택 특성 및 현황

1. 현황 및 주요 성격[14)]

프랑스 언급한 바와 같이 대부분의 도시에서는 2025년까지 주택의 25%, 또는 20%를 사회주택으로 보유해야 한다. 이에 프랑스의 사회주택 보유물량 및 주택호수 중 비율은 자료와 시점별로 차별화되어 2019년 1월 기준 21.4%을 언급하는 자료가 있는 반면, 2021년 정부부처 자료에서는 사회임대주택의 수치는 2020년 1월 1일 기준 5,153,600호이고, 2021년 1월 1일 기준 5,210,700호이다. 이는 주요 주거주택의 15.6%의 비율이고, 2021년 1월 1일 기준으로 인구 1천 명 당 사회주택 76.8호가 있는 것에 해당한다. 아래 표에서는 매년 사회주택 보유호수의 증가를 알 수 있다.

프랑스의 사회주택은 소득에 따라 공급 유형이 구분되는데, 소득 기준이 되는 것은 PLUS(중간소득)이고, 이를 기준으로 PLAI(낮은 소득), PLUS(중간소득), PLS(높은 소득), PLI(가장 높은 소득으로 중산층을 대상으로 하는 "중간주택"에 해당)로 구분된다. 이러한 유형 구분에 따른 사회주택 공급규모는 PLUS가 가장 많이 공급되었으며, 다음은 PLAI, 그 다음 순서로 PLS가 공급되고 있음을 알 수 있다. 중산층을 대상으로 하는 PLI는 기존에는 존재하지 않았고, 2016년부터 공급되었다.

도시권 규모에 따른 사회주택 공급 비율은 중요한 의미를 지닌다. 일괄적인 국토 전체에 대한 사회주택의 공급이 목적이 아닌 주택수요가 높은 대도시 지역일수록 사회주택의 공급 비율이 높음을 알 수 있다. 위의 표에서 보이는 것처럼 인구 2만명 이하의 도시권에서는 사회

---

14) 해당 절의 주요 내용은 다음 보고서의 자료를 활용한다: Les organismes de logement social. Chiffres cles 2020, Ministere charge de la ville et du logement. 2022.9.

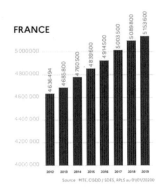

프랑스 사회주택 물량 추이

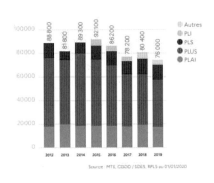

유형별 구성 비율

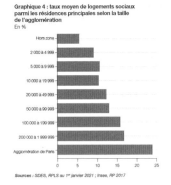

도시권 규모에 따른 사회주택 평균 비율

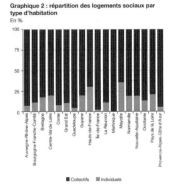

지역별 사회주택 유형 구분 비율

그림 1. 프랑스 사회주택 공급 및 구성 주요 특성

(출처: Les organismes de logement social, Chiffres cles 2020,
Ministere charge de la ville et du logement, 2022.9)

주택 비율이 10%보다 낮다. 그러나 파리 대도시권에서는 사회주택 비율이 23%를 넘어가고, 인구 10만 명 이상~20만명 미만, 인구 20만명 이상~인구 2백만 명 미만의 도시권에서는 사회주택 공급 비율이 15%를 넘어간다. 즉 대도시권일수록 사회주택이 적극적으로 보급되어 있는 것을 알 수 있다.

  지역별 사회주택 유형 구분을 보면 공동주택과 개인주택으로 유형
이 구분된다. 즉 사회주택이 공동주택 뿐 아닌 단독주택의 형식으로도
공급된다는 것이다. 물론 일-드-프랑스 지역에는 그 비율이 매우 낮아
5% 이하로 보이지만, 오뜨 드 프랑스, 상트르 발 드 루아르 지역 등에
는 단독주택 비율이 25%를 상회하거나 근접한다.

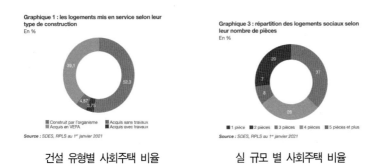

건설 유형별 사회주택 비율   실 규모 별 사회주택 비율

그림 2. 프랑스 사회주택 건설 유형 및 규모별 비중

(출처: Les organismes de logement social. Chiffres cles 2020,
Ministere charge de la ville et du logement. 2022.9)

  프랑스의 사회주택은 모두 신축 건설을 통해 확보되지는 않으며,
다양한 방식을 활용한다. 2021년 1월 1일 기준으로 기관을 통해 건설
된 비율이 52.3%(회색), 약정 신축 매입(VEFA) 유형이 39.1%(주황색),
공사 없이 취득 주택이 4.87(초록색), 공사 후 취득 주택(리모델링에 해
당)이 3.75%(보라색)이다. 사회주택의 주택 규모를 보면 가장 높은 비
율이 방2+거실 타입으로 37%(회색)이 이에 해당한다. 다음은 방3+거
실이 28%(주황색), 방1+거실 타입 20%(파란색), 방4 이상+거실 유형이
8%(초록색)이다. 가장 작은 유형은 스튜디오 타입으로 7%(보라색)이
해당된다. 즉 침실 2,3개의 유형을 더하면 65%로 규모 있는 사회주택
이 주로 공급되고 있으며, 스튜디오 타입에서 방 4개 이상까지 다양한
규모의 주택이 공급됨을 알 수 있다.

2. 공급 특성

프랑스 사회주택은 공적 성격 공급기관인 OPH, HLM 주식회사인 비영리적 민간기관인 SA HLM(ESH)의 두가지 성격 기관에 의해 주로 공급된다. 2021년 기준으로 OPH는 199개, SA HLM는 179개이다. 그 외 협동조합인 COOP이 168개, SEM이 121개 등이다. 기타 기관은 실제로 공급, 관리하는 사회주택의 비중은 매우 낮다. 기관별 관리하는 사회주택의 비중을 보면 SA HLM이 46%, OPH가 43%로 대부분을 차지한다. 그 외 SEM이 8%, COOP이 3%의 사회주택 비율을 관리하고 있다.

프랑스에서 사회주택은 주로 지자체 차원에서 공급기관이 설립, 운영되고 있으며, 이를 연계하는 협회의 활동이 매우 활발하다. 지역별 사회주택 공급기관 수를 나타내는 위의 그림을 보면, 기관수가 광역지자체인 데파르트망(우리나라 도에 해당)별로 많은 경우 11~35개까지로 유형이 구분되고 있는 것을 볼 수 있다. 데파르트망에 단 1개의 공급기관이 있는 경우가 7개 있지만, 대도시가 있는 지역의 대부분은 사회주택 공급기관이 10개 이상이 있고, 대부분의 지자체는 5~10, 2~4 정도의 다수의 사회주택 공급기관을 지니고 있다.

사회주택 공급 기관은 ELAN법으로 인해 작은 규모의 기관이 합병되며 주택 공급 효율성을 높이려 하고 있다. 그러나 법률이 시행되기 이전인 2010년대 중반부터 공급 기관수는 점차 축소되고 있다. 2015년 전체 기관 수 809개에서 2020년 677개 기관으로 감소했다. 기관 유형별 사회주택의 중위 보유 호수는 OPH와 SA HLM이 유사해 모두 약 8천 호에 근접한다. 이는 2015년에는 OPH가 SA HLM 보다 다소 보유 호수가 많았지만 2017년을 기점으로 SA OPH의 보유호수가 OPH를 앞선다. 반면 SEM은 약 1500호 정도이고, COOP은 보유물량이 매우 낮다.

매년 생산하는 신규 사회주택을 보면 SA OPH는 2015년 약 6만 호를 넘어가며, 2020년은 약 4만 5천 호 정도를 공급했다. OPH는 2015년 공급주택 수가 약 3만 5천 호 수준이었고, 2020년에는 약 2만 호를 공

◆ Nombre d'OLS existants par famille

Familles d'OLS	Nombre d'OLS en 2020	Nombre prévisionnel d'OLS en 2021
OPH	216	199
SA HLM	180	179
COOP	167	168
SC	19	53
SEM	122	121
OMOI	215	226
SV	1	1
Total sans les SC	**901**	**894**
Total avec les SC	**920**	**947**

L'établissement de la liste des organismes existants se fonde sur les informations administratives accessibles au ministère en charge du logement. Elles servent de base à la campagne de collecte.

유형별 사회주택기관 수

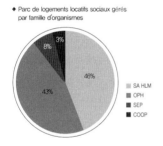

◆ Parc de logements locatifs sociaux gérés par famille d'organismes

기관별 관리 사회임대주택 수   지역별 사회주택 공급기관 수

그림 6. 사회주택 공급기관 현황 및 관리 주택 수

(Les organismes de logement social. Chiffres cles 2020,
Ministere charge de la ville et du logement. 2022.9)

급했다. 이처럼 두 기관 모두 공급 물량이 줄어들고 있으나 SA HLM 이 OPH 주택공급 수를 넘어서는 물량을 장기간 지속적으로 공급하면 서 OPH의 주택 보유물량을 넘어서게 되었다. 도시개발사업과 주로 연 계되는 SEM은 2020년 약 1만 호 정도의 사회주택을 공급하고, 주민 중심의 COOP은 약 2천 호 정도의 작은 물량의 주택을 공급한다.

3. 입주자

프랑스 사회주택은 앞서 설명한 바와 같이 소득에 따라 유형이 구분되고, 사업별로 다양한 유형이 혼합되어 입주자가 구성된다. PLAI, PLUS, PLS, PLI 로 구분되는 사회주택 유형은 각 유형별 입주자의 소득의 상한선을 규정하는데, 각 유형은 재원 마련 방식에서 지원금의 규모가 차별화된다.[15] 입주자는 가구의 유형 및 거주지의 입지에 따라 상한소득이 차별화된다. PLUS, PLAI, PLS 유형은 존 I / II / III으로 구분되는데, 각 존은 세분화되기도 한다.

· Zone 1 bis : 파리와 연접 꼬뮌(Paris et communes limitrophes)
· Zone 1 : 파리 도시권, 도시화지역, 일-드-프랑스 신도시(Agglomé-
   ration parisienne, zones d'urbanisation et villes nouvelles de l'Île-de-
   France)
· Zone 2 : 존 1, 존 1 bis 제외 일-드-프랑스 지역, 인구 10만명 이상
   도시권 및 도시연합체, 일-드-프랑스 이외 도시화지역 및 신도시, 대
   륙과 연결되지 않은 섬, 와즈 데빠르트망의 캉통(Île-de-France hors
   Zones 1 et 1 bis, agglomérations et communautés urbaines de plus de
   100 000 habitants, zones d'urbanisation et villes nouvelles hors
   Île-de-France, îles non reliées au continent, cantons du département de
   l'Oise)
· Zone 3 : 프랑스 메트로폴리탄 지역이나 해외영토지역에 속한 존 1,
   1bis, 2에 속하지 않은 지역(Communes situées en France métropolitaine
   ou dans les départements d'outre-mer qui ne sont pas comprises dans les
   zones 1 bis, 1 ou 2)

---

15) 유형구분 관련 자료의 출처는 아래와 같다. https://www.actionlogement.fr/guides/
   trouver-un-logement/logements-plai-pli-plus-plus.

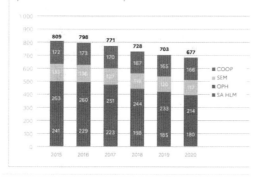

사회주택 공급기관 수 변화

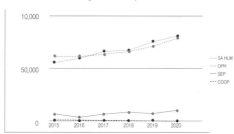

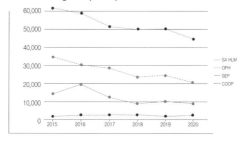

기관별 사회주택 중위 주택호수 및 생산 주택수 변화

그림 42. 사회주택 공급기관 구성 및 기관 유형별 주택 수 변화

(출처: Les organismes de logement social. Chiffres cles 2020,
Ministere charge de la ville et du logement. 2022.9)

중산층을 대상으로 하는 PLI는 존 A / B / C와 해외 영토 지역으로 구분된다.

- Zone A bis : 파리와 일-드-프랑스의 76 코뮌(Paris et 76 communes d'Île-de-France)
- Zone A : 파리 도시권, 코드 다쥐르, 프랑스 즈네부아, 릴, 리옹, 마르세이유, 몽펠리에와 그들의 도시권역의 주택시장 매우 과열지역 (Agglomération parisienne, Côte d'Azur, Genevois français et autres zones très tendues dont Lille, Lyon, Marseille, Montpellier et leurs agglomérations)
- Zone B1 : 인구 2만5천명 이상 도시권역, 파리 그랑 꾸론 지역, 코드 다쥐르 지역과 주택시장 긴장지역의 몇몇 도시권(Agglomérations de plus de 250 000 habitants, pôles de la grande couronne parisienne, pourtour de la Côte d'Azur et quelques agglomérations au marché tendu)
- Zone B2 : 인구 5만명 이상의 기타 도시권, 주택시장 긴장 지역의 외곽부-파리 그랑드 쿠론, 연안 및 국경지역, 코르스 (Autres agglomérations de plus de 50 000 habitants, communes périphériques des secteurs tendus (grande couronne parisienne, zones littorales ou frontalières, Corse)
- Zone C : 국토의 나머지 부분(le reste du territoire)
- DROM : 구아들루프, 기안, 레위니옹, 마르니티, 마이요트(Guadeloupe, Guyane, La Réunion, Martinique et Mayotte)

각 유형별 사회주택에 입주하기 위한 2022년 1월 1일 기준 소득 상한은 아래와 같으며, 각 유형별 사회주택의 성격 및 특성은 다음과 같다.16)

---

16) 유형구분과 동일 자료의 소득기준을 활용함.

■ PLAI: 경제적, 사회적 어려움을 겪는 입주자에게 주거 마련.
해당 유형은 PLAI 대출 지원(prêt locatif aidé d'intégration)을 받음

가구 유형	파리 및 연접 꼬뮌 (단위: 유로)	파리 및 연접 꼬뮌 외 일-드-프랑스 (단위: 유로)	다른 지역 (단위: 유로)
1인	13378	13378	11626
부양인 없는 2인(젊은 가구 예외) 또는 장애인 1인 가구	21805	21805	16939
3인 가구/ 1인을 1인이 부양하는 가구/ 부양가족 없는 젊은 가구/ 장애인 1인 이상의 2인 가구	28582	26210	20370
4인 가구/ 2인을 1인이 부양하는 가구/ 장애인 1인 이상의 3인 가구	31287	28779	22665
5인 가구/ 3인을 1인이 부양하는 가구 / 장애인 1인 이상의 4인 가구	37218	34071	26519
6인 가구/ 4인을 1인이 부양하는 가구 / 부양가족 없는 젊은 가구/ 장애인 1인 이상의 5인 가구	41884	38339	29886
추가되는 1인 당	+4666	+4270	+3333

■ PLUS: 사회주택 공급기관이 가장 많이 공급하는 유형. 사회적 혼합을
목적으로 함. PLUS (Prêt Locatif à Usage Social) 대출 지원

가구 유형	파리 및 연접 꼬뮌 (단위: 유로)	파리 및 연접 꼬뮌 외 일-드-프랑스 (단위: 유로)	다른 지역 (단위: 유로)
1인	24316	24316	21139
부양인 없는 2인(젊은 가구 예외) 또는 장애인 1인 가구	36341	36341	28231
3인 가구/ 1인을 1인이 부양하는 가구/ 부양가족 없는 젊은 가구/ 장애인 1인 이상의 2인 가구	47639	43684	33949
4인 가구/ 2인을 1인이 부양하는 가구/ 장애인 1인 이상의 3인 가구	56878	52326	40985

가구 유형	파리 및 연접 꼬뮌 (단위: 유로)	파리 및 연접 꼬뮌 외 일-드-프랑스 (단위: 유로)	다른 지역 (단위: 유로)
5인 가구/ 3인을 1인이 부양하는 가구 / 장애인 1인 이상의 4인 가구	67672	61944	48214
6인 가구/ 4인을 1인이 부양하는 가구 / 부양가족 없는 젊은 가구/ 장애인 1인 이상의 5인 가구	76149	69707	54338
추가되는 1인 당	+8486	+7767	+6061

■ PLS : 중간임대주택의 성격. PLS (Prêt Locatif Social)의 대출 지원.
  중산층을 대상으로 하나 수입이 민간임대주택을 임차하기에는 부족한 계층을 대상.
  4가지 조건이 요구됨.

  - 중산층을 대상으로 함(Être destiné aux classes moyennes)
  - 주택시장 과열 지역에 위치(Être situé dans une zone tendue)
  - 중앙정부 또는 지자체의 지원의 대상(Faire l'objet d'une aide de
    l'État ou d'une collectivité locale)
  - 임대료 상한선을 존중해야 함(Respecter un plafonnement de loyers)

가구 유형	파리 및 연접 꼬뮌(단위: 유로)	파리 및 연접 꼬뮌 외 일-드-프랑스 (단위: 유로)	다른 지역 (단위: 유로)
1인	31611	31611	27481
부양인 없는 2인(젊은 가구 예외) 또는 장애인 1인 가구	47243	47243	36700
3인 가구/ 1인을 1인이 부양하는 가구/ 부양가족 없는 젊은 가구/ 장애인 1인 이상의 2인 가구	61931	56789	44134
4인 가구/ 2인을 1인이 부양하는 가구/ 장애인 1인 이상의 3인 가구	73941	68024	53281
5인 가구/ 3인을 1인이 부양하는 가구 / 장애인 1인 이상의 4인 가구	87974	80572	62678
6인 가구/ 4인을 1인이 부양하는 가구 / 부양가족 없는 젊은 가구/	98994	90619	70639

가구 유형	파리 및 연접 꼬뮌(단위: 유로)	파리 및 연접 꼬뮌 외 일-드-프랑스 (단위: 유로)	다른 지역 (단위: 유로)
장애인 1인 이상의 5인 가구			
추가되는 1인 당	+11032	+10097	+7879

■ PLI: 대상 유형은 중간주택(logement intermédiaire)으로 중산층을 대상으로 함. 사회주택에 입주하기에는 소득이 너무 높으나, 민간시장 주택에 거주하기에는 소득이 낮은 가정이 대상. 다음의 4가지 조건이 필요
- 중산층을 대상으로 함
- 주택시장 과열지구(zone tendue)에 위치
- 중앙정부 또는 지자체의 지원 대상
- 소득상한선 존중

가구 유형	zone A bis (단위: 유로)	zone A bis	zone B1	zone B2, C	DROM
1인	39363	39363	32084	28876	29079
부양인 없는 2인(젊은 가구 예외) 또는 장애인 1인 가구	58831	58831	42846	38560	38834
3인 가구/ 1인을 1인이 부양하는 가구/ 부양가족 없는 젊은 가구/ 장애인 1인 이상의 2인 가구	77120	70718	51524	46372	46700
4인 가구/ 2인을 1인이 부양하는 가구/ 장애인 1인 이상의 3인 가구	92076	84708	62202	55982	56377
5인 가구/ 3인을 1인이 부양하는 가구 / 장애인 1인 이상의 4인 가구	109552	100279	73173	65856	66320
6인 가구/ 4인을 1인이 부양하는 가구 / 부양가족 없는 젊은 가구/ 장애인 1인 이상의 5인 가구	123275	113844	82456	74219	74742
추가되는 1인 당	+13734	+12573	+9200	+8277	+8342

앞과 같은 유형에 대해 소득기준에 따라 입주민 및 사회주택 공급
유형이 구분된다. 그리고 각 사업 내에 위에 언급된 다양한 유형의 입
주민과 사회주택 유형을 혼합하여 사회주택 건물 또는 단지를 조성한
다. 각 단지, 지역별 입주민 및 지역주민과의 사회적 혼합은 프랑스 사
회주택 조성에 가장 중요한 원칙으로 작용한다.

4. 재원 마련[17]

프랑스 사회주택 건설을 위한 재원은 아래 언급된 다양한 기관들을
통한 복합적 지원이 시행된다. 기관 성격별 시행되는 주요 지원 방안
은 다음과 같다.:

· 중앙정부: 주로 세제혜택을 통해
· 지자체(레지옹, 데파르트망, 도시권, 코뮌-les collectivités territoriales
  (région, département, agglomération, commune…)
· 예금 및 공탁금고(la Caisse des dépôts et consignation): 리브레 A
  예금을 통해 가장 장기간 대출 시행. 30~70년간 대출 시행. 재원
  마련의 약 75% 차지함 constituent près de 75 % du financement ;
· 악시용 로주멍(Action logement, 1% 고용주 주택 기금)
· 사회주택 공급 기관 자체

위의 기관은 토지 공급, 자금 지원 등을 통해 사회주택 공급을 지원
하고, 그에 따라 사회주택에 대해 할당된 비율을 갖는다. 이를 통해 해
당 기관은 입주자 요청자를 제시할 수 있는 권한을 지닌다. 입주 지원
자는 소득, 가족현황 등에 따라 기관이 추천할 수 있다. 이러한 예약

---

17) 해당 부분에 대해서는 다음 출처 자료를 참조함.
  https://www.ecologie.gouv.fr/logement-social-hlm-definition-categories-financement-attribution-acteurs.
  https://www.vie-publique.fr/eclairage/19433-logement-social-quels-financements.

권한은 의무적인 성격을 지닌다. 중앙정부는 도지사 몫으로 사회주택에 대한 권한을 지닌다.

프랑스는 2차 세계대전 이후 사회주택 공급의 시급성에 의해 "애드아 라 삐에르(aides à la pierre, '건설지원 기금'으로 번역 가능)을 통해 주택공급 기관에게 직접 보조금 및 대출(subventions et prêts)을 지원했다. 그러나 1977년 사회주택 관련 재정지원을 취약계층에 대한 직접적 주거 바우처 지급으로 방식을 전환했고, 중앙 정부는 이 시점부터 사회주택에 대한 직접적인 재정지원이 우선권을 지니지 않게 되었다. 각 주체별 사회주택 재원 마련에 도움을 주는 방식은 다음과 같다.

■ 중앙정부

1990년대부터는 세제해택을 통해 중앙정부는 주로 사회주택 공급기관을 지원한다. 중앙정부 차원의 지원은 주로 다음과 같다:
- 기관세금 면제(exonération de l'impôt sur les sociétés
- 건물 부분에 대한 토지세 면제(exonération de la taxe foncière sur les propriétés bâties, TFPB)
- 1996년부터 VAT의 5.5%로 할인된 비율 적용(application d'un taux réduit de TVA (5,5%) depuis 1996)

■ 예금 및 공탁금고(Caisse des dépôts et consignations, 이하 CDC)

CDC에는 사회주택기관에만 적용되는 대출이 존재하고 이를 통해 사회주택 공급기관은 장기간의 저리로 대출을 통해 사업자금의 가장 큰 부분을 조달한다. 해당 자금의 대출을 위해서는 "사회주택 보증 금고(Caisse de garantie du logement locatif social, 이하 CGLLS)"에서 승인이 필요하고, 사회주택 공급기관은 CGLLS의 보증을 통해 CDC의 대출을 실행한다. 그 외 1% 주택기금과 CDC 기금이 함께 합쳐져서 구성된 대출지원(prêts de haut de bilan, PHB)도 사회주택 공급 촉진을 위해 2016년 마련되었다.

■ 1% 고용주 주택기금(participation des employeurs à l'effort de construction, PEEC)

1% 고용주 주택기금은 민간 부분의 사회주택 건설 및 주거안정 관련 재원으로 큰 역할을 한다. 기업의 일년간 노동자들 급여의 1%에 해당하는 금액을 재원으로 마련하여 기업 노동자들의 주거 환경을 개선하기 위해 사용되었다. 1943년 노르 지역 루배 모직기업의 기업주 및 조합(patronat et les syndicats du Nord, à l'initiative d'Albert Prouvost, patron de la Lainière de Roubaix)에 의해 고안되었고 1953년 8월 시행령(décret du 9 aoūt 1953)을 통해 중앙정부에 의해 법적으로 적용되게 되었다. 현재는 고용인 50인 이상의 기업은 일 년 총 급여의 0.45%에 해당하는 비율을 기금으로 납부해야 한다. 해당 기금을 납부해야 하는 기관은 다음의 방법으로 주거안정에 기여한다:

- 직접적으로 종업원 거주를 위한 주택 건설
- 당해 기업 노동자들이 직접적 주택 건설 대한 대출: 노동자 당사자, 배우자, 협약(동거계약, Pacs) 상대자, 직계존비속
- 악시옹 로주멍(1% 고용주 주택기금 관리기관)에 납부

악시옹 로주멍은 각 기업들이 납부한 기금을 모아서 관리, 운영하는 기관이며, 해당 기금은 주택 건설과 함께 취약계층 주거 개선, 주거비 지원 등 다양한 주거안정 정책의 재원으로 활용된다.

■ 기타

SRU법에 의해 지방정부는 사회주택 공급에 대한 재원 지원을 받는다. 또한 중앙정부는 토지자원 확보를 위해 보유한 토지를 사회주택 건설 기관에 매각한다. 2013년부터는 관련 법률에 의해 사회주택 공급 기관에는 토지가격을 낮춰 매도할 수 있게 되었다. 이는 사회주택 공급 유형에 따라 토지가격이 차등화되어 계산된다. 최근에는 사회적 혼합을 위해 매각 토지에 건설되는 주택의 의무 비율을 기존의 75%에서 50%로 낮춰 도시기능 혼합을 가능하도록 하고 있다.

그 외 프랑스는 사회주택 공급 관련 기관간의 상호부조(mutualisation)를 강화하고 있다. 2014년에는 기관 간 상호부조 시스템을 만들었고, 2016년에는 국가 주택건설 기금(Fonds national des aides à la pierre, FNAP)을 만들어 기금의 안정성과 영속성을 보장했다. 2018년 ELAN 법에 의해 사회주택 건설 기관의 규모를 규정한 것도 이와 마찬가지로 기관의 재정적 안정성을 제고하기 위한 방안이다.

III. 주거권과 달로법

1. 달로법(Loi DALO)[18]

프랑스의 주거권은 20세기 중반부터 사회적으로 인식되어 다양한 운동 및 제도가 마련되었으며, 이러한 노력은 2007년 DALO법의 제정을 통해 주택공급에 우선권을 지니는 제도로 정착되었다. DALO법 이전에는 1982년 끼이오법(Quilliot du 22 juin 1982)에서 주거가 기본적인 권리임(droit fondamental)을 규정하고, 1990년 베송법(Besson de 1990)에서 "주거권을 인정하는 것이 국가 전체의 연대를 위한 의무임 (Garantir le droit au logement constitue un devoir de solidarité pour l'ensemble de la nation)"을 규정했다.

기존부터 취약계층의 주거권 보장에 대한 제도 마련 및 보완은 진행되었지만, 2005년에는 특히 비극적으로 파리시내 호텔 및 취약계층 숙소에서 잇달아 화재가 발생해 무고한 인명이 다수 희생당하는 참사가 발생했다. 이를 계기로 취약계층은 생존권으로서의 주거권의 법적

---

18) Les organismes de logement social. Chiffres cles 2020, Ministere charge de la ville et du logement, 2022.9.

인정을 위해 2006년 겨울 돈키호테 아이들(Les enfants de Don Quichotte)이 프랑스의 주요 대도시에서 운동을 벌였고, 그 결과 이듬해 초인 2007년 초에 DALO법이 제정되었다.

프랑스 공공서비스 사이트에 DALO법은 "Right to Opposable Housing (DALO): assert the right to housing"으로 소개되어 있다. DALO법의 정식 법률 명칭은 "주거 대항권 제정 및 다양한 방안을 통한 사회적 결속을 위한 2007년 3월 3일 n°2007-290 법(Loi n° 2007-290 du 5 mars 2007 instituant le droit au logement opposable et portant diverses mesures en faveur de la cohésion sociale)"이다. 프랑스 법률 사이트에서 해당 법률을 검색하면, 해당 법률의 구성은 다음과 같다.

- 1장: 주거의 권리에 대한 보장에 관련된 조치(Chapitre Ier : Dispositions relatives à la garantie du droit au logement. (Articles 1 à 50)
- 2장: 사회적 결속을 위한 조치(Chapitre II : Dispositions en faveur de la cohésion sociale. (Articles 51 à 75)

법률의 개별 조항은 건설 및 주택 법전으로 연결된다. DALO법 1장 1조는 건설 및 주거법전 Article L300-1으로 연결된다. 해당 조항은 다음과 같다.

- Article L300-1: 190-449 주거에 관한 권한 990년 5월 31일 법률에서 언급한 적정하고 독립적인 주거는 모든 사람들에게 규칙적이고 정부 시행령에서 규정한 영속적 조건에서 거주하고 적정한 주거에 자신의 수단으로 도달하거나 그를 유지할 수 없는 모든 사람들에게 보장된다.
- Article L300-1: Le droit à un logement décent et indépendant, mentionné à l'article 1er de la loi n° 90-449 du 31 mai 1990 visant à la mise en

oeuvre du droit au logement, est garanti par l'Etat à toute personne qui, résidant sur le territoire français de façon régulière et dans des conditions de permanence définies par décret en Conseil d'Etat, n'est pas en mesure d'y accéder par ses propres moyens ou de s'y maintenir.

DALO법은 이후 건설 및 주거법전에서 내용을 규정한다. 해당 내용은 건설 및 주거법전의 3권에 반영되어 있고 해당 부분의 내용은 다음과 같다.

■ 3권: 주택건설의 다양한 지원 및 주거 향상- 주거 급여
　　Livre III : Aides diverses à la construction d'habitations et à l'amélioration de l'habitat - Aide personnalisée au logement (Articles L300-1 à L371-4)
　· 서두 부: 주거 정책에 대한 다양한 조치
　　Titre préliminaire : Dispositions générales relatives aux politiques de l'habitat. (Articles L300-1 à L303-1)
　- 서두 장: 주거에 대한 권리(DALO)
　　Chapitre préliminaire : Droit au logement. (Article L300-1)

DALO법은 법률에 의거한 주거 요청 권한 자격 등 세부적 내용을 법전의 법률(L)과 규칙(R) 부분에 규정하고 있다. DALO법은 주거 약자를 위한 주거권리를 보다 명확히 규정하고 주거를 공급하기 위한 방안을 제시한다. DALO법에 해당되는 자는 정부를 대상으로 주택을 요청할 수 있는 권리가 인정되며, 주택공급의 1순위를 지닌다. DALO법은 적정한 주거를 지니지 못하는 사람들 대상으로 하고, 이는 프랑스에서는 "말-로제(mal logées, 영어로 poorly housed로 번역 가능)"로 표현된다.

DALO법 해당자는 다음에 해당한다.[19)

- 거처하는 집이 없다.
- 다른 주택에 거주할 가능성이 없이 집에서 쫓겨날 위협을 받는다.
- 사회취약계층 숙소(une structure d'hébergement)나 임시거처에서 거주한다.
- 주택으로 적합하지 않은 비위생적이거나, 안전하지 않은 곳에 거주한다.
- 어린이나 장애인을 돌보거나 자신이 그런 경우 밀도나 너무 높거나, 적합하지 않은 환경에 거주한다.
- 사회주택을 신청하고 비정상적으로 오래 기다리고 있다.(비정상적 기간은 데빠르트망(우리나라 도에 해당)마다 다르며, 기간은 데빠르트망 지사에 의해 정해진다.)

DALO법 해당자 결정 검토위원회는 데파르트망 위원회(Commission de médiation départementale, Comed)에서 진행된다. 이는 즉 도의 위상을 통해 중앙정부에서 관여함을 알 수 있다. 위원회에서 DALO법의 대상자로 인정을 받으면 도지사는 3개월(일-드-프랑스 6개월) 내 사회주택 (recours DALO) 또는 6주 이내에 숙소(recours DAHO)를 제안해야 한다. 2017년 평등 및 시민성 법률(loi égalité et citoyenneté de 2017)은 지자체와 사회주택 관리기관에 주택의 25%를 DALO 대상 가구에 할애하도록 규정을 확대했다.

2. 사회주택의 공급

2008년부터 DALO법 해당자로 신청한 가구 수는 1,029,958이다.

---

19) 최민아, "프랑스의 주거권 및 주거복지 정책", 2022 주거권 대전환 포럼, 서울하우징랩·집걱정없는세상연대·프레시안 (2022.7.12. 발표).

2008년부터 2020년 사이 333,848 가구가 DALO법 해당자로 인정받았고, 207,399가구가 주택을 얻었다. 이는 DALO법 해당가구 수의 62%에 해당한다. 77,684 가구는 아직 주택을 얻기 위해 대기 중이다.[20] 도지사는 HLM의 30%를 예약할 수 있는 권한을 지니는데, 이를 활용하여 DALO법 대상자에게 주택을 공급한다. 그러나 DALO법은 신청자에 대한 심사과정에서 탈락하는 비율이 비교적 높다.

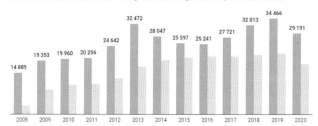

DALO법 해당 결정 가구수

Nombre de ménages reconnus prioritaires au titre du Dalo et logés chaque année (2008-2020)

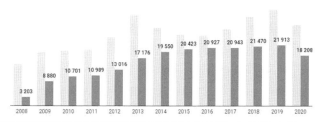

DALO법 우선권 인정에 의한 주거마련 수

그림 12. DALO법 해당가구 수 변화 추이
(출처: Droit au logement opposable : quelle application réelle du DALO ?, vie-publique.fr)

---

20) Droit au logement opposable : quelle application réelle du DALO?, vie-publique.fr

DALO법 해당 가구로 인정되는 비율은 2020년 34.3%로 신청 가구의 상당 비율이 DALO법 해당자로 인정받지 못한다.[21] 이 경우 다시 재심을 신청하거나 다른 주거 지원 방안으로 연계되도록 제도가 마련되었다. DALO법으로 주거를 요구하는 유형으로는 해당 가구는 주거를 요구하는 DALO와 숙소를 요구하는 DAHO로 구분된다. DAHO 신청 가구에 대해서는 위원회에서 6주 이내에 해당 여부를 검토하고, 해당가구로 인정된 경우는 6주 이내에 숙소를 제공해야 한다.

DALO 유형으로 주택을 신청하기 위해서는 프랑스인이거나 체류증을 지닌 외국인이어야 한다. 반면 DAHO는 합법적으로 체류하지 않는 외국인도 신청이 가능하다. 두 가지 주거대항권 유형 중 DALO 법이 대부분의 비율을 차지하며, DALO 신청가구 비율이 약하게 증가하고 있다.

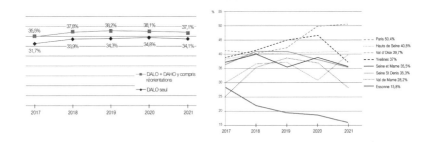

DALO법 해당 결정 가구수 비율 변화   파리 및 주변지역 DALO법 결정 가구수 변화

그림 13. DALO법 해당가구 수 변화 추이

DALO 법 해당 가구를 살펴보면 39% 가구가 한부모 가정이고, 37%는 1인 가구이다. 또한 66%는 최저 임금 이상을 소득으로 지니고, 89%는 25~65세 사이로 근로 연령대의 특징을 나타낸다.[22] 약 2/3 정

---

21) Haut comité pur le logement des personnes défavorisées, https://www.hclpd.gouv.fr/parution-des-statistiques-DALO-2019-a186.html.

22) https://www.ecologie.gouv.fr/chiffres-et-donnees-sur-DALO.

도의 가구가 경제활동을 하고 최저소득 이상을 지니고 있기에, 주거대
항권을 행사하는 가구가 반드시 경제적으로 매우 취약한 계층만이 아
님을 알 수 있다.

　DALO 해당 가구의 분포지역은 대도시 지역을 중심으로 높은 비율
을 나타낸다. 2021년 경우 인정 가구수는 37.1%로 2020년에 비해 증가
했으나, 에손느(Essonne)는 15,8 %, 솜(Somme)는 65,5%로 지역별 큰
편차를 나타낸다.[23] 파리의 경우는 2021년 DALO법 해당가구 결정 비
율이 50.4%로 파리 및 인접 지역에서 가장 높은 것을 알 수 있다. 해당
비율은 이전 년도에 비해 상당히 높아진 비율이다. 국토 전체 차원에
서뿐 아니라 파리 및 인근 지역에서도 지역별, 년도별 DALO법 인정
가구에 큰 편차가 있음을 알 수 있다.

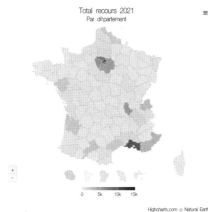

<table>
<tr><td>Total recours 2021
Par département</td><td></td></tr>
</table>

1 personne : 9 m2
2 personnes : 16 m2
3 personnes : 25 m2
4 personnes : 34 m2
5 personnes : 43 m2
6 personnes : 52 m2
7 personnes : 61 m2
8 personnes et plus : 70 m2

0　5k　10k　15k

Highcharts.com ⓒ Natural Earth

지역별 DALO법 인정 가구수　　　　　DALO법 적용 과밀 주거 기준[25]
(2021, 데파르트망 기준)[24]

그림 14. DALO법 인정 가구수 지역별 분포 및 적용 기준

---

23) https://droitaulogementopposable.org/Les-chiffres-du-DALO-131.

24) https://droitaulogementopposable.org/Les-chiffres-du-DALO-131.

IV. 시사점

프랑스의 사회주택은 우리나라의 공적주택 전반을 포괄한다. 사회주택의 역사가 약 170년 이전에 발현되었고, 사회주택 공급기관의 중심의 주택공급 또한 100여 년의 역사를 지니고 있다. 오랜 시간 사회 속에서 발전한 프랑스 사회주택 관련 제도 및 법률은 국가 및 사회 전반에서 사회주택 공급의 당위성을 인정하고, 더 나아가 일반 서민의 주거권을 보장하는 제도로 연결되어 있다.

특히 SRU법은 현시점의 사회주택 정책의 근간이 되며, 해당 법률은 건설 및 주거법전으로 연계되어 주택의 공급, 운영, 관리 부분까지 세세하게 제도화되어있다. 프랑스 사회주택 법제도에 대한 가장 큰 시사점은 SRU 법 이후 일련의 법률이 이후 약 20년간 지속적으로 제정되어 사회주택 공급을 보다 적극적이고 효율적으로 이행할 수 있도록 제도를 지속적으로 강화, 보완하고 있는 점이다. 특히 법률 제정 당시 20%의 사회주택 의무 비율이 25%로 강화된 점은 매우 의미가 크며, 이를 위해 재원마련, 토지확보, 주택 건설 지원, 도시계획 제도 등 세부적인 제도 및 방안이 후속 법률을 통해 매우 구체적이고 촘촘하게 마련되고 있음을 알 수 있었다.

DALO법은 주거권의 인정이 긴급한 주택공급으로 구체적인 연계되는 방안을 마련한 매우 큰 의미를 지니고, 이는 사회주택을 통해 실현된다. 프랑스에서 일반적인 사회주택의 공급은 지방정부를 중심으로 시행되지만, DALO 법 해당가구에 대해서는 중앙정부가 주택공급에 대한 의무를 지닌다. 이에 법률은 중앙정부 차원의 도지사, 지방정부에게 DALO 법 대상 가구에 주택을 공급할 수 있는 권한과 의무를 부여했다.

---

25) https://droitaulogementopposable.org/Criteres-de-reconnaissance-DALO-prevus-par-la-loi.

프랑스의 사회주택은 취약계층만을 대상으로 하지 않고 국민의 중산층까지 포괄한다. 이에 사회주택 유형 구분에 중산층 대상 유형이 포함된다. 이외에도 본 원고에는 소개되지 않았지만 주거안정 정책으로 일정 소득 이하의 가구가 주택을 취득할 경우에는 대출금을 지원해 궁극적인 주거안정을 돕는다. 프랑스의 사회주택은 임차와 소유의 경계를 넘나드는 유연한 특성을 지닌다.

또한 프랑스 정부는 더 많은 사회주택을 짓기 위해 기존 임대형 사회주택의 매각을 정부는 유도하고 있다. 그러나 이 경우 자가를 취득한 기존 사회주택 임차인에 대해서는 공급기관이 재매입에 대한 보증을 통해 향후 주택 취득자가 주택을 매각해야 하는 상황이 발생할 경우 주택을 다시 매입하고 거주자는 다시 임차인으로 해당 주택에 연속적으로 거주할 수 있도록 한다. 즉 프랑스의 사회주택은 단순한 임대주택의 공급 확대가 아닌 거주자의 주거 안정을 도모하고 있음을 알 수 있다.

프랑스 사회주택은 공공, 민간, 협동조합의 다양한 공급 방식 및 공급기관의 특징을 지니며, 최근 공동체주택, 공동체토지신탁 등의 제도 활성화를 통해 보다 지역, 거주자 중심으로 발전하고 있다. 주택시장이 과열된 파리 등 대도시는 이미 23%가 넘어가는 사회주택 공급 현황을 보이고 있다. 그럼에도 프랑스는 거의 매년 사회주택 공급에 대한 다양한 제도를 마련, 개선하며 의욕적으로 사회주택 공급, 질적 향상을 위해 노력하고 있다. 이와 같은 프랑스의 다양한 제도는 우리나라의 사회주택 및 공적 주택 공급 확대 방안에 구체적인 방안을 제시하는 중요한 의미를 지닌다.

참고문헌

"Droit au logement opposable : quelle application réelle du DALO?", vie-publique. fr, Haut comité pur le logement des personnes défavorisées

"Habitat. Loi pour l'accès au logement et un urbanisme rénové (ALUR), Union sociale pour l'habitat (USH)", 2014

Justine Gay, "Loi Elan : encadrement des loyers, HLM et copropriété", 2019.10.

Les organismes de logement social. "Chiffres cles 2020, Ministere charge de la ville et du logement". 2022.9

Des personnes défavorisées, https://www.hclpd.gouv.fr/parution-des-statistiques-DALO-2019-a186.html

Le prêt social location-accession (PSLA) : comment ça marche ? https://www. hlm.coop/ressources/all/9733

https://droitaulogementopposable.org/Les-chiffres-du-DALO-131

https://www.ecologie.gouv.fr/chiffres-et-donnees-sur-DALO

https://www.vie-publique.fr/eclairage/19433-logement-social-quels-financements

https://www.ecologie.gouv.fr/logement-social-hlm-definition-categories-financement-attribution-acteurs

https://www.habitat-en-region.fr/actualites/loi-elan-5-mesures-cles-pour-les-acteurs-du-logement-social/

https://www.actionlogement.fr/guides/trouver-un-logement/logements-plai-pli-plus-plus

https://www.maisonapart.com/edito/autour-de-l-habitat/politique-du-logement/habitat-social---ce-que-change-la-loi-alur-8998.php

Code de la construction et de l'habitation

Loi n° 2000-1208 du 13 décembre 2000 relative à la solidarité et au renouvellement urbains)

Loi n° 2018-1021 du 23 novembre 2018 portant évolution du logement, de l'aménagement et du numérique (1)

Loi n° 2014-366 du 24 mars 2014 pour l'accès au logement et un urbanisme rénové (1))

Loi n° 2007-290 du 5 mars 2007 instituant le droit au logement opposable et portant diverses mesures en faveur de la cohésion sociale

최민아, "프랑스의 주거권 및 주거복지 정책", 2022 주거권 대전환 포럼, 서울하우징랩·집걱정없는세상연대·프레시안 (2022.7.12. 발표)

부록

· Loi SRU(Loi n° 2000-1208 du 13 décembre 2000 relative à la solidarité et au renouvellement urbains)의 구성

Titre Ier : Renforcer la cohérence des politiques urbaines et territoriales (Articles 1 à 54)

Section 1 : Les documents d'urbanisme et les opérations d'aménagement (Articles 1 à 45)

Section 2 : Le financement de l'urbanisme (Articles 46 à 54)

Titre II : Conforter la politique de la ville (Articles 55 à 93)

Section 1 : Dispositions relatives à la solidarité entre les communes en matière d'habitat (Articles 55 à 71)

Section 2 : Dispositions relatives à la protection de l'acquéreur d'immeuble et au régime des copropriétés (Articles 72 à 85)

Section 3 : Dispositions relatives à la revitalisation économique des quartiers (Articles 86 à 93)

Titre III : Mettre en oeuvre une politique de déplacements au service du développement durable (Articles 94 à 139)

Section 1 : Dispositions relatives au plan de déplacements urbains (Articles 94 à 110)

DéplierSection 2 : Dispositions relatives à la coopération entre autorités organisatrices de transport (Articles 111 à 113)

Section 3 : Dispositions relatives au Syndicat des transports d'Ile-de-France (Articles 114 à 122)

Section 4 : Mettre en oeuvre le droit au transport (abrogé)

Section 5 : Dispositions relatives aux transports collectifs d'intérêt régional (Articles 124 à 139)

Titre IV : Assurer une offre d'habitat diversifiée et de qualité (Articles 140 à 201)
Article 140 Article 141 Article 142
Section 1 : Le logement social (Articles 143 à 160)
Section 2 : La solidarité entre organismes de logement social (Articles 161 à 167)
Section 3 : L'insalubrité et l'état de péril (Articles 168 à 184)
Section 4 : Agence nationale pour l'amélioration de l'habitat (Articles 185 à 186)
Section 5 : Les droits des locataires (Articles 187 à 201)

Titre V : Dispositions diverses et abrogations (Articles 202 à 209)
Article 202 Article 203 Article 204 Article 205 Article 206 Article 207 Article 208 Article 209

· Loi ELAN(LOI n° 2018-1021 du 23 novembre 2018 portant évolution du logement, de l'aménagement et du numérique (1)) 의 구성
Titre Ier : CONSTRUIRE PLUS, MIEUX ET MOINS CHER (Articles 1 à 80)
Chapitre Ier : Dynamiser les opérations d'aménagement pour produire plus de foncier constructible (Articles 1 à 21)
Chapitre II : Favoriser la libération du foncier (Articles 22 à 27)
Chapitre III : Favoriser la transformation de bureaux en logements (Articles 28 à 33)
Chapitre IV : Simplifier et améliorer les procédures d'urbanisme (Articles 34 à 62)
Chapitre V : Simplifier l'acte de construire (Articles 63 à 79)
Chapitre VI : Améliorer le traitement du contentieux de l'urbanisme (Article 80)

Titre II : ÉVOLUTIONS DU SECTEUR DU LOGEMENT SOCIAL (Articles 81 à 105)
Chapitre Ier : Restructuration du secteur (Articles 81 à 87)
Chapitre II : Adaptation des conditions d'activité des organismes de logement social (Articles 88 à 99)
Chapitre III : Dispositions diverses (Articles 100 à 105)

Titre III : RÉPONDRE AUX BESOINS DE CHACUN ET FAVORISER LA

MIXITÉ SOCIALE (Articles 107 à 156)

Chapitre Ier : Favoriser la mobilité dans le parc social et le parc privé (Articles 107 à 115)

Chapitre II : Favoriser la mixité sociale (Articles 116 à 133)

Chapitre III : Améliorer les relations entre locataires et bailleurs et favoriser la production de logements intermédiaires (Articles 134 à 156)

Titre IV : AMÉLIORER LE CADRE DE VIE (Articles 157 à 234)

Chapitre Ier : Revitalisation des centres-villes (Articles 157 à 173)

Chapitre II : Rénovation énergétique (Articles 175 à 184)

Chapitre III : Lutte contre l'habitat indigne et les marchands de sommeil (Articles 185 à 200)

Chapitre IV : Lutte contre l'occupation illicite de domiciles et de locaux à usage d'habitation (Article 201)

Chapitre V : Améliorer le droit des copropriétés (Articles 202 à 216)

Chapitre VI : Numérisation du secteur du logement (Articles 217 à 218)

Chapitre VII : Simplifier le déploiement des réseaux de communications électroniques à très haute capacité (Articles 219 à 232)

Chapitre VIII : Diffusion par voie hertzienne de données horaires du temps légal français (Article 233)

Chapitre IX : Dispositions spécifiques à la Corse (Article 234)

· Loi ALUR (LOI n° 2014-366 du 24 mars 2014 pour l'accès au logement et un urbanisme rénové (1))의 구성

TITRE Ier : FAVORISER L'ACCÈS DE TOUS À UN LOGEMENT DIGNE ET ABORDABLE (Articles 1 à 51)

Chapitre Ier : Améliorer les rapports entre propriétaires et locataires dans le parc privé (Articles 1 à 22)

Chapitre II : Mettre en place une garantie universelle des loyers (Article 23)

Chapitre III : Renforcer la formation, la déontologie et le contrôle des professions de l'immobilier (Article 24)

Chapitre IV : Améliorer la prévention des expulsions (Articles 25 à 29)

Chapitre V : Faciliter les parcours de l'hébergement au logement (Articles 30 à 46)

Chapitre VI : Créer de nouvelles formes d'accès au logement par l'habitat participatif (Articles 47 à 51)

TITRE II : LUTTER CONTRE L'HABITAT INDIGNE ET LES COPROPRIÉTÉS DÉGRADÉES (Articles 52 à 95)

Chapitre Ier : Repérer et prévenir l'endettement et la dégradation des copropriétés (Articles 52 à 62)

Chapitre II : Redresser efficacement les copropriétés dégradées (Articles 63 à 74)

Chapitre III : Renforcer les outils de la lutte contre l'habitat indigne (Articles 75 à 95)

TITRE III : AMÉLIORER LA LISIBILITÉ ET L'EFFICACITÉ DES POLITIQUES PUBLIQUES DU LOGEMENT (Articles 96 à 125)

Chapitre Ier : Réformer les procédures de demande d'un logement social pour plus de transparence, d'efficacité et d'équité (Articles 96 à 101)

Chapitre II : Améliorer le contrôle du secteur du logement social (Article 102)

Chapitre III : Moderniser les dispositions relatives aux organismes de logement social (Articles 103 à 121)

Chapitre IV : Elargir les délégations de compétence en matière de politique du logement (Article 122)

Chapitre V : Réformer la gouvernance de la participation des employeurs à l'effort de construction (Articles 123 à 125)

TITRE IV : MODERNISER LES DOCUMENTS DE PLANIFICATION ET D'URBANISME (Articles 126 à 177)

Chapitre Ier : Développement de la planification stratégique (Articles 126 à 131)

Chapitre II : Mesures relatives à la modernisation des documents de planification communaux et intercommunaux (Articles 132 à 138)

Chapitre III : Lutte contre l'étalement urbain et la consommation d'espaces naturels, agricoles et forestiers (Articles 139 à 143)

Chapitre IV : Mesures favorisant le développement de l'offre de construction (Articles 144 à 168)

Chapitre V : Participation du public (Articles 169 à 170)

Chapitre VI : Dispositions diverses (Articles 171 à 177)

· 코뮌 법전(Code des communes) 사회주택 관련 조항(Articles L211-1 à L264-10)

I. La dotation de solidarité urbaine a pour objet de contribuer à l'amélioration des conditions de vie dans les communes urbaines confrontées à une insuffisance de leurs ressources et supportant des charges élevées

II. Bénéficient de cette dotation :

1° Les communes de 10 000 habitants et plus classées, en fonction d'un indice synthétique de ressources et de charges défini ci-après, dans l'une des trois premières catégories prévues au III ;

2° Les communes de moins de 10 000 habitants dont le nombre de logements sociaux est supérieur à 1 100 et dont le potentiel fiscal par habitant est inférieur au potentiel fiscal moyen national par habitant des communes de plus de 10 000 habitants

III. L'indice synthétique de ressources et de charges mentionné au II est constitué dans des conditions fixées par décret en Conseil d'Etat :

1° Du rapport entre le potentiel fiscal par habitant des communes de 10 000 habitants et plus et le potentiel fiscal par habitant de la commune, tel qu'il est défini à l'article L. 234-4 ;

2° Du rapport entre la part des logements sociaux de la commune dans le total des logements de la commune et la part des logements sociaux des communes de 10 000 habitants et plus dans le total des logements de ces mêmes communes ; les logements sociaux auxquels il est fait référence sont définis par décret en Conseil d'Etat, les logements sociaux en accession à la propriété étant pris en compte si leur nombre est au moins égal à cinq par opération ; les logements vendus à leurs locataires en application de l'article L. 443-7 du code de la construction et de l'habitation sont également pris en compte pendant vingt ans à compter de la vente ;

3° Du rapport entre la part des logements dont un occupant bénéficie de l'une des prestations prévues aux articles L. 351-1 du code de la construction et de l'habitation, L. 542-1 et L. 831-1 du code de la sécurité sociale dans le nombre total des logements de la commune et la part du total des logements dont un occupant bénéficie des mêmes prestations dans le total des logements des communes de 10 000 habitants et plus ;

4° Du rapport entre le revenu moyen par habitant des communes de 10 000 habitants et plus et le revenu par habitant de la commune, calculé en prenant en compte la population qui résulte des recensements généraux

Le revenu pris en considération pour l'application de l'alinéa précédent est le dernier revenu imposable connu

L'indice synthétique de ressources et de charges est obtenu en pondérant le rapport défini au 1° par 50 p. 100, le rapport défini au 2° par 20 p. 100, le rapport défini au 3° par 20 p. 100 et le rapport défini au 4° par 10 p. 100. Toutefois, chacun des pourcentages de pondération peut être majoré ou minoré pour l'ensemble des communes bénéficiaires d'au plus cinq points dans des conditions fixées par décret en Conseil d'Etat

Les communes sont classées en fonction de la valeur décroissante de l'indice synthétique. Dans l'ordre de ce classement, elles sont réparties en quatre catégories comportant un nombre égal de communes

IV. L'attribution revenant à chaque commune de 10 000 habitants et plus est égale au produit de sa population par la valeur de l'indice qui lui est attribué, pondéré par un coefficient correspondant à sa catégorie, qui est fixé à 1,5 pour la 1re catégorie, 1 pour la 2e catégorie et 0,5 pour la 3e catégorie, ainsi que par l'effort fiscal dans la limite de 1,3

L'attribution par habitant revenant aux communes éligibles de moins de 10 000 habitants est égale au produit de leur population par le montant moyen par habitant revenant à l'ensemble des communes percevant une attribution

공공주택 특별법 개정 연구

|최계영|*

초 록

이 글에서는 공공주택 특별법과 사회주택의 관계를 고찰하고, 사회주택 활성화를 위한 공공주택 특별법 개정 방안을 탐색해 보았다. 우선 1980년대 이후의 법률 제·개정 과정을 살펴봄으로써, 민간과 공공을 포괄한 임대주택의 공급·관리에 관한 사항과 공공주택의 건설 촉진에 관한 사항을 구별하여 규율하는 체계에서, 공급주체를 기준으로 민간임대주택에 관한 사항은 모두 민간임대주택법에서, 공공주택에 관한 사항은 모두 공공주택 특별법에서 규율하는 체계로 변화해 왔다는 점을 확인할 수 있었다. 다음으로 사회주택의 개념, 유형, 현황을 살펴봄으로써, 협의의 사회주택 중 사회적 주택 유형과 매입약정형 유형은 공공주택 특별법의, 토지임대부 유형은 민간임대주택법의 적용을 받는데, 공공주택 특별법이 적용되는 사회주택의 비율이 더 높을 뿐만 아니라 점점 증가하는 추세임을 알 수 있었다. 이어서 법체계 개편에 관한 기존의 여러 제안을 검토하고, 장기적으로는 공공주택 특별법을 개편하여 광의의 사회주택에 관한 사항을 하나의 법률에서 규정하는 방향이 바람직하겠지만, 단기적으로는 기존 법체계를 유지하되 개별 법률에 사회주택에 관한 규정을 강화하는 방향이 바람직하다는 주장을 전개하였다. 마지막으로 구체적 제안으로, 공공주택 특별법에 사회적

---

* 서울대학교 법학전문대학원 교수

경제 주체가 공공임대주택을 위탁·관리하는 유형의 근거를 마련하여
야 한다는 점, 사업방식이 구체적이고 명확하게 규정되어야 한다는 점,
민간임대주택법에 기초한 사회주택과 달리 사회적 경제 주체는 위탁·
관리만을 맡는 것이므로 다소간 자격요건을 완화할 수 있다는 점, 입
주자격은 형평성이 중요하나 입주순위는 유연화할 수 있다는 점, 매입
임대주택의 운영을 사회적 경제 주체에게 맡기는 방식의 장점을 살릴
보다 적극적인 규율(예를 들어 공동체 활동을 위한 공간이나 프로그램
운영비용의 반영)이 필요하다는 점 등을 제안하였다.

Ⅰ. 들어가며

한국의 심각한 주택문제의 해결 방안 중 하나로 등장한 사회주택
모델은 10년이 채 되지 않은 짧은 역사에도 불구하고 주목할 만한 성
과를 거둠과 동시에 정치적 환경 변화에 취약한 한계를 함께 보여주고
있다. 사회주택은 이념적으로 공공성을 추구한다는 점에서 공공(임대)
주택과 동질적이며, 실정법상으로도 사업유형에 따라 공공주택 특별법
의 적용을 받는다. 이 글에서는 공공주택 특별법과 사회주택의 관계를
고찰하고, 사회주택의 활성화를 위한 공공주택 특별법의 개정 방향을
모색한다. 이를 위해 우선 공공주택과 임대주택에 관한 법체계의 변천
과정을 통해 현행 법체계의 특징을 살펴보고(Ⅱ), 사회주택의 개념과
공공주택 특별법의 관계를 검토한다(Ⅲ). 이어서 사회주택을 규율하는
법체계의 재편에 관한 논의를 살펴본 후(Ⅳ), 단기적으로 현행 법체계
를 유지하는 것을 전제로 사회주택 활성화를 위한 공공주택 특별법의
개정방향을 모색한다(Ⅴ).

II. 공공주택과 임대주택에 관한 법체계의 변천

1. 임대주택에 관한 법령

공공주택의 법적 근거는 1984년의 「임대주택건설촉진법」에서 출발한다.[1] 위 법은 주택건설종합계획 수립 시 임대주택건설에 관한 사항을 포함하도록 하고, 지방자치단체와 대한주택공사는 주택을 건설함에 있어서 임대주택을 우선 건설하여야 하며, 국민주택기금 중 일부를 임대주택건설에 우선 사용하도록 하였다(제4, 5조). 이 법의 임대주택은 "임대를 목적으로 건설·공급되는 주택"으로서(제2조) 공공부문과 민간부문을 모두 아우르는 개념이었다.

「임대주택건설촉진법」은 1993년 「임대주택법」으로 전부 개정되었다.[2] 전면 개정한 이유는 임대주택건설촉진법은 공공부문의 임대주택 건설을 촉진하는데 기여하였으나 민간에 의한 임대주택의 건설은 원활하지 못하므로 민자에 의한 임대주택의 건설을 활성화하기 위한 기반을 마련하기 위한 것이었다.[3] 이 법에서는 임대주택을 건설임대주택과 매입임대주택으로 구별하고(제2조 제1~3호), 임대사업자의 개념을 정의하며(제2조 제4호) 임차주택 관리에 관한 임대사업자의 의무를 정하였다(제17조 등). 「임대주택법」은 2015년 「민간임대주택에 관한 특별법」으로 전부 개정되기 전까지 민간임대주택과 공공임대주택을 모두 포괄하여 임대주택에 관한 사항을 규율하였다.[4]

---

1) 법률 제3783호, 1984. 12. 31. 제정.
2) 법률 제4629호, 1993. 12. 27. 전부개정.
3) 제정·개정이유 참조.
4) 장경석·송민경, 공공임대주택 공급동향 분석과 정책과제, 국회입법조사처 입법·정책보고서 제65호 (2020. 12.), 21.

2. 공공주택의 건설에 관한 법령

현재의 「공공주택 특별법」의 전신(前身)인 「국민임대주택건설 등에 관한 특별조치법」은 2003년 제정되었다.5) 당시에는 국민임대주택 100만 호 건설계획의 재원 조달 및 택지확보를 위해 제정된 한시법이었다.6) 국민임대주택은 국가 또는 지방자치단체의 재정 및 국민주택기금을 지원받아 30년 이상 임대할 목적으로 건설 또는 매입되는 주택을 말하고(제2조 제1호), 국민임대주택건설사업의 시행자는 국가·지방자치단체·대한주택공사·지방공기업로 하였다(제4조 제1항). 국민임대주택의 건설 또는 매입에 국민주택기금을 우선적으로 배정하도록 하고(제3조 제3항), 임대주택수급 등 지역여건을 감안하여 불가피한 경우 개발제한구역도 국민임대주택단지 예정지구로 지정할 수 있도록 하는(제13조) 등 국민임대주택의 건설 촉진을 위한 사항을 규정하였다.

「국민임대주택건설 등에 관한 특별조치법」은 2009년 「보금자리주택 건설 등에 관한 특별법」으로 제명이 변경된다.7) 이 법에서는 국민임대주택이라는 명칭이 보금자리주택으로 바뀌었을 뿐만 아니라, 임대목적 주택 이외에 (국민주택규모 이하의) 분양 목적 주택도 포괄하는 것으로 개념이 확대되었다(제2조 제1호). 이 법은 「국민임대주택건설 등에 관한 특별조치법」과 달리 유효기간을 한정하지 아니하였다. 국세, 지방세, 부담금 등의 감면(제3조, 제30조), 보금자리주택지구 지정 등 관련 절차의 간소화와 특례 등이 규정되었다.

「보금자리주택 건설 등에 관한 특별법」은 2014년 다시 「공공주택건설 등에 관한 특별법」으로 변경된다.8) 이 법에서 보금자리주택은 그 명칭이 공공주택으로 변경되었는데, 보금자리주택과 마찬가지로 공공

---

5) 법률 제7051호, 2003. 12. 31. 제정.
6) 장경석·송민경, 앞의 글, 22.
7) 법률 제9511호, 2009. 3. 20. 전부개정.
8) 법률 제12251호, 2014. 1. 14. 일부개정.

임대주택과 공공분양주택을 모두 아우르는 개념이다(제2조 제1호), 또한 이른바 '행복주택' 사업의 원활한 시행을 위해, 공공시설부지, 공공기관 보유 토지 등을 활용하여 대학생·신혼부부 등 주거취약계층에 임대주택을 건설·공급하는 경우 건폐율·용적률, 주차장 등의 건축기준을 완화하고, 학교용지 확보의무를 완화하며, 국유·공유재산의 매각·사용 등에 대한 특례를 규정하였다(제40조의2 이하).

3. 공공주택과 민간(임대)주택의 이원적 규율 체계 정비

현재와 같이 「공공주택 특별법」과 「민간임대주택에 관한 특별법」으로 규율하는 체계가 마련된 것은 2015년이다. 「공공주택건설 등에 관한 특별법」은 「공공주택 특별법」9)으로, 「임대주택법」은 「민간임대주택에 관한 특별법」(이하 '「민간임대주택법」'이라 줄인다)10)으로 변경되었다. 「임대주택법」에서 공공임대주택에 관한 규정은 「공공주택 특별법」으로 이관되어 「민간임대주택법」에서는 민간임대주택에 관한 사항만 규율하게 되었다. 「공공주택 특별법」에는 「공공주택건설 등에 관한 특별법」에서 규정하고 있던 공공주택의 건설 이외에 임대주택법으로부터 이관받은 공공임대주택의 공급·관리에 사항에 관한 사항이 추가11)되어 공공주택의 건설·공급·관리를 포괄적으로 규율하게 되었다. 또한 기존에 상이하게 규정되었던 「공공주택건설 등에 관한 특별법」과 「임대주택법」의 공공주택 정의를 "공공주택사업자가 국가 또는 지방자

---

9) 법률 제13498호, 2015. 8. 28. 일부개정.
10) 법률 제13499호, 2015. 8. 28. 전부개정.
11) 「임대주택법」에서 규정하고 있던 공공임대주택과 관련된 공공주택의 공급 기준, 중복입주의 확인, 금융정보의 제공, 임대조건, 재계약의 거부, 주택의 관리, 매각제한, 우선 분양전환 등 필요한 규정을 이 법으로 이관함(제48조, 제48조의3부터 제48조의7까지, 제49조, 제49조의2부터 제49조의4까지 신설, 제50조, 제50조의2부터 제50조의4까지 신설, 제51조, 제53조 및 제57조의3)(개정이유 참조).

치단체의 재정이나 ··· 주택도시기금의 지원을 받아 건설, 매입 또는 임
차하여 공급하는 ··· 주택"으로 일원화하였다(제2조 제1호)

　이상의 내용을 토대로 각 법률의 규율 범위를 도식화하면 아래 표
와 같다. ⅰ) 공급주체가 공공부문인가, 민간부분인가, ⅱ) 임대주택에
한정되는가, 분양주택도 포함하는가, ⅲ) 건설 외에 공급·관리에 관한
사항도 포함하는가를 기준으로 삼았다.

임대주택건설촉진법
ⅰ) 공공+민간
ⅱ) 임대주택
ⅲ) 건설

⇓

임대주택법
ⅰ) 공공+민간
ⅱ) 임대주택
ⅲ) 건설·공급·관리

국민임대주택건설 등에 관한 특별조치법
ⅰ) 공공
ⅱ) 임대주택
ⅲ) 건설

⇓

보금자리주택건설 등에 관한 특별법
ⅰ) 공공
ⅱ) 분양주택+임대주택
ⅲ) 건설

⇓

공공주택건설 등에 관한 특별법
ⅰ) 공공
ⅱ) 분양주택+임대주택
ⅲ) 건설

⇓   ⇘   ⇓

민간임대주택에 관한 특별법
ⅰ) 민간
ⅱ) 임대주택
ⅲ) 건설·공급·관리

공공주택 특별법
ⅰ) 공공
ⅱ) 분양주택+임대주택
ⅲ) 건설·공급·관리

위와 같은 일련의 제·개정 과정은, 민간과 공공을 포괄한 임대주택의 공급·관리에 관한 사항과 공공주택의 건설 촉진에 관한 사항을 구별하여 규율하는 체계에서, 공급주체를 기준으로 민간임대주택에 관한 사항은 모두 민간임대주택법에서, 공공주택에 관한 사항은 모두 공공주택 특별법에서 규율하는 체계로 변화되었음을 보여준다.

III. 사회주택과 공공주택 특별법의 관계

1. 사회주택의 개념 – 광의의 사회주택과 협의의 사회주택

사회주택의 개념은 외국[12]에서나 국내에서나 명확하게 범위가 한정되어 합의된 개념은 아니다. 유럽 주요 국가 등 외국에서는 공급주체를 한정하지 않고 공공임대주택도 포함하는 넓은 의미로 쓰인다. 예를 들어 OECD 보고서에서는 "특정한 수요 또는 대기자명부 등 특별한 규칙에 따라 대상이 정해지고 배분되는 시장가격 이하의 임대주택"이라고 정의하고 있고, 공급주체로 국가, 지방자치단체, 공공단체, 사적 단체 또는 비영리/제한적 영리 단체, 협동조합 등을 언급하고 있다.[13] 한국에서도 2010년대 이전까지는 주로 공공임대주택을 가리키거나 이를 포괄하는 넓은 의미로 사용되었으나, 사회적 경제 주체가 주목받기 시작한 2010년대 이후 사회적 경제 주체가 공급하는 임대주택을 가리키는 좁은 의미로 사용되기 시작하였다.[14] 특히 서울특별시

---

12) 나라마다 사회주택(social housing)의 개념, 규모, 범위, 대상집단, 공급자의 유형이 다르다고 한다[OECD, "Social housing: A key part of past and future housing policy", Employment, Labour and Social Affairs Policy Briefs, Paris(2020), 4].

13) OECD와 유럽연합 국가에서는 지방자치단체의 비중이 절반 정도를 차지한다고 한다[OECD, op. cit., 4, 8].

조례 등 일련의 지방자치단체 조례에서 "사회경제적 약자를 대상으로 주거 관련 사회적 경제 주체에 의해 공급되는 임대주택"15)으로 정의하면서 이러한 용례는 확산되었다. 용어상의 혼란을 최소화하기 위해, 이 연구에서는 전자의 넓은 의미를 광의의 사회주택, 후자의 좁은 의미를 협의의 사회주택으로 구별하여 부르기로 한다.16)

2. 사회주택의 유형과 적용법률

협의의 사회주택은 사회적 경제 주체, 즉 공공성을 추구하는 민간 주체에 의해 공급되는 것이므로, 공공부문과 민간부문의 중간 영역, 이른바 제3섹터에 의해 공급된다는 특징이 있다. 민간이 공급주체라는 측면에서는 민간임대주택법의 규율을 받아야 할 것 같지만, 사회경제적 약자를 대상으로 공급되는 사회주택의 특성은 서민의 주거안정이라는 공공주택 특별법의 목적에 더 부합하는 면도 있다.17) 현행법은 공공/민간 이분법에 따라 공공주택 특별법과 민간임대주택법 둘로 나

---

14) 구체적인 내용은 진남영·황서연·이희숙·한동아, "사회주택 활성화를 위한 법제도 개선 방안 - 사회적경제 주체에 의한 민간 사회주택을 중심으로 - ", 법무법인(유한) 태평양·재단법인 동천 공동편집, 사회적경제법연구(공익법총서 04), 경인문화사 (2018), 312~316 참조.

15) 「서울특별시 사회주택 활성화 지원 등에 관한 조례」 제2조 제1호 등.

16) "사회적 경제 주체가 사회경제적 약자를 대상으로 지불가능한 임대료로 공급하는 임대주택"을 '협의의 사회주택'으로 칭하는 예로는 이희숙, "사회주택 법제도 현황과 개선방안", 공간과 사회 제31권 2호 (2021), 70 참조. 한편 진남영·황서연·이희숙·한동아, 앞의 글, 316에서는 협의의 사회주택을 민간 사회주택이라 부르고, 광의의 사회주택을 사회주택(=공공임대주택+민간 사회주택)이라 사용하고 있다. 기본적인 취지는 공감하지만, '민간' 사회주택이라는 용어가 잘 쓰이지는 않고 있는 점, 뒤에서 볼 바와 같이 사회주택의 유형에는 공공주택특별법의 적용을 받는 공공주택도 포함되어 있는 점 등을 고려하여, 광의/협의로 구별하는 방식을 택하였다.

17) 이희숙, "사회주택 법제도 현황과 개선 방안", 공간과사회 제31권 2호(2021), 86.

누어 규정하고 있다. 구체적으로 보면, 공공주택 특별법의 적용 대상인 공공주택사업자는 국가 또는 지방자치단체, 한국토지주택공사, 주택사업을 목적으로 설립된 지방공사 등이고(제4조 제1항), 민간임대주택법의 적용대상인 임대사업자는 공공주택 특별법에 따른 공공주택사업자가 아닌 자로서 민간임대주택을 취득하여 임대하는 사업을 할 목적으로 등록한 자이다(제4조 제7호).

사회주택 사업의 구체적인 방식에 따라 임대주택의 공급주체가 공공주택사업자 또는 (민간)임대사업자가 되므로 그에 따라 적용법률이 달라진다. 사회주택 사업의 유형을 크게 ① 토지임대부 유형, ② 사회적 주택 유형, ③ 매입약정형 유형, ④ 리모델링 유형으로 나누는 것이 일반적이다.[18] ① 토지임대부 유형은 공공이 소유한 토지를 사회적 경제 주체가 임차하여 주택 건설 후 임대주택으로 공급하는 유형이다. ② 사회적 주택 유형은 사회적 경제 주체가 공공주택사업자로부터 공공임대주택을 위탁받아 운영하는 유형이다. ③ 매입약정형 유형은 공공주택사업자가 사회적 경제 주체의 사업계획을 심사하여 토지와 주택의 매입을 사전 약정하고 사회적 경제 주체가 주택을 건축하고 매각한 후 이를 위탁받아 운영하는 유형이다. 사회주택의 건축 초기부터 사회적 경제 주체가 참여한다는 점에서 사회적 주택 유형과 차이가 있다. ④ 리모델링 유형은 주택 또는 비주택을 임차하여 리모델링한 후 임대주택으로 공급하는 방식이다.

이상의 유형 분류에 의하면 ② 사회적 주택 유형과 ③ 매입약정형 유형은 공공주택사업자가 임대주택의 소유권을 취득하여 공급하므로 공공주택 특별법의 적용을 받는다. 반면 ① 토지임대부 유형은 사회적 경제 주체 등 민간이 임대주택을 소유하여 공급하므로 민간임대주택법의 적용을 받는다. ④ 리모델링 유형은 주택 등을 누가 공급하는지에

---

18) 이하의 유형 구별 및 설명은 이희숙, "사회주택 법제도 현황과 개선방안", 71; 염철호·박석환, 다양한 거주가치 구현을 위한 사회주택사업 추진체계 개선방안 연구, 건축공간연구원 (2022), 39~45 등 참조.

따라 적용법률이 다르다.

3. 공공주택 특별법의 적용비율

연도 \ 유형[19]	사회적 주택	매입 약정형	토지 임대부	리모델링	연도별 합계
2015	0	0	43	18	61
2016	246	0	94	76	416
2017	36	0	23	174	233
2018	101	0	133	124	358
2019	586	0	433	140	1,159
2020	697	177	441	162	1,477
2021	292	936	227	11	1,466
2022	366	0	0	0	366
유형별 합계	2,324	1,113	1,394	705	5,536
(비율)	(42.0%)	(20.1%)	(25.2%)	(12.7%)	(100%)

사회적 경제 주체는 기본적으로 민간주체이므로 민간임대주택법의 적용 대상이 되는 경우가 더 많을 것으로 짐작하기 쉽다. 그러나 위 표에서 보는 바와 같이 공공주택 특별법이 적용되는 사회적 유형과 매입약정형 유형의 비율이 합계 62.1%(42.0%+20.1%)에 달한다. 특히 최근 들어 공공주택 특별법이 적용되는 사업유형의 비율이 증가하고, 민간임대주택법이 적용되는 사업유형의 비율이 감소하는 추세이다.

---

19) 유형별 수치는 http://www.socialhousing.kr/dashboard(2023. 3. 19. 접속) 참조.

IV. 사회주택에 관한 법체계 재편 논의

1. 문제상황

앞서 본 바와 같이 현재 사회주택 사업은 하나의 법률의 적용을 받는 것이 아니라 사업방식에 따라 공공주택 특별법과 민간임대주택법을 각각 적용받고 있다. 그리고 공공주택 특별법과 민간임대주택법에서는 협의의 사회주택을 직접적으로 정의하거나 다른 공공임대주택, 민간임대주택과 차별화되는 별도의 규율 내용을 정하고 있지 않다. 공공주택 특별법의 경우 법률에서는 언급이 없고, 법률 제43조에 근거한 국토교통부훈령 「기존주택등 매입임대주택 업무처리지침」에서 사회적주택 운영 특례(제38조)를 정하고 있을 뿐이다. 민간임대주택법을 보면, '공공지원민간임대주택'의 개념을 두고 공공지원을 받아 건설·매입한 민간임대주택의 임대료·임차인 자격 제한 등에 관한 사항을 정하고 있으나(제2조 제4호 등), 사회주택에 특유한 규정은 아니다. 그 밖에 주거기본법 제11조 제3항은 "국가 및 지방자치단체는 사회적기업, 사회적협동조합 등 비영리단체가 공익적 목적으로 임대주택을 공급할 수 있도록 지원할 수 있다."고 규정하고 있어, 주거 관련 사회적 경제주체를 지원할 법률상 근거가 되고 있으나, 그 내용이 추상적 선언 수준에 그치고 있다.

2. 제안

사회주택 정책이 지방자치단체장 교체와 같은 정치적 영향으로부터 자유로워지려면 법률에 근거를 두고 안정적으로 추진되어야 할 것이다. 이러한 문제의식 하에 다양한 법체계 재편안이 논의되었다. 크게 보면 세 갈래이다. ① 사회주택에 관한 별도의 법률을 만드는 방안,[20] ② 민간임대주택법을 중심으로 재편하는 방안, ③ 공공주택 특별법을 중심으로 재편하는 방안이 그것이다. ①은 공공임대주택도 민간임대주택도 아닌 제3의 성격을 갖고 있다는 점에, ②는 사회적 경제 주체는 기본적으로 민간주체라는 점에, ③은 영리가 아니라 공공성을 추구한다는 점[21]에 초점을 맞춘 접근법이다.

②의 민간임대주택법 재편 방안은 다시 둘로 나누어 볼 수 있다. 민간임대주택법에 사회주택 관련 조항을 추가하는 방식과 민간임대주택법에 대한 특별법으로 사회주택에 관한 별도 법률을 만드는 방식이다. 제20대 국회에 제출되었다가 폐기된 「민간임대주택에 관한 특별법 일부개정법률안」[22]은 민간임대주택법에 사회임대주택에 관한 정의를 신설하고 사회임대주택에 대한 지원과 특례에 관한 조항을 추가하도록 하였는바, 전자의 방식에 해당한다.[23] 현재 국회 계류 중인 「공익주택 공급 촉진 및 지원을 위한 특별법안」[24]은 민간임대주택 중 사회적기업, 사회적협동조합 또는 비영리법인 등이 공급하는 민간임대주택을 '공익주택'으로 따로 정의하고 공익주택에 관한 사항을 따로 분리하여

---

20) 이희숙, "사회주택 법제도 현황과 개선방안", 86; 김정욱·유성희, "사회주택 공급 활성화를 위한 규제 정비 방안", 일감부동산법학 제19호(2019. 8.), 195 참조.

21) 민간임대주택법에 사회주택에 관한 사항을 포함시키는 개정안에 대해 국회 논의 과정에서 사회주택은 공공주택에 포함되어야 할 내용으로 민간임대주택법에 반영될 사안이 아니라는 취지의 반대의견이 있었다고 한다(이희숙, 위의 글, 86 참조). 사회주택의 공공성을 강조하는 시각이라 할 것이다.

22) 윤관석 의원 발의, "민간임대주택에 관한 특별법 일부 개정법률안", 2004334, (2016.12.13.).

23) 위 법안에서는 사회임대주택의 한 유형으로 임차형 사회임대주택을 만들어 사회적 경제 주체가 주택을 소유하지 않고 임차하여 재임대하거나 위탁관리하는 경우도 포함시키고자 하였다. 사회주택 현황을 고려한 것이지만, 민간임대주택법의 체계에는 부합하지 아니한다(이희숙, 앞의 글, 92 참조).

24) 천준호 의원 발의, "공익주택 공급 촉진 및 지원을 위한 특별법안", 2116670, (2022.07.26.).

규정25)하는 방식을 택하고 있는바, 후자의 방식에 해당한다.26) ③의 공공주택 특별법 재편 방안으로는 공공주택 특별법을 사회주택까지 아우르는 법률로 개정하는 방안,27) 공공주택 특별법의 공공임대주택과 민간임대주택특별법의 공공지원민간임대주택을 통합하여 공익적 임대주택(제한적 영리 추구 또는 비영리)을 중심으로 한 법률을 제정하는 방안28) 등이 제안된 바 있다. 사회적 기업, 사회적 협동조합 등 비영리 단체를 공공주택 공급에 참여하게 할 수 있도록 하는 개정안 역시 같은 취지의 제안으로 보인다.29)

3. 검토

다음의 점을 고려하면 장기적으로는 공공주택 특별법을 개편하여 광의의 사회주택에 관한 사항을 하나의 법률에서 규정하는 방향을 고

---

25) 재정지원, 토지 등의 우선 공급, 국유·공유 재산의 사용허가·매각·대부 등의 특례, 건축기준 등에 대한 특례, 임대보증금에 대한 보증가입의무와 예외적 면제 등을 규정하고 있다.

26) 위 법안에서는 공익주택을 공공지원을 받아 건설·매입한 주택으로 정의하고 있으므로, 주택소유자나 공공주택사업자로부터 임차하여 공급하거나 위탁·운영하는 임대주택은 포함되지 않는다[이희숙, "공익주택법 도입 배경 및 내용 설명", 민간임대주택 공익성 강화를 통한 임대차 시장 안정화 방안토론회 - 공익주택 특별법을 중심으로 - 자료집(2022. 8.), 80.].

27) 사회주택의 본래 개념이 공공임대주택을 아우르는 포괄적인 의미를 갖고 있다는 점, 지불능력이 아니라 필요에 따라 주택이 배분된다면 공급주체의 문제는 부차적인 점 등을 근거로 공공임대주택과 민간의 사회주택의 통합적 접근이 필요함을 근거로 한다. 사회주택을 공급하는 민간조직에 대해서도 공공임대주택에 준하는 보조금과 융자를 제공하는 대신 마찬가지로 높은 수준의 공공성을 요구해야 한다고 한다.[남원석·진남영, "한국 사회주택 정책의 전개과정과 주요 쟁점", 공간과 사회 제31권 2호(2021), 15.].

28) 봉인식 외, 공익적 임대주택 공급 확대를 위한 민간의 역할에 관한 연구, 경기연구원(2018. 10.), 102.

29) 심상정 의원 발의, "공공주택 특별법 일부개정법률안", 2111359, (2021.07.16.).

민해 볼 만하다. 협의의 사회주택은 공공임대주택을 보완하는 역할을 한다. 그래서 앞서 본 것처럼 다른 나라에서는 사회주택의 개념에 공공임대주택까지 포함되어 있고, 공급주체가 공공인지 민간인지는 결정적인 요소가 아니다. 주거의 공공성을 위해 특별한 혜택을 주고 특별한 책임을 지는 것이 핵심적이지 공급주체가 결정적인 요소가 아니기 때문이다. 그리고 외국의 논의뿐만 아니라 한국의 사회주택 현황을 고려해 보아도 그러하다. 민간임대주택법의 적용을 받는 토지임대부 사회주택조차도 대부분 공공주택사업자가 제공한 토지를 임대하여 이루어지고 있다. 한국의 사회주택 공급 전반에 있어 공공주택사업자의 기여와 역할이 필수적임을 부인할 수 없다.

다만, 단기적으로는 공공주택 특별법을 중심으로 한 재편이 가능하지는 않다고 여겨지므로, 기존 법체계를 유지하되 개별 법률에 사회주택에 관한 규정을 강화30)하자는 제안이 현실적이라고 생각된다. 공공주택 특별법에서 공공임대주택의 공급뿐만 아니라 공공분양주택의 공급도 함께 규정하고 있는데 이 역시 한국 상황에서는 중요한 공적 과제이다. 그리고 앞서 본 것처럼 임대주택과 공공주택을 규율하는 (다소간 복잡하고 혼란스러웠던) 법체계가 공급주체를 기준으로 정비된 것이 불과 2015년이다. 아직 협의의 사회주택이 차지하는 비중이 크지 않다는 점 역시 고려되어야 할 것이다. 이하에서는 이러한 인식을 토대로 사회주택의 활성화를 위해 현재의 공공주택 특별법과 그 하위법령의 개정 방향을 살펴본다.

---

30) 구체적으로는 민간임대주택법에 건설·매입 사회주택에 관한 사항을 반영하고, 공공주택특별법에서는 사회적 경제 주체가 공공주택을 위탁·관리하는 내용을 반영하며, 주택법에서 이를 통칭한 사회주택을 정의하는 방안을 제안하고 있다 [이희숙, "사회주택 법제도 현황과 개선방안", 86-87.].

V. 개정 방향

1. 현행 법령과 조례

우선 공공주택사업자가 공급하고 사회경제적 주체가 관리하는 사회주택 유형(사회적 주택 유형, 매입약정형 유형)에 관한 규율하고 있는 현행 법령과 조례를 검토한다.

가. 「기존주택등 매입임대주택 업무처리지침」

공공주택의 영역에서 사회주택에 관한 사항은 국토교통부 훈령인 「기존주택등 매입임대주택 업무처리지침」 제38조에서 정하고 있다. 공공주택 특별법은 공공임대주택을 공공건설임대주택과 공공매입임대주택으로 나눈다. 전자는 공공주택사업자가 직접 건설하여 공급하는 공공임대주택이고, 후자는 공공주택사업자가 직접 건설하지 아니하고 매매 등으로 취득하고 공급하는 공공임대주택을 말한다(제2조 1의2, 1의3 호). 같은 법 제43조에서 공공주택사업자는 기존주택 등을 매입하여 공공매입임대주택으로 공급할 수 있다고 정하면서(제1항), 매입기준 등은 "국토교통부장관이 별도로 정하는 바에 따"르도록 하고 있다(제7항). 「기존주택등 매입임대주택 업무처리지침」(이하 '지침'이라 한다)은 위 위임에 따라 법률의 내용을 보충하기 위해 만들어진 일종의 법령보충적 행정규칙이다.

제38조(사회적 주택 운영 특례) ① 공공주택사업자는 제6조제1항에 따라 매입한 주택 또는 제6조의2에 따라 개량한 주택을 비영리법인 등이 무주택자인 저소득층을 위해 공급하는 사회적 주택(이하 이 조에서 "사회적 주택"이라 한다)으로 공급할 수 있다.

② 사회적 주택은 다음 각 호의 어느 하나에 해당하는 경우에 공급한다.(단, 각 호에서 준용하는 규정의 입주순위는 적용하지 아니한다.)

1. 제9조제1항에 해당하는 사람
2. 제10조제1항에 해당하는 청년
3. 제11조제1항에 해당하는 신혼부부
4. 제14조제1항에 해당하는 고령자
5. 제14조의2제1항에 해당하는 다자녀가구

③ 사회적 주택 입주자의 재계약 및 그 밖의 사항은 제17조 내지 제19조, 제22조를 준용한다.

④ 삭 제 〈 2020. 12. 9. 〉

⑤ 사회적 주택 운영기관이 운영경비 등을 위하여 임대료 또는 관리비(입주금 등 명칭에 관계없이 입주자로부터 징수하는 일체의 금품을 말함)를 받고자 하는 경우에는 그 금액 및 대상자, 사유 등을 제7항에 따른 사업계획서 및 자체운영규정에 명시하여야 한다.

⑥ 국토교통부장관 또는 공공주택사업자는 다음 각 호의 어느 하나에 해당하는 단체를 사회적 주택 운영기관으로 선정할 수 있다.

1. 「민법」 제32조에 따라 허가를 받은 비영리법인
2. 「공익법인의 설립·운영에 관한 법률」 제2조에 따른 공익법인
3. 「협동조합 기본법」 제2조제1호에 따른 협동조합 및 제2조제3호에 따른 사회적 협동조합
4. 「사회적기업 육성법」 제2조제1호에 따른 사회적기업
5. 「고등교육법」 제2조제1호부터 제4호까지, 제2조제6호, 제2조제7호에 따른 학교

⑦ 제6항에 따른 사회적 주택 운영기관으로 선정을 받고자 하는 단체는 국토교통부장관 또는 공공주택사업자에게 다음 각 호에 해당하는 서류를 제출하여야 한다.

1. 기관의 현황
2. 사회적 주택 사업계획서(입주 대상자, 희망주택, 운영계획, 입주자 임대료, 공동체 프로그램 등을 포함한다)
3. 자체운영규정(입주자 자격, 선정절차, 퇴거요건, 임대료징수 등을 포함한다)
4. 운영실적(국가·지방자치단체로부터 받은 운영비 지원내역을 포함한다)
5. 그 밖에 사회적 주택 운영기관 선정을 위하여 국토교통부장관이 필요하다고 인정하는 서류

⑧ 국토교통부장관 또는 공공주택사업자는 사회적 주택 운영기관 선정을 위하여 운영기관선정위원회를 구성하고, 운영기관선정위원회의 심의를 거쳐 사회적 주택 운영기관을 선정한다.

⑨ 삭 제 〈 2020. 12. 9. 〉
⑩ 국토교통부장관 또는 공공주택사업자는 사회적 주택 운영기관의 사업계획 이
행 여부 등 운영 실태에 대하여 연 2회 이상 점검하고, 2년마다 평가를 실시하여
야 한다.
⑪ 국토교통부장관은 제6항부터 제10항까지에 따른 운영기관의 선정·평가 및 관
리 등에 관한 업무를 「주거취약계층 주거지원 업무처리지침」 제2조제5호의 주거
복지재단에 위임할 수 있다. 이 경우 주거복지재단은 운영기관 선정 등의 방법 및
절차 등에 관하여 필요한 세부기준을 공공주택사업자와 협의하여 정할 수 있다.
⑫ 공공주택사업자 또는 주거복지재단은 제6항부터 제11항까지에 따른 운영기관
의 선정·평가 및 관리 등에 관한 사항을 국토교통부장관에게 보고하여야 한다.

　　지침 제38조는 '사회적 주택 운영 특례'라는 표제 하에 사회적 주택
의 개념, 사회적 주택 운영기관의 자격 등을 정하고 있다. 국가 법령에
서 사회적 주택의 가능성과 차별적 취급의 필요성 승인하였다는 점에
서 의의를 찾을 수 있겠으나, 법적 지위가 훈령에 불과하고, 내용의 상
당 부분도 선정과 평가 절차에 관한 것이라는 한계가 있다. 훈령은 법
률이나 법규명령에 비해 제·개정절차가 간이하여 정치적 환경 변화에
따라 제도 자체가 쉽게 폐지될 수 있다.[31] 내용에 있어서도 사회주택
의 활성화를 위해 필요한 지원이나 특례 등이 반영되어 있지 않다.

나. 지방자치단체 조례

　　사회적 경제 주체에 의한 공공임대주택의 위탁·관리에 대해 명시적
으로 규정하고 있는 조례로는 「서울특별시 사회주택 활성화 지원 등에
관한 조례」가 있다. 위탁·관리할 수 있는 사회적 경제 주체의 자격, 협
약, 제안과 선정 절차, 관리 비용 지원에 관한 사항을 정하고 있다.

---

31) 정책에 따라 언제든지 개정될 수 있고, 사회주택으로 운영 여부가 공공주택사업
　　자에 의해 정해지므로 향후 지속·확대가 불투명하다는 점을 지적하고 있다[이희
　　숙, "공익주택법 도입 배경 및 내용 설명", 민간임대주택 공익성 강화를 통한 임
　　대차 시장 안정화 방안토론회, 국토교통위원회 김민기 위원장·최인호 간사·더불
　　어민주당 김병기·박상혁·조오섭·한준호·홍기원 의원 (2022.8.30. 토론), 77~78.].

> 제13조(공공임대주택 등의 사회주택 활용) ① 시장 등은 해당 지자체 및 산하기관에서 소유하고 있는 주택을 「민간임대주택에 관한 특별법」 제7조에 따른 자격을 가진 주거관련 사회적 경제 주체에게 위탁·관리할 수 있다
> ② 제1항의 시행은 시장 등과 주거관련 사회적 경제 주체간의 협약에 의하며, 이 조례에서 별도로 정하지 아니한 사항에 대해서는 「주택법」 등 관련 규정을 따른다.
> ③ 제2항에 따라 협약의 대상이 되는 주거관련 사회적 경제 주체는 제안자 중에서 정한다.
> ④ 제3항의 제안자는 제11조제1항에 따른 사업계획서를 작성하여 시장 등에게 제출하여야 하며, 제출된 사업계획에 대한 의견청취 및 사업추진 여부의 결정 등에 관하여는 제11조제2항부터 제4항까지의 규정을 준용한다.
> 제14조(사회주택으로 활용되는 공공임대주택의 관리비용 지원) 시장 등은 주거관련 사회적 경제 주체에 의해 관리되는 공공임대주택의 유지·보수에 예상치 못한 비용이 발생할 경우 그 비용의 일부를 예산의 범위 안에서 지원할 수 있다.

그 밖에는 사회적 경제 주체에게 지원할 수 있는 사항의 하나로 '사회주택의 관리·위탁'을 들고 있는 조례[32] 정도가 있었다.

2. 사항별 검토

가. 법령의 형식

공공임대주택을 사회적 경제 주체가 위탁·관리하는 유형의 사회주

---

32) 부산광역시 동구 사회주택 지원에 관한 조례 제3조(사회적경제 주체에 대한 지원). 구청장은 사회적경제 주체에게 예산의 범위에서 다음 각 호의 지원을 할 수 있다.
   3. 사회주택의 관리·위탁
   부산광역시 중구 사회주택 지원에 관한 조례 제3조(사회적경제 주체에 대한 지원). 구청장은 사회적경제 주체에게 예산의 범위에서 다음 각 호의 지원을 할 수 있다.
   3. 사회주택의 관리·위탁
   시흥시 사회주택 지원에 관한 조례 제3조(사회적경제 주체에 대한 지원). 시장은 사회적경제 주체에게 예산의 범위에서 다음 각 호의 지원을 할 수 있다.
   3. 사회주택의 관리·위탁

택을 진정한 사회주택으로 볼 수 있는가는 논란이 있을 수도 있다. 그러나 앞서 본 것처럼 실제로 그 비중이 크고 점점 늘어나는 추세일 뿐만 아니라, 토지임대부 사회주택에 비해 사업비가 낮고, 입주자 운영관리에 특화된 사회주택의 장점을 발현하기 좋은 유형이며, 사회주택 사업자의 역량 강화에도 도움이 될 것이므로,[33] 이러한 유형이 안정적으로 활성화되도록 법률에 근거를 마련할 필요가 있다.[34] 다만, 세부사항까지 모두 법률에 규정할 필요는 없을 것이므로, 법률에서는 개념과 특례(지원, 공성 확보)의 근거 정도를 규정하고 나머지 사항은 현재처럼 「기존주택등 매입임대주택 업무처리지침」에 위임하여도 좋을 것이다.

나. 사업방식

지침에서는 "공공주택사업자는 … 매입한 주택 또는 …개량한 주택을 비영리법인 등이 무주택자인 저소득층을 위해 공급하는 사회적 주택(이하 이 조에서 "사회적 주택"이라 한다)으로 공급할 수 있다."고 하면서, 사회적 기업 등에게 '사회적 주택 운영기관'으로 선정될 수 있는 자격을 부여하고 있다(제38조 제1항, 제6항). 공공주택사업자가 '공급'하고 사회적 경제 주체가 '운영'한다는 내용으로 읽으나, 법률관계가 명확하게 표현되어 있지 않으므로, 서울특별시 조례에서처럼 공공주택사업자가 (임대인으로서) 사회적 경제 주체에게 위탁·관리한다는 점이 분명히 표시되어야 할 것이다.[35]

---

33) 염철호·박석환, 앞의 글, 3~4; 정용찬, "서울시 사회주택 사업 추진현황과 시사점", 사회주택 성과와 발전방안 자료집(2021. 5.), 31.

34) 이희숙, "사회주택 법제도 현황과 개선방안", 96~97 등 참조.

35) 매입약정형 유형에 관해서는 공공주택사업자가 사회적 경제 주체 등에게 운영을 위탁·관리하는 것인지 아니면 공공주택사업자가 사회적 경제 주체에게 임대하여 사회적 경제 주체가 이를 입주자에게 재임대하는 것인지 혼선이 있는 듯하다(예를 들어 이희숙, "사회주택 법제도 현황과 개선방안", 86은 '위탁·관리'로, 같은 글, 92는 '재임대'로 서술하고 있다). 공공주택 특별법에서는 원칙적으

한편 매입약정형 유형, 즉 사회적 경제 주체가 기획하여 건설한 주택을 공공주택사업자가 매입한 후 다시 사회적 경제 주체에게 운영을 위탁·관리하는 유형도, 문언상으로 지침상의 '사회적 주택'에 포함되므로, 현재는 별도의 법적 근거 없이 위 조항에 근거하여 시행되고 있는 것으로 보인다. 매입약정형은 건축 단계에서부터 수요자의 필요에 맞추어 사회주택 운영에 특화된 설계를 반영할 수 있는 장점이 있고,[36] 특히 2020년 이후 비중이 늘어나고 있다.[37] 매입약정형을 별도의 유형으로 법제화하여, 매입약정 및 운영기관 선정을 동시에 할 수 있는 근거를 명시할 필요가 있다.[38]

다. 주체(위탁·관리기관의 자격)

사회주택을 운영할 수 있는 주체로 기존 법령이나 법률안에서 규정하고 있는 내용을 종합하면 아래와 같다. 「민법」에 따른 비영리법인, 「공익법인의 설립·운영에 관한 법률」에 따른 공익법인, 「협동조합 기본법」에 따른 협동조합 및 사회적 협동조합, 「사회적기업 육성법」에 따른 사회적기업은 공통적이므로 이들 주체를 위탁·관리기관으로 하는 데에 대해서는 이견은 없을 것이다. 밑줄 친 부분들이 법령 등에 따라 다르게 나타나는 주체이다. 학교, 예비사회적 기업, 중소기업 등이 이에 해당한다.

로 전대를 금지하므로(제49조의4) 위탁·관리에 한정하고 재임대(전대)는 포함하지 아니하였다.

36) 정용찬, "사회적 주택의 현황과 발전과제", 사회적 주택 공급성과와 발전방향 포럼 자료집(2021. 6.), 30; 이희숙, "사회주택 법제도 현황과 개선방안", 97 등.

37) 염철호·박석환, 앞의 글, 50.

38) 정용찬, "사회적 주택의 현황과 발전과제", 30; 이희숙, "사회주택 법제도 현황과 개선방안", 97 참조.

기존주택등 매입임대주택 업무처리지침 (제38조 제6항)	1. 「민법」 제32조에 따라 허가를 받은 비영리법인 2. 「공익법인의 설립·운영에 관한 법률」 제2조에 따른 공익법인 3. 「협동조합 기본법」 제2조제1호에 따른 협동조합 및 제2조제3호에 따른 사회적 협동조합 4. 「사회적기업 육성법」 제2조제1호에 따른 사회적기업 5. <u>「고등교육법」 제2조제1호부터 제4호까지, 제2조제6호, 제2조제7호에 따른 학교</u>
서울특별시 사회주택 활성화 지원 등에 관한 조례 (제2조 제3호)	가. 「민법」에 따른 비영리법인 나. 「공익법인의 설립·운영에 관한 법률」에 따른 공익법인 다. 「협동조합 기본법」에 따른 협동조합, 협동조합연합회, 사회적협동조합, 사회적협동조합연합회 라. 「사회적기업 육성법」에 따라 인증된 사회적기업 마. <u>「서울특별시 사회적기업 육성에 관한 조례」에 따른 예비사회적기업</u> 바. <u>「중소기업기본법」에 따른 중소기업 중 건설업, 부동산업 및 임대업, 전문, 과학 및 기술 서비스업(건축설계 및 관련 서비스업에 한함)에 해당하는 기업</u>
부산광역시 사회주택 활성화 지원에 관한 조례 (제2조 제3호)	가. 「민법」에 따른 비영리법인 나. 「공익법인의 설립·운영에 관한 법률」에 따른 공익법인 다. 「협동조합 기본법」 제2조 또는 개별 법률에 따라 설립된 협동조합 또는 협동조합연합회(사회적협동조합연합회를 포함한다) 라. 「사회적기업 육성법」 제2조제1호에 따른 사회적기업과 <u>「부산광역시 사회적기업 육성에 관한 조례」 제2조제2호에 따른 예비사회적기업</u> 마. <u>「중소기업기본법」에 따른 중소기업 중 건설업, 부동산업, 전문·과학 및 기술 서비스업(건축설계 및 관련 서비스업에 한함)에 해당하는 기업</u>
경기도 사회주택 활성화 지원에 관한 조례 (제2조 제2호)	가. 「민법」 제32조에 따라 허가를 얻은 비영리법인 나. 「공익법인의 설립·운영에 관한 법률」 제4조에 따른 공익법인 다. 「협동조합 기본법」 제2조제1호에 따른 협동조합, 제2호에 따른 협동조합연합회, 제3호에 따른 사회적 협동조합 및 제4호에 따른 사회적협동조합연합회 라. 「사회적기업 육성법」 제2조제1호에 따른 사회적기업 마. <u>「경기도 사회적경제 육성 지원에 관한 조례」에 따른 예비사회적기업, 마을기업 등</u>

공익주택 공급 촉진 및 지원을 위한 특별법안 [천준호 의원 대표발의, 의안번호 제2116670호] (제2조 제2호)	「사회적기업 육성법」 제2조제1호에 따른 사회적기업 「협동조합 기본법」 제2조제3호에 따른 사회적 협동조합 「민법」 제32조에 따른 비영리법인 그 밖에 대통령령으로 정하는 법인[39]

우선 지침에서 이미 사회적 주택 운영기관으로 열거하고 있는 학교는 주체에 포함되어야 할 것이다. 다음으로 주택을 직접 소유하여 공급하는 민간임대주택법에 기초한 사회주택과 달리 위탁·관리만을 맡는 것이므로 다소간 자격요건을 완화하여 접근할 수 있을 것이다. 다만, 확장할 수 있는 범위는 논자마다 의견이 다르다. 예비사회적기업은 사회적 목적 실현을 주된 목적으로 하는 조직이며 지방자치단체 등의 지정을 거치는 점을 고려할 때 공공주택 특별법상 위탁·운영 주체에 포함하여 전문성을 높이고 사회적 기업으로 성장할 수 있도록 지원할 수 있다는 견해,[40] 사회적 경제 주체로 사업자의 범위를 한정하기보다는 폭넓은 주체가 참여할 수 있도록 참여 범위를 확대하여야 한다는 견해[41] 등이 있다.

라. 내용

지침상의 사회적 주택 특례에 해당하는 내용 상당 부분은 그대로 유지하여도 좋을 것이다. 선정·평가·관리에 관한 규정이 그러하다. 입주자 자격에 관해서는 특례에서 다른 매입임대주택과 동일한 자격을

---

39) 이희숙, "공익주택법 도입 배경 및 내용 설명", 79에서는 정책적 결정에 따라 예비 사회적기업 등이 포함될 수 있을 것이라고 설명하고 있다.
40) 이희숙, "사회주택 법제도 현황과 개선방안", 91.
41) 염철호·박석환, 앞의 글, 102.

요구하되 입주순위에서만 재량을 부여하고 있다(제38조 제2항 참조). (매입약정형의 경우 특히 수요맞춤형이라는 측면에서) 입주자격을 유연화할 필요성[42]이 있을 수 있으나 형평성 역시 고려되어야 하는 점을 고려하면, 다른 매입임대주택과 기본적으로 입주자격을 동일하게 하되 순위에서만 재량을 인정하는 현행 지침의 태도를 적어도 초기에는 유지하는 것이 타당할 것이다.[43]

매입임대주택의 운영을 사회적 경제 주체에게 맡기는 방식의 장점을 살릴 보다 적극적인 규율도 필요하다. 서울특별시 조례의 경우 "주거관련 사회적 경제 주체에 의해 관리되는 공공임대주택의 유지·보수에 예상치 못한 비용이 발생할 경우 그 비용의 일부를 예산의 범위 안에서 지원할 수 있다"고 규정하고 있다. 그런데 사회주택 활성화를 위해 지원범위를 좀 더 확대하여 법제화하는 방안을 고려할 수 있을 것이다. 예를 들어, 공동체 활동을 위한 공간이나 프로그램 운영비용이 매입 가격 책정을 위한 감정평가나 관리비에 반영되기 어려워 사업주체의 부담이 되는 문제가 있다.[44] 지원범위를 포괄적으로 규정하여 공동체 프로그램의 활성화를 도모할 수 있을 것이다.

VI. 마치며

이 글에서는 공공주택 특별법과 사회주택의 관계를 고찰하고, 사회주택 활성화를 위한 공공주택 특별법 개정 방안을 탐색해 보았다. 우선 1980년대 이후의 법률 제·개정 과정을 살펴봄으로써, 민간과 공공

---

42) 염철호·박석환, 앞의 글, 103.
43) 지침의 공급대상을 유지하는 방향을 지지하는 입장으로 이희숙, "사회주택 법제도 현황과 개선방안", 97.
44) 염철호·박석환, 앞의 글, 106.

을 포괄한 임대주택의 공급·관리에 관한 사항과 공공주택의 건설 촉진에 관한 사항을 구별하여 규율하는 체계에서, 공급주체를 기준으로 민간임대주택에 관한 사항은 모두 민간임대주택법에서, 공공주택에 관한 사항은 모두 공공주택 특별법에서 규율하는 체계로 변화해 왔다는 점을 확인할 수 있었다. 다음으로 사회주택의 개념, 유형, 현황을 살펴봄으로써, 협의의 사회주택 중 사회적 주택 유형과 매입약정형 유형은 공공주택 특별법의, 토지임대부 유형은 민간임대주택법의 적용을 받는데, 공공주택 특별법이 적용되는 사회주택의 비율이 더 높을 뿐만 아니라 점점 증가하는 추세임을 알 수 있었다. 이어서 법체계 개편에 관한 기존의 여러 제안을 검토하고, 장기적으로는 공공주택 특별법을 개편하여 광의의 사회주택에 관한 사항을 하나의 법률에서 규정하는 방향이 바람직하겠지만, 단기적으로는 기존 법체계를 유지하되 개별 법률에 사회주택에 관한 규정을 강화하는 방향이 바람직하다는 주장을 전개하였다. 마지막으로 구체적 제안으로, 공공주택 특별법에 사회적 경제 주체가 공공임대주택을 위탁·관리하는 유형의 근거를 마련하여야 한다는 점, 사업방식이 구체적이고 명확하게 규정되어야 한다는 점, 민간임대주택법에 기초한 사회주택과 달리 사회적 경제 주체는 위탁·관리만을 맡는 것이므로 다소간 자격요건을 완화할 수 있다는 점, 입주자격은 형평성이 중요하나 입주순위는 유연화할 수 있다는 점, 매입임대주택의 운영을 사회적 경제 주체에게 맡기는 방식의 장점을 살릴 보다 적극적인 규율(예를 들어 공동체 활동을 위한 공간이나 프로그램 운영비용의 반영)이 필요하다는 점 등을 제안하였다. 이상의 검토내용이 사회주택 활성화를 위한 공공주택 특별법 개정에 도움이 되기를 희망하면서 글을 맺는다.

참고문헌

단행본

봉인식 외, 공익적 임대주택 공급 확대를 위한 민간의 역할에 관한 연구, 경기연
　　구원 (2018. 10.)

염철호·박석환, 다양한 거주가치 구현을 위한 사회주택사업 추진체계 개선방안
　　연구, 건축공간연구원 (2022)

장경석·송민경, 공공임대주택 공급동향 분석과 정책과제, 국회입법조사처 입법·
　　정책보고서 제65호 (2020. 12.)

OECD, "Social housing: A key part of past and future housing policy",
　　Employment, Labour and Social Affairs Policy Briefs, Paris (2020)

논문

김정욱·유성희, "사회주택 공급 활성화를 위한 규제 정비 방안", 일감부동산법학
　　제19호 (2019. 8.)

남원석·진남영, "한국 사회주택 정책의 전개과정과 주요 쟁점", 공간과 사회 제
　　31권 2호 (2021)

여경수, "공공지원민간임대주택의 법률상 쟁점", 일감부동산법학 제17호 (2018.
　　8.)

이희숙, "사회주택 법제도 현황과 개선방안", 공간과 사회 제31권 2호 (2021)

이희숙, "공익주택법 도입 배경 및 내용 설명", 민간임대주택 공익성 강화를 통
　　한 임대차 시장 안정화 방안토론회 - 공익주택 특별법을 중심으로 - 자
　　료집 (2022. 8.)

정용찬, "사회적 주택의 현황과 발전과제", 사회적 주택 공급성과와 발전방향 포
　　럼 자료집 (2021. 6.)

정용찬, "서울시 사회주택 사업 추진현황과 시사점", 사회주택 성과와 발전방안
　　자료집 (2021. 5.)

진남영·황서연·이희숙·한동아, "사화주택 활성화를 위한 법제도 개선 방안 - 사
　　회적경제 주체에 의한 민간 사회주택을 중심으로 - ", 법무법인(유한)

태평양·재단법인 동천 공동편집, 사회적경제법연구(공익법총서 04), 경인문화사 (2018)

공공임대주택 개념의 재설정을 통한 법제 개선 방향

|남원석*·진남영**|

초 록

본 글은 현행 공공임대주택 공급정책이 불과 30년이라는 짧은 기간에도 불구하고 빠른 속도로 주택재고를 늘리는 데 기여했으나 수요 대응 측면에서 취약성을 가지고 있음에 주목했다. 그리고 이를 해소하기 위해 공공임대주택의 제3세대 개념으로서 민간비영리/제한적 영리조직의 참여를 상정하고 그에 근거한 법률 개정 방향을 제시하고자 했다.

공공임대주택 공급주체의 범위는 역사적으로 변해왔고 민간부문의 참여를 강조하던 시기도 있었다. 그러나 제1세대 개념으로서 민간영리부문의 참여는 공공임대주택이 지닌 공공성을 충분히 발휘할 수 없는 요인이 되었고, 그 이후 제2세대 개념으로서 전개된 공공부문 중심의 공급은 중앙집중적 공급체계가 가진 내재적 문제들을 해소하는 데 역부족이었다. 이런 점에서 제3세대 개념으로서 민간비영리/제한적 영리조직의 참여가 제1세대 및 제2세대 개념이 가진 한계를 보완할 수 있을 것으로 보았다.

그러나, 단순히 민간비영리/제한적 영리조직을 공공임대주택 공급에 참여시키는 것만으로 문제를 해소하기는 어렵다. 분권과 협력에 기반한 공급체계라는 큰 틀에서 공공주택사업자의 다양성이 고려되어야

---

 * 서울연구원 연구위원
** 새로운 사회를 여는 연구원 원장

근본적인 변화가 가능하다고 판단했다. 이를 위해 지방자치단체가 주도하는 계획체계, 공공부문과 민간부문에 대한 동일한 수준의 지원, 전담기관 설치를 통한 사업자 등록제 및 관리·감독 수행 등 여러 제도적 장치들이 법률 개선방향으로서 모색될 필요가 있음을 제안했다.

Ⅰ. 서론

현행 「공공주택 특별법」 제2조에 따르면, 공공임대주택은 공공주택사업자가 국가 또는 지방자치단체의 재정이나 주택도시기금을 지원받아 건설, 매입 또는 임차하여 공급하는 임대주택으로 정의할 수 있다. 여기서 공공주택사업자는 동법 제4조에 따라, 국가 또는 지방자치단체, 한국토지주택공사, 지방공사, 대통령령으로 정하는 공공기관이 해당한다. 또한, 이들이 총지분의 100분의 50을 초과하여 출자·설립한 법인이나 총지분의 전부를 출자하여 설립한 부동산투자회사1)도 공공주택사업자가 될 수 있다. 한편, 「주택법」 제4조에 의거하여 국토교통부는 연간 대통령령으로 정하는 호수 이상의 주택건설사업을 시행하려는 자 또는 연간 대통령령으로 정하는 면적 이상의 대지조성사업을 시행하기 위해 등록한 주택건설사업자를 국가 또는 지방자치단체, 한국토지주택공사, 지방공사, 공공기관 중 하나와 묶어서 '공동 공공주택사업자'로도 지정할 수 있다.

그런데 이와 같은 공공임대주택 개념과 공급주체의 범위에 대한 규정은 고정된 것이 아니라 역사적으로 변해왔다. 당시의 정책적 여건과 해당 정부의 정책에 따라 공공임대주택 및 공급주체에 대한 개념이 변동해 왔다고 할 수 있다. 따라서 현행 「공공주택 특별법」에서 규정하는

---

1) 동법 제4조 1항 6호에 의하면, 도심 공공주택 복합사업에서는 총지분의 50%를 초과한 경우도 공공주택사업자가 될 수 있다.

각종 정의가 마치 역사적 시공간을 뛰어넘는 불변의 고정된 개념처럼 받아들여서는 곤란하다. 언젠가 새로운 정책여건에 대한 인식과 문제의식이 사회적으로 널리 수용되는 시점이 온다면, 이 개념 역시 과거의 유산으로 전락할 가능성이 높다. 본 글은 이러한 전제에서 출발한다. 즉, 현행 법률에서 정하는 공공임대주택의 개념과 공급주체의 범위는 특정 시기의 상황과 조응한 역사적 산물이며, 따라서 잠정적인 규정일 수밖에 없으며, 정책여건이 변화한다면 그에 부합하는 새로운 개념을 개발해야 한다는 것이다.

이상의 기본 전제를 바탕으로 본 글은 현재의 정책여건에 부합할 수 있는 새로운 공공임대주택 개념을 모색하는 데 초점을 맞추고, 이를 뒷받침할 수 있는 법률 개선방향을 제시하는 데 목적을 두었다. 특히 공공임대주택의 개념은 공급주체의 범위 위주로 검토하고자 하는데, 현재의 정책여건을 검토할 때 공급주체의 범위에 대한 논의가 공공임대주택의 개념 설정에 있어서 핵심적인 위상을 차지하고 있다는 판단에서 기인한다.

본 글은 다음과 같은 순서로 전개된다. 우선, 제II장에서는 우리나라 공공임대주택의 개념, 특히 공급주체의 범위와 관련한 변천과정을 살펴보았다. 1980년대 제정된 「임대주택건설촉진법」에서 시작하여 오늘날의 「공공주택 특별법」에 이르기까지 공공임대주택의 개념과 공급주체의 범위가 어떻게 변화했는지를 검토하였다. 다음으로 제III장에서는 기존 개념을 바탕으로 전개된 공공임대주택 공급정책의 특성과 취약성을 검토하는 가운데, 기존 개념의 변화에 대한 필요성을 도출했다. 이어지는 제IV장에서는 제III장의 논의를 바탕으로 현행 법률의 개선방향을 제시했다. 마지막으로 결론에서는 전체 논의내용을 요약하는 가운데 대안적 논의의 필요성을 강조하였다.

한편, 본 글은 공공임대주택 정책의 모든 내용을 포괄하지 않고 신규 공공임대주택의 공급에 관한 사항만을 다룬다. 「공공주택 특별법」 제2조에 따르면, 공공주택사업은 지구조성사업, 건설사업, 매입사업,

관리사업, 도심 공공주택 복합사업으로 구분할 수 있는데, 본 글에서 관리사업은 다루지 않으며, 그 밖의 사업유형도 신규공급의 측면에서 교집합을 가지고 있지만 완전히 일치한다고 보기 어렵다. 따라서 본문에서 제시하는 법률 개정방향도 제한적일 수밖에 없을 텐데, 그럼에도 불구하고 종합적인 법률 개정의 출발점을 제공할 수 있는 논의라는 점에서 본 글의 의의를 찾고자 한다. 또한 본 글에서 개선의 대상이 되는 법률은 주로 「공공주택 특별법」이다. 「주택법」 등 유관 법률이 다수 존재하지만, 논점을 명확히 하기 위해 단일 법률에 초점을 맞췄으며, 유관 법률들은 「공공주택 특별법」의 개정에 따라 변화될 수 있을 것으로 보았다.

II. 공공임대주택 개념의 변화

1984년 제정된 「임대주택건설촉진법」 이후 공공임대주택 개념의 변화는 두 단계를 거쳐 이루어졌다. 이를 편의상 제1세대와 제2세대로 구분한다면, 제1세대는 공공임대주택에 대한 포괄적 개념 하에서 대한주택공사 등 공공부문과 민간영리부문이 공급주체로 참여하던 시기였고, 제2세대는 공공임대주택 개념에 공급주체로서 공공부문에 대한 강조가 이루어진 시기였다고 할 수 있다. 그리고 이러한 변화의 분기점은 「임대주택법」의 공공임대주택 공급·운영 관련 조항과 「공공주택 건설 등에 관한 특별법」이 「공공주택 특별법」으로 일원화되었던 2015년이었다.

1. 제1세대

「임대주택건설촉진법」은 1984년 12월 31일에 제정되어 1985년 1월

31일에 시행되었다. 당시 심각해진 주거문제에 대응하여 주택을 구입할 수 없는 가구의 주거안정을 도모하기 위해 장기임대주택 제도를 정착시키고 건설을 촉진하고자 했다. 동법 제2조에서는 "임대를 목적으로 건설·공급되는 주택으로서, 주택건설사업계획 승인을 얻은 주택과 대통령령으로서 정하는 임대사업자가 임대하는 주택"으로서 임대주택을 규정하고 있지만, 이와 별도로 공공임대주택의 개념을 규정하지는 않았다. 그러나, 국민주택기금의 우선 사용, 택지의 우선공급, 간선시설의 우선설치, 임대조건에 대한 기준 설정, 임대주택의 분양제한 및 전대금지 등 임대주택 공급에 대한 지원 및 규제를 정하고 있는 것으로 보아 지금의 공공임대주택 개념을 전제로 하고 있다고 볼 수 있다. 또한 임대주택의 정의에서 보듯이 대한주택공사뿐만 아니라 민간부문의 임대주택사업자도 이 법에 의한 임대주택 공급에 참여할 수 있도록 하였는데, 이 경우 임대의무기간은 5년으로 정했다.

1993년 12월 27일, 「임대주택건설촉진법」은 「임대주택법」으로 전면 개정되어 1994년 4월 1일에 시행되었다. 민간에 의한 임대주택 건설을 활성화시키기 위한 기반을 조성하는 한편, 무주택 임차가구의 보호를 강화함으로써 기존 임대주택 제도의 미비점을 전반적으로 개선하고자 하는 취지에서 개정이 이루어졌다. 동법 제2조에 의하면, 임대주택은 "임대목적에 제공되는 건설임대주택 및 매입임대주택"으로 정의됨으로써 주택을 확보하는 수단으로서 매입방식이 도입되었다. 더불어 「임대주택건설촉진법」과 달리 임대주택의 하위 유형으로서 공공건설임대주택과 민간건설임대주택을 구분했다는 점이 특징이다. 법 제정 초기에는 공공건설임대주택을 "국가 또는 지방자치단체의 재정으로 건설하거나 국민주택기금에 의한 자금을 지원받아 건설하여 임대하는 주택"으로 규정했는데, 그 이후 법 개정을 통해 "공공사업으로 조성된 택지에 사업계획 승인을 받아 건설하는 임대주택"이 공공건설임대주택 범주에 추가로 포함됐다.

그러나 「임대주택건설촉진법」과 마찬가지로 공급주체는 폭넓게 규정했다. 「주택건설촉진법」에 의해 등록을 한 주택건설사업자, 임대를 목적으로 하는 주택을 건설하기 위해 「건축법」에 의해 허가를 받은 자라면 공공건설임대주택 공급에 참여할 수 있었기 때문에, 민간영리부문도 공공임대주택을 공급할 수 있었다. 국가 또는 지방자치단체의 재정을 공급재원으로 활용하는 경우는 대한주택공사(이후 한국토지주택공사), 지방공사 등 공공부문이 해당되는데, 임대의무기간은 주택유형에 따라 20년, 30년, 50년 등으로 설정돼 있다. 반면, 국민주택기금(이후 주택도시기금)을 지원받아 공공건설임대주택을 공급하는 민간영리부문의 사업자는 5년 또는 10년 동안 임대 후 분양전환을 시행할 수 있었다.

이상에서 공공임대주택의 제1세대 개념은 주로 건설을 통한 공급에 초점을 맞추고 있으며, 공급주체를 특별하게 규정하지는 않았다. 따라서 공공부문뿐만 아니라 민간영리부문의 참여도 허용됐는데, 이들에게는 사업성을 고려하여 5년 또는 10년의 비교적 짧은 임대의무기간을 부여했다. 공공부문의 공급역량이 제한된 상황에서 민간영리부문의 참여를 유도함으로써 짧은 임대의무기간이라 하더라도 공공임대주택의 안정적인 공급과 재고 확충을 기하고자 한 것이다.

2. 제2세대

「보금자리주택 건설 등에 관한 특별법」을 개정하여 2014년 1월 14일 시행된 「공공주택 건설 등에 관한 특별법」은 「임대주택법」의 공공주택 공급·관리 등에 관한 사항을 포함하여 2015년 8월 「공공주택 특별법」으로 변경되었다. 이 과정에서 기존에 상이하게 규정되었던 「공공주택건설 등에 관한 특별법」과 「임대주택법」의 공공주택 정의를 일원화할 수 있었다. 이미 서두에서 언급했듯이, 「공공주택 특별법」에서 공공임대주택은 "공공주택사업자가 국가 또는 지방자치단체의 재정이나 주택도시기금을 지원받아 건설, 매입 또는 임차하여 공급하는 임대주택"으로 정의된다. 기존 「임대주택법」의 개념 정의와 다른 점은, 공공임대주택의 공급방식으로서 매입 및 임차방식이 추가되었으며, 공급주체를 공공주택사업자로 명확히 규정했다는 점이다. 공공주택사업자는 국가 또는 지방자치단체, 한국토지주택공사, 지방공사, 공공기관 등 공공부문으로, 민간부문은 공공부문과의 공동사업이 아니면 사실상 공공임대주택 공급에 참여하기 어려워졌다.[2]

그런데 「공공주택 특별법」에서 규정된 공공임대주택의 개념은 그 이전 법률로서 2014년에 제정된 「공공주택 건설 등에 관한 특별법」과 2009년에 제정된 「보금자리주택 건설 등에 관한 특별법」에서 규정된 개념의 연장선상에 있다. 따라서 제1세대와 제2세대의 분기점을 2009년으로도 볼 수 있겠으나, 이 시기는 「보금자리주택 건설 등에 관한 특별법」 또는 「공공주택 건설 등에 관한 특별법」이 「임대주택법」과 공존하면서 공공임대주택 개념을 다소 혼란스럽게 했기 때문에, 「임대주택법」의 관련 조항이 「공공주택 건설 등에 관한 특별법」과 통합되었던 2015년이 분기점으로서 적절한 시점이라고 판단된다.

정리하자면, 공공임대주택의 제2세대 개념은 제1세대 개념과 달리 공공부문과 민간부문의 역할을 명확하게 구분하여 공공부문 중심으로 공급주체를 규정하고, 종래의 건설방식 중심의 규정에서 벗어나 매입, 임차 등 다양한 공급방식을 해당 개념에 포함시켰다는 특성을 갖는다. 그러나, 제1세대와 제2세대의 공통점도 확인할 수 있다. 민간영리부문의 참여는 5년 또는 10년의 임대의무기간이 부여된 후 분양전환되는

---

2) 역사적으로 살펴보면, 「보금자리주택 건설 등에 관한 특별법」 제정 당시에 해당 사업 시행자가 공공부문에 한정됐지만, 글로벌 금융위기 여파로 LH 등 공기업의 재무사정 악화가 발생하면서 원활한 사업추진을 위해 제한적으로 민간영리부문을 참여시키기 시작했다. 이는 2012년 1월 17일 동법 개정을 통해 이루어졌는데, 공공기관과 공동으로 참여하고자 하는 주택건설사업자 등을 보금자리주택 사업의 시행자 범위에 추가했다.

공공임대주택 공급으로 제한되었기 때문에, 제1세대와 제2세대 공히 장기간 주거안정을 기할 수 있는 공공임대주택의 공급은 전적으로 공공부문의 몫이었다. 제1세대에 비해 제2세대의 개념이 적용된 기간이 상대적으로 짧은 상황이지만, 두 시기를 관통하는 특성은 공공부문이 주도하는 장기공공임대주택의 공급이었던 것이다. 다음 장에서는 제1세대와 제2세대를 지나면서 전개된 우리나라 공공임대주택 정책의 특성 및 취약성을 살펴보는 가운데, 대안적 개념으로서 제3세대 개념으로의 전환 필요성을 검토하고자 한다.

III. 공공임대주택 공급 정책의 특성과 취약성[3)]

1. 소위 '89년 체제'로서 공급정책의 특성

1989년 노태우 정부가 영구임대주택 공급정책을 시행한 이래, 공공임대주택의 개념 설정에 있어서 변화가 있었지만, 공공임대주택 공급 정책을 운용하는 방식이나 집행구조의 측면에서는 큰 변화가 없었다. 노태우 정부 이후 여러 정부가 새롭게 들어서면서 공공임대주택 정책이 내용적으로는 변했어도 공급 정책의 운용방식이 변할 정도는 아니었다. 곧 한국의 공공임대주택 정책은 1989년 이후 구조적으로 큰 변화 없이 추진되어 왔다고 할 수 있겠는데, 이를 집약적으로 표현한다면, 정책시행 시점을 반영하여 소위 '89년 체제'로 명명해도 무리가 없을 것 같다. '89년 체제'의 대표적인 특징을 열거하면 다음과 같이 요약할 수 있다.

---

3) 제III장의 1절과 2절은 다음의 문헌 중 일부 내용을 요약 및 수정하여 재정리한 것이다: 남원석, "공공임대주택 정책의 혁신을 위하여", 공공임대주택 이렇게 바꿔라, 학고재 (2021), 204-222.

첫째, '89년 체제'는 물량주의에 근거한 대량공급 정책을 특징으로 한다. 공공임대주택 재고가 충분하지 않은 상황에서 정부의 주요 목표는 대량공급정책을 통해 공공임대주택 재고율을 끌어올리는 것이었다. OECD 평균 수준의 재고율과 우리나라의 재고율을 비교하면서 재고율 상향의 필요성을 피력하기도 했다. 그리고 이를 위해 택지개발을 통한 대규모 공급방식을 선호해왔으며, 제도적으로는 다양한 인허가의 의제 처리가 가능한 특별법을 제정해왔다.[4] 이러한 대량공급정책에 힘입어 1989~2020년의 기간 동안 공급의 부침은 다소 있었지만 연평균 약 18만 호의 공공임대주택이 공급되었으며, 누적으로 177.5만 호(2021년말 기준)의 공공임대주택이 운영되고 있다.[5] 2018년 말 현재 우리나라의 공공임대주택 재고량은 전체 주택의 8.1%, 무주택가구의 18.9%를 포괄하고 있는, 적지 않은 수준이라고 할 수 있다.

둘째, '89년 체제'는 중앙정부와 중앙공기업이 주축이 되는 중앙집중적 공급체계로 운영되었다. 중앙정부가 일정 기간 동안의 공급량 목표를 설정하게 되면, 중앙공기업인 LH는 일사불란하게 움직이면서 해당 공급량 목표를 달성하는 식이었다. 다시 말하면, 중앙정부는 중앙공기업의 활동을 조정·통제함으로써 공급목표를 효율적으로 달성할 수 있었다. 이 과정에서 지방정부의 역할은 사실상 크지 않았다. 실제로 2021년 말 기준 177.5만 호인 공공임대주택 재고 중 LH가 공급한 주택은 75.1%(133.3만 호)를 차지하고 있는 반면, 지자체 및 지방공사가 공급한 주택은 18.9%(33.5만 호)에 그치고 있다.[6] 특히, 공공임대주택 건설 인허가를 기준으로 사업주체별 공급 비중을 살펴보면, 지방정부 공급 비중은 노태우 정부 시기에 정점을 찍은 이후 낮은 수준이 지속

4) 예를 들어 「국민임대주택 건설 등에 관한 특별조치법」, 「보금자리주택 건설 등에 관한 특별법」, 「공공주택 건설 등에 관한 특별법」, 「공공주택 특별법」 등은 각 정부에서 운용해 온 특별법이었다.
5) 국토교통부, 주택업무편람(2022), 373; 국토교통 통계누리(www.stat.molit.go.kr).
6) 국토교통 통계누리(www.stat.molit.go.kr).

되고 있다. 반면, LH공사의 공급 비중은 2000년대 초반부터 급등하면서 지방정부와의 격차가 더욱 확대되는 추세이다. 이처럼 중앙집중적 공급체계는 지금도 유지되고 있으며, 이를 통해 공공임대주택의 대량 공급이 가능했다고도 할 수 있다.

셋째, 분양전환 공공임대주택이 여전히 하나의 유형으로 유지되고 있는 것은, 장기간 임대주택으로 운영하는 것에 대한 재정적 부담을 덜고자 하는 정부 및 사업주체의 이해관계와 무관할 수 없을 것이다. 그동안 5년 또는 10년 동안만 공공임대주택으로 운영하고 그 이후 임차인 등에게 매각하는 분양전환 공공임대주택을 공공임대주택의 하위 유형으로 포함시킬 것인가에 대해 많은 논란이 있었다. 분양전환이 이루어지면 더 이상 공공임대주택의 기능을 수행할 수 없기 때문에, 공공임대주택 재고 통계에서 제외하고 자가소유 정책으로 간주해야 한다는 주장이 있었지만, 주택재고의 양적 측면을 강조하는 정부는 공공임대주택에 포함시켜 통계를 관리해왔다. 실제로 2021년 말 기준으로 5년 및 10년 공공임대주택 재고가 21.1만 호에 달하고 있다.[7]

2. '89년 체제'의 취약성

공공임대주택의 공급체계로서 '89년 체제'가 과연 옳은 방식이었는가를 따지는 것은 적절치 않다. 당시의 사회경제적 여건 등을 고려했을 때, 정부가 전략적으로 선택할 수밖에 없는 정책운용방식이지 않았을까 생각된다. 불과 30년 남짓한 기간 동안 공공임대주택 재고율이 8.1%에 이를 정도로 많은 양의 공공임대주택이 공급된 것은 '89년 체제'의 중요한 성과였다고 평가할 수 있다. '일단 양이 충분해야 한다'는 공감대 하에서 공공부문을 일사불란하게 움직이게 하는 중앙집중적 공급체계의 물량주의가 실현된 결과였다.

---

7) 국토교통 통계누리(www.stat.molit.go.kr).

하지만, 물량주의에 기반한 '89년 체제'는 현재의 정책여건과 부합하지 않는다. 지금은 가용토지가 많지 않기 때문에, 과거와 같이 수용방식에 근거한 광대한 규모의 택지개발을 통해 공공임대주택 공급량을 크게 늘릴 수 있는 시기가 아니다. 결국 택지개발에 기반한 집중형 공급이 소규모 물량 중심의 분산형 공급체계로 전환돼야 하는 상황에서 과거와 같은 물량주의를 고수하기는 어려울 것이다. 나아가 물량주의는 공급량 확대에 치중하면서, 지역별 공공임대주택 수급 불균형 등 지역의 주거사정을 부차적인 문제로 다루게 된다. 지역별로는 공공임대주택을 필요로 하는 소요가구들이 불균등하게 분포할 수 있지만, 물량주의에 경도될 경우 이에 대해서는 충분히 고려하지 않는다. 공공임대주택 정책의 운용에 있어서 문제가 일부 있더라도 주택 재고를 늘려야 한다는 당위가 더 강조되기 때문이다. 그러다보면 공공임대주택을 건설할 수 있는 부지, 매입 가능한 적정 가격의 민간주택이 어디에 얼마만큼 있는지가 더 중요해질 수밖에 없을 것이다.

또한, '89년 체제'는 중앙정부와 중앙공기업에 대한 과도한 의존으로 인해 변화와 혁신에 소극적일 수밖에 없다. 공급의 효율성을 위해 구성된 현재의 중앙집중적 공급체계는 공공임대주택 정책에 내재해 있는 다양한 문제를 해결하려는 동력을 형성하기 어렵다. 공급목표량을 달성하기 위한 최적의 공급체계일 수는 있겠지만, 그로 인해 변화와 혁신의 요구에 소극적으로 대응할 가능성이 높다. 예를 들어 지방정부 차원의 다양한 정책적 노력과 민간비영리/제한적 영리부문[8]의 다양한 시도를 정책적으로 수용하는 데 있어서 중앙집중적 공급체계는 오히려 장애요인이 될 수 있다. 또한, 공공임대주택 공급에 있어서 중앙공기업의 역할이 커지고 경쟁구도가 부재함으로써 비용절감 등 자체적인 사업프로세스 개선 노력도 소홀해지기 쉽다.

---

8) 비영리 또는 제한적 영리조직은 사업수익 발생에 따른 이윤의 배당을 제한하고, 해산할 때 생겨난 잔여재산을 사회적으로 반환하도록 한다는 점에서 영리조직과 다르다.

마지막으로, '89년 체제'는 공공임대주택이 갖는 본연의 사회적 가치를 충분히 구현하지 못하는 한계를 내포하고 있다. 공공임대주택의 공급 및 운영에 대한 정부의 재정지원이 충분하지 않고 사업주체의 부담이 과중할 경우, 개발사업을 통한 교차보조와 분양전환 공공임대주택의 존속에 대한 필요성이 지속될 것이다. 이는 주택시장에서 민간영리부문과 공공부문의 불필요한 경합을 발생시키는 한편, 공공임대주택 정책에 있어서 경제성과 효율성이 우선시되면서 본연의 사회적 가치가 훼손될 수 있다. 일례로 1982년부터 2020년까지 사업승인 받은 분양전환 공공임대주택이 총 151.5만 호에 이르지만, 2021년말 현재 현재 남아 있는 재고는 21.1만 호뿐이다(국토교통부, 2022). 100만 호 이상의 공공임대주택이 분양전환을 통해 사유화된 것이다. 충분한 재원이 뒷받침되었다면 상당한 양의 공공임대주택이 지금도 중·저소득가구를 위해 지속적으로 운영될 수 있었을 것이다.

3. 제3세대 개념의 필요성

이상에서 영구임대주택 공급 이후 우리나라 공공임대주택 공급체계를 '89년 체제'로 규정하고, 그것의 특성과 취약성을 살펴보았다. 과연 '89년 체제'로 대별되는 현재의 공공임대주택 공급체계가 앞으로도 여전히 유효할 수 있을까? 결론부터 이야기하자면, 일정 정도의 재고량을 확보한 현재에서는 공급정책의 전환을 모색할 때가 되었다고 생각한다. 예상컨대 위에서 언급한 취약성을 감안할 때 이제 '89년 체제'의 유지는 득보다 실이 더 많을 수 있기 때문이다.

영구임대주택 공급 이후 30여 년이 지난 지금 시점에서 공공임대주택 공급정책을 점검하고 더 나은 방향으로 개선하기 위해서는 물량주의, 중앙집중적 공급체계, 분양전환 공공임대주택 공급 등과 거리를 둘 필요가 있다. 공공임대주택의 제1세대 개념처럼 민간영리부문을 공급

주체로서 적극적으로 포괄하는 방식으로 회귀할 경우, 사업성에 대한 우선적 고려를 통해 분양전환 공공임대주택 공급을 자칫 확대할 우려가 있다. 그렇다고 현행과 같이 공공부문 중심의 제2세대 개념을 유지하는 것은 중앙집중적 공급체계의 강화로 나타나는 여러 문제들을 해결할 가능성을 상실하게 될 것이다. 게다가 제1세대 및 제2세대 개념은 물량주의에 경도된 시기를 배경으로 구성된 것이기도 하다. 따라서 제1세대와 제2세대의 공공임대주택 개념과 구분되는 제3세대 개념을 새롭게 모색해야 하는 이유는 충분히 존재한다고 할 수 있겠는데, 제3세대 개념이 지향해야 하는 핵심적인 두 가지 기본방향은 다음과 같다.

하나는 분권과 협력에 바탕을 둔 공급체계로 전환해야 한다는 것이다. 중앙정부와 중앙공기업을 주축으로 하는 중앙집중적 공급체계를 혁신하여 지방정부의 역할을 확대하는 한편, 공공부문과 민간비영리/제한적 영리부문에 속하는 다양한 주체들의 협력이 가능할 수 있는 기반을 만들어야 한다. 이러한 분권과 협력은 지역의 주거소요에 민감하게 반응할 수 있는 공급체계를 만드는 데 기여할 수 있을 것이다.

다른 하나는 공공임대주택 공급정책을 수요자 지향으로 전환해야 한다는 것이다. 수요자 지향이라는 방향은 예전부터 빈번히 거론되어 왔지만, 돌아보면 정책변화는 크지 않았고 당위적 또는 수사적 표현을 넘어서지 못했다. 실질적인 수요자 지향 정책으로서 공공임대주택 정책의 전환을 위해서는 현행 물량주의가 갖는 취약성을 해소하고 주거소요에 효과적으로 대응할 수 있는 공급정책이 강구될 필요가 있다.

IV. 법률 개선방향

이상에서 공공임대주택 공급정책이 처해 있는 정책여건을 고려할 때, 제3세대 개념의 확립을 통해 새로운 공급체계로 전환할 필요가 있음을 논의했다. 이하에서는 이러한 논의의 연장선상에서 기존 법률, 특히 「공공주택 특별법」에 어떠한 내용이 반영되어야 하는지에 대한 논의로 이어가고자 한다. 구체적인 법률조항을 일일이 언급하기보다는 제3세대 개념의 반영을 위해 주요하게 고려할 사항을 중심으로 검토하고자 한다.

1. 제3세대 개념의 적용

본 글에서 제시하는 제3세대 개념은 민간사업자의 참여를 포괄하는 새로운 공공임대주택을 구상하는 것에 초점이 있다. 그런데 여기서 민간사업자는 제1세대 개념에서 구현된 영리부문이 아니라 비영리/제한적 영리부문을 주축으로 한다. 즉, 사업성과 재고확충을 함께 고려하여 민간부문의 한시적인 임대운영을 허용하는 방식을 채택하는 것이 아니라, 공공부문과 동일한 수준의 정부지원을 통해 장기간 임대운영이 가능한 구조를 만드는 것이며, 이런 점에서 제1세대 개념과는 다르다. 나아가 민간의 비영리/제한적 영리조직을 참여시키는 것은 공공부문 중심의 역할 강화를 지향하는 제2세대 개념과도 상이하다.

민간의 비영리/제한적 영리부문이 공공임대주택 공급에 참여하는 제3세대 개념은 공공부문과 협력과 경쟁을 유발하여 공공임대주택 공급정책의 효율성 및 효과성을 촉진하는 데 기여할 것으로 기대된다. 새로운 수요에 대한 기민한 대응 부족, 사회적·공간적 수급 불균형 등 현행 공공부문 중심의 공공임대주택 공급체계가 지니고 있는 여러 문제9)를 보완하는 수단으로서 민간사업자의 참여가 활용될 수 있다면 중·저소득층의 주거소요를 보다 효과적으로 충족시킬 수 있다는 점이 제3세대 개념의 제안배경이라 할 수 있다.

---

9) 김일현·진남영, "공공임대주택, 누가 공급할 것인가", 공공임대주택 이렇게 바꿔라, 학고재(2021), 38-55.

한편, 최근 10여 년 동안 '사회주택'이라는 이름으로 민간사업자에 의한 저렴한 임대주택 공급의 움직임이 있었다. 초기 단계로서 한계가 있었지만, 이 흐름은 서울에서 시작하여 수도권 및 일부 지방도시로 확산되었고, 사회적 가치 구현을 지향하는 새로운 민간사업자가 다수 등장했다. 일부 지방정부들이 조례 제정을 통해 중앙정부보다 먼저 발 빠르게 지원해 왔고, 중앙정부도 자금 융자·보증 등 재원에 대한 지원 체계를 갖추기도 했다.[10] 그리고 그 과정에서 소위 '사회주택'에 대한 제도적 기반을 마련하기 위해 「민간임대주택에 관한 특별법」을 개정하려는 노력이 있었는데, '사회(적)'라는 용어에 대한 반감 등 여러 이유로 번번이 수포로 돌아갔다. 그러나 우리나라 공공임대주택의 역사를 돌아보면, 제1세대 개념에서 – 성격은 다르지만 - 이미 민간사업자를 공공임대주택 공급에 활용한 경험이 있다. 따라서 굳이 별도의 용어를 구상해서 민간비영리부문의 공급활동을 규정하기보다는 종래의 '공공임대주택' 용어를 유지하면서 공급주체를 다변화하는 접근이 하나의 대안이 될 수 있다고 생각한다. 원칙적으로 이러한 구도라면 유럽에서 통용되는 '사회주택(social housing)' 용어가 더 적합할 수 있겠지만, 국가마다 정책발전의 고유 경로와 맥락이 존재하고 특정 용어에 대한 다양한 관점이 발생할 수밖에 없다는 점을 고려할 때, 기존 공공주택 개념을 확장하는 방식이 불필요한 논란을 불식시킬 수 있을 것이다.[11]

아래의 <표 1>은 이상에서 제시한 공공임대주택의 제3세대 개념이 기존의 제1세대 및 제2세대 개념과 어떻게 구분될 수 있는지를 정리한 것이다. 제1세대 개념은 민간영리부문을 공공임대주택 공급에 참여시키고, 이들이 공급하는 분양전환 공공임대주택을 공공임대주택 범주에

---

10) 남원석, 앞의 글, 204-222.

11) 이는 「민간임대주택에 관한 특별법」 개정보다 비교적 단순명료한 제도적 개선이 될 수 있으며, 소위 '사회주택'의 발전경로로서 논의된 바 있는 '선(先) 「민간임대주택에 관한 특별법」 개정, 후(後) 「공공주택 특별법」 개정'이라는 단계적 접근이 가진 모호함도 극복할 수 있다고 생각한다.

포함시켰다는 특징을 갖는다. 그러나 분양전환 공공임대주택은 일정한 시간이 경과하면 주택시장에서 거래되는 상품으로 전락하고 공공임대주택 재고로서의 의미를 상실한다는 점에서 제한적 또는 절충적 공공성을 특징으로 한다. 제2세대 개념은 공공부문과 민간부문의 역할을 확실하게 구분하는 가운데 공공임대주택은 공공부문 중심으로 공급함으로써 공공성을 강화한다는 의미를 내포하고 있다. 그러나 앞 장에서 논의했듯이 중앙집중적 공급체계에 기반한 공공부문 중심의 공급은 내재적으로 여러 문제를 드러냈다.

이에 제3세대 개념은 기존의 공공부문뿐만 아니라 민간비영리/제한적 영리부문도 공공임대주택 공급에 참여시켜 제2세대 개념의 한계를 보완하는 한편, 이들이 공급하는 임대주택에 종래 공공임대주택과 동일한 지원을 제공하여 높은 수준의 공공성을 이행하도록 함으로써 제1세대 개념의 한계를 보완하고자 한다. 나아가 다음 절에서 언급하겠지만, 중앙집중적 공급체계를 지방정부가 주도하는 공급체계로 전환하고, 이를 민간비영리/제한적 영리부문과 연계함으로써 분권과 협력의 가치에 기반한 공공임대주택 공급체계를 구축하는 것도 중요하게 다뤄진다. 이상의 맥락에서 만일 제3세대 개념을 수용하고자 한다면, 현행 「공공주택 특별법」 제4조의 공공주택사업자 관련 규정은 개정될 필요가 있다. 현행 공공부문 위주에서 민간비영리/제한적 영리부문의 조직들도 포함될 수 있도록 공공주택사업자 범위의 조정이 필요할 것이다.

〈표 1〉 공공임대주택 개념의 비교

구분	제1세대	제2세대	제3세대
민간부문 역할	· 민간영리부문의 분양전환 공공임대주택 공급 · 단기적 재고 확충에 기여	· 공공부문 중심으로 공급 · 민간부문 역할 감소	· 비영리/제한적 영리조직의 참여 · 장기공공임대주택 공급
공공성의 성격	· 제한적/절충적 공공성	· 중앙집중적 공급체계에 기반한 공공부문 위주의 공공성 강화	· 분권과 협력에 기반한 공공성의 확장
관련 법률	· 임대주택건설촉진법(1984) · 임대주택법(1993)	· 공공주택 특별법(2015) ※ 공공주택 건설 등에 관한 특별법(2014), 보금자리주택 건설 등에 관한 특별법(2009)	· 법률 개정 필요
한계	· 공공임대주택 재고 소실	· 물량주의 경도, 공간적 수급불균형, 혁신 부족 등	-

2. 지방자치단체가 주도하는 계획체계[12]

공공임대주택의 제3세대 개념이 기존 공공임대주택 공급정책의 취약성을 해소하는 데 기여할 수 있도록 하기 위해서는 계획체계에 대한 정비도 함께 이루어져야 한다. 중앙집중적 공급체계가 유지되는 가운데 단순히 공급주체의 범위가 확대됐다고 해서 묵은 문제들이 자동으로 해결되지는 않을 것이기 때문이다. 분권과 협력에 기초한 계획체계로의 전환이 있어야 앞서 지적한 물량주의에서 벗어나 공간적 수급불균형을 해소하고 새로운 수요에 대한 기민한 대응이 가능해질 것이다.

---

12) 제Ⅳ장 2절의 주요 내용은 다음의 문헌 중 일부 내용을 요약 및 수정하여 재정리한 것이다: 남원석, 앞의 글, 204-222; 남원석, "주거위기에 대응한 잉글랜드의 계획체계와 정책적 함의", 한국주거학회 논문집 제33권 제4호(2022. 8.), 1-13.

현재 공공임대주택의 공급과 관련한 계획은 두 가지이다. 하나는 「주거기본법」 제5조 및 제6조에 따른 주거종합계획이며, 다른 하나는 「공공주택 특별법」 제3조에 의한 공공주택 공급·관리계획이다. 전자는 국토교통부장관과 시·도지사 각각 국민의 주거안정과 주거수준 향상을 목표로 공공주택의 공급이 포함된 10년 단위의 주거종합계획을 수립해야 함을 규정하고 있다. 또한, 후자는 국토교통부장관이 공공주택의 원활한 공급 및 관리 등을 위해 5년마다 공공주택 공급·관리계획을 수립하도록 하고 있다. 현행 법률상으로 지방자치단체의 장은 관할 지역의 공공주택 공급·관리계획을 수립할 수 있지만, 국토교통부장관이 수립한 공공주택 공급·관리계획에 근거하여 수립하도록 하고 있다. 또한, 공공임대주택의 공급에 관한 후자의 규정은 지방자치단체에 대해 수립 의무를 부과하고 있지 않다.

두 계획이 공공임대주택 공급을 중심으로 서로 연계돼 있음에도 수립주체의 범위와 권한이 일치하지 않는 것이 의아하지만, 근본적으로는 중앙정부가 해당 계획을 수립하는 것이 적절한지 검토가 필요하다. 사실상 중앙정부가 주거정책과 관련한 대부분의 재원을 보유·활용하면서도 시·도 주거종합계획 수립을 법적으로 의무화하거나, 공공주택 공급·관리계획의 의무적인 수립주체를 국토교통부장관으로 한정하고 지방자치단체는 중앙정부가 수립한 계획의 테두리 내에서 수립할 수 있도록 하는 현행 규정은 형식적 분권화로서의 현 상황을 잘 보여준다.

앞 절에서 제시한 공공임대주택의 제3세대 개념은 이와 같은 형식적 분권화 상태와 양립할 수 있는 것이 아니다. 만일 형식적인 분권화에서 실질적인 분권화로 이행하고자 한다면, 중앙정부는 직접 주거종합계획을 수립하지 않고 국가적인 전략적 목표와 대강의 정책방향을 제시하며, 각 지방정부가 주거종합계획 수립을 통해 이를 반영할 수 있도록 유도하는 계획체계로의 전환을 구상해 볼 수 있다. 공공주택 공급·관리계획 역시 LH가 보유하고 있는 주택에 대한 관리계획은 국토교통부장관이 수립하더라도 신규공급과 지방자치단체 보유 물량의 관리에 대한 계획은 지방자치단체가 의무적으로 수립하도록 하는 제도 변화가 필요하다.

이렇게 되면 지방자치단체는 LH, 지방공사, 민간비영리/제한적 영리조직들과 협의하여 당해 지역의 소요 특성에 부합하는 공공임대주택 공급계획을 수립함으로써 공공임대주택 정책의 실질적인 주체가 될 것이다. 이 경우, 중앙정부는 지방자치단체의 공공임대주택 공급계획에 근거하여 예산배분계획을 수립하고 예산을 배분하는 한편, 지방자치단체의 예산집행 및 정책추진에 대해 정기적으로 모니터링하는 역할을 담당해야 할 것이다. 특히, 우리나라는 주택도시기금과 같이 공공임대주택 공급과 관련한 공공재원이 비교적 건전하게 유지되고 있기 때문에 이것이 인센티브로 작용한다면 계획수립 및 정책시행의 주체로서 지방자치단체가 전면에 나서는 것은 어렵지 않을 것이다.

정리하자면, 지역 중심의 공공임대주택 정책은 중앙정부가 아닌 지방자치단체가 정책수행 주체로서 전면에 나서는 것을 가리키며, 공공임대주택의 제3세대 개념은 이와 같은 변화를 필요로 한다. 공공임대주택 정책이 물량주의라는 구심력에서 벗어나 지역적 균형과 다양성, 사회적 형평성을 지향하는 정책으로 전환되기 위해서는 지역의 주거사정을 잘 파악하고 있는 지방자치단체의 역할이 커질 수밖에 없기 때문이다. 이러한 측면에서 계획과정에서부터 중앙정부와 지방자치단체의 역할이 재편될 필요가 있다. 그 재편의 방향은 주민과 가장 가까운 지방자치단체가 정책추진의 중심역할을 맡고, 공공임대주택 정책은 중앙정부와 지방자치단체가 상호 협력적이며 수평적인 관계를 형성하는 형태가 될 것이다.

그리고 이를 구현하기 위해서는 현행 「공공주택 특별법」 제3조의 공공주택 공급·관리계획에 대한 규정을 지방자치단체가 해당 계획을 의무적으로 수립하도록 하고 중앙정부의 자체적인 계획수립 범위를 제한하는 등 지방자치단체가 주도하는 사항들로 전면 개편할 필요가 있다. 더불어 「주거기본법」 제5조의 주거종합계획의 수립에 관한 사항

역시 중앙정부와 지방자치단체의 역할을 재편하여 중앙정부의 직접적인 계획 수립을 지양하고 지방자치단체가 주도하는 계획체계로 개정할 필요가 있다.

3. 공공과 민간의 공급자에 대한 동일한 수준의 지원[13]

공공임대주택의 제3세대 개념을 적용한다면, 새롭게 공공주택사업자로 참여하는 민간비영리/제한적 영리조직이 공공성 높은 공공임대주택을 공급할 수 있도록 충분한 지원이 이루어질 필요가 있다. 즉, 입주자가 부담가능한 임대료 수준, 양질의 주택 품질, 장기 거주 등이 보장되기 위해서는 종래의 공공부문 중심의 공공주택사업자에 대한 지원과 유사한 수준의 지원이 제공되어야 한다. 만일 지원수준에 있어서 공공주택사업자 간 격차가 크게 발생할 경우, 민간비영리/제한적 영리조직의 참여가 저조할 수 있으며, 제3세대 개념의 적용은 형식적인 수사 이상의 의미를 갖기 어려울 것이다. 종국에는 지역별 수급안정과 수요지향적 공급정책으로의 전환을 더디게 할 것이다.

현행 「공공주택 특별법」 제3조의 2는 공급재원 및 세제 지원사항 등을 규정하고 있다. 이에 따르면, 국가 및 지방자치단체는 공공주택의 건설·취득 또는 관리와 관련한 국세 또는 지방세 등을 감면할 수 있으며, 국토교통부장관은 공공주택의 건설, 매입 또는 임차에 주택도시기금을 우선 배정해야 한다. 또한 공기업 및 준정부기관은 소유 토지를 매각하거나 임대할 때 공공임대주택을 건설하려는 공공주택사업자에게 우선적으로 매각 또는 임대할 수 있도록 하고 있다.

공공임대주택의 건설과 관련해서는 동법 제2조와 시행령 제3조에

---

13) 제IV장 3절의 주요 내용은 다음의 문헌 중 일부 내용을 요약 및 수정하여 재정리한 것이다: 정용찬·진남영·강세진, 주거·부동산 분야의 사회혁신 사례 및 사회적 가치 창출 방안, 경기연구원(2021), 122-131.

따라 공공주택이 전체 주택 중 50% 이상이 되도록 하고 전체 주택의 35% 이상을 공공임대주택으로 건설하도록 하는 공공주택지구 제도가 운영되고 있다. 이와 관련하여 동법 제18조에 의하면, 공공주택지구에 대한 지구계획의 승인 또는 변경승인이 있는 때에는 「건축법」 등 36개 개별법에 대한 승인, 인허가, 결정, 신고, 지정, 면허, 협의, 동의, 해제, 심의 등을 받은 것으로 보며, 지구계획 승인고시가 있는 때에는 개별법에 따른 인허가 등의 고시 또는 공고가 있는 것으로 의제처리가 가능하도록 함으로써 효율적인 공공임대주택 건설이 가능하도록 했다. 또한 동법 제15조에 따라 주택지구 지정을 제안한 자를 공공주택사업자로 우선 지정할 수 있기도 하다.

그런데 이 모든 사항에 대한 권한을 공공부문과 민간부문의 공공주택사업자가 동등하게 갖는 것은 현실적으로 어려울 수 있다. 공공주택지구조성사업은 원주민의 재산권과 관련한 수용방식이 활용되고 있고 대체로 대규모로 이루어지므로 관련 경험이 부족한 중소규모의 민간 비영리/제한적 영리조직보다는 공공부문이 담당하는 것이 적합하다. 따라서 동법 제2조에서 규정된 공공주택사업의 하위유형 중 공공주택지구조성사업과 도심공공주택복합사업은 공공부문의 공공주택사업자가 담당하되, 공공주택건설사업, 공공주택매입사업, 공공주택관리사업은 공공부문과 민간부문의 구분 없이 공공주택사업자의 공통적인 활동영역으로 설정하는 방안을 검토할 필요가 있다. 그리고 이러한 공통영역에 대해서는 동법 제3조의 2에서 규정된 공급재원 및 세제 등의 지원사항을 공공주택사업자간 차별 없이 적용하는 방향으로 법률 개정이 이루어져야 할 것이다. 덧붙여 공공주택지구의 조성 이후 해당 부지에 공공임대주택 건설을 계획하고 시행하는 단계에서는 민간비영리/제한적 영리조직들의 참여를 보장하고 이들이 공공부문의 공공주택사업자와 협력하여 원활한 공공임대주택 건설이 이뤄지도록 하는 내용의 조항도 추가할 필요가 있다.

4. 전담기관에 의한 사업자 등록제 및 관리·감독 시행

공공임대주택의 제3세대 개념이 가진 가장 큰 특성이라면, 공공부문에 더하여 민간비영리/제한적 영리조직들이 합류하면서 공공주택사업자의 유형이 다양해진다는 것이다. 이는 자칫 공공임대주택 공급정책의 복잡성을 가중시키는 요인이 될 수 있다. 따라서 다양한 사업자들이 질서있게 수요자가 부담가능한 양질의 공공임대주택 공급에 전념할 수 있도록 하는 제도적 장치가 강구될 필요가 있다. 이는 공공주택사업자들에 대한 관리·감독업무라고 할 수 있는데, 정책목적에 반하는 일부 사업자들의 일탈행위를 제어하는 역할도 할 수 있을 것이다.

관리·감독 기능의 목표는 경제적인 측면과 수요자 측면으로 구분할 수 있다. 경제적 측면의 목표는 공공주택사업자들이 재정적으로 지속가능하게 하고 자신의 역할을 효율적으로 수행할 수 있도록 하는 데 있다. 또한 주거소요를 충족할 수 있는 주택의 공급을 지원하고 공적 재원의 불합리한 오용을 막는 것도 경제적 측면의 중요한 목표이다. 수요자 측면에서의 목표는 양질의 공공임대주택 공급을 지원하고 임차인들에게 적절한 수준의 선택권을 보장하는 데 초점이 있다. 특히 임차인들이 주택관리에 참여할 기회를 보장하고, 주택이 입지한 지역의 환경적·사회적·경제적 안정에 공공주택사업자들이 기여하도록 하는 것을 중요시한다.

이러한 목표 달성을 위해 공공주택사업자에 대한 관리·감독업무를 전문적으로 수행할 수 있는 별도의 기관 설립을 검토할 필요가 있다. 공공주택사업자가 양적으로 늘어나면 국토교통부 내 일개 부서가 담당할 수 있는 업무량을 넘어설 수 있기 때문에 국토교통부 산하 조직으로서 전담기관의 신설이 필요할 것으로 생각된다. 신설되는 기관의 주요 업무는 공공주택사업자 등록제 운영, 등록된 사업자에 대한 정기적인 관리·감독업무라고 할 수 있다.

우선, 등록제는 공공주택사업자로 참여하는 민간조직의 요건을 분명히 하고, 해당 요건을 만족하는 사업자들을 지속적으로 관리하는 데 목적이 있다. 해외에서는 민간영리조직도 참여시키는 경우가 있지만 활성화돼 있다고 보기는 어렵기 때문에 비영리/제한적 영리조직에 초점을 맞춰 등록요건을 마련할 필요가 있다. 예를 들어 일정 비율을 초과하는 이윤이나 배당을 금지하는 정관을 가지고 있고, 조직운영의 목적이 공공임대주택 공급에 있는 민간조직으로서 주택사업에 대한 전문성이 있는 경우에만 공공주택사업자로서 등록을 허용하는 방식이 있을 수 있다.

관리·감독업무는 공공주택사업자들에 대해 반기별 또는 매년 정기적인 사업보고 의무를 부과하고, 법령을 위반하는 공공주택사업자는 제재하는 것 등이 포함된다.14) 의무로서 부과되는 사업보고에는 사업실적, 운영현황, 차기 공급계획, 회계 관련 자료가 포함되며, 이를 통해 공공주택사업자가 사회적 가치를 지속적으로 유지하도록 자극하고 유도하게 된다. 그리고 이 과정을 통해 공공주택사업자가 자격기준을 준수하고 있는지, 효과적으로 공공임대주택을 공급·운영하고 있는지 등을 판단하게 되는데15), 일정 기준을 달성하지 못하는 사업자에 대해서는 적절한 제재를 가함으로써 공공주택사업자의 역량과 활동수준을 지속적으로 향상시킨다.

이상과 같이 공공주택사업자에 대한 관리·감독업무를 전담하는 기관 설치, 등록제 운영 및 체계적인 관리·감독업무 수행 등은 기존에는 없는 새로운 제도이다. 따라서 「공공주택 특별법」에 '(가제)공공주택사업자의 등록 및 관리·감독'을 제목으로 하는 개별 장을 신설하여 관련 내용을 집약적으로 정리하는 방식으로 법률 개정이 이뤄져야 할 것이다.

---

14) 정용찬·진남영·강세진, 앞의 책, 129.
15) 정용찬·진남영·강세진, 앞의 책, 129.

V. 결론

본 글은 현행 공공임대주택 공급정책이 불과 30년이라는 짧은 기간에도 불구하고 빠른 속도로 주택재고를 늘리는 데 기여했으나 수요 대응 측면에서 취약성을 가지고 있음에 주목했다. 그리고 이를 해소하기 위해 공공임대주택의 제3세대 개념으로서 민간비영리/제한적 영리조직의 참여를 상정하고 그에 근거한 법률 개정 방향을 제시했다.

본문에서 언급했다시피, 공공임대주택 공급주체의 범위는 역사적으로 변해왔고 민간부문의 참여를 강조하던 시기도 있었다. 그러나 제1세대 개념으로서 민간영리부문의 참여는 공공임대주택이 지닌 공공성을 충분히 발휘할 수 없는 요인이 되었고, 그 이후 제2세대 개념으로서 전개된 공공부문 중심의 공급은 중앙집중적 공급체계가 가진 내재적 문제들을 해소하는 데 역부족이었다. 이런 점에서 제3세대 개념으로서 민간비영리/제한적 영리조직의 참여가 제1세대 및 제2세대 개념이 가진 한계를 보완할 수 있을 것으로 보았다.

그러나, 단순히 민간비영리/제한적 영리조직을 공공임대주택 공급에 참여시키는 것만으로 문제를 해소하기는 어렵다. 분권과 협력에 기반한 공급체계라는 큰 틀에서 공공주택사업자의 다양성이 고려되어야 근본적인 변화가 가능하다고 판단했다. 이를 위해 지방자치단체가 주도하는 계획체계, 공공부문과 민간부문에 대한 동일한 수준의 지원, 전담기관 설치를 통한 사업자 등록제 및 관리·감독 수행 등 여러 제도적 장치들이 공공주택사업자의 다양성과 연계될 수 있는 법률 개선방향을 제시하고자 했다.

민간비영리/제한적 영리조직의 참여를 포함하는 분권과 협력에 기반한 공급체계로의 전환에 대해 실현가능성 또는 효과성 등을 둘러싸고 많은 논란이 있을 수 있으며 부정적 시각도 만만치 않을 것이다. 제도의 경로의존성(path dependence) 관점에서 보면, 이와 같은 변화는 우리나라에서 사실상 기대하기 어려울 수도 있다. 하지만, 현행 공공임대주택 공급체계가 가진 취약성과 이를 해소하기 위한 대안 강구의 필요성을 인정한다면, 본 글에서 제안한 과제는 언젠가는 진지하게 검토해야 할 대안이라고 생각한다. 본 글을 계기로 지금이라도 정책담당자, 학계, 실무자들 사이에서 본격적인 논의가 이루어지기를 기대한다.

참고문헌

국토교통부, 주택업무편람 (2022)

김일현·진남영, "공공임대주택, 누가 공급할 것인가", 공공임대주택 이렇게 바꿔라, 학고재 (2021), 38-55

남원석, "공공임대주택 정책의 혁신을 위하여", 공공임대주택 이렇게 바꿔라, 학고재 (2021), 204-222

＿＿＿, "주거위기에 대응한 잉글랜드의 계획체계와 정책적 함의", 한국주거학회 논문집 제33권 제4호 (2022. 8.), 1-13

정용찬·진남영·강세진, 주거·부동산 분야의 사회혁신 사례 및 사회적 가치 창출 방안, 경기연구원 (2021)

국토교통 통계누리 www.stat.molit.go.kr

법제처 www.moleg.go.kr

주거권 증진을 위한 민간임대주택법 개정 연구

|도건철*·이희숙**·김윤진***|

초록

민간임대주택에 관한 특별법(민간임대주택법)은 공공주택 특별법과 더불어 임대주택 공급의 한 축을 담당하고 있다. 민간부문 참여는 1980년대부터 이루어져 왔는데, 최근에는 공공과 영리 민간 외의 제3 영역으로서 사회적기업 등 민간 사회적경제주체가 중심이 되어 주거 취약계층도 부담가능한 적정한 임대료와 안정적 임대기간 및 공동체 활성화 등을 도모하는 주택이 공급되기 시작하였고, 법제화의 노력이 지속되었다. 민간임대주택법은 민간 임대주택을 규율하기 위한 법령이나 민간임대주택 공급 확대에 정부의 상당한 지원이 이루어지는 만큼, 공공성을 담보하고 주거권 증진에 기여할 수 있는 방향으로의 개정이 필요하다. 본 글에서는 사회주택의 법제화와 공공지원민간임대주택의 공공성 강화, 임대사업자에게 부과되는 보증가입 의무에 관한 쟁점과 개선방안을 검토한다.

결론적으로 첫째, 사회주택 공급 및 운영의 체계성 및 지속가능성을 담보하기 위하여는 그 근거를 명시적으로 규정할 필요가 있고, 적정한 임대조건, 사회적 가치, 안정적 공급 등의 측면을 고려하여 공급

---

    * 법무법인(유한) 태평양 변호사
   ** 재단법인 동천 변호사
  *** 재단법인 동천 변호사

주체, 소유관계, 공급대상, 공급기간, 지원방안 등을 규정할 필요가 있다는 점, 둘째, 공공지원민간임대주택의 임대의무기간 경과 후 매각 시 입주자에게 우선분양권을 부여하는 것이 바람직하나, 궁극적으로는 매각보다 임대를 지속할 주체가 확대될 필요가 있다는 점, 셋째, 토지임대부 사회주택에 대하여 임대보증금 보증 의무 가입의 예외를 규정하기 위하여는 임차인을 보호할 수 있는 다른 방안을 마련하는 것이 필수적으로 병행될 필요가 있는데, 공공이 매입확약, 공동 보증 등을 포함하여 임차인 보호를 위한 적극적 역할과 책임을 다할 필요가 있다는 점을 제시한다.

Ⅰ. 서론

주거는 사람의 삶에 필수적인 기본 요소로, 주거기본법은 국민의 '물리적·사회적 위험으로부터 벗어나 쾌적하고 안정적인 주거환경에서 인간다운 주거생활을 할 권리'를 규정하고 있다(제2조). 그러나 현재 물리적으로 안전하거나 쾌적하지 않은 주거, 사회적으로 안정적이지 않은 주거에 처하는 경우는 상당히 많다. 고시원, 비닐하우스 등 비주택 거주 인구는 5%에 육박하고, 전세금과 주택 마련에 가계부채 비율은 높아진 상황에서 전세사기 등의 위협도 커지고 있다. 최저주거기준에 미달하는 물리적으로 열악한 환경의 비주택뿐 아니라, 생활수준에 비하여 부담하기 어려운 높은 임대료와 불안정한 임대기간을 감수하여야 하는 주거 또한 안정적 생활기반 형성을 불가능하게 하여 '인간다운 주거생활'을 막고 있다.

주거 공급을 확대하기 위한 정부의 노력은 주택 관련 법령이 제정된 때부터 지금까지 지속되어 왔으나, 기존의 공공 주도 대량 공급 위주의 주거정책만으로는 변화한 사회 환경과 다양화된 생활양식을 경험하고 있는 사회구성원들에게 필요한 주거를 충분히 보장할 수 없게 되었고, 영리 민간 시장 또한 대다수의 무주택 사회구성원들에게는 접근 장벽이 높거나 높은 임대료 부담을 요한다. 정부는 기업형민간임대주택을 중심으로 한 민간임대주택 확대와 장기 공급을 위하여 민간임대주택에 관한 특별법(이하 '민간임대주택법')을 전부개정하고, 민간임대주택에 대하여 다양한 지원을 하였다. 그러나 기업형민간임대주택이 공급된 지 몇 년도 지나지 않아 대기업에 대한 과도한 특혜라는 비판이 이어졌고, 결국 임대기간을 보다 장기화하고, 입주자를 무주택자로 제한한 공공지원민간임대주택제도로 변경되었다.

한편, 위와 같이 대기업이 영리 목적으로 임대주택을 공급하고 정부가 규제하는 방식과 달리 기존의 공공과 영리 민간 외의 제3영역으로서 사회적기업 등 민간 사회적경제주체가 중심이 되어 사회적 가치, 즉 주거취약계층도 부담가능한 적정한 임대료와 안정적 임대기간 보장 및 공동체 활성화 등을 도모하는 주택이 공급되기 시작하였다. 이러한 주택은 공급 주체나 사업에 따라 다양하게 지칭되고 있으나 '서울시 사회주택 활성화 지원 등에 관한 조례' 제정을 계기로 확대됨에 따라 사회주택으로 통칭되는 경우가 많으며, 본 논문에서는 이하 '사회주택'으로 부르기로 한다.

위 사회주택은 민간 주도의 저렴한 임대료와 안정적 임대기간이라는 강점뿐 아니라, 일률적 대량공급이 아닌 지역과 입주자에 맞는 형태의 주택을 형성한다는 점에서 다양한 개인의 수요 및 필요를 충족시킬 수 있다는 강점이 있다. 그러나 복합적이고 다양한 특성으로 인하여 아직까지 사회적으로 생소한 유형으로 인식되거나 기존의 민간임대주택과 공공임대주택을 양분하는 법체계 속에서 어느 한쪽에 규정되지 아니함으로 인하여 사회주택 운영과 활성화에 있어 애로사항이 많다. 민간임대주택법을 개정하여 사회주택을 법제화하기 위한 노력이 있어 왔으나, 수차례 법안 발의에도 불구하고 성과를 보지 못하고 있다. 본 연구에서는 주거권 증진 관점에서 민간임대주택법 개정안을 살피며, 특히 사회주택 법제화와 공공지원임대주택의 주거안정성에 관한 쟁점을 중심으로 현황과 개선방안을 모색해보고자 한다.

II. 민간임대주택법 현황 및 개정안

1. 민간임대주택법의 연혁[1])

한국에서 임대주택 정책은 공공이 주도하여 대량 공급하는 공공임대주택 위주로 시작되었는데, 1980년대부터 임대주택 공급에 민간부문의 참여를 유도하는 정책이 도입되었다. 1984년 민간건설사업자에게 금융, 세제, 택지 공급 등에 관하여 일정한 혜택을 제공하는 대신 임대주택 건설 의무를 부여하는 「임대주택건설촉진법」이 제정되었고, 해당법은 1993년 「임대주택법」으로 개편되어 공공임대주택과 민간임대주택을 규율하였다.

2015년 「임대주택법」이 「공공주택특별법」과 「민간임대주택에 관한특별법」으로 개편되었다. 이때 중산층을 대상으로 하는 양질의 민간임대주택 확충을 목표로 한 '기업형민간임대주택' 제도가 도입되었다. 민간임대주택법은 기업형민간임대주택 사업자에 대한 기금, 세제, 택지공급 등에 관한 공공 지원을 확대하면서 기존의 임대료나 임차인 자격에 대한 규제는 폐지하였다.

이러한 기업형민간임대주택에 관하여 확대된 공공 지원에 비하여 공공성 확보 수준이 낮다는 문제가 제기되었고, 이에 2018년 개정된 민간임대주택법은 '기업형민간임대주택' 대신 '공공지원민간임대주택'

---

1) 김지은 외, "민간부문 사회주택의 쟁점과 과제", SH도시연구원(2017), 24-30; 이희숙, "사회주택 법제도 현황과 개선 방안", 공간과사회 제31권 제2호(2021), 80-84.

을 규정하고 공공 지원을 제공하는 대신 임대기간, 임대료, 임차인 자격 제한 의무를 부여하였다. 다른 사회주택에 비하여 공급 주체에 대한 제한이 없고 임대료, 임차인 자격 제한과 같은 의무가 10년에 그친다는 차이점이 있다.

사회주택과 관련된 규정의 경우, 2016년부터 사회주택 법제화를 위한 노력에 따라 사회주택의 정의, 지원 내용 등을 담은 민간임대주택법 개정안이 발의되기도 하였다. 정부는 2017년 주거복지로드맵에서 '사회주택 공급 활성화'를 제시하며 사회주택을 '사회적경제 주체에 의한 임대주택'으로, 사회적경제주체를 '사회적기업, 사회적 협동조합, 비영리법인 등 비영리 또는 최소한의 영리를 추구하는 민간주체'로 설명한 바 있으나, 민간임대주택법에 규정된 바는 아직 없다.

2. 민간임대주택법의 구성 및 내용

가. 민간임대주택법의 구성

민간임대주택법은 총칙(제1장), 임대사업자 및 주택임대관리업자(제2장), 민간임대주택의 건설(제3장), 공공지원민간임대주택 공급촉진지구(제4장), 민간임대주택의 공급, 임대차계약 및 관리(제5장), 보칙(제6장)으로 구성되어 있다.

나. 민간임대주택법의 내용

(1) 정의

구체적으로 살펴보면, 민간임대주택법은 '임대사업자'를 「공공주택특별법」에 따른 공공주택사업자가 아닌 자로서 1호 이상의 민간임대주택을 취득하여 임대하는 사업을 할 목적으로 민간임대주택법에 따라 특별자치시장·특별자치도지사·시장·군수 또는 구청장(이하 '시장·군수·구청장')에게 신청하여 등록2)한 자'로 정의하고 있다(제2조 제7호).

　민간임대주택법은 '민간임대주택'을 '임대 목적으로 제공하는 주택3)으로서 임대사업자가 민간임대주택법에 따라 등록한 주택'이라 규정하고, 민간건설임대주택과 민간매입임대주택으로 구분한다(제2조 제1호). '민간건설임대주택'은 임대사업자가 임대를 목적으로 건설하여 임대하는 주택이나 주택건설사업자가 사업계획승인을 받아 건설한 주택 중 사용검사 때까지 분양되지 아니하여 임대하는 주택을 말하며(제2조 제2호), '민간매입임대주택'이란 임대사업자가 매매 등으로 소유권을 취득하여 임대하는 민간임대주택을 말한다(제2조 제3호).

　이외에도 임대사업자가 출자, 규제 완화 등 공공지원을 받아4) 10년

---

2) 임대사업자 등록 시에는 (ⅰ)민간건설임대주택 및 민간매입임대주택과 (ⅱ)공공지원민간임대주택 및 장기일반민간임대주택으로 구분하여야 한다(제5조 제2항). 등록한 사항을 변경하고자 할 경우에는 이를 신고하여야 한다(동조 제3항). 시장·군수·구청장은 임대사업자가 거짓이나 그 밖의 부정한 방법으로 등록한 경우, 등록 후 일정 기간 안에 민간임대주택을 취득하지 아니하는 경우, 본법에 따른 임대조건이나 해제·해지 제한규정을 위반한 경우 등록의 전부 또는 일부를 말소할 수 있다(제6조).

3) 토지를 임차하여 건설된 주택 및 오피스텔 등 대통령령으로 정하는 준주택 및 대통령령으로 정하는 일부만을 임대하는 주택을 포함한다.

4) 민간임대주택에 관한 특별법 제2조(정의) 이 법에서 사용하는 용어의 뜻은 다음과 같다.

　4. "공공지원민간임대주택"이란 임대사업자가 다음 각 목의 어느 하나에 해당하는 민간임대주택을 10년 이상 임대할 목적으로 취득하여 이 법에 따른 임대료 및 임차인의 자격 제한 등을 받아 임대하는 민간임대주택을 말한다.

　　가. 「주택도시기금법」에 따른 주택도시기금(이하 "주택도시기금"이라 한다)의 출자를 받아 건설 또는 매입하는 민간임대주택

　　나. 「주택법」 제2조제24호에 따른 공공택지 또는 이 법 제18조제2항에 따라 수의계약 등으로 공급되는 토지 및 「혁신도시 조성 및 발전에 관한 특별법」 제2조제6호에 따른 종전부동산(이하 "종전부동산"이라 한다)을 매입 또는 임차하여 건설하는 민간임대주택

　　다. 제21조제2호에 따라 용적률을 완화 받거나 「국토의 계획 및 이용에 관한

이상 임대할 목적으로 취득하여 본법에 따른 임대료 및 임차인의 자격 제한 등을 받아 임대하는 '공공지원민간임대주택', 임대사업자가 공공지원민간임대주택이 아닌 주택을 10년 이상 임대할 목적으로 취득하여 임대하는 '장기일반민간임대주택' 등이 규정되어 있다(제2조 제4호, 제5호).

(2) 공공 지원

국가·지방자치단체·공공기관 또는 지방공사는 그 소유·조성 토지를 공급(매각 또는 임대)할 경우 민간임대주택을 건설하려는 임대사업자에 대하여 우선적으로 공급할 수 있으며(제18조), 이외에도 「공익사업을 위한 토지 등의 취득 및 보상에 관한 법률」에 관한 특례(제20조), 「국토의 계획 및 이용에 관한 법률」에 따른 건폐율 및 용적률 상한 완화 특례(제21조) 등 민간임대주택 건설에 관한 공공의 지원 내용이 규정되어 있다.

시·도지사는 공공지원민간임대주택이 원활하게 공급될 수 있도록 공공지원민간임대주택 공급촉진지구를 지정할 수 있으며(제22조), 역시 촉진지구에서의 공공지원민간임대주택 건설 시 「국토의 계획 및 이용에 관한 법률」에 따른 용도지역에서의 건축물 용도, 종류, 규모 제한, 건폐율 및 용적률 상한, 「건축법」에 따른 건축물의 층수 제한 완화 특례가 적용된다(제35조).

법률」 제30조에 따라 용도지역 변경을 통하여 용적률을 완화 받아 건설하는 민간임대주택

라. 제22조에 따라 지정되는 공공지원민간임대주택 공급촉진지구에서 건설하는 민간임대주택

마. 그 밖에 국토교통부령으로 정하는 공공지원을 받아 건설 또는 매입하는 민간임대주택

(3) 임대사업자의 의무

임대사업자는 임대기간 중 민간임대주택의 임차인 자격 및 선정방법 등에 대하여 민간임대주택법령이 정하는 바에 따라 공급하여야 하는데, 공공지원민간임대주택의 경우 주거지원대상자 등의 주거안정을 위하여 무주택세대구성원이나 무주택자로서 청년, 신혼부부, 고령자 등 일정한 연령, 혼인, 소득, 자산 요건 등을 충족하는 자에게 일정 비율로 공급하여야 한다(법 제42조 제1항, 시행규칙 제14조의3). 임대사업자는 임대사업자 등록일 등 대통령령으로 정하는 시점부터 임대의무기간(10년 이상) 동안 민간임대주택을 계속 임대하여야 하며, 그 기간이 지나지 아니하면 특정한 경우에 해당하지 않는 한 원칙적으로 이를 양도할 수 없다(제43조).

임대사업자는 민간임대주택의 임대차기간, 임대료 및 임차인(준주택에 한정) 등 대통령령으로 정하는 임대차계약에 관한 사항을 임대차계약을 체결한 날 또는 임대차 계약을 변경한 날부터 3개월 이내에 시장·군수·구청장에게 신고 또는 변경신고를 하여야 하고(제46조), 임대사업자는 임차인이 의무를 위반하거나 임대차를 계속하기 어려운 경우 등 대통령령으로 정하는 사유가 발생한 때를 제외하고는 임대사업자로 등록되어 있는 기간 동안 임대차계약을 해제 또는 해지하거나 재계약을 거절할 수 없다(제45조). 또한 임대사업자는 민간임대주택을 임대하는 경우 임대보증금에 대한 보증에 가입하여야 한다(제49조).

3. 민간임대주택법 개정안 현황

제21대 국회에서 제안된 민간임대주택법 개정법률안은 40여 개가 있다. 각 법률안이 다루는 쟁점은 민간임대주택의 임대의무기간, 관리비, 임대료, 조정위원회, 양도 등 다양한데, 그 중 사회주택, 공공지원민간임대주택과 관련하여 살펴볼 만한 개정법률안 내지 제정법률안으로는 장경태 의원, 천준호 의원, 김두관 의원이 발의한 법안이 있다. 이들 법안은 크게 (ⅰ) 사회주택 법제화 대상 법률을 무엇으로 하고 어떠한 내용을 규정할 것인지 (ⅱ) 공공지원민간임대주택에 관하여 우선분양전환 규정을 둘 것인지 (ⅲ) 일부 사회주택에 임대보증금 보증 의무가입의 예외를 설정할 것인지 등의 쟁점을 다루고 있다. 이하에서는 위 각 쟁점에 대하여 자세히 검토하고 개선방안을 모색하고자 한다.

Ⅲ. 사회주택 법제화 대상 법률 및 내용

1. 사회주택 법제화 대상 법률

사회주택의 정의는 공급주체, 공급대상, 기간, 소유관계에 기초하는 바, 사회주택에 관하여 어떠한 법령을 위주로 법제화를 추진하면 좋을지에 관하여 크게 민간임대주택법 개정, 공공주택 특별법 개정, 별도의 특별법 제정 등의 방안이 논의된다. 사회주택 관련 지원 규정은 주로 개별 지방자치단체의 조례에 마련되어 왔으며, 그 외에는 민간임대주택법상 공공지원민간임대에 관한 규정, 공공주택 특별법에 따른 국토교통부 지침 등에 부분적으로 분산되어 규정되어 왔다. 궁극적으로 (ⅰ) 사회주택을 운영하는 사회적 경제주체는 민간사업자에 속하므로 공급자를 기준으로 나뉘어 있는 현행 법률 체계상 민간임대주택법에서 규율하여야 한다는 의견, (ⅱ) 사회주택은 사회경제적 약자를 대상으로 공급되므로 서민의 주거안정이라는 공익적 목적을 지닌 공공주택 특별법에서 규율하여야 한다는 의견, (ⅲ) 사회주택이 민간임대주택과 공공임대주택과 중첩되나 구별되는 점이 분명 있으므로 별도의 특별법을 제정하여야 한다는 의견이 있을 수 있다.[5]

관련하여 장경태 의원은 2021. 12. 29. '공익주택'을 '사회적기업,

사회적협동조합, 비영리법인, 그 밖에 이윤의 3분의 2 이상을 사회적 목적을 위하여 사용할 것을 정관에서 규정하고 있는 법인으로서 국토교통부령으로 정하는 법인 중 하나에 해당하는 사업자가 30년 이상 임대할 목적으로 취득하여 이 법에 따른 임대료, 임대기간 및 임차인의 자격 제한 등을 받아 임대하는 민간임대주택'으로서 민간임대주택의 유형 중 하나로 규정하고(안 제2조제4호의2 신설) '공익주택에 대한 지원'이라는 제목의 장을 신설하여 그에 대한 지원을 명시하는 민간임대주택법 개정안(이하 '공익주택 관련 장경태의원 개정안'이라 한다.)을 발의하였다.[6] 2021. 12. 30. 국토교통위원회에 회부되고 2022. 4. 25. 상정되어 국토법안심사소위원회에 회부된 상태에 있다.

민간임대주택법 개정 대신 별도의 특별법을 제정할 것을 제안한 천준호 의원은 2022. 7. 26. '공익주택'을 '공익주택 임대사업자(사회적기업, 사회적협동조합, 비영리법인 등)가 20년 이상 임대할 목적으로 공공지원을 받아 주택을 건설·매입하여 본 특별법 및 민간임대주택법에 따른 임대료 및 임차인의 자격 제한 등을 받아 임대하는 민간임대주택'으로 정의하고 공익주택의 건설·공급 및 지원에 필요한 사항을 규정하는 공익주택 공급 촉진 및 지원을 위한 특별법안(이하 '천준호의원 제정안'이라 한다.)을 발의하였다.[7] 해당 제정안은 2022. 7. 27. 국토교통위원회에 회부되고 2023. 2. 15. 상정되어 특별법 제정안 논의 시 요구되는 공청회 개최를 위하여 전체회의에 계류된 상태에 있다.

사회주택의 공급 목적은 민간임대주택법보다는 서민의 주거안정이라는 공공주택 특별법에 더욱 부합하므로 공급 대상이나 취지를 고려하면 공공주택 특별법에 규정하는 것이 바람직하다. 그러나 사회적경

---

5) 이희숙, 사회주택 법제도 현황과 개선 방안(2021), 85-87 참조.

6) 장경태 의원 발의, "민간임대주택에 관한 특별법 일부개정법률안", 2114156, (2021.12.29.).

7) 천준호 의원 발의, "공익주택 공급 촉진 및 지원을 위한 특별법안", 2116670, (2022.07.26.).

제주체는 민간 사업자에 해당하므로 공급자를 기준으로 삼는 현행 법체계에 따르면 공공주택 특별법에 규정하는 것이 용이하지 아니하다. 임대주택의 공급 규정에서 공공임대주택 공급에 관한 사항, 민간임대주택 공급에 관한 사항, 사회적기업, 사회적협동조합 등 비영리단체가 공익적 목적으로 공급하는 임대주택에 관한 사항을 각 항으로 규정하고 있는 주거기본법을 고려할 때(제11조),8) 민간임대주택법과 공공주택 특별법은 각각 주거기본법 제11조 제1항과 제2항에 대응하는 구체적 법령으로, 궁극적으로는 민간임대주택과 공공임대주택에 이어 제3영역으로서의 사회주택(공익주택)을 규정함으로써 제11조 제3항에 대응하는 별도의 특별법을 통하여 사회주택 유형을 규율하는 것이 전체 법체계에 적합하리라 생각된다. 그러나 사회주택의 공급 역사가 비교적 짧고, 법제화 필요성에 대한 공감대도 부족한 입법환경을 고려할 때, 단기 입법전략으로서 민간임대주택법 개정을 추진할 수 있으며 이하에서는 민간임대주택법 개정을 중심으로 사회주택의 쟁점과 법안 개정방향을 검토하도록 하겠다.

2. 공익주택 관련 장경태의원 개정안 및 쟁점

가. 개정안 내용

본 개정안은 현행법은 사회적기업, 사회적협동조합, 비영리법인 등의 민간임대주택 공급 참여를 유도하기 위해서 하위 법령에서 공공지원민간임대주택의 하나로서 공익주택에 대한 사항을 규정하고 있긴

---

8) 주거기본법 제11조(임대주택의 공급 등) ① 국가 및 지방자치단체는 주거지원필요계층을 위한 공공임대주택을 공급하여야 한다. ② 국가 및 지방자치단체는 민간임대주택의 공급이 활성화될 수 있도록 지원하여야 한다. ③ 국가 및 지방자치단체는 사회적기업, 사회적협동조합 등 비영리단체가 공익적 목적으로 임대주택을 공급할 수 있도록 지원할 수 있다. ④ 제1항부터 제3항까지에 관하여 필요한 사항은 따로 법률로 정한다.

하나, 공익주택에 대한 개념이나 구체적인 지원에 대한 규정이 미비하여 공익주택의 공급이 활성화되지 못하고 있어 이러한 문제를 해결하기 위하여 공익주택에 대한 정의와 지원 등을 법률에 규정하고자 한다고 제안 이유를 설명하고 있다. '공익주택'을 민간임대주택의 유형 중 하나로 규정하고, '공익주택에 대한 지원'이라는 제목의 장을 신설하여 공익주택 공급지원계획 수립, 공익주택 건설·매입에 대한 금융지원, 공익주택지원센터의 설치·운영 등에 대한 내용을 규정한다.

2021. 12. 30. 국토교통위원회에 회부되고 2022. 4. 25. 상정되어 국토법안심사소위원회에 회부된 상태에 있다.

민간임대주택법을 대상으로 하는 공익주택 관련 장경태의원 개정안은 '공익주택'을 '사회적기업, 사회적협동조합, 비영리법인, 그 밖에 이윤의 3분의 2 이상을 사회적 목적을 위하여 사용할 것을 정관에서 규정하고 있는 법인으로서 국토교통부령으로 정하는 법인 중 하나에 해당하는 사업자가 30년 이상 임대할 목적으로 취득하여 이 법에 따른 임대료, 임대기간 및 임차인의 자격 제한 등을 받아 임대하는 민간임대주택'으로 정의하였다(안 제2조 제4호의2). 또한 국토교통부장관에 의한 공익주택 공급지원계획 수립, 공익주택에 대한 금융지원 및 보증제도, 공익주택지원센터 설치 및 운영 등 지원을 규정하였다(안 제41조의3~제41조의5).

국토교통부는 현재에도 사회적기업 등이 현행 민간임대주택법 및 공공주택 특별법에 따라 임대주택 공급에 참여할 수 있으므로 법 개정의 실익이 적고, 현재 공익주택의 지원에 관해서는 「기존주택등 매입임대주택 업무처리지침」제38조에 비영리법인 등이 무주택자인 저소득층을 위해 공급하는 사회적 주택에 대한 운영 특례의 근거가 마련되어 있고, 사회적 주택을 지원하는 주택도시보증공사(HUG) 금융지원센터·한국토지주택공사(LH) 사회주택 사업단 등의 지원 조직이 존재하는 등, 이미 사회적 주택에 대한 지원 근거 및 지원 조직이 존재하므로 별도로 공익주택의 지원에 관해 명시하는 개정안에 대해 신중하게 검토

할 필요가 있다는 의견을 제시하였다.9)

그러나 현행 민간임대주택법 및 공공주택 특별법에 따른 사회주택 공급 및 운영 지원은 하위 지침 등에 근거하여 부분적이고 불안정하므로, 체계성 및 지속가능성을 담보하기 위하여는 사회주택 내지 공익주택의 공급 및 운영 지원에 관한 근거를 법률에 명시적으로 규정할 필요가 있다.

이하에서는 사회주택을 민간임대주택법에 규정하는 개정 관련 쟁점을 살펴본다.

나. 개정 관련 쟁점10)

(1) 공급주체

현행 민간임대주택법은 사회적기업, 사회적협동조합 등 비영리단체의 민간임대주택 공급 참여 유도를 위하여 기금 등을 지원할 수 있는 것으로 규정하여(제4조), 사회적기업, 협동조합, 사회적협동조합, 마을기업, 자활기업, 예비사회적기업, 소셜벤처 등 일반적인 사회적경제조직11)보다 지원 대상을 협소하게 규정하고 있다. 경기도, 서울시, 부산시 등 각 지방자치단체별 사회주택 관련 조례는 마을기업이나 중소기업을 포함하기도 하는데, 사회주택의 특성상 공공성 담보의 측면에서 사회적 가치(공익 목적, 공동체 지향성, 사회공헌 등)를 전제한 주체로

---

9) 국토교통위원회, 제395회 국회(임시회) 제1차 국토교통위원회, "민간임대주택에 관한 특별법 일부개정법률안 검토보고" (2022. 4.), 29, 33.

10) 이희숙, 앞의 글, 85-96.

11) 사회적경제는 다양하게 정의되나, 일반적으로 시장경제와 공존하며 사회적 가치를 우선 고려하는 경제, 사회적 요소와 경제적 요소를 동시에 가진 비영리, 시민사회 조직 등과 관련된다. 현행 법률상 사회적경제 조직을 정의하는 규정은 없으나, 국회에 발의된 사회적 경제 기본법안[김영배 의원 발의, "사회적 경제 기본법안", 2104663, (2020.10.26.)]은 사회적경제 기업을 이와 같이 나열한 바 있다.

공급주체를 한정할 필요가 있다. 민간임대주택법은 직접 주택을 건설하거나 매입하여 공급하는 주택을 전제하고 있는 만큼 상당한 공공의 지원과 장기 공급이 필요하므로, 사회적협동조합을 포함한 비영리법인과 2/3 이상 배당이 제한되고 정부 인증을 받은 사회적기업으로 공급주체를 제한하고, 협동조합이나 주식회사는 사회적협동조합 전환이나 사회적기업 인증을 통해 공급주체가 될 수 있도록 할 필요가 있다.

(2) 소유관계

민간임대주택법상 '민간임대주택'은 임대 목적으로 제공하는 주택으로서 임대사업자가 민간임대주택법에 따라 등록한 주택으로, 민간건설임대주택과 민간매입임대주택으로 구분된다(제2조 제1호).

서울시 등 지방자치단체들은 사회주택 제도 운영 시 공급주체에 의한 주택 소유를 전제하지 아니하고, 주택을 임차하여 재임대하거나 지방자치단체 보유 주택을 위탁관리하는 방식도 사회주택의 유형으로 공급하여 왔다. 그러나 민간임대주택법은 임대사업은 건설이나 매입을 통한 소유를 전제로 하여 유형을 구분하고, 주택의 소유자로부터 임대관리를 위탁받아 관리하는 것은 주택임대관리업12)으로 별도로 규정하고 있으므로(제2조 제10호), 임차형 모델은 민간임대주택법에서 사회주택으로 규정하기 적절하지 아니하다.13) 민간임대주택법에서는 사회주택사업자가 주택의 소유권을 취득 후 공급하는 방안14)을 촉진하는 것이 체계에 보다 부합할 것이다.

---

12) 주택의 소유자로부터 주택을 임차하여 자기책임으로 전대하는 형태의 자기관리형 주택임대관리업, 주택의 소유자로부터 수수료를 받고 임대료 부과·징수 및 시설물 유지·관리 등을 대행하는 형태의 위탁관리형 주택임대관리업으로 나뉜다.

13) 반면 공공주택특별법령의 「기존주택 매입임대주택 업무처리지침」에 따른 사회적주택은 임차형 모델을 운영방식에 포함하고 있다.

14) 주택 소유권이 사회주택 사업자에게 있는 토지임대부 유형 사회주택은 이러한 기준 아래 민간건설임대주택에 포함시킬 수 있을 것이다.

(3) 공급대상

지방자치단체별 조례를 살펴보면 사회주택은 통상 사회경제적 약자를 대상으로 공급되는데, 경기도의 경우 일정 비율은 무주택자 전부, 청년 세대 전부를 대상으로 한다. 그러나 사회주택 공급 재원이 한정되어 있는 환경에서 주거지원이 더 절실한 계층에게 먼저 공급되도록 할 필요가 있다.

공공임대주택, 사회적기업 육성법, 장애인·고령자 등 주거약자 지원에 관한 법률 등 여러 법령에서 그 필요성을 인정한 다양한 계층과 청년 세대 등을 대상으로 공급하되, 구체적인 내용은 대통령령에 위임하여 무주택과 일정 기준 이하 소득을 요건으로 한정하는 방안이 있을 것이다. 다만 사회주택의 공동체성 확보와 지속을 위하여, 입주 후 소득이 증대되어 소득 기준을 초과하게 되더라도 재계약 거절보다는 임대료를 소득에 연동, 인상하여 계속 거주할 수 있는 방안을 보장하는 것이 바람직할 것이다.

(4) 공급기간

사회주택 공급 주체가 사회주택으로 공급하여야 할 의무 기간은 사회주택 물량이 누적될 수 있도록 주택 연한을 어느 정도 고려하여 장기로 설정할 필요가 있다.

(5) 지원방안

사회주택 건설 및 매입, 운영, 공급주체 육성을 위한 재정 지원 등이 필요하다. 먼저 사회주택 건설 및 매입의 경우 저리의 장기 대출과 더불어 법인세, 재산세, 종합부동산세 등의 세제 부담을 완화하여 줄 필요가 있다. 또한 국공유재산 대상 수의계약 체결, 사용허가, 대부기간 장기화 등을 허용하거나, 공공 소유·조성 토지의 우선 공급 비율을 정하도록 민간임대주택법 시행령을 개정하는 등 택지 확보를 용이케

하는 방안도 필요하다.

3. 소결

사회주택 공급 및 운영의 체계성 및 지속가능성을 담보하기 위하여는 그 근거를 법률에 명시적으로 규정할 필요가 있고, 그 내용으로는 지금까지 살펴본 것과 같이 공공성(주거취약계층에 대한 적정한 임대조건의 주거 제공 및 공동체 등 사회적 가치 제공) 확보와 안정적 장기 공급이라는 두 가지 측면을 고려하여 공급주체, 소유관계, 공급대상, 공급기간, 지원방안 등을 규정할 필요가 있다.

IV. 공공지원민간임대주택 임차인 우선분양 제도 도입 여부

1. 공공지원민간임대주택 연혁 및 현황

공공지원민간임대주택은 기업형민간임대주택에 대한 공적지원에 걸맞은 공공성 확보를 위하여 2018년도에 도입된 제도이다. 기업형민간임대주택은 주택의 공공성보다는 임대주택 공급 확대, 공급 방식 다양화, 리츠 등 기업형임대사업자 육성, 임대사업 활성화를 목적으로 도입되었다.[15] 정부는 2014년 기업형 임대사업자 집중 육성을 위한 규제

---

15) 2014년 주거종합계획 시 임대주택 공급 확대 및 공급방식 다양화를 위하여 공공임대주택을 확대함과 동시에 리츠 등 기업형임대사업자를 육성하고, 세제금융지원 등을 통해 민간 임대사업 활성화를 적극 지원한다는 민간임대 활성화 계획이 수립되었다.

완화와 세제·금융지원 강화에 대한 구체적인 계획을 수립하고, 2015년 민간임대주택법 전부 개정을 통해 기업형민간임대주택을 집중 지원하였다.16) 개발제한구역 해제 제안권을 부여하여 개발제한구역 해제 후 개발이 진행되기도 하였고, 공공임대보다도 낮은 융자금리를 부여하기도 하였으며, 조례에서 정한 한도 이상의 용적률이 적용되는 특례도 부여되었다. 2018년 국토교통분야 관행혁신위원회는 위와 같은 문제점을 지적하며, 민간사업자의 참여를 통한 장기임대주택 활성화라는 정책 목표를 단기간에 달성하기 위해 공공임대에 비해 지나치게 과도한 특례를 부여하였다는 비판이 있으므로 뉴스테이 정책에 대한 평가와 제도개선이 필요함을 권고하기도 하였다.17)

국토교통부는 기업형민간임대주택의 문제점을 개선하기 위하여 민간사업자에게 부여한 과도한 특례를 조정하고 정책의 공공성을 강화하며 공공사업자의 공공택지에 임대주택을 공급하던 방식을 벗어나 민간사업자 위주로 사업이 추진될 수 있도록 하고, 사회적경제주체, 중소 건설사 등 새로운 주체들의 사업 참여와 장기 임대를 유도할 수 있는 방안을 마련하겠으며, 공공성을 가진 비영리단체의 참여를 유도하여 새로운 민간임대사업자를 육성하는 계획을 개선 방향으로 제시하였다.18)

---

16) 국토교통부 보도자료, "2014년 주택종합계획", 주택정책과 (2014.04.03.), 14-15.

17) 관행혁신위원회는 구체적으로는 당초 정책 취지인 민간사업자 중심의 개발보다는 공공사업자가 도시 외곽에 택지를 개발하고 민간사업자가 대규모 단지를 건설하는 방식으로 상당수의 사업들이 추진되었고, 8년의 임대의무기간 이후에는 임대주택을 분양방식으로 전환할 수 있도록 해줌으로써 당초 정책 취지인 장기 임대 유도와는 상반되는 문제점이 발생할 수 있으며, 대기업 건설사의 참여도만 높여 당초 임대주택 사업 저변 확대 및 관련 산업 육성의 취지가 퇴색되었을 뿐 아니라 초기임대료 제한 등과 같은 공적 규제가 없어 분양 전환 수익을 추구하는 건설업체의 이익만 높여주는 문제점이 발생하였음을 지적하였다[국토교통분야 관행혁신위원회, "국토부 주요 정책에 대한 3차 개선권고안", 도로교통부 (2018.11)].

18) 국토교통분야 관행혁신위원회, 위의 자료.

이와 같이 기업형민간임대주택은 당초 임대주택 관련 산업 육성이나 장기임대 유도 등의 정책 목표를 실현하지 못하고, 공공택지 특례 공급 등을 통한 대기업 건설업체의 이익만 높여준다는 평가를 받은 채 2018년 법 개정으로 공공지원민간임대주택으로 변경된다. 공공지원민간임대주택은 기존 기업형민간임대주택 공급촉진지구, 각종 특례를 그대로 유지하면서 공공성 강화 측면에서 10년의 의무임대기간, 최초 임대료 규제, 무주택자 입주 요건 등이 추가되었다. 규제 강화에 따라 수익성이 낮아졌으나, 여전히 대기업 중심의 공급이 이루어지고 있으며, 10년 경과 후 장기 임대 유도에 관한 사항이나 사회적경제주체 육성을 위한 지원 사항은 개정법에 반영되지 아니하였다.

앞에서 본 바와 같이 사회적경제주체가 30년간 공급하는 주택에 대한 입법이 추진되고 있으나, 국토교통부는 이에 대하여 부정적인 입장이며, 승인된 공공지원민간임대주택(기업형민간임대주택) 사업은 대부분 임대기간이 10년 이내이다.[19] 공급주체 다양화와 공공성을 가진 비영리단체의 참여 활성화는 계획 수립조차 이루어지지 않은 가운데 최초 공급한 기업형민간임대주택의 의무기간 종료가 임박함에 따라 임대기간 종료 후 기존 입주자의 보호 방안이 이슈가 되고 있다.[20] 최근에는 임대기간 종료 시 입주자 분양전환에서 나아가 임대기간 중 분양전환에 대한 정책까지 제시되고 있다. 국토교통부와 한국토지주택공사

---

19) 사업승인된 기업형민간임대주택, 공공지원민간임대주택 중 "해피투게더스테이 제3호 위탁관리부동산투자회사"는 임대기간 12년, "인천도화위탁관리부동산투자회사"는 임대기간 10.6년이고, 그 외는 모두 임대기간이 10년 이내이다(주택도시보증공사, "공공지원민간임대리츠 현황", https://www.khug.or.kr/hug/web/lr/ph/lrph000008.jsp?id=1233&mode=S&currentPage=1&articleId=31151&t_title=%B0%D4%BD%C3%B9%B0%20%C0%D0%B1%E2%20(22%B3%E2%203%BA%D0%B1%E2%20%B0%F8%B0%F8%C1%F6%BF%F8%20%B9%CE%B0%A3%C0%D3%B4%EB%B8%AE%C3%F7%20%C7%F6%C8%B2) (2022.11.08.)].

20) 2013. 11. 17.에 기금출자 승인된 강동와이시티는 2024년 2월 28일에 임대가 종료되고 2015년 8월 17일 기금출자 승인된 동탄행복마을푸르지오는 2026년 2월 26일에 임대가 종료된다(주택도시보증공사, 위의 자료).

는 고양장항 사업지구에 내 집 마련 민간임대 시범사업을 위한 사업자를 2022. 12. 22. 모집 공모하면서 임대기간은 최장 10년이나 조기분양을 허용하여 입주자가 희망하는 시기에 내집 마련이 가능하도록 하는 사업으로 소개하고 있다.[21]

현행 민간임대주택법은 공공지원민간임대주택사업자에게 10년의 의무임대기간을 부여하고 있으므로 10년 내에 조기 분양은 법령에 반하는 사항이다. 이에 국토교통부도 조기 분양을 위하여 민간임대주택법 개정이 필요하고 입주자 모집 당시 민간임대주택법령 등에 따라 조기 분양 여부를 확정할 방침임을 설명하고 있다. 관련하여 2023. 2. 1. 위성곤 의원이 임차인에게 조기 분양을 허용하는 민간임대주택법 개정안을 발의하였다. 그 외에도 입주자의 우선 분양권을 인정하는 법률안이 발의되어 있고, 구체적인 법안 내용 및 쟁점은 아래와 같다.

2. 공공지원민간임대주택 입주자 분양 관련 개정안 검토

가. 김두관의원 개정안

(1) 법안의 요지

김두관 의원은 2021. 3. 3. 공공지원민간임대주택을 임대의무기간이 지난 후 분양전환하는 경우에는 분양전환 당시까지 거주한 무주택자 등 대통령령으로 정한 임차인에게 우선 전환할 수 있도록 하는 민간임대주택법 개정안(이하 '김두관의원 개정안'이라 한다.)을 발의하였다.[22] 임대사업자는 임차인이 우선 분양전환 계약을 하지 아니하는 경

---

21) 국토교통부 보도자료, "임대·분양을 혼합한 新주택 모델 '내집마련 민간임대' 추진-고양장항 시작으로 5년간 약 2만 호 공모 예정-", 혁신행정담당관, (2022. 12. 21.).
22) 김두관 의원 발의, "민간임대주택에 관한 특별법 일부 개정 법률안", 2108480, (2021.03.03.).

우 등에 해당 공공지원민간임대주택을 제3자에게 매각할 수 있다. 분양전환가격 산정 방법이 쟁점이 될 것인데 김두관의원 개정안은 감정평가 비용을 임대사업자가 부담하는 조건으로 시장·군수·구청장이 감정평가법인을 선정하여 평가하도록 하고 있다. 평가에 대하여는 임대사업자 또는 임차인 과반수 이상의 동의를 받은 임차인이 이의신청을 할 수 있고 한 차례만 재평가할 수 있도록 하고 있다(제43조의2). 적용시기는 법 시행 이후 공공지원민간임대주택을 분양전환하는 경우로 규정하고 있다(부칙 제2조).

(2) 법안에 관한 검토

국토교통위원회의 법안에 대한 검토보고서에서는 아래 사항을 지적하고 있다. 국회는 전월세시장에서 수급불균형 현상이 발생하고 임차인들의 주거비 부담이 증가하는 등 전월세시장의 불안이 지속됨에 따라 민간부문에 의한 민간임대주택 공급을 확충하기 위하여 2015년 8월 기존의 「임대주택법」을 「민간임대주택에 관한 특별법」으로 전부개정하면서 임대사업자에 대한 규제를 완화하였는데, 기존 공공건설임대주택을 분양전환하는 경우 임차인 우선 분양전환 규제가 있었으나, 위 내용이 삭제되었는바, 민간임대주택 공급 활성화를 위하여 폐지하였던 규제를 다시 도입할 경우 임대주택 공급에 악영향을 미칠 우려가 있고, 임대의무기간이 종료되면 대부분 분양전환이 이루어질 것으로 보이므로 향후 장기임대가 어려울 것으로 예상된다는 것이다.

법안에 대하여 한국주택협회는 분양전환가격을 임대사업자가 아닌 지자체장이 산정한 감정평가법인이 산정한 금액으로 제한할 경우 사업유인이 사라져 사업 위축이 불가피하고, 종전의 법령에 따라 건설·매입한 공공지원민간임대주택에 대하여 사후 개정된 법령을 적용하는 것은 소급입법 금지의 원칙에 위배된다는 이유로 반대의견을 제시하였다. 법무부는 분양전환의 개념을 별도로 정의하고 있는 「공공주택 특별법」과 같이 개정안도 법률관계를 명확히 할 수 있는 규정 방식이 필요하고, 민간임대주택은 건설임대뿐만 아니라 매입임대까지 포함하고 있는데 「건축물의 분양에 관한 법률」에서는 분양을 분양사업자가 "건축"하는 건축물을 2인 이상에게 판매하는 것이라고 정의하고 있으므로 민간임대주택에 대해서 분양전환 또는 분양이라는 개념을 적용하는 것이 적절한지 검토가 필요하다는 의견을 제시하였다.23)

위 법안은 임대사업자가 공공지원민간임대주택을 분양하는 경우 임차인에게 우선 분양전환권을 부여하는 내용으로 임차인의 주거 안정성 보호에 기여할 수 있다. 그러나 법안은 개정 규정이 이 법 시행 이후 공공지원민간임대주택을 분양전환하는 경우부터 적용하도록 하고 있어 법 시행 전에 건설·매입한 공공지원민간임대주택의 경우에도 법 개정 이후 분양 전환을 하는 경우 개정법이 적용되어 사업시행자에게 소급하여 불리한 결과를 초래할 수 있고, 입주자 모집 공고 내용에 포함되어 있지 아니한 특혜로 형평성 문제가 제기될 수 있다. 따라서 적용 시기를 법 시행 이후 공급되는 공공지원민간임대주택에 적용하도록 규정하는 방안을 고려해볼 필요가 있다. 임대사업자는 세입자에 대한 우선분양전환까지 고려하여 사업성 여부를 판단할 것이고, 시세차익 보다는 공공적 기여의 측면에서 공급하고자 하는 사업자들의 참여가 확대될 수 있는 기회가 될 수 있다.

위 검토보고서에서 분양전환에 따라 장기임대가 어려울 것으로 예상된다는 점에 관하여 보면, 임대사업자가 분양전환하려는 경우 임차인에게 우선 분양권이 인정되는 것이므로 임대사업자가 임차인에게 분양전환을 하지 아니하고 계속해서 장기임대로 운영하는 것도 가능하다. 그러나 10년이 경과하여 공공지원을 받지 못하는 경우 이자율 증가 등으로 수익성이 낮아지고, 투자금 조기 회수를 위하여 임대기간 만료

---

23) 국토교통위원회, 제388회 국회(임시회) 제1차 국토교통위원회, "민간임대주택에 관한 특별법 일부개정법률안 검토보고" (2021. 6.).

시 매각으로 이어질 것으로 예상되므로 10년 경과 후 계속하여 공급하는 사업자에 대하여 지원을 강화하는 정책이 수반될 필요가 있다.

나. 위성곤의원 개정안

(1) 법안의 요지

위성곤 의원은 2023. 2. 1. 민간임대주택법 일부 개정안(이하 '위성곤 의원 개정안'이라 한다)을 발의하였다.[24] 위 법안은 공공지원민간임대주택의 우선 분양전환 규정을 신설하여 임대사업자가 임대 목적으로 건설한 공공지원민간임대주택을 임대의무기간이 지난 후에 양도하려는 경우 ① 분양전환 시점 당시 해당 임대주택에 거주하고 있으면서 3년 이상 거주한 임차인, ② 임대의무기간의 2분의 1이 지나 임대사업자가 임차인과 합의한 자에게 우선 양도(우선 분양전환)하도록 하는 내용이다(제43조의 2 제1항). 의무임대기간이 도래하지 않더라도 2분의 1이 지난 경우 조기 분양하도록 함으로써 임차인의 주거 안정을 강화하고자 함을 제안이유로 하고 있다.

법안은 우선분양전환 대상자에 대한 규정 외에도 협의 기간 감정평가에 대하여 규정하고 있다. 임대사업자는 2년 범위에서 임차인과 협의하여야 하고 협의 기간 내에 임차인이 우선 분양전환에 응하지 아니하거나 협의 기간이 경과하여야 임대주택을 제3자에게 매각할 수 있다. 감정평가 방법에 관하여는 둘 이상의 감정평가법인을 임대사업자와 임차인(임차인대표회의가 구성된 경우 임차인대표회의를 말한다)이 각각 선정하도록 하고 있어 시장·군수·구청장이 감정평가법인을 선정하도록 하는 김두관의원 개정안과는 다르다(제43조의 2). 임대인과 임차인이 정한 감정평가법인의 감정평가액이 다른 경우 분양전환 가격

---

24) 위성곤 의원 발의, "민간임대주택에관한 특별법 일부개정법률안", 2119740, (2023.02.01.).

기준이 되는 감정평가금액이나 분쟁해결 방법에 대하여는 규정하고 있지 아니하다.

시행 시기는 위성곤의원 개정안도 김두관의원 개정안과 같이 이 법 시행 후 공공지원민간임대주택을 우선 분양전환을 하려는 경우부터 적용하고, 그 외에도 종전의 규정에 따라 등록한 기업형민간임대주택에 대하여도 적용하도록 하고 있다(부칙 제2조,제3조).

(2) 법안에 대한 검토

위성곤 의원 개정안에 대하여는 국토교통위원회 검토보고서가 작성되지 아니하였으나, 김두관의원 개정안에서 제기된 임대사업자의 사업성과 소급 적용 이슈가 동일하게 제기될 것으로 예상된다. 또한 2년 범위에서 임차인과 협의를 하여야 하고, 협의 기간이 지난 후에 주택을 매각할 수 있으므로 법 시행 후 의무임대기간이 즉시 도래하는 경우 추가로 2년의 협의기간을 거쳐야 매각이 가능할 것으로 보인다. 임대사업자와 임차인이 각각 감정평가법인을 선정하도록 하고 있어 감정평가 금액과 관련한 분쟁도 장기화될 우려가 있다.

김두관의원 개정안의 경우 분양전환 당시까지 거주한 무주택자를 대상으로 하고 있고, 거주 기간에 대하여는 규정하고 있지 않으나 위성곤의원 개정안은 분양전환 시점에 해당 임대주택에 거주하고 있으면서 3년 이상 거주한 요건을 두었다. 임차인이 변경되는 경우에도 3년 이상 거주 요건을 충족하는 경우에는 우선 분양전환이 가능하여 최초 분양 이후 입주하는 임차인 선정에 있어 투명한 선정 절차가 요구될 것이다.

한편, 법안은 임대의무기간의 2분의 1이 지나 임대사업자가 임차인과 합의한 경우 우선 분양전환권을 인정하고 있으나 임대사업자의 임대의무기간 동안 계속 임대의무를 부과하는 제43조 제1항과 충돌할 수 있다. 조기분양을 위하여는 제43조 제1항에도 불구하고 임대의무기간의 2분의 1이 지나 임대사업자가 임차인과 합의하는 경우 의무임대기간 만료 전 조기분양할 수 있음을 명확히 규정할 필요가 있다.

조기 분양은 정책적으로 판단할 사항이나, 임대주택 공급활성화, 민간임대주택 사업 활성화를 위하여 도입된 기업형민간임대주택, 공공지원민간임대주택의 취지에는 부합하지 아니한다. 10년 경과 후 분양 전환 시 장기 임대 물량이 축소된다는 지적이 있는 상황에서 공공지원민간임대주택을 5년 임대 후 분양이 가능하도록 하는 것은 임대주택 수요자보다는 사실상 분양주택의 수요자 중심으로 공급하는 결과에 이르게 될 수 있다. 그만큼 임대주택 수요자에게 공급될 기회가 적어질 뿐 아니라 임대차 시장 안정화의 정책 목표를 달성하기도 어려워진다. 민간임대주택 공급량이 누적되지 아니하여 정부가 지속적으로 민간임대주택 공급 지원을 확대하여야 하는 부담으로도 이어질 수 있다.

3. 소결

공공지원민간임대주택 도입과 함께 의무임대기간은 종전 8년(기업형민간임대주택)에서 10년으로 조정되었으나, 10년 후 임차인의 주거권 보호 문제가 남아있다. 임대사업자는 10년간 금융 및 세제 혜택 등 지원을 전제로 시세보다 저렴하게 공급하였으므로 10년의 지원 기간이 경과한 이후에는 사업성을 고려하여 상당수 매각을 추진할 것으로 예상된다. 이때 입주자들을 일괄 퇴거시키는 경우 입주자들이 부담가능한 주택을 찾아 원거리로 이주하여야 하거나 주변 임대차 시장에 영향을 미칠 수 있으므로 입주자에게 우선분양권을 부여하여 주거안정성을 높이는 것이 바람직할 것이다. 다만, 주택 매입이 어려운 임차인 보호 및 공공지원민간임대주택 공급량 확대를 위하여 10년 이상 장기로 공급하는 사업자에 대하여 정책적 지원을 강화함으로써 계속 임대를 유도하는 것이 선행될 필요가 있다.

궁극적으로는 10년 후 매각을 통한 수익을 기대한 영리 사업자보다는 주거권 보호의 공공적 목적으로 10년 이후에도 계속적으로 임대주택을 공급하고자 하는 주체가 확대될 수 있도록 사회적경제조직, 비영리조직 등 다양한 사업주체를 선정·지원하는 정책이 필요하다.

V. 임대보증금 보증 의무가입제도 예외 적용 여부

1. 임대보증금 보증 의무가입제도 도입 배경 및 연혁

임대사업자는 특정한 민간임대주택을 임대하는 경우 임대보증금에 대한 보증에 가입하여야 한다. 임대보증금 보증이란 임대사업자가 임대보증금을 반환하지 않는 경우 보증채권자에게 발생한 손해예정액에 대한 지급의 책임을 지는 보증을 말한다. 임대보증금 보증보험 의무가입 제도는 2005. 7. 13. 임대주택법 개정으로 도입되었다. 당시 정부는 부도임대아파트가 경매로 넘어가는 경우 세입자에게 우선매수권을 주고 임차인에게 낮은 이자율로 주택자금을 빌려주어 분양을 유도하는 정책을 마련하였으나, 임차인 중에는 경제적 능력이 안되어 분양에 참여할 수 없는 사각지대가 있었다. 당시 건설교통부 입주자 표본실태조사에 따르면 경매가 진행 중인 부도임대주택 2,065세대 중 20.6%만이 분양을 희망하였고, 전체 12만 부도 임대아파트 중 39%에 해당하는 28,526세대만이 분양으로 전환되었다.[25]

이와 같이 분양전환으로는 임차인을 보호하는데 한계가 명확하고, 임대주택사업자 부도시 기금의 우선 회수 등으로 임차인이 보증금을 전액 회수하는 것이 매우 어려운 상황이었다.[26] 당시 임대주택사업자

---

25) 건설교통위원회, 제256회 국회(정기회) 제7차 건설교통위원회, "국민임대주택건설등에 관한 특별조치법 일부개정법률안 검토보고" (2005. 10.).

가 임대보증금 보험에 가입한 현황은 2005년 2건에 불과하였는바,[27] 임대주택사업자에게 임대보증금에 대한 보증 가입을 의무화함으로써 임차인의 주거 안정에 기여하고자 법령이 개정되었다. 임대보증금 보증가입 의무가 최초 도입될 당시에는 공공건설임대주택의 임대사업자에게 보증보험 가입 의무가 부과되었고, 임대보증금 보증 수수료는 임대사업자가 75퍼센트, 임차인이 25% 부담하도록 하였다.[28] 점차 의무 가입 대상이 확대되어 민간건설임대주택, 법 제18조 제6항에 따라 분양주택 전부를 우선공급받아 임대하는 민간매입임대주택, 동일 주택단지에서 100호 이상의 주택을 임대하는 민간매입임대주택이 대상이 되었다.[29] 그러나 다가구, 원룸 등을 중심으로 다주택 '갭투자' 임대인의 전세사기 등으로 인한 임차인의 피해가 급증함에 따라 의무 가입 대상을 확대할 필요성이 제기되었고, 2020. 8. 18. 법 개정으로 모든 등록 민간임대사업자에 대하여 가입 의무가 부과되었다.[30]

이후 2021. 9. 14. 임대보증금에 대한 보증 가입 예외규정이 신설되어, ① 임대보증금이 「주택임대차보호법」 제8조제3항에 따른 금액 이하이고 임차인이 임대보증금에 대한 보증에 가입하지 아니하는 것에 동의한 경우, ② 임대사업자가 「공공주택 특별법」 제45조의2에 따라

---

26) 당시 정부가 부도임대아파트에 거주하는 3,502세대를 대상으로 한 정밀 실태 조사에서 임차보증금 손실 비율을 추정한 결과 임차보증금을 전액 회수가능한 세대는 19.4%인 681세대에 불과하였다[건설교통위원회, 제254회 국회(임시회) 제1차 건설교통위원회, "임대주택법 일부개정법률안(이혜훈의원 대표발의) 검토보고" (2005. 6.)].

27) 건설교통위원회, 제254회 국회(임시회) 제1차 건설교통위원회, "임대주택법 일부개정법률안(이혜훈의원 대표발의) 검토보고" (2005. 6.).

28) 구임대주택법시행령(2007. 4. 27. 제19975호로 개정되기 전의 것) 제9조의 2 제1항 제6항 제1호.

29) 구민간임대주택에 관한 특별법(2020. 8. 18. 법률 제17482호로 개정되기 전의 것) 제49조 제1항.

30) 구민간임대주택에 관한 특별법(2020. 12. 22. 법률 제17738호로 개정되기 전의 것) 제49조 제1항.

기존주택을 임차하는 공공주택사업자와 임대차계약을 체결하는 경우
로서 해당 공공주택사업자가 보증 가입 등 임대보증금 회수를 위하여
필요한 조치를 취한 경우 ③ 임차인이 보증회사 및 이에 준하는 기관
에서 운용하는 전세금 반환을 보장하는 보증에 가입하였고 임대사업
자가 해당 보증의 보증수수료를 임차인에게 전부 지급한 경우에는 보
증 가입의무를 면제하였다(제49조 제7항). 이는 임차인의 보증금 중 일
정액은 임차인이 다른 담보물권자보다 우선하여 변제받을 권리가 있
으므로 보증가입을 의무화하지 않더라도 임차인 보호가 어느정도 가
능하므로 임차인의 동의를 요건으로 보증보험가입의 예외를 인정하는
취지이다.

　　또한 기존주택 전세임대주택사업에서 공공주택사업자가 보증금 반
환보증에 가입한 경우, 임차인이 보증에 가입한 경우 임대사업자의 중
복 보험 가입이 불필요하므로 반환보증 예외를 인정하였다.[31] 그 외에
도 위 개정법은 임대보증금 보증 가입의무 위반에 대한 처벌 규정을
과태료 부과로 변경하였으며, 의무위반에 따른 경제적 유인을 낮추기
위하여 임대보증금에 비례하여 과태료를 부과하도록 하고 있다.[32]

2. 임대보증금 보증 의무가입제도 관련 문제

　　모든 임대사업자에 대하여 보증 가입의무를 부과한 개정에 대하여
는, 임대보증금 보증 가입 의무를 위반하는 경우 임대사업자는 3,000
만 원 이하의 과태료 처분을 받게 되는데 위 규정이 영세한 개인임대

---

31) 국토교통위원회, 제389회 국회(임시회) 제1차 국토교통위원회, "민간임대주택에
　　관한 특별법 일부개정법률안 심사보고서" (2021. 8.).

32) 민간임대주택법 제67조 제5항 제49조를 위반하여 임대보증금에 대한 보증에 가
　　입하지 아니한 임대사업자에게는 임대보증금의 100분의 10 이하에 상당하는 금
　　액의 과태료를 부과한다. 이 경우 그 금액이 3천만 원을 초과하는 경우에는 3천
　　만 원으로 한다.

사업자에게도 적용됨에 따라 법 적용이 과중하고 형평에 반한다는 비판이 있다. 1주택을 임대등록한 개인 매입임대사업자들이 2~30만 원의 임대수익을 올리려다 규정 위반 시 과태료 처분까지 받게 된다는 것이다.[33] 영세한 개인임대사업자에게 부담이 되는 것은 사실이나, 과태료가 임대보증금에 비례하여 부과되는 점, 주택임대차보호법상 소액보증금의 경우 가입의무가 면제되는 점, 임차인 보호의 필요성 등을 고려할 때 규제의 타당성과 적정성이 인정될 수 있다.

한편, 주택도시보증공사, 서울보증보험 등이 제공하는 임대사업자 보증 중 일부 임대사업자가 보증보험에 가입할 수 없는 경우가 있는데 위 경우까지 보증의무가 일률적으로 부과되고 있어 이에 대한 제도 개선이 요구된다. 보증의무 전면 확대를 도입한 개정안에 대하여 법안 검토 당시에도 '현재 주택도시보증공사, 서울보증보험 등이 제공하는 임대사업자 보증 등은 다세대·다가구 주택 등을 임대하는 일부 임대사업자가 가입할 수 없는 경우가 있는데, 모든 임대사업자에게 보증가입 의무가 주어지는 만큼 모든 임대사업자가 임대보증금 보증에 가입할 수 있도록 보증상품이 마련될 필요가 있다'는 의견이 제시되기도 한 바 있다.[34]

구체적으로 공공임대사업자가 소유한 토지에 민간임대사업자가 건축한 주택을 임대하는 토지임대부 사회주택의 경우, 토지가 임대사업자의 소유가 아니라는 이유로 임대사업자의 건물에 대한 담보가치만 평가됨으로써 보증보험 가입이 거절되는 상황이다. 이는 민간매입임대주택의 보증금에 대한 보증 사업을 수행하는 주택도시보증공사(HUG)에서는 보증가입 요건으로 ① 해당 임대주택의 압류, 가압류 및 가처분 등을 말소할 것, ② 담보권 설정금액이 주택가격의 60% 이내일 것, ③

---

33) 김정하·이춘원, "임대보증금보증제도의 법경제학적고찰", 부동산법학 제26권 제1호(2022. 3.), 109-110.

34) 국토교통위원회, 제380회 국회(임시회) 제1차 국토교통위원회, "민간임대주택에 관한 특별법 일부개정법률안 검토보고" (2020. 7.).

부채비율이 100% 이내일 것을 규정하고 있는데, 공공으로부터 토지를 임대하여 주택을 건설·관리하는 토지임대부 임대주택은 부채비율[(담보+임대보증금)/주택가격] 산정 시 주택가격에 임대주택사업자가 소유하고 있는 건물의 가격만이 산정되어 담보 및 임대보증금이 많은 경우 부채비율 100% 이내 조건을 충족하기가 어렵기 때문이다.35) 위와 같은 사유로 토지임대부 사회주택사업자들이 보증보험에 가입하지 못하고 있는데, 이는 공공에서 적극적으로 추진하고 홍보하였으며 실제로 사회주택 중 적지 않은 비중을 차지하던 토지임대부 사회주택 사업이 더 이상 존속하기 어려워지는 결과를 야기한다.36)

3. 임대보증금 보증 의무가입 관련 개정안 검토

가. 개정안 현황

(1) 장경태의원 개정안

2022. 5. 10. 발의된 보증의무가입 관련 장경태의원 개정안37)은, 국가 또는 지방자치단체, 한국토지주택공사 등 「공공주택 특별법」 제4조 제1항에 따른 공공주택사업자38)가 소유한 토지를 임차하여 건설된 민

---

35) 국토교통위원회, 제400회 국회(정기회) 제3차 국토교통위원회, "민간임대주택에 관한 특별법 일부개정법률안 검토보고"(2022. 9.), 5.

36) 박유진, "토지임대부 사회주택 없어지나...보증보험 가입하고 싶어도 못하는 사업자들", 이로운넷, https://www.eroun.net/news/articleView.html?idxno=28052 (2020. 4. 18.).

37) 장경태 의원 발의, "민간임대주택에 관한 특별법 일부개정법률안", 2115541, (2022.05.10.).

38) 공공주택 특별법 제4조(공공주택사업자) ① 국토교통부장관은 다음 각 호의 자 중에서 공공주택사업자를 지정한다.
   1. 국가 또는 지방자치단체
   2. 「한국토지주택공사법」에 따른 한국토지주택공사

간임대주택의 경우 임대사업자가 임대보증금에 대한 보증에 가입하지 않을 수 있도록, 임대보증금 보증 의무가입 예외에 해당하는 경우를 규정한 민간임대주택법 제49조 제7항에 조항을 추가적으로 신설할 것을 내용으로 하고 있다(안 제49조제7항제4호 신설).

(2) 천준호의원 제정안

천준호 의원이 2022. 7. 26. 발의한 '공익주택 공급 촉진 및 지원을 위한 특별법' 제정안[39]은 공익주택 임대사업자가 공익주택을 임대하는 경우 민간임대주택법 제49조에 따라 임대보증금에 대한 보증에 가입하여야 한다고 규정하여 원칙적으로 보증 가입 의무를 부여하고 있지만(안 제16조 제1항), ① 임대보증금이 「주택임대차보호법」 제8조제3항에 따른 금액[40] 이하이고 임차인이 임대보증금에 대한 보증에 가입하지 아니하는 것에 동의한 경우, ② 공익주택 임대사업자가 「공공주택 특별법」 제45조의2에 따라 기존주택을 임차하는 공공주택사업자와 임대차계약을 체결하는 경우로서 해당 공공주택사업자가 보증 가입 등 임대보증금 회수를 위하여 필요한 조치를 취한 경우, ③ 임차인이 보증회사 및 이에 준하는 기관에서 운용하는 전세금 반환을 보장하는 보증에 가입하였고, 임대사업자가 해당 보증의 보증수수료를 임차인에

---

3. 「지방공기업법」 제49조에 따라 주택사업을 목적으로 설립된 지방공사

4. 「공공기관의 운영에 관한 법률」 제5조에 따른 공공기관 중 대통령령으로 정하는 기관

5. 제1호부터 제4호까지의 규정 중 어느 하나에 해당하는 자가 총지분의 100분의 50을 초과하여 출자·설립한 법인

6. 주택도시기금 또는 제1호부터 제4호까지의 규정 중 어느 하나에 해당하는 자가 총지분의 전부(도심 공공주택 복합사업의 경우에는 100분의 50을 초과한 총지를 포함한다)를 출자(공동으로 출자한 경우를 포함한다)하여 「부동산투자회사법」에 따라 설립한 부동산투자회사

39) 천준호 의원 발의, "공익주택 공급 촉진 및 지원을 위한 특별법안", 2116670, (2022.07.26.).

40) 현재 서울특별시 기준 5천500만원[주택임대차보호법 시행령 제10조 제1항 제1회].

게 전부 지급한 경우, ④ 「공공주택 특별법」에 따른 공공주택사업자로 부터 토지를 임차하여 건설하는 공익주택 등 대통령령으로 정하는 기준에 해당하는 경우에는 보증에 가입하지 않을 수 있다고 규정하여 토지임대부 사회주택의 경우 임대보증금 보증 가입 의무의 예외에 해당하도록 하고 있다(안 제16조 제2항).

나. 법안에 대한 검토

위 각 법안에 대한 국토교통위원회 검토보고서는 공통적으로 저렴한 임대료, 안정적 거주기간의 보장, 사회적 가치 추구 등을 목표하는 토지임대부 사회주택의 공급을 유지할 수 있도록 한다는 면에서 그 입법취지가 타당함을 인정하는 한편, 토지임대부 사회주택이 다른 유형의 사회주택에 비하여 임대보증금의 금액 규모가 상대적으로 크다는 점, 임대보증금 미반환 사고 발생 사례도 존재한다는 점, 임대보증금 미반환 사고 발생 시 서울주택도시공사와 같은 지방공사가 임차인에 대한 임대보증금 반환의무 승계를 수반하는 임대주택 매입 계약을 체결하는 것은 채무에 대한 상환보증이 포함된 계약 체결을 금지하는 「지방공기업법」제65조의5[41]에 저촉되어 세입자 보호가 어려울 수 있다는 점 등도 감안하여야 함을 언급하였다.[42][43]

결론적으로 두 검토보고서는 토지임대부 사회주택의 임대보증금에

---

41) 지방공기업법 제65조의5(채무보증 계약 등의 제한) 공사는 다음 각 호에 해당하는 계약을 체결할 수 없다.
   1. 채무에 대한 상환 보증이 포함된 계약
   2. 공사의 자산 매각 시 환매(환매)를 조건으로 하는 계약
   3. 주택 건설 및 토지 개발 등의 사업에서 미분양 발생 시 미분양 자산에 대한 매입 확약이 포함된 계약
42) 국토교통위원회, 제400회 국회(정기회) 제3차 국토교통위원회, "민간임대주택에 관한 특별법 일부개정법률안 검토보고" (2022. 9.).
43) 국토교통위원회, 제403회 국회(임시회) 제1차 국토교통위원회, "공익주택 공급 촉진 및 지원을 위한 특별법안 검토보고" (2023. 2.).

대한 보증 가입 의무를 면제할지 여부는 사회주택을 통한 민간임대주택의 원활한 공급 필요성과 임대보증금 미반환 사고 발생 시 임차인을 두텁게 보호할 수 있는 장치가 충분히 마련되었는지 여부 등을 고려하여 결정할 필요가 있다는 의견을 제시하였다.

토지임대부 사회주택 사업의 구조상 현재의 임대보증금 보증기관의 보증 가입 요건을 엄격히 요구할 경우 가입이 불가능하다. 임대보증금 보증기관이 정책적으로 보증 가입 요건을 예외적으로 완화하여 사회주택 사업자의 가입 신청을 받아 준다면 문제가 해결될 수 있으나, 보증기관이 위험을 부담할 특별한 의무나 유인이 존재하는 것은 아니므로 이를 현실적으로 기대하기는 어렵다. 따라서 민간임대주택법상 임대보증금 보증 의무 가입 규정에 대한 개정이 필요한데, 사회주택도 다른 임대주택과 마찬가지로 임차인을 위한 임대보증금 보호 필요성이 상존하는 이상, 토지임대부 사회주택에 대하여 임대보증금 보증 의무 가입의 예외를 규정하기 위하여는 위 검토보고서의 의견처럼 임차인을 보호할 수 있는 다른 방안을 마련하는 것이 필수적으로 병행되어야 할 것이다.

다. 임차인 보호 방안

현행 민간임대주택법상 임대보증금 보증 의무 가입의 예외가 적용되는 경우는 아래와 같이 세 가지가 있다(민간임대주택법 제49조 제7항).

민간임대주택에 관한 특별법 제49조(임대보증금에 대한 보증)

⑦ 제1항에도 불구하고 다음 각 호의 어느 하나에 해당하면 임대보증금에 대한 보증에 가입하지 아니할 수 있다. 〈신설 2021. 9. 14.〉

1. 임대보증금이 「주택임대차보호법」 제8조제3항에 따른 금액 이하이고 임차인이 임대보증금에 대한 보증에 가입하지 아니하는 것에 동의한 경우

2. 임대사업자가 「공공주택 특별법」 제45조의2에 따라 기존주택을 임차하는 공공주택사업자와 임대차계약을 체결하는 경우로서 해당 공공주택사업자가 보

> 증 가입 등 임대보증금 회수를 위하여 필요한 조치를 취한 경우
> 3. 임차인이 보증회사 및 이에 준하는 기관에서 운용하는 전세금 반환을 보장하는 보증에 가입하였고, 임대사업자가 해당 보증의 보증수수료를 임차인에게 전부 지급한 경우

위와 같은 예외를 인정하는 것은 앞에서 살펴본 바와 같이 다른 제도적 보완을 통해 임차인 보호가 가능하기 때문이다. 토지임대부 사회주택이 다른 유형의 사회주택에 비하여 임대보증금의 금액 규모가 상대적으로 크다는 점을 고려할 때 소액임차인 최우선 변제제도로서 보호받기는 어렵고 별도로 보증금을 보호할 수 있는 방안이 마련될 필요가 있다.

임차인 보호가능성 확보 방안에 관하여 현장 실무자나 연구자들은 공공 부문, 즉 토지임대부 사회주택 사업을 공모하고 토지임대부 사회주택에 사용되는 토지의 소유자인 LH공사, SH공사, 리츠 등의 '건물 매입 확약'을 유력한 방안으로 보아 왔다. 공공 부문이 토지임대부 사회주택 건물을 매입하여 사회주택 사업자의 임대인 지위를 포괄적으로 승계하여 임대보증금 반환채무를 최종적으로 부담할 수 있게 하여 임차인을 보호하는 것이다. 실제로 토지임대부 사회주택 사업과 관련하여 공공 부문, 사회주택 사업자, 임대보증금 보증기관 등이 체결한 토지임대차계약서, 표준사업약정서, 부동산매입확약서들을 분석하면 임대보증금 미반환사고 등으로 사회주택 사업자와의 계약이 중도 해제 또는 해지될 경우, LH공사, SH공사, 서울사회주택리츠, 서울토지지원리츠, 허브리츠 등의 공공부문이 건물을 매입할 수 있는 권리를 지니거나 보증기관의 요청에 따라 매입할 것을 규정한 경우가 발견된다.[44]

그러나 이에 대하여 최근 지방공기업이나 지방자치단체에서는 '지

---

44) 정용찬·신아현·진남영, "토지임대부형 사회주택과 임대보증금 보호", 새로운사회를여는연구원(2021.06.), 7-9.

방공사가 임차인에 대한 임대보증금 반환의무 승계를 수반하는 임대
주택 매입 계약을 체결하는 것은 채무에 대한 상환보증이 포함된 계약
체결을 금지하는 「지방공기업법」제65조의5에 저촉된다'는 의견을 토
대로 매입확약을 거부하기도 한다.45) 「지방공기업법」 제65조의5는
2015. 12. 15. 신설된 조항인데, 그 내용은 다음과 같다.

지방공기업법 제65조의5(채무보증 계약 등의 제한) 공사는 다음 각 호에 해당하
는 계약을 체결할 수 없다.
1. 채무에 대한 상환 보증이 포함된 계약
2. 공사의 자산 매각 시 환매(환매)를 조건으로 하는 계약
3. 주택 건설 및 토지 개발 등의 사업에서 미분양 발생 시 미분양 자산에 대한
   매입 확약이 포함된 계약

그런데 위 조항의 입법 경위를 살펴보면 해당 조항이 도입된 것은
일체의 채무 상환 보증을 금지하기 위한 것이라기보다는, 당시 다수
발생하던 문제적 사안을 규율하기 위한 것임을 알 수 있다. 입법을 추
진한 행정안전부는 당시 지방공사가 개발사업 등의 추진을 위해 설립
한 SPC(Special Purpose Company : 특수목적법인)의 차입자금에 대한
지급보증을 하거나 미분양 자산에 대한 매입을 보증하는 계약을 체결
하였다가 차입금을 대신 부담하거나 자산을 매입하는 사례46)가 발생
하고 있어 지방공사의 재정건전성 제고를 위해 지방공사가 타 법인의
채무를 보증하지 못하도록 하려는 것이라고 입법안 제안 취지를 설명

---

45) 국토교통위원회, 제400회 국회(정기회) 제3차 국토교통위원회, "민간임대주택에
    관한 특별법 일부개정법률안 검토보고"(2022. 9.), 6.
46) 화성도시공사는 주택개발사업을 추진하기 위해 SPC에 출자하면서 SPC가 금융
    기관에서 대출받은 금액에 대해 지급보증을 하였고, 개발사업의 분양이 저조하
    여 SPC 대신 공사가 750억원 부채를 상환하는 손해를 입었고, 충남개발공사의
    경우 산업단지개발사업을 위해 SPC를 설립하고 지분을 출자하면서 분양률이
    65%를 미달하는 경우 미달하는 물량을 공사에서 매입하는 계약을 체결함에 따
    라 향후 최대 2,500억 가량을 매입해야 하는 의무가 발생한 사례가 언급됨.

하였다. 당시 국회 안전행정위원회 검토보고서는 위 사례와 같은 채무 보증이나 미분양자산 매입 등은 사채발행과 같은 정당한 절차를 거치지 않고[47] 편법으로 지방공사의 재정에 부담을 주는 것으로 볼 수 있으므로, 지방공사 및 지방자치단체의 재정이 보다 건전하게 운영되기 위해서는 개정안과 같은 조치가 필요하다고 판단되며 이를 통해 지방공사가 사업을 무리하게 추진하기 위해 불리한 조건의 계약을 체결하는 사례 역시 감소할 것으로 예상된다고 평가하였다.[48]

즉, 지방공기업법 제65조의5는 일체의 채무 상환 보증을 전면 금지하려는 취지보다는, SPC와 같은 '타 법인'과의 대규모 계약에서 '편법으로 지방공사의 재정에 부담'을 주는 경우를 막기 위하여 입법되었다고 할 수 있다. 따라서 해당 조항이 임차인의 임대보증금과 같이 (ⅰ) 상대적으로 소액에 해당하는 채무, 또한 (ⅱ) 공공이 부담한다고 하여 정책적으로도 부적절하다고 볼 수 없는 채무에 대하여까지 적용되는 것은 아니라고 제한적으로 해석할 필요가 있으며, 필요하다면 민간임대주택법에 위 조항의 예외를 설정하는 것도 고려할 수 있다고 생각된다.

그 외에도 민간임대주택법에서 공공주택 특별법상 공공주택사업자가 임대한 토지에 민간임대사업자가 주택을 공급하는 경우 토지소유자인 공공주택사업자와 민간임대사업자가 공동으로 보증보험에 가입할 의무를 부과하는 방안이 있다. 입주자는 실질적으로 토지와 일체된 주택의 대가로서 임대보증금을 납부하고 있으며, 토지소유자는 사실상

---

47) 지방공기업법 제56조(정관) ① 공사의 정관에는 다음 각 호의 사항이 포함되어야 한다.
   10. 사채 발행에 관한 사항
   제68조(사채 발행 및 차관) ① 공사는 지방자치단체의 장의 승인을 받아 사채를 발행하거나 외국차관을 할 수 있다. 이 경우 사채 발행의 한도는 대통령령으로 정한다.
48) 안전행정위원회, 제331회 국회(임시회), 제1차 안전행정위원회, "지방공기업법 일부개정법률안 검토보고서" (2015. 2.).

위 주택임대료 수입 중 일부를 토지 임대료로 받고 있다. 건물의 가치는 매년 감각 상각됨에 비하여 지가는 상승할 것으로 예측되며, 지가 상승은 지상 건물이용과도 연동되는 점을 고려하더라도 토지소유자와 임대사업자가 공동으로 보증에 가입하도록 하는 것이 타당하다. 보증료 부담에 관한 사항은 토지소유자와 임대사업자의 계약에 따라 정할 수 있으므로 토지소유자의 비용 부담이 증가하지 아니할 수 있으며, 임대사업자가 임대보증금을 반납하지 아니하는 보증사고 발생 시 토지임대차 계약 해지와 건물매도청구권 행사를 통해 시가보다 저렴한 가격으로 건물을 매입하여 토지소유자의 경제적 손실도 막을 수 있다.

다. 소결

민간임대주택법 제49조 제7항 제2호가 '임대사업자가 「공공주택 특별법」 제45조의2에 따라 기존주택을 임차하는 공공주택사업자와 임대차계약을 체결하는 경우로서 해당 공공주택사업자가 보증 가입 등 임대보증금 회수를 위하여 필요한 조치를 취한 경우'도 임대보증금 보증 의무 가입 예외 사유로 규정한 것에서, 민간 임대사업자뿐 아니라 임대사업에 개입된 공공주택사업자가 임차인 보호 의무를 부담하는 것도 가능함을 상정하고 있음을 알 수 있다. 이처럼 민간뿐 아니라 공공 또한 임차인 보호 의무를 함께 부담할 수 있고, 특히 보증 가입이 어려운 원인이 토지임대부 사회주택 사업 구조 자체에 있는 상황에서 보증 가입 의무 위반에 따른 제재와 불이익을 사회주택 사업자만 부담하는 것은 부당한 측면이 있다.

또한 토지임대부 사회주택은 임차인들에게 적정한 임대료와 안정적 임대기간을 제공하는데, 임차인의 임대보증금을 보호하여야 한다는 명제 아래 일률적으로 보증 가입 의무를 부과하여 해당 사회주택 사업이 중단되고 오히려 임차인의 선택지가 영리 민간임대주택으로만 귀결되어 높은 임대료를 부담하여야 하는 상황을 야기하는 것을 경계할 필요가 있다.

토지임대부 사회주택 사업은 공공이 사회주택 사업자에게 토지를 제공하는 혜택을 주기만 하는 사업이 아니다. 우리 사회의 사회구성원들을 위하여 공급하여야 할 적정한 임대주택을 사회주택 사업자의 비용과 시간, 운영 노력 등을 통하여 공급하는 사업이기도 하다. 즉, 사회주택 사업은 사회적 가치 달성이라는 공동의 공익적 목표를 위하여 공공과 사회적경제주체가 협업하는 것에 가깝고, 공공은 토지임대부 사회주택 사업에서 일방적으로 지원을 제공하는 것이 아니라 이를 통하여 획득하는 이익도 있는 것이다. 따라서 토지임대부 사회주택 사업을 도입한 취지와 해당 사업의 의의에 비추어 공공이 토지만 제공하는 것으로 끝나는 대신 해당 사업이 원활하게 운영되고 해당 사업에 의해 공급되는 주택에 입주한 임차인들이 충분히 보호받을 수 있도록 매입 확약, 공동 보증 가입 등을 포함하여 적극적 역할과 책임을 다하여야 한다.

VI. 결론

앞에서는 민간임대주택법과 관련하여 그 연혁 및 구성, 사회주택, 공공지원민간임대주택, 보증 가입 의무 관련 쟁점과 개선방안 등을 살펴보았다. 그 결론을 요약하면 다음과 같다.

첫째, 사회주택 공급 및 운영의 체계성 및 지속가능성을 담보하기 위하여는 그 근거를 법률에 명시적으로 규정할 필요가 있고, 그 내용으로는 주거취약계층에 대한 적정한 임대조건의 주거 제공, 공동체 등 사회적 가치 제공, 그리고 안정적 장기 공급이라는 측면을 고려하여 공급주체, 소유관계, 공급대상, 공급기간, 지원방안 등을 규정할 필요가 있다.

둘째, 공공지원민간임대주택의 임대의무기간 10년 경과 후 임대사업자가 임대주택을 매각할 경우 주거안정성을 위해 입주자에게 우선 분양권을 부여하는 것이 바람직하나, 주택 매입이 어려운 임차인 보호 및 임대주택 공급량 확대를 위하여 10년 이상 장기로 공급하는 사업자에 대한 정책적 지원을 강화함으로써 매각보다 임대 지속을 유도할 필요가 있고, 궁극적으로는 매각을 통한 수익을 기대하는 영리 사업자보다는 주거권 보호에 초점을 두고 장기적, 계속적으로 임대주택을 공급하는 주체가 확대될 수 있도록 다양한 사업주체를 선정·지원하여야 한다.

셋째, 토지임대부 사회주택에 대하여 임대보증금 보증 의무 가입의 예외를 규정하기 위하여는 임차인을 보호할 수 있는 다른 방안을 마련하는 것이 필수적으로 병행될 필요가 있는데, 토지임대부 사회주택 사업이 사회주택 사업자만의 사업이 아니라 임차인에게 적정한 임대료와 안정적 임대기간 보장을 제공한다는 사회적 가치의 달성을 위하여 공공과 사회적경제주체가 협업하는 것임을 고려할 때 공공이 매입확약, 공동 보증 등을 포함하여 임차인 보호를 위한 적극적 역할과 책임을 다할 필요가 있다.

본 연구에서 다룬 쟁점들 외에도 현행 민간임대주택법과 사회주택에 관한 다양한 쟁점이 있을 것이며, 제·개정될 수 있는 내용에 관한 다양한 아이디어가 있을 것이다. 사회주택은 우리 사회에서 주거가 투자나 수익의 수단이 아닌 사람다운 삶의 기반으로 자리잡도록 하는 데 주요한 역할을 할 수 있을 것으로 보인다. 민간임대주택법 개정을 포함하여 사회주택이 활성화되는 데 필요한 법제도적 정비에 관하여 앞으로도 많은 연구가 진행되기를 기대한다.

참고문헌

김정하·이춘원, "임대보증금보증제도의 법경제학적고찰", 부동산법학 제26권 제
　　1호 (2022. 3.)

김지은 외, "민간부문 사회주택의 쟁점과 과제", SH도시연구원 (2017)

이희숙, "사회주택 법제도 현황과 개선 방안", 공간과사회 제31권 제2호 (2021)

정용찬·신아현·진남영, "토지임대부형 사회주택과 임대보증금 보호", 새로운사회
　　를여는연구원 (2021.06.)

국토교통부 보도자료, "2014년 주택종합계획", 주택정책과 (2014.04.03.)

국토교통부 보도자료, "임대·분양을 혼합한 新주택 모델 '내집마련 민간임대' 추
　　진-고양장항 시작으로 5년간 약 2만 호 공모 예정-", 혁신행정담당관
　　(2022. 12. 21.)

국토교통분야 관행혁신위원회, "국토부 주요 정책에 대한 3차 개선권고안", 도
　　로교통부 (2018.11)

국토교통위원회, 제380회 국회(임시회) 제1차 국토교통위원회, "민간임대주택에
　　관한 특별법 일부개정법률안 검토보고" (2020. 7.)

국토교통위원회, 제388회 국회(임시회) 제1차 국토교통위원회, "민간임대주택에
　　관한 특별법 일부개정법률안 검토보고" (2021. 6.)

국토교통위원회, 제389회 국회(임시회) 제1차 국토교통위원회, "민간임대주택에
　　관한 특별법 일부개정법률안 심사보고서" (2021. 8.)

국토교통위원회, 제395회 국회(임시회) 제1차 국토교통위원회, "민간임대주택에
　　관한 특별법 일부개정법률안 검토보고" (2022. 4.)

국토교통위원회, 제400회 국회(정기회) 제3차 국토교통위원회, "민간임대주택에
　　관한 특별법 일부개정법률안 검토보고" (2022. 9.)

국토교통위원회, 제403회 국회(임시회) 제1차 국토교통위원회, "공익주택 공급
　　촉진 및 지원을 위한 특별법안 검토보고" (2023. 2.)

건설교통위원회, 제254회 국회(임시회) 제1차 건설교통위원회, "임대주택법 일부
　　개정법률안(이혜훈의원 대표발의) 검토보고" (2005. 6.)

건설교통위원회, 제256회 국회(정기회) 제7차 건설교통위원회, "국민임대주택건
　　　설등에 관한 특별조치법 일부개정법률안 검토보고" (2005. 10.)

김두관 의원 발의, "민간임대주택에 관한 특별법 일부 개정 법률안", 2108480,
　　　(2021.03.03.)

김영배 의원 발의, "사회적 경제 기본법안", 2104663, (2020.10.26.)

안전행정위원회, 제331회 국회(임시회), 제1차 안전행정위원회, "지방공기업법
　　　일부개정법률안 검토보고서" (2015. 2.)

박유진, "토지임대부 사회주택 없어지나 … 보증보험 가입하고 싶어도 못하는 사
　　　업자들", 이로운넷, https://www.eroun.net/news/articleView.html?idxno=28052
　　　(2020. 4. 18.)

위성곤 의원 발의, "민간임대주택에관한 특별법 일부개정법률안", 2119740,
　　　(2023.02.01.)

주택도시보증공사, "공공지원민간임대리츠 현황", https://www.khug.or.kr/hug/web/
　　　lr/ph/lrph000008.jsp?id=1233&mode=S&currentPage=1&articleId=31151&t_
　　　title=%B0%D4%BD%C3%B9%B0%20%C0%D0%B1%E2%20(22%B3%E2
　　　%203%BA%D0%B1%E2%20%B0%F8%B0%F8%C1%F6%BF%F8%20%B
　　　9%CE%B0%A3%C0%D3%B4%EB%B8%AE%C3%F7%20%C7%F6%C8
　　　%B2) (2022.11.08.)

장경태 의원 발의, "민간임대주택에 관한 특별법 일부개정법률안", 2115541,
　　　(2022.05.10.)

장경태 의원 발의, "민간임대주택에 관한 특별법 일부개정법률안", 2114156,
　　　(2021.12.29.)

천준호 의원 발의, "공익주택 공급 촉진 및 지원을 위한 특별법안, 2116670,
　　　(2022.07.26.)

사회주택 현황 및 제도개선 방안

| 염철호 | *

초 록

본 연구에서는 "과연 앞으로의 사회주택이 지향하여야 하는 방향은 무엇인가?"라는 관점에서 사회주택을 통한 주거 안전성 확보뿐만이 아니라 사회주택을 통한 거주가치 증진이라는 목표를 함께 달성하기 위하여 필요한 정책과 제도개선 방안을 모색하고자 하였다.

우선 사회주택 공급 및 운영 현황을 살펴본 결과, 서울시에 전체 사회주택의 69%에 가까운 물량이 집중되어 있고, 13개 정도의 사회주택 업체가 전체의 68%를 공급·운영하고 있는 등 편중 현상이 두드러짐을 확인할 수 있었다. 사회주택과 관련한 제도와 정책에 있어서도 서울시의 사회주택 조례와 공급정책이 다른 지자체나 정부에까지 영향을 미쳐왔으며, 2021년 이전에 비해 2021년 이후에는 서울시를 포함하여 지자체 차원의 사회주택 공급은 거의 확인하기 어렵고 정부가 추진하는 매입약정형 임대주택 공급 정책이 중심이 되고 있었다.

다음으로 사회주택의 정책적·제도적 쟁점을 공급 및 운영주체, 사업추진체계, 지원의 지속성 및 실효성, 그리고 사회주택에서의 거주가치 구현이라는 4가지의 측면에서 살펴보았다. 이를 바탕으로 사회주택 정책과 제도개선 방안으로서 첫째, 보다 폭넓은 주체가 사회주택에 참여할 수 있도록 사업 참가범위를 확대하는 등 공급 및 운영주체의 확

---

* 건축공간연구원 선임연구위원

대 및 역량 강화 방안, 둘째, 매입약정형 방식과 토지임대부 방식을 중심으로 사업추진체계의 다양화 및 유연화를 위한 세부규정 마련과 기존 제도의 불합리성 및 경직성 개선 방안, 셋째, 사업예측의 불투명성 해소, 공공주택사업자 등의 지원역할 강화, 지자체 등 관련 주체 간 협력체계 강화 등 지원의 지속성 담보 및 실효성 제고를 위한 방안을 제시하였다.

앞으로 우리나라의 사회주택은 새로운 주거문화 형성의 촉매제로서 수요 맞춤, 참여, 공동체, 지역 연계 등과 같은 거주가치를 구현할 수 있는 주택공급방식으로서 확대될 필요가 있다. 공공 지원이나 제도 개선 또한 사회주택을 통해 다양한 거주가치를 구현하고자 하는 차별화된 주거유형의 모색이 성공적으로 실현되고 활성화되어 전체 주택시장의 변화로 파급될 수 있도록 지원하는 것에 보다 중점을 두기를 기대한다.

Ⅰ. 서론

2015년 서울시의 「서울특별시 사회주택 활성화 지원 등에 관한 조례」제정을 계기로 본격적으로 사업화가 추진된 우리나라의 사회주택은 서울시에서 다른 지방자치단체와 정부 정책으로 확산되면서 2022년 현재 약 5,400여 호가 공급(선정사업 포함)되어 있다.[1] 미국이나 유럽 등 다른 국가에서는 사회주택(Social Housing)이 공급주체의 구분 없이 주거취약계층을 대상으로 공급되는 부담 가능한 주택을 의미하는 것에 비해, 우리나라는 서울시의 관련 정책을 중심으로 기존의 공공임대주택과 구별하면서 사회적경제주체를 공급주체로 하는 장기임

---

[1] 사회주택 공급 현황, 한국사회주택협회, https://datastudio.google.com/u/0/reporting/bfff9085-101f-4e32-9df4-443b16b7ad23/page/EvYOB (2022.02.03. 확인).

대주택으로 사회주택이 정착·확산되어 왔다. 2006년 「사회적기업 육성법」제정, 2012년 「협동조합 기본법」제정 등 2000년대 후반부터 우리 사회에서 사회적경제에 대한 관심과 사회적경제주체의 역할에 대한 기대가 높아진 것 또한 이러한 사회주택의 도입 배경이라 할 수 있을 것이다.

또한 사회주택은 대형 건설업체 위주의 민간분양주택과 LH공사나 지방공사가 공급하는 공공임대주택으로 양분되어 있는 우리나라의 주택공급체계 속에서 저렴한 임대료와 안정적 거주기간의 보장뿐만 아니라 다양한 사회적가치를 구현하고자 하는 차별화된 주택으로서 민간분양주택과 공공임대주택의 사각지대를 담당하는 주택유형으로 주목 받아 왔다. 따라서 사회주택은 주거취약계층의 주거 안정성 확보라는 주거복지 측면의 역할과 함께 주택을 통한 사회적가치 구현이나 거주가치 증진 등 주거문화 측면의 역할을 함께 추구하고 있다고 할 수 있다([그림 1] 참조).

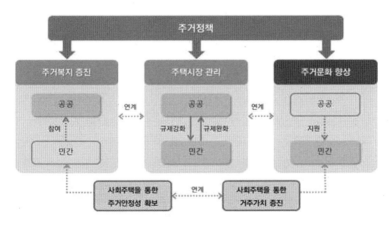

[그림 1] 주거정책에서의 사회주택 역할

출처: 염철호·박석환, 다양한 거주가치 구현을 위한 사회주택사업 추진체계 개선방안 연구, 건축공간연구원 (2022), 5.

사회주택 공급이 본격화된 2015년부터 사회주택의 공급 활성화와 안정적 사업추진, 추진주체의 역량 강화 등을 위하여 제도적 근거를 강화하여야 한다는 주장과 연구가 다수 제시되었음에도 불구하고 현재 사회주택과 관련한 제도적 기반 마련은 여전히 진행형이거나 미결된 상태이다. 공급실적 또한 5,400여 호에 불과하며 10여개 내외의 한정적인 주체가 전체 사회주택의 2/3에 달하는 비중의 공급·운영을 수행하고 있는 실정이다.

본 연구는 그간의 사회주택의 공급 및 사회주택 관련 정책·제도의 추이와 현황을 살펴보고, 사회주택의 공급 및 운영과 관련한 정책적·제도적 쟁점을 도출한 후 사회주택의 제도 개선 방안을 제시하는 것을 목적으로 한다. 우선 제2장에서는 한국사회주택협회, 국토교통부, LH공사, 주거복지재단 등의 자료를 바탕으로 사회주택의 공급 및 운영 현황을 살펴보고, 제3장에서는 서울시의 사회주택 조례를 포함하여 정부와 지자체의 사회주택 관련 정책과 제도의 추이와 현황을 정리하고 특징을 분석한다. 제4장에서는 사회주택과 관련한 선행연구, 칼럼, 입법안 등을 바탕으로 사회주택 공급 및 운영과 관련한 정책적·제도적 쟁점을 검토한다. 제5장에서는 제4장까지의 검토를 바탕으로 사회주택 제도개선의 기본방향과 보다 구체적인 제도개선 방안을 제시하고자 한다. 사회주택의 개선방안과 관련하여 저자가 수행한 선행연구[2])에서는 안정적 거주공간의 제공과 함께 사회주택에 요구되고 기대되는 거주가치의 구현이라는 관점에서 사회주택의 개선방안을 주로 다루었는데, 본 연구 또한 이러한 관점을 포함하면서 "과연 앞으로의 사회주택이 지향하여야 하는 방향은 무엇인가?"라는 질문을 바탕으로 제도개선을 위한 논의를 전개하고자 한다.

---

2) 염철호·박석환, 다양한 거주가치 구현을 위한 사회주택사업 추진체계 개선방안 연구, 건축공간연구원 (2022).

II. 사회주택 공급 및 운영 현황

1. 사회주택의 개념적 범위

미국이나 유럽의 국가들과 달리 우리나라에서 공공지원을 바탕으로 사회적경제주체가 공급하는 장기임대주택을 사회주택으로 다루게 된 배경은 크게 네 가지로 구분할 수 있다. 첫째는 신 주거취약계층의 증가인데, 2010년대 이후부터 청년, 노인 등 1인가구가 증가하는 대신 민간임대주택에서 월세가 차지하는 비중과 임대료가 상승하면서, 고시원 등 주거환경이 열악한 시설에 거주하는 청년이나 노인 등 신 주거취약계층에 대한 주거복지 차원의 정책적 요구가 높아지게 된다. 둘째는 공공주택사업자 위주의 공공임대주택 공급·운영의 한계인데, 우리나라의 공공임대주택 재고는 주요 국가 및 OECD, EU 등의 평균에는 여전히 미치는 못하는 수준이며, LH공사, SH공사 등 공공주택사업자의 재정 부담이 가중됨에 따라 사업 적자가 지속적으로 증가하고 있어 대폭적인 공공임대주택 공급은 어려운 실정이다. 셋째는 사회적 가치를 지향하는 새로운 주체의 등장인데, 2000년대 말부터 공공과 민간과 차별화된 사회적경제주체에 대한 사회적·정책적 관심이 증대되었고, 청년주거나 코하우징 등 새로운 주택공급의 주체로서 사회적경제주체가 주목을 받게 되었다. 넷째는 서울시 제도의 영향인데, 2015년 서울시가 최초로 사회주택 조례를 제정하고 사회적경제주체가 서울시의 지원을 받아 저렴한 임대주택을 공급하기 시작하였고, 이를 타 지자체나 정부정책에 반영하면서 서울시의 방식은 우리나라의 사회주택 사업모델로서 확산·정착되게 된다.3) 우리나라 사회주택은 이러한 배경에 따라 추진되어 왔으며, 현재 우리나라에서 사회주택을 이야기할 때

---

3) 염철호·박석환, 앞의 글, 14-16.

는 주거취약계층, 사회적경제주체, 공공 지원, 저렴한 임대료의 임대주택과 같은 요소가 전제가 되고 있다.

사회주택 사업은 크게 「공공주택 특별법」과 「민간임대주택에 관한 특별법」(민간임대주택법)에 근거하면서 국토교통부나 LH공사의 지침이나 각 지자체 조례 등 세부규정에 따라 추진된다. 현재 가장 최신의 사회주택 현황을 파악하여 제시하고 있는 한국사회주택협회의 사회주택 공급현황에서는 사회주택사업의 유형을 토지임대부 사회주택, 사회적 주택, 매입약정형 사회주택, 리모델링 사회주택의 4가지로 구분하고 있다([표 1]참조). 이중 토지임대부 사회주택은 「민간임대주택법」에 근거를 두고 있고, 사회적 주택과 매입약정형 사회주택은 「공공주택특별법」에 근거를 두고 있다. 협동조합형 공공지원 민간임대주택으로 공급된 위스테이의 경우, 사회주택의 성격을 가지고 있으면서도 의무 임대기간 이후에는 개별 분양 또는 조합소유로 변경되게 되므로

[표 1] 사회주택사업 유형

대분류	주요 특징	관련 세부 사업유형
토지임대부 사회주택	공공이 소유하고 있거나 매입한 부지를 사회적경제주체 등이 저렴하게 임대하여 주택을 건설한 후 주거취약계층 등에게 임대	토지지원리츠, LH공공지원형, LH토지임대부, SH 빈집활용형 토지임대부, 시흥형토지임대부 등
사회적 주택	공공주택사업자가 기존 다세대·다가구주택 등을 매입하여 사회적경제주체 등에게 임대 운영, 주택관리 등을 위탁	사회적 주택
매입약정형 사회주택	사업기획 단계에서 사회적경제주체 등의 사회주택 사업계획을 공공주택사업자가 심사하여 토지와 주택의 매입을 사전 약정하고, 준공 후 사회적경제주체 등이 임대운영, 주택관리 등을 지속 수행	LH 용도변경형 매입임대, 테마형 매입임대 등
리모델링 사회주택	사회적경제주체 등이 공공지원을 받아 장기 방치된 빈집 또는 비주택을 리모델링하여 주거취약계층을 위한 임대주택으로 공급	빈집 리모델링, 비주택 용도변경 리모델링, 사회주택리츠 등

다른 사회주택과 동일한 성격으로 보기에는 다소 차이가 있다.

2. 사회주택 공급 현황

2023년 2월 현재 한국사회주택협회가 제공하는 사회주택 공급 현황4)을 살펴보면, 사회주택 공급 총량은 5,405호 이며, 이 중 준공된 것이 약 3,600여 호로 전제의 2/3에 해당되며, 1/3은 현재 사업이 진행 중으로 미 준공 상태이다([표 2] 참조). 사회주택 공급은 집계를 시작한 2015년부터 매년 꾸준한 증가세를 보여 왔으나, 2022년은 현재 국토교통부가 새롭게 추진한 테마형 매입임대방식의 매입약정형 사회주택만 현황에 집계되어 있는 상태이다. 사회주택의 4가지 사업유형별로 보면, 사회적 주택, 매입약정형 사회주택, 토지임대부 사회주택, 리모델

[표 2] 연도별-유형별 사회주택 공급 현황

대분류	2022년	2021년	2020년	2019년	2018년	2017년	2016년	2015년	합계
토지임대부 사회주택	-	227	402	433	133	33	94	43	1,365 (25.2%)
사회적 주택	-	292	683	586	101	36	246	-	1,944 (35.9%)
매입약정형 사회주택	264	960	177	-	-	-	-	-	1,401 (25.9%)
리모델링 사회주택	-	11	162	140	124	174	76	18	705 (13.0%)
합계	264	1,490	1,424	1,159	358	243	416	61	5,415

출처: 한국사회주택협회 사회주택 공급 현황. https://datastudio.google.com/u/0/reporting/bfff9085-101f-4e32-9df4-443b16b7ad23/page/EvYOB (검색일: 2022.02.03.).

---

4) 사회주택 공급 현황, 한국사회주택협회, https://datastudio.google.com/u/0/reporting/bfff9085-101f-4e32-9df4-443b16b7ad23/page/EvYOB (검색일: 2022.02.03.).

링 사회주택의 순으로 비중을 차지하고 있는데, 2021년부터는 매입약
정형 사회주택이 주된 사회주택 사업방식으로 다루어지고 있다. 지역
별로 보면 서울시가 전체의 68.7%로 가장 많고, 경기도가 21.4%를 차
지하며, 나머지는 인천, 전북, 부산 순이나 서울시와 경기도에 비해서
는 전체적인 공급량은 상대적으로 매우 적은 수준이다([표 3] 참조).

[표 3] 지역별 사회주택 공급 현황

서울	부산	인천	경기	전북	합계
3,719(68.7%)	40(0.7%)	413(7.6%)	1,159(21.4%)	84(1.6%)	5,415

출처: 한국사회주택협회 사회주택 공급 현황. https://datastudio.google.com/u/0/reporting/bfff9085
-101f- 4e32-9df4-443b16b7ad23/page/EvYOB (검색일: 2022.02.03.).

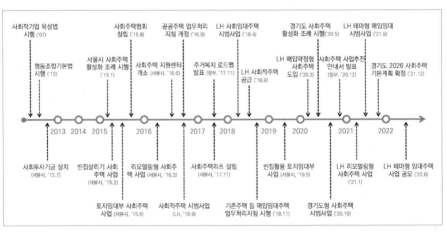

[그림 2] 사회주택 정책 및 사업 추이

출처: 최상희외, 사회주택 모델구상 및 주체별 협력방안 연구, 토지주택연구원 (2018), 44,
[그림 2-14]를 바탕으로, 박성기외, 2026 경기도 사회주택 기본계획 수립 연구용역, 경기도·한국지식산업연구
원 (2021), 20-27.; 염철호·박석환, 다양한 거주가치 구현을 위한 사회주택사업 추진체계 개선방안 연구, 건
축공간연구원 (2022), 26-27.를 참고하여 작성

[그림 2]는 관련 선행연구를 바탕으로 작성한 사회주택 관련 정책 및사업 추진 연표이다. 주로 정부와 서울시, 경기도의 제도, 정책, 사업 등에 대하여 「사회적기업 육성법」이 시행된 2007년부터 LH 테마형 임대주택 공모가 진행된 2022년까지를 정리하였다. 2022년에 신규 공모가 진행된 사회주택 사업은 국토교통부와 LH공사의 비주택 용도변경 리모델링 사업과 테마형 임대주택 사업만이 확인되며, 서울시와 경기도 차원의 신규 사업 추진은 확인되지 않는다.

3. 사회주택 운영 현황

사회주택 운영 현황을 종합적으로 파악, 정리한 자료는 현재 없는 상태로 본 연구에서는 입수 가능한 2020년 이후의 최신 조사결과와 선행연구 등을 바탕으로 정리하였으며, 참고한 자료는 [표 4]와 같다.

[표 4] 사회주택 운영 현황 관련 참고자료

구분	자료명 (조사대상)	발간·조사기관	시기	성격
자료-1	2020 서울시 사회주택 입주자 만족도 조사 (서울시 사회주택 입주자 313명)	서울시 사회주택 종합지원센터, 서울주택도시공사	2020	조사보고서
자료-2	2020년 사회주택 현황조사 결과 (19개 사업자, 85개 사회주택)	한국사회주택협회	2020	조사결과
자료-3	사회주택 활성화를 위한 기초자료 연구 (29개 사업자, 136개 사회주택)	서울연구원	2020	연구보고서
자료-4	취약계층 및 사회적주택 운영현황 조사 (26개 사회적주택 입주자 451가구)	주거복지재단	2021	조사보고서
자료-5	사회주택 커뮤니티 활성화를 위한 지원체계 구축 (기관 보유자료 및 입주자·사업자 인터뷰)	SH 도시연구원	2021	연구보고서

구분	자료명 (조사대상)	발간·조사기관	시기	성격
자료-6	다양한 거주가치 구현을 위한 사회 주택사업 추진체계 개선방안 연구 (자료-2와 동일)	건축공간연구원	2022	연구보고서

가. 입주자 특성

[표 5]는 사회주택 입주자의 특성을 조사한 사례의 일부인데, 우선 서울시 사회주택 입주자 313명을 대상으로 조사한 자료-1에 따르면 여성(81%), 20대(75%), 학생·취업준비생(46%), 월소득 200만 원 미만(47.6%), 거주기간 1년 미만인 입주자가 상대적으로 많은 것으로 나타났다.[5] 26개 사회적 주택 입주자 451가구를 대상으로 조사한 자료-4의 결과를 보면 여성(66.1%), 20대 후반(44.6%), 전문·경영·사무직(41.4%), 월소득 150~250만원(53.2%), 거주기간 1년 미만(55.9%)인 입주자가 상대적으로 많은 것으로 나타났다.[6] 29개 사회주택 사업자(136개 사회주택)를 대상으로 조사한 자료-3에서는 여성(81.3%), 20~30대(88.2%), 직장인(50.4%), 거주기간 1년반 미만(평균 거주기간 1.38년)인 입주자가 상대적으로 많은 것으로 나타났다.[7]

이상을 종합해보면 사회주택 입주자는 20대 후반, 여성, 학생·취업준비생 또는 사무직이면서 월소득 200만 원 내외의 경우가 많으며, 평균 거주기간이 1년을 넘지 않는 경우가 많은 것으로 나타나고 있다. 여기서 거주기간이 1년 미만인 경우가 많은 것을 주거환경에 대한 불만족 때문으로 보기는 어려우며 20대 후반이면서 학생·취업준비생이 많은 것이 원인으로 작용하였을 것으로 판단된다.

---

5) 서울시 사회주택종합지원센터, 2020 서울시 사회주택 입주자 만족도 조사, 서울주택도시공사(2020), 6-7.

6) 주거복지재단, "취약계층 및 사회적주택 운영현황 조사", 내부자료 (2021.1), 26-38.

7) 김일현외, 사회주택 활성화를 위한 기초자료 연구, 서울연구원 (2020), 54-56.

[표 5] 입주자 특성 조사결과 (일부)

구분	(자료-1) 2020 서울시 사회주택 입주자 만족도 조사 (서울시)	(자료-4) 취약계층 및 사회적주택 운영현황 조사 (주거복지재단)
대상	서울시 사회주택 입주자 313명	사회적주택 입주자 451가구
성별	남성 18.5% / **여성 81.5%**	남성 33.9% / **여성 66.1%**
연령대	20대 **75.1%** / 30대 21.1% / 40대 3.8%	20대 **61.3%** / 30대 36.1% / 40대 등 2.6%
직업	**학생·취업준비생 46.0%** / 전문·경영·사무직 36.1% / 기타·무직 17.9%	학생·취업준비생 27.7% / **전문·경영·사무직 41.4%** / 기타·무직 30.9%
월소득	100만원 미만 24.0% / 100~200만원 미만 23.6% / **200~300만원 미만 33.9%** / 기타 18.5%	100만원 미만 22.7% / 100~200만원 미만 33.4% / **200~300만원 미만 40.3%** / 기타 3.7%
거주 기간	3개월 미만 26.8% / 3~6개월 미만 18.5% / **6~12개월 미만 30.7%** / 1년 이상 24.0%	3개월 미만 16.6% / 3~6개월 미만 12.5% / **6~12개월 미만 26.8%** / 1년~2년 미만 25.3% / 2년~3년 미만 10.4% / 3년 이상 8.4%

나. 보증금 및 임대료 수준

[표 6]은 관련 자료에서 파악된 평균 보증금, 월 임대료 및 관리비 등의 현황이다. 자료-4의 평균보증금과 임대료가 다른 자료와 차이가 나는 것은 자료-4는 사회적 주택만을 대상으로 하고 있고, 자료-1부터 자료-3은 보증금이 상대적으로 높은 토지임대부 사회주택이 일부 포함되어 있기 때문으로 분석된다. 따라서 토지임대부 사회주택을 제외하면 사회주택의 평균 보증금은 2천만 원 미만, 평균 월 임대료는 30만 원 내외, 평균 관리비는 4만 원 초반대 수준으로 파악된다. 자료-1에서 전체 응답자의 83.1%가 사회주택의 선택 이유로 임대료를 들었으며,[8] 자료-4에서 주거비 부담에 대해서는 입주자가 전반적으로 보통 수준으로 응답[9]하여 현재의 보증금 및 임대료 등에 대해서 사회주택 입주자

---

8) 서울시 사회주택종합지원센터, 앞의 글, 12.
9) 주거복지재단, 앞의 자료, 30-31.

는 대체적으로 만족하고 있는 것으로 보여 진다.

[표 6] 사회주택 보증금, 임대료 등 현황

구분	평균 보증금	월 임대료	월 관리비
자료-1	평균 2,861만 원	평균 32만 원	평균 4만 5천 원
자료-2	평균 2,465만 원	평균 29만 원	평균 4만 5천 원
자료-3	평균 2,580만 원	평균 29만 원	평균 4만 1천 원
자료-4	평균 1,579만 원	평균 24만 원	평균 4만 1천 원

다. 입주자 만족도

자료-1의 조사에서 사회주택에 대한 종합만족도는 60.8%로 높게 나타났으며, 세부적으로는 주거 환경(70.3%), 주거 편의성(69.3%), 경제적 요인(62.0%), 운영관리(61.0%), 사회관계 요인(41.5%)의 순으로 만족도의 차이를 보였다. 지속거주 의향이 있는 경우가 68.1%, 다른 사람에게 사회주택을 추천하겠다는 비율은 75.4%로 높게 나타났는데, 추천 이유는 경제적 요인(52.1%)이 다른 요소에 비해 가장 컸다.[10] 자료-4의 조사에서 사회적 주택에 대한 주거환경 만족도는 5점 척도에서 평균 3.9로 나타났으며, 편의성 또한 3.9로 높은 수준을 보였다. 커뮤니티에 대한 만족도는 상대적으로 낮은 평균 3.5로 나타났는데, 코로나로 인해 커뮤니티 활동을 제대로 진행하지 못한 것도 원인으로 작용한 것으로 보인다.[11]

자료-6에서는 사회주택 입주자를 대상으로 심층인터뷰를 진행하였는데, 주택의 입지와 주거환경에 대해서는 대체적으로 만족한다는 의견이나 일부 누수 등의 하자 문제가 발생한 점을 아쉬운 점으로 지적하기도 하였다. 인터뷰 대상 입주자가 주로 주택 내 커뮤니티 활동에

---

10) 서울시 사회주택종합지원센터, 앞의 글, 15-16.
11) 주거복지재단, 앞의 자료, 28-29.

직접 참여하는 경우가 많았기 때문에 주택 내 커뮤니티나 커뮤니티 활동에 대해서는 만족한다는 의견이 많았다. 커뮤니티시설 및 프로그램이나 공용공간에 대한 입주자들의 의견을 듣고 반영하고자 하는 사업자의 노력에 대해서는 만족한다는 의견이나 지역주민과의 교류에 대해서는 입주자들은 그다지 인식하지 못하거나 적극적으로 참여하고 있지는 않았다.[12] 이상을 종합해 보면 입주자들은 상대적으로 저렴한 임대료 등의 수준을 고려할 때 주거환경이나 편의성에 대해서는 만족도가 높았으며, 커뮤니티시설이나 프로그램에 대해서는 참여 정도나 성향에 따라 다소 차이가 있는 것으로 판단된다.

라. 커뮤니티 시설 및 프로그램

자료-5의 조사에서는 61개 사회주택을 (유형1)주거공간 원룸형+독립 커뮤니티, (유형2)주거공간 셰어형+공유 커뮤니티, (유형3)주거공간 셰어형+복합 커뮤니티의 3개 유형으로 구분하고 대표사례 7개를 심층조사 하였다. 상대적으로 (유형1)의 경우가 공간 활용도와 자발적 교류 형성이 어렵고, (유형2)의 공유 커뮤니티시설은 공간 활용이나 입주자 간 교류가 상대적으로 활발하나 공간 협소가 한계로 지적되었다.[13]

자료-3에서 파악한 사회주택 내 커뮤니티시설 현황을 보면 공간 규모는 평균값 75.5㎡, 중앙값 37.8㎡로 파악되었으며, 위치는 1층 또는 2층에 위치한 경우가 57.7%를 차지하고 있고, 운영은 직영이 대부분이다.[14] 자료-6에서는 독립형 주호의 다세대·다가구주택 유형은 1개 정도의 커뮤니티룸을 설치하는 정도에 그치고 있지만, 셰어하우스의 경우에는 상대적으로 다양한 커뮤니티시설을 제공하고 있고, 커뮤니티시설의 평균면적은 약 51㎡ 수준으로 파악되었다.[15] 커뮤니티 시설의 외

---

12) 염철호·박석환, 앞의 글, 64-69.

13) 정윤혜 외, 사회주택 커뮤니티 활성화를 위한 지원체계 구축, SH 도시연구원 (2021), 37-44.

14) 김일현 외, 앞의 글, 70-72.

부이용과 관련하여 자료-3에서는 전체의 약 60%가 입주자 전용으로 운영 중이었으며,16) 자료-6의 조사에서도 유사한 비율이 확인17)되어, 커뮤니티 공간을 거주자 전용으로 사용하는 경우가 더 많았다.

코로나 상황으로 인해 커뮤니티 활동을 적극적으로 하지 못하고 있는 경우가 많아 조사 결과의 신뢰도가 다소 떨어지기는 하나 커뮤니티 프로그램 현황을 살펴보면 우선 자료-1의 조사에서는 소통지원 프로그램(47.3%), 입주민 간 프로그램(23.3%), 지역사회 연계 프로그램(13.1%), 경제지원 프로그램(9.9%)의 순이었으며, 주로 온라인 중심의 운영과 참여가 이루어지고 있다.18) 자료-4의 조사에서는 소통지원 프로그램(34.8%), 입주민 간 프로그램(24.1%), 경제지원 프로그램(12.9%), 지역사회 연계 프로그램(10.7%)의 순이었으며,19) 자료-1과 마찬가지로 소통지원이나 입주민 간의 프로그램이 가장 많은 비중을 차지하고 있다.

마. 사회주택 업체 현황

자료-3에서는 29개 사업자를 대상으로 현황을 파악하였는데, 10인 미만의 소규모 사업체가 전체의 70% 이상을 차지하고 있었으며, 법인 유형은 대부분 주식회사나 협동조합이었다. 사회적기업 인증여부를 보면 사회적기업, 예비사회적기업, 인증 없는 사업체가 각각 비슷한 비중을 차지하고 있다. 주택 및 건축 관련 면허를 보유하고 있는 사업체는 전체의 24.1%에 그치고 있었다([표 7] 참조).20)

---

15) 염철호·박석환, 앞의 글, 63-64.

16) 김일현 외, 앞의 글, 72-73.

17) 염철호·박석환, 앞의 글, 64.

18) 서울시 사회주택종합지원센터, 앞의 글, 13.

19) 주거복지재단, 앞의 자료, 35-36.

20) 김일현 외, 앞의 글, 37-40.

[표 7] 사업체 규모를 중심으로 본 사회주택 업체 현황

구분		상근 직원 수				
		5인 미만	5~9인	10~19인	20인 이상	계
법인 유형	주식회사	7	3	4	1	15
	협동조합	6	2	0	0	8
	비영리법인	1	1	0	1	3
	기타	0	0	0	1	1
사회적기업 인증 여부	사회적기업	2	2	3	2	9
	예비사회적기업	5	3	0	0	8
	없음	7	1	1	1	10
관련 면허 보유 여부	면허 없음	10	5	3	2	20
	면허 있음	4	1	1	1	7
계		14	6	4	3	27

출처: 김일현외, 사회주택 활성화를 위한 기초자료 연구, 서울연구원 (2020), 41.

[표 8]은 2023년 2월 현재 한국사회주택협회에서 제공하고 있는 사회주택 공급현황을 바탕으로 100호 이상을 공급·운영(컨소시엄 포함)한 업체와 공급한 사회주택을 유형별로 정리한 것이다. 현황에 등록된 전체 80여 개 업체 중 100호 이상을 공급·운영 중인 사업체는 13곳으로 전체 사회주택 공급 총량(5,415호)의 약 2/3(67.7%, 3,664호)를 차지하고 있다. 세대수로는 최대 667호에서 최소 116호로 약 6배의 차이를 보이고 있으며, 667호의 한지붕협동조합을 제외하면 300호 규모, 200호 규모, 100호 규모가 각각 4곳씩 분포되어 있다. 4가지 사회주택 유형별로 살펴보면 사회적 주택, 매입약정형, 토지임대부, 리모델링의 순이며, 1개 유형만을 공급·운영하는 경우가 3곳, 2개 유형의 경우가 4곳, 3개 유형의 경우가 5곳, 4개 유형의 경우가 1곳으로 나타났다. 지역별로는 서울시가 가장 많으나, 서울시에만 한정하여 사업을 진행 중인 곳은 3곳에 불과하며, 서울, 경기, 그리고 기타(인천 또는 전북)지역까지 걸쳐 사업을 진행 중인 3곳이 확인되었다.

[표 8] 사회주택 업체 현황

| 업체명 | 사회주택 유형별 | | | | | | | | 지역별(세대수) | | | 합계 | |
| | 사회적 주택 | | 토지 임대부 | | 매입 약정형 | | 리모델링 | | 서울 | 경기 | 기타 | | |
	호	건	호	건	호	건	호	건				호	건
한지붕 협동조합	362	13	26	2	179	4	-	-	426	102	139	667	19
나눔하우징	-	-	38	3	342	2	-	-	203	177	-	380	5
녹색친구들	218	7	105	7	-	-	-	-	280	43	-	323	14
마을과집 협동조합	131	10	30	2	20	1	137	7	300	18	-	318	20
안테나	-	-	33	3	245	3	25	1	303	-	-	303	7
유니버설하우징 협동조합	86	5	185	6	18	1	-	-	289	-	-	289	12
가치있는누림	286	11	-	-	-	-	-	-	89	197	-	286	11
아이부키	-	-	94	3	175	2	11	2	203	66	11	280	7
민달팽이 주택협동조합	196	9	66	4	-	-	6	1	218	44	6	268	14
㈜사회주택관리	-	-	-	-	-	-	151	12	151	-	-	151	12
한솔아이키움	-	-	147	12	-	-	-	-	87	60	-	147	12
협동조합 큰바위얼굴	111	6	25	1	-	-	-	-	80	56	-	136	7
에스이임파워 사회적협동조합	42	3	-	-	74	2	-	-	38	78	-	116	5
합계	1,432	64	749	43	1,053	15	330	23	2,667	841	156	3,664	135

출처: 한국사회주택협회 사회주택 공급 현황. https://datastudio.google.com/u/0/reporting/bfff9085-101f-4e32-9df4-443b16b7ad23/page/EvYOB (검색일: 2022.02.03.).

[표 9]는 공급·운영 수 규모 상위 13개 사업체의 기업정보를 확인한 내용이다. 설립시기를 보면 2012년 이전 설립하여 10년 차 이상이 된 업체는 4곳으로, 나머지 9곳은 설립한 지 10년이 채 되지 않았으며, 기업형태는 일부 확인이 되지 않은 업체를 제외하면 대부분 중소기업이

[표 9] 사회주택 업체 현황

업체명	설립	기업형태	매출액 (만원)	직원수	업종
A	2010년	중소기업 사회적기업	5,498	21명	도배, 실내장식 및 내장 목공사업
B	2010년	중소기업 사회적기업	183,896	7명	시각 디자인업
C	2012년	중소기업 사회적기업	129,156	18명	주거용 건물 개발 및 공급업
D	2012년	중소기업 사회적기업	137,019	13명	응용 소프트웨어 개발 및 공급업
E	2013년	기타 사회적기업	813,973	30명	경영 컨설팅업
F	2014년	중소기업	73,279	6명	주거용 건물 임대업
G	2015년	중소기업 예비사회적기업	23,880	-	주거용 건물 임대업
H	2016년	중소기업 사회적기업	54,293	4명	주거용 건물 개발 및 공급업
I	2016년	중소기업	82,426	-	주거용 건물 임대업
J	2017년	중소기업 사회적기업	98,600	11명	-
K	2017년	중소기업 사회적기업	63,841	7명	보육시설 운영업
L	2019년	중소기업	36,177	-	주거용 건물 개발 및 공급업
M	2019년	중소기업 예비사회적기업	73,524	11명	주거용 건물 개발 및 공급업

출처: https://www.saramin.co.kr/; https://www.jobkorea.co.kr/ (검색일: 2022.02.09.).

면서 사회적기업 또는 예비사회적기업 인증을 받았다. 매출액은 최대 81억 원에서 최소 5천만 원까지 격차가 매우 크며, 평균 매출액은 약 13억 6천만 원 수준이다. 직원 수는 최대 30명에서 최소 4명인데 대체적으로 직원 수의 변동이 빈번하게 발생하기도 하고 기업정보의 제공 수치만으로는 정확한 직원 수를 파악하기에는 한계가 있었다. 업종을 살펴보면 주거용 건물 개발 및 공급업(4곳), 주거용 건물 임대업(3곳)과 같이 주택 관련 전문업종으로 등록한 업체는 7곳으로 확인되었다. 이상을 종합해 보면 전체 사회주택 사업자 중 매우 한정적인 13개 정도의 업체가 상당 비중의 사회주택을 공급·운영 중이며, 상위 비중을 차지하고 있는 업체 간에도 매출액과 직원 수 등에서 편차가 상당히 크며, 전반적으로 업력이 길지 않고 매출액 규모나 직원 수 또한 현재 성장 중이거나 매년 변동 폭이 큰 업체가 많아 사회주택 사업체들의 사업구조는 아직까지는 전반적으로 다소 불안정적인 수준에 있다고 할 수 있다.

III. 사회주택 관련 정책 및 제도 현황

1. 지자체의 사회주택 제도·정책 현황

사회주택에 관한 최초의 조례인 서울시의 「서울특별시 사회주택 활성화 지원 등에 관한 조례」를 포함하여 2023년 현재까지 전국의 총 8개 지자체에서 사회주택에 관한 조례를 제정하였다. [표 10]은 8개 지자체 조례의 주요내용을 정리한 것으로, 최초 조례를 수립한 서울시의 조례를 참고한 지자체가 많기 때문에 전반적으로는 유사한 체계를 가지고 있다. 사회적경제주체에 대한 지원과 사업지원은 내용적으로 구분이 명확하지는 않으나, 공통적으로 부지 및 건축물 임대 지원, 건설,

리모델링 및 주택관리 비용 지원, 입주자 주거비 보조 등이 포함되며, 일부 지자체에서는 자금·인력지원 및 현물출자, 택지 공급, 커뮤니티 및 공동체 활성화에 소요되는 비용 등을 지원 대상에 포함하고 있다. 지원원칙 또한 모든 조례에서 확인되는데, 지원받은 공공자산에 대한 보전의 원칙과 사회적경제주체에 대한 지원은 일정 수준 이상의 사회적 편익이 기대되는 경우에 한하여 이루어져야 한다는 사회적 편익의 원칙을 규정하고 있다. 사회주택의 공급 활성화를 위한 조치로써 공동사업 추진, 민간주택 활용, 주차장 기준 완화 등을 포함하고 있는 조례도 다수 확인되었다. 그 밖에 특이한 사항으로 공공임대주택 등의 사회주택 활용 (서울시), 지방공사에 대한 사회주택 관련 업무 위탁(경기 고양시), 공동체 활성화 지원(경기도) 등을 별도로 규정한 지자체도 있었다.

[표 10] 사회주택 관련 조례의 주요 내용

지자체	제정시기	기본계획 등	사회적경제주체 지원	사업지원	지원원칙 등	공동사업추진	민간주택활용	주차장기준완화	사회주택위원회
서울특별시	'15.01	●	●	●	●	●	●	●	●
경기도 시흥시	'16.05	●	●	-	●	●	●	-	-
부산광역시 중구	'19.03	-	●	-	●	●	●	-	-
경기도 고양시	'19.06	●	●	●	●	-	-	-	●
부산광역시 동구	'19.06	-	●	●	●	●	●	-	-
부산광역시	'19.08	●	●	-	●	●	●	●	●
경기도	'20.05	●	●	●	●	●	●	-	●
경상북도 울진군	'21.05	●	●	●	●	●	●	-	●

　　각 조례에서 규정하고 있는 사회주택의 정의와 사회적경제주체의
범위도 대부분 유사한 양상을 보이고 있다. 사회주택의 정의에서는 대
체적으로 사회경제적 약자를 대상으로 주거 관련 사회적경제주체가
공급하는 임대주택으로 규정하고 있는데, 경기도에서는 "사회적 가치
실현"을, 경북 울진군에서는 "민간임대주택의 청년, 신혼부부, 노인, 취
약계층 임차인 거주불안 보완"을 사회주택의 정의에서 추가적으로 규
정하고 있다. [표 11]은 지자체 조례에서 규정하고 있는 사회적경제주
체의 범위를 정리한 것이다. 공통적으로 비영리법인, 공익법인, 협동조
합, 사회적기업이 포함되어 있는데, 경기 시흥시와 부산 동구는 「주택
법」 등 관련 법령의 규정에 따라 주거 관련 사업을 시행하는 주체라는
점을 강조하고 있다. 서울시, 부산시, 경북 울진군은 중소기업 중 건설
업, 부동산업 및 임대업, 건축설계 및 관련 서비스업 등에 해당하는 기
업도 범위로 포함하고 있다. 아울러 경북 울진군은 지자체 장이 사회
주택의 공급 활성화를 위하여 필요하다고 인정하는 민간단체도 범위
에 포함하고 있다. 각 지자체의 차이는 지자체별로 특별한 사유가 있
거나 특성을 반영하였다고 보기보다는 해당 조례 제정 당시의 서울시
조례를 포함한 타 지자체의 유사 조례 규정들을 참고·반영하였기 때문
으로 판단되며, 중소기업 중 건설업, 부동산업 및 임대업, 건축설계 및
관련 서비스업 등에 해당하는 기업의 추가 여부 정도가 차이점으로 보
인다.

[표 11] 조례에서 규정하고 있는 사회적경제주체의 범위

지자체	서울특별시	경기도 시흥시	부산광역시 중구	경기도 고양시	부산광역시 동구	부산광역시	경기도	경상북도 울진군
「민법」에 따른 비영리법인	●	●	●	●	●	●	●	●
공익법인의 설립·운영에 관한 법률」에 따른 공익법인	●	●	●	●	●	●	●	●
「협동조합 기본법」에 따른 협동조합 등	●	●	●	●	●	●	●	●
「사회적기업 육성법」에 따른 사회적기업	●	●	●	●	●	●	●	●
지자체 조례 등에 따른 예비사회적기업, 마을기업 등	●	-	-	●	-	●	●	●
「중소기업기본법」에 따른 중소기업 중 건설업, 부동산업 및 임대업, 전문·과학 및 기술 서비스업(건축설계 및 관련 서비스업 등에 한함)에 해당하는 기업	●	-	-	-	-	●	-	●
그 밖에 지자체 장이 사회주택의 공급 활성화를 위하여 필요하다고 인정하는 민간단체	-	-	-	-	-	-	-	●

사회주택 조례를 시행 중인 8개 지자체의 사회주택과 관련한 최근의 정책 현황을 확인하기 위하여 조례에 근거한 사회주택 기본계획 또는 시행계획, 도시기본계획, 주거종합계획 등 법정계획을 조사하였으며, 아울러 2021년부터 현재(2023년 2월)까지의 최근 지자체 보도자료나 사업자 공모 공고 등에서 신규 사회주택 관련 정책·사업 등을 조사하였다([표 12] 참조). 전반적으로 2021년 이전에 비해 2021년 이후의 사회주택과 관련한 지자체의 정책이나 사업은 서울시를 비롯하여 매

[표 12] 2021년 이후 지자체 사회주택 관련 정책·사업 추진 내용

지자체		정책 및 사업 내용
서울특별시	사업	· 21년 1차 토지임대부 사회주택 사업자 공모 ('21.06~) · 21년 상반기 사회적주택 운영기관 모집 ('21.05~) · 리모델링 매입형 사회주택 사업자 공모 ('21.04~) · 빈집활용 토지임대부 사회주택 사업 공모('21.03~)
	정책	· 사회주택 종합지원센터 운영 중 · 지난 7년간의 사회주택 추진실태 감사 및 사회주택사업 재구 조화 추진('21.09~) · 빈집활용 사회주택 300호 공급계획 발표 ('21.03)
경기도 시흥시		· 해당사항 확인 불가
부산광역시 중구		· 해당사항 확인 불가
경기도 고양시	사업	· 저탄소 신축매입약정 임대주택 사업자 공모 취소 ('22.07~) · 저탄소 신축매입약정 임대주택 사업자 공모('22.05~) · 토지임대부 사회주택 신규 공모 ('21.12)
부산광역시 동구		· 해당사항 확인 불가
부산광역시		· 해당사항 확인 불가
경기도	정책	· 주거복지 정책 부합 사회주택 공급 등 4대 추진전략 제시 · 2022년부터 2026년까지 사회주택 8,550호 공급 추진
	사업	· 경기도형 사회주택 시범사업 사업자 공모 ('21.02~)
경상북도 울진군		· 해당사항 확인 불가

우 저조한 것으로 파악되었다. 서울시는 2021년 상반기까지는 SH공사를 중심으로 다양한 사업공모가 진행되었으나, 2021년 하반기의 사회주택 사업 재구조화 추진 발표 이후에는 이렇다 할 사업이나 새로운 정책을 찾아보기 어렵다. 경기도의 경우 2021년 12월 「2026 사회주택 기본계획」을 확정·발표하면서 2026년까지 8,550호의 사회주택 공급을 추진하겠다는 계획을 제시하였으나, 아직까지 본격적인 사업 추진의 내용을 확인하기는 어렵다. 경기도 고양시는 2021년 하반기부터 신규 사업 공모를 진행하여 왔으나, 2022년 기존 공모 취소 결정 이후 신규 공모는 없는 상태이며, 나머지 지자체들 또한 새로운 정책 제시나 사

업 추진 등을 확인할 수 없었다.

2. 정부의 사회주택 제도·정책 현황

현재 사회주택에 관한 직접적인 법률은 없는 상황이며, 「주거기본법」제11조(임대주택의 공급)에서는 국가나 지자체가 사회적기업, 사회적협동조합 등 비영리단체가 공익적 목적으로 임대주택을 공급할 수 있도록 지원할 수 있다고 규정하고 있다. 「주거기본법」을 바탕으로 임대주택 공급 등에 관한 세부적인 사항을 규정하고 있는 법률이 「공공주택 특별법」과 「민간임대주택법」인데, 「민간임대주택법」제4조에서는 사회적기업, 사회적협동조합 등 비영리단체의 민간임대주택 공급 참여 유도를 위하여 국가나 지자체가 주택도시기금 등의 자금을 우선적으로 지원할 수 있다고 규정하고 있다. 「공공주택 특별법」에서는 사회주택에 관한 규정은 없으며 「주거기본법」과 「민간임대주택법」에서 규정하고 있는 사항 또한 임의규정으로, 주택 및 주거 관련 법률에서 사회주택에 관하여 국가나 지자체의 의무를 두고 있지는 않다.

그간 추진된 사회주택 사업방식 중 토지임대부 사회주택과 같이 공유지를 임차하여 주택을 사업주체가 조성하거나 민간으로부터 주택 등을 사업주체가 임차하는 사업방식은 「민간임대주택법」의 규정을 적용받게 되며, 사회적 주택이나 매입약정형 사회주택과 같이 토지와 건축물을 모두 국가 등이 소유하는 사업방식은 「공공주택 특별법」의 규정을 적용받게 된다. 「민간임대주택법」에서는 사회주택에 관한 별도의 특례 규정이 없고 민간 영리사업주체가 공급·운영하는 임대주택과 동일한 규제를 적용받기 때문에 토지임대부 사회주택이나 협동조합형 사회주택 등이 오히려 불합리한 규제의 대상이 되는 문제가 발생하기도 하였다. 사회적 주택이나 매입약정형 사회주택 등과 같이 토지와 건축물을 국가 등이 소유하는 사업방식에 관한 구체적인 사항은 「공공주택 특별법」에 근거한 「기존주택등 매입임대주택 업무처리지침」에서 필요한 사항을 규정하고 있는데, 지침의 제38조(사회적주택 운영 특례)에 공급 대상과 사회적 주택 운영기관에 관한 세부사항 등이 포함되어 있다.

사회주택에 관한 정부 차원의 정책 추이를 살펴보면, 우선 2017년 발표된 주거복지로드맵에서 사회적 경제주체에 의한 임대주택(사회주택) 공급 활성화를 제시하였고, 2019년 2월에는 사회주택 공급 확대, 다양한 사회가치 실현, 사회적 경제주체 지원 및 역량강화, 사회주택 활성화 기반 구축 등을 포함하는 "사회주택 활성화 방안"이 발표되었다. LH공사와 HUG 등도 정부의 정책방향에 맞추어 공공지원 사회임대주택사업, 토지임대부 사회주택사업, 민간 매입약정형 사회주택사업, 사회적주택사업, 비주택 용도변경 리모델링 사업, 사회임대주택 금융지원 등을 추진하여 왔다. 2021년 국토교통부는 기존의 비주택 리모델링 사업, 매입약정형 주택, 사회적 주택 등의 단점을 보완하면서 기획단계부터 민간이 주도하여 테마를 가진 창의적인 임대주택 사업이 추진될 수 있도록 하기 위한 "테마형 매입임대주택 공모"를 시범적으로 추진하게 된다. 시범사업에서는 사업 전 과정에서 민간사업자의 역할과 권한을 최대한 보장하되, 신축매입약정방식을 적용하여 민간사업자의 사업비 부담은 줄여주고자 하였다. 테마형 매입임대주택 정책은 2022년 주거종합계획에도 포함되었으며, 시범사업을 거쳐 2022년도부터 본 공모를 진행 중이다([표 13] 참조). 다양한 참여 도모를 위하여 테마형 매입임대주택사업의 사업시행자는 기존 사회주택사업의 참가 자격에 해당하는 비영리법인, 공익법인, 사회적협동조합, 사회적기업 등의 사회적 경제주체 이외에 주택임대관리 실적을 갖춘 법인 등으로 확대되었다.

[표 13] 2022년도 공모 테마형 매입임대주택사업의 유형별 주요 내용

유형		주요 내용	공모 규모
민간 제안형	기획운영 방식	· 민간기업 등이 자유롭게 기획한 테마가 있는 주택을 심사를 통해 매입하고, 민간기업 등에 운영을 위탁 · 입주자 맞춤형 맞춤형 주거공간 + 입주자 주거 서비스제공 공간(커뮤니티시설) + 공익 목적의 수익사업을 위한 상업공간(근생)	1,200호 내외
	운영위탁 방식	· 최근 매입한 커뮤니티시설을 구비한 신축 주택의 운영 테마를 민간 기업 등으로부터 제안받고, 심사 후 운영위탁	9동 248호
특정테마형		· 주택 운영을 희망하는 중앙 부처, 대학 등과 테마를 사전에 기획하여 민간 건설사로부터 맞춤형 주택을 매입 · 협업 대상 기관은 맞춤형 입주자 선발, 특화 프로그램 제공 등 국토부가 매입한 주택의 특화 운영을 담당	청년창업 50호, 예술인 200호, 장애인자립 400호

출처: 국토교통부 주거복지지원과, '22년도 테마형 임대주택 공모 추진계획, 내부자료 (2022).

IV. 사회주택 공급 및 운영 관련 정책적·제도적 쟁점

1. 공급 및 운영주체 측면

가. 사회적 경제주체로 사업주체를 한정하는 문제

당초 서울시의 사회주택 활성화 조례가 타 지자체나 정부 정책에까지 영향을 미치면서 한동안 사회주택의 사업주체는 사회적경제주체로 한정하는 것이 유지되어 왔다. 이후 서울시 등 일부 지자체나 정부에서 사회주택의 사업참여 범위를 주택이나 부동산 분야의 전문성을 갖춘 중소기업으로까지 확대하였다. 사회주택의 사업주체를 사회적경제

주체로 한정하여야 한다는 주장은 어느 정도 이윤이 보장되는 지원이 이루어지면서 공급주체를 제한하지 않으면 이윤 극대화를 노리는 민간 사업자들이 참여함으로써 공공성이 훼손될 수 있다는 우려에서이다. 반대로 사회주택의 사업주체를 확대하여야 한다는 주장은 주택의 기획부터 설계, 시공, 유지관리 및 임대운영에 이르는 전 과정에서 요구되는 전문성을 확보하기 위해서는 사회적 경제주체만으로 참여 범위를 한정하는 것보다는 주택이나 부동산 전문업체의 참여가 가능하도록 할 필요가 있다는 이유에서일 것이다. 다만, 예를 들어 20년 이상 등 장기간의 임대를 전제로 하고 주거취약계층을 위하여 임대료를 일정 수준 이하로 제한하는 것을 전제로 추진되는, 흔히 돈이 되지 않는 사회주택 사업에 참여하려고 하는 민간 영리법인이 어느 정도 될지는 미지수이다. 결국 공공성과 전문성을 함께 확보할 수 있는 적절한 규제와 지원이 담보될 수 있다면 굳이 사회적경제주체로 사업주체를 한정할 필요성은 낮아질 수 있을 것이며, 그럼에도 불구하고 여전히 사회적경제주체는 사회주택의 핵심적인 주체로 역할을 할 수 있을 것이다.

나. LH공사나 지방공사와의 관계

지자체나 정부가 추진한 사회주택 정책·사업에서 LH공사, HUG, HF, 지방공사들은 토지나 주택의 조성·제공(임대), 사업자금의 보증·융자 등을 통해 여건이 열악한 사회적경제주체들이 사회주택사업을 추진하는 것을 지원해 왔다. 물론 지원과 관련한 각종 조건이나 정도에 따라 사회주택 사업자가 느끼는 충분 정도는 다를 수 있으나 사회주택의 공급·운영에 있어 LH공사 등이 어느 정도 역할을 해 온 것은 부정할 수 없을 것이다. 해외의 경우 사회주택이 공공임대주택과 사회적경제주체가 공급하는 장기임대주택을 포괄하는 것이 일반적이지만, 우리나라는 이를 명확하게 구분하여 왔다는 점과 LH공사 등의 지원과 역할이 여전히 중요하다는 점을 감안하면, 사회주택은 공공임대주택으로 해결하기 어려운 소규모·맞춤형의 주거복지+주거문화 측면의 수요 대응형 임대주택 공급을 공공주택사업자와 협력하여 추진하는 사업방식으로 보아야 할 것이다. 따라서 공공주택사업자와 사회주택 사업자는 상호 경쟁관계가 아닌 상호 보완관계로서 발전하여야 한다. 향후 독립적인 사업 추진의 역량을 충분히 갖춘 다수의 사회주택사업자가 정착하더라도, 공공주택사업자는 사회주택사업자에 대한 지원뿐만 아니라 지자체나 정부가 추진하는 사회주택 정책과 사업에 대한 지원도 수행하여야 하므로 사회주택에 있어 공공주택사업자의 역할은 여전히 중요하다고 하겠다.

다. 사회적 경제주체의 역량은 충분한가?

앞서 살펴본 바와 같이 2023년 현재 100호 이상의 사회주택을 운영 중인 사업주체는 13곳 정도에 불과하며, 이 중 기존 주택의 운영만 수행하는 사회적 주택을 제외하면 기획 단계부터 주택사업을 추진한 경험이 풍부하면서 주거용 건물 개발 및 공급업 등 전문성을 갖춘 사회주택 사업자는 매우 적은 수준인 것이 사실이다. 또한 대부분의 사회주택 사업체가 수도권을 중심으로 사업을 영위해오고 있어 지방의 경우 사회주택 사업을 수행할 수 있는 사업주체는 더더욱 적다. 반면 안테나, 녹색친구들, 아이부키, 한솔아이키움 등과 같은 사업주체들이 공급·운영한 사회주택은 입주자의 특성에 부합하는 맞춤형 주거, 다양한 주거서비스와 운영 프로그램, 다양한 사회적가치 구현, 독특한 디자인 등을 실현하면서 분양가치 중심의 기존의 주택사업방식과 차별화되는 운영가치 중심의 새로운 모델을 제시하고 있다고 평가받고 있다.[21]

사회주택 사업주체의 사업구조가 전체적으로 여전히 영세하고 불안정한 수준에 머무르고 있는 것은 주된 사업영역인 사회주택의 공급

---

21) 염철호 외, 거주가치 중심의 민간주도 주택공급방식 활성화 방안 연구, 건축공간연구원 (2021), 97-102.

여건이 불투명하기 때문으로 해석할 수 있으며, 정부나 지자체의 지원 또한 공공이나 민간업체와는 차별화되는 새로운 가치를 추구하고자 하는 사회주택 사업주체의 육성보다는 성과물로서의 주택 공급에만 초점이 맞추어졌던 것도 또 하나의 이유라고 할 수 있다.

2. 사업추진체계 측면

가. 토지임대부 방식의 한계

서울시가 사회주택조례를 제정하고 본격적으로 추진한 사업방식은 토지임대부 사회주택방식이다. 토지임대부 방식은 공유지 또는 사업자가 물색하고 공공이 매입한 토지를 사회주택사업자가 저렴하게 임차하여 주택을 건립하게 되므로 사회주택사업자의 토지비 부담을 줄일 수 있는 장점이 있어 유효한 공급방식으로 평가되었다. 하지만 공유지를 특정 사업자에게 저렴하게 임대하는 것에 대한 특혜 논란,「공유재산 및 물품관리법」상의 한계 등과 함께 토지와 주택에 대한 사업비용을 공공이 모두 부담하는 매입방식에 비해 상대적으로 높은 임대료 등이 문제로 지적되었다. 또한 30년 이상의 장기운영에 따른 사업자의 부담, 시간이 흐를수록 토지가치는 상승하지만 건물의 가치는 반대로 하락하기 때문에 운영기간 내 건축비용을 회수하기 어려운 한계도 지적되었다. 아울러 토지와 건물의 소유주체가 다름으로써 건설비용 마련을 위한 토지담보 대출이 불가능하고 임대보증보험 가입이 어려운 점 등 여러 문제점이 노정되었다. 근본적으로 우리나라의 부동산 및 주택 관련 법령체계에서 토지와 건물을 분리하여 다루는 방식이 충분히 고려되지 않음으로 인해 토지임대부 방식이 가지는 여러 장점에도 불구하고 활성화를 위해 해결해야 하는 많은 걸림돌이 상존하고 있다.

나. 사회적 주택의 한계

사회적 주택은 LH공사 등 공공주택사업자가 민간이 건설·소유한 다가구·다세대주택, 오피스텔 등을 매입한 다음 사회적경제주체 등에게 임대운영을 위탁하고, 사회적경제주체가 입주자 및 주택의 임대관리를 수행하는 방식이다. 이를 통해 공공주택사업자의 관리부담은 줄이고 사회주택사업자의 사업비 부담도 줄이면서 임대관리를 통해 커뮤니티 활성화 등을 도모할 수 있어 매입임대주택과 토지임대부 사회주택의 여러 한계를 극복할 수 있는 방식으로 평가받았다. 하지만 사회적 주택으로 매입한 주택은 일반적인 주택사업자가 조성한 다가구·다세대주택이 대부분이어서 커뮤니티 공간 등이 충분히 고려되지 않은 경우가 많고 수요자나 지역 특성이 반영되지 않아 차별화된 프로그램 도입과 주거서비스 제공에도 한계가 있다는 문제점이 지적되었다. 이러한 문제를 해결하기 위하여 공공주택사업자의 주택 매입조건에 커뮤니티 공간 설치 등의 조건을 사전에 제시하여 이를 고려한 사회적 주택을 조성하도록 유도하거나 사업기획 단계부터 사회주택 사업자가 참여하는 매입약정형 사회주택 방식으로 발전하게 된다.

다. 매입약정형 사회주택의 한계

매입약정형 사회주택 방식은 사업기획 단계부터 사회주택사업자가 참여하게 되므로 다양한 수요맞춤형 주택의 공급이 가능하고, 준공과 동시에 공공주택사업자가 토지와 주택을 매입하게 되므로 사회주택사업자의 경제적 부담도 경감할 수 있는 장점을 가지고 있다. 하지만 사업 공모부터 매입약정 체결에 이르기까지 상당 기간이 소요되기 때문에 당초 사회주택사업자가 물색한 토지의 토지주가 사업 과정 중 변심할 경우 사업추진이 불가능해지는 문제가 발생할 수 있다. 또한 LH공사 등이 건축물을 매입하기 위한 감정평가 시 주택 내 커뮤니티 공간을 복도 등과 같은 공용공간으로 취급하고 있어 사회주택사업자가 적극적으로 커뮤니티 공간을 조성하면 할수록 오히려 사업성에 좋지 않은 영향을 미치는 모순이 발생하는 한계가 있다. 준공 직후가 아니라 일정 기간이 경과한 이후 매입약정이 이루어질 경우 운영기간 동안의 건축물에 대한 감가상각이 발생하여 실제 건설비용보다 매입비용이 감소되는 문제도 지적되었다.

3. 지원의 지속성 및 실효성 측면

가. 사업 예측의 불투명성

사회주택은 여전히 민간주도-공공지원형 사업방식 보다는 공공주도-민간참여형 사업방식의 성격이 강하여, 국토교통부, LH공사, 지자체 등 공공주택 사업주체의 정책이나 사업추진 계획에 의존할 수밖에 없는 구조이다. 당연히 정치적 상황이나 자치단체장의 방침에 따라 사업의 착수, 지속, 확대 또는 축소 등이 영향을 받게 되고, 심지어 사업자 모집 공고 중 석연치 않은 이유로 사업이 중단 또는 취소되기도 하며, 사업계획 접수가 완료되었음에도 불구하고 이후 절차 진행에 상당한 시간이 걸리거나 일정이 불투명한 경우도 발생하고 있다. 앞서 살펴본 것처럼 100호 이상을 공급·운영 중인 사회주택사업자가 13곳에 불과하고, 전반적으로 소규모·영세한 경우가 많은 상황에서 향후 사업추진에 대한 불확실성이 크다면 사회주택사업자가 역량 강화를 위하여 인적, 경제적 규모를 키우거나 입지조건 등이 좋은 토지를 사전에 확보하기도 어려울 수밖에 없다. 또한, LH공사나 지자체가 공모하는 사업수가 너무 적을 경우에는 사회주택 사업자들 간의 유치경쟁도 과열될 수밖에 없기 때문에 사업 참여 준비를 위한 사회적비용(매몰비용)의 낭비도 우려된다.

나. 보증, 융자 등 재정적 지원의 실효성

사회주택 정책 도입 후 사회주택 사업자의 경제적 부담을 경감해주기 위하여 보증, 융자, 출자 등의 지원책이 일부 마련되었다. 하지만 초기 투자금이 상당 기간 묶여질 수밖에 없는 사회주택의 사업구조에 비해 경제적 지원책은 상대적으로 미흡하다는 의견이 많았다. 또한, 과거 서울시의 경우 시중은행과 협약을 체결하여 시가 보증하는 사업자에게 대출을 할 수 있도록 정책을 마련하였으나, 실제 시중은행 창구에서는 이를 인지하고 있지 않거나 매우 까다로운 대출조건을 제시하는 경우가 발생하였다. HUG나 HF의 보증 또한 추진하고자 하는 사회주택 사업의 안정성에도 불구하고 사회적경제주체의 여건만을 따져 조건과 심사 절차가 매우 까다롭다는 불만을 토로하는 사회주택사업자도 다수이다. 과거 사회투자기금을 통한 사업비 융자가 이루어졌지만 이 또한 5년 이내에 대출을 상환하여야 하므로 장기적인 임대를 통한 운영을 전제로 하는 사회주택 사업의 성격에 부합한다고 보기는 어렵다.

다. 운영 과정에서의 지원 부족

사회적 주택의 경우, 공공주택사업자가 시중 전세가격의 30% 수준에서 책정한 보증금과 월 임대료를 기준으로 사회주택 사업자에게 임대하고 사회주택 사업자는 시세의 50% 이하 수준의 임대료를 책정하여 입주자에게 임대하게 하여 시세 대비 20% 이하의 임대료 수익을 바탕으로 운영관리와 공동체 활성화를 수행하게 된다. 사회적 주택은 일반적인 다세대·다가구 주택으로 세대수 규모가 20호를 넘지 않는 경우가 대부분이므로 주택별 수익으로는 운영관리와 공동체 활성화를 수행하기 위한 충분한 비용을 마련하기 어렵고, 규모의 경제를 달성하기 위해서는 임대운영을 하는 주택 수가 어느 정도 이상 되어야 하지만 정부나 지자체의 공급 물량에도 한계가 있다.[22] 사회주택의 특성상

---

22) 사회적 주택의 호당 운영비용을 추정해 보면 20호 운영 시 비용은 100호 운영

일정 수준 이상의 커뮤니티 활동을 도입·운영하고자 하는 사업주체의 의지는 매우 높으나 커뮤니티 활동이나 추가적인 공간 조성을 위한 공공의 지원은 거의 없고, 사업 참여 조건에 비해 더 적극적인 커뮤니티 공간 설치나 프로그램을 운영하더라도 이에 대한 추가적인 인센티브 혜택도 없는 것이 현실이다. 보다 좋은 서비스를 제공하기 위하여 입주자에게 추가적인 관리비나 서비스료를 징구하는 것 또한 문제가 발생할 수 있기 때문에 최소한의 서비스 제공과 프로그램 운영에 그치거나, 재원 마련을 위해 다른 지원금이나 보조금 프로그램에 응모할 수밖에 없는 상황에 처한 사회주택이 많이 존재하고 있다.

4. 사회주택에서의 거주가치 구현 측면

그간 정부나 지자체의 사회주택에 관한 정의나 선정·평가 기준 등에서는 사회주택에서의 사회적 가치가 공통적으로 강조되어 왔다. 2018년에 발표된 "정부혁신 추진계획"에서는 사회적 가치를 사회·경제·환경·문화 등 모든 영역에서 공공 이익과 공동체 발전에 기여할 수 있는 가치로 정의하고, 총 13개 세부사항을 제시하였다([표 14] 참조).[23] 그간 여러 차례 발의된 「공공기관의 사회적 가치 실현에 관한 기본 법안」에도 유사한 내용이 제시되어 있다. 사회주택에서의 사회적 가치는 큰 틀에서 공공과 민간의 사이에서 제3섹터로서의 사회적경제주체를 중심으로 새로운 플랫폼으로서의 주택 공급·운영 주체 역할을 정립하는 것과 함께 주거복지 측면에서의 사회적 취약계층 지원과 주거문화 측면에서의 공동체 활성화 등까지 확대된 개념으로 해석될 수 있다.[24]

대비 2.6~3.1배 수준으로 나타났으며, 150호 이상 운영 시 100호 운영 대비 호당 최소비용이 증가하는 것으로 추정되어, 규모의 경제 측면에서는 50~100호 정도의 규모가 적절한 것으로 보임[정용찬, "사회적주택 현황 및 발전과제", 2021 사회적주택 포럼 자료집 (2021. 6.), 27].

23) 관계부처 합동, "정부혁신 종합 추진계획" (2018. 3), 13.

[표 14] 사회적 가치의 주요내용

사회적 가치	주요 의미
인간의 존엄성을 유지하는 기본 권리로서 인권의 보호	행복추구권, 평등권, 알권리, 직업의 자유, 안정적 주거생활 보장 등 헌법상 보장되는 기본권 보장
재난과 사고로부터 안전한 근로·생활환경의 유지	시장에서 해결할 수 없는 국민의 안전을 지키기 위한 공공의 적극적 조치 필요
건강한 생활이 가능한 보건복지의 제공	인간다운 생활의 기본조건으로서 건강한 생활을 영위할 수 있는 보건·의료서비스를 국가에 요구하고 국가는 이를 제공
노동권의 보장과 근로조건의 향상	생계를 유지하기 위해 일할 수 있는 권리보장, 노동3권, 안정적인 근로조건 유지, 최저임금인상, 고용안정 등
사회적 약자에 대한 기회제공과 사회통합	여성, 노인, 청소년, 신체장애자, 기타 생활능력이 없는 국민도 인간으로서의 존엄과 가치를 보장받을 수 있는 사회보장 정책 추진
대기업·중소기업 간의 상생과 협력	시장의 지배와 경제력의 남용을 방지하고, 경제주체간의 조화를 통한 경제의 민주화를 위하여 필요한 규제·조정
품위 있는 삶을 누릴 수 있는 양질의 일자리 창출	민간·공공부문 일자리 창출, 노동시간 단축을 통한 일자리 나누기, 노동이사제, 비정규직 축소 등 좋은 일자리 확대
지역사회 활성화와 공동체 복원	자치와 분권의 원칙을 지역 공동체 차원에서 보장하는 지방자치 실현
경제활동을 통한 이익이 지역에 순환되는 지역경제 공헌	지역 간 균형있는 발전을 위한 지역경제 육성, 수도권 과밀화로 인한 부작용 해소
윤리적 생산과 유통을 포함한 기업의 자발적인 사회적 책임 이행	사회적 존재로서 기업의 사회적 책임 이행. 인권, 노동권, 환경, 소비자 보호, 지역사회 공헌, 좋은 지배구조 형성
환경의 지속가능성 보전	국민이 쾌적한 환경에서 생활할 권리를 보장하기 위한 국가의 의무
시민적 권리로서 민주적 의사결정과 참여의 실현	민주적 의사결정과 시민 참여를 통한 국민주권 국가 실현을 위한 정부 운영방식 개선, 참여 기제 확보, 참여 수준 심화
그 밖에 공동체의 이익실현과 공공성 강화	경제적 양극화 등으로 파괴된 사회 공동체 회복 추구, 시민사회 등 제3섹터의 지원 및 육성

출처: 관계부처 합동, 정부혁신 종합 추진계획 (2018), 13.

24) 염철호·박석환, 앞의 글, 33.

한편, 서울시 사회주택사업 평가체계를 마련한 선행연구에서는 사회주택사업의 목표를 공공성(공익성 확보를 통한 주거복지 실현), 지속가능성(각 주체별 역량 강화와 참여를 통한 사업의 지속), 커뮤니티(소통과 참여를 통한 주거 공동체 형성), 거버넌스(공공과 민간의 협력을 통한 사업의 건전한 체계 확보)의 4가지로 구분하여 제시하고 있다.25) 필자는 선행연구를 통해 다품종 소량생산체계로의 주택공급시스템 전환은 수요자의 다양한 주거수요에 대응하는 주택유형과 주거서비스가 함께 모색되어야 함을 의미한다는 점과, 기존의 분양(소유) 중심의 민간분양 아파트나 수익형 부동산 등과 차별화되는 거주가치 중심의 주택공급방식의 공급확대가 필요함을 강조하였다. 거주가치 중심의 주택공급방식은 시행, 소유, 관리·운영, 이용 등 관련 주체가 가능한 한 동일하면서 거주자의 다양한 요구를 반영할 수 있는 체계가 구축되어 있고 거주자와 지역을 위한 다양한 주거서비스가 지원되는 주택을 공급하는 방식으로 정의하였다([그림 3] 참조). 아울러 계획(시행)주체, 소유주체, 관리·운영주체, 이용주체의 4가지 주체에 각각 거주가치 중심의 주택에 관한 개념인 시행(계획)참여, 공동소유, 운영 참여, 지역 이용의 요소를 접목하여 거주가치 중심의 주택공급방식을 설명하였다.26)

사회적 가치와 사회주택사업의 평가 목표를 함께 고려하여 사회주택에서 추구하여야 하는 정책적 지향점은 주거복지 차원에서 주거취약계층이 부담 가능한 임대료로 안정적으로 거주할 수 있는 주거여건을 제공한다는 주거복지 증진과 더불어 거주자의 취향에 따라 다양한 주거수요가 반영되면서 주택 내부와 지역 사회까지를 포함하여 커뮤니티가 활성화될 수 있는 여건을 마련하는 주거문화 향상 측면의 거주가치가 함께 고려되어야 한다. [그림 4]와 같이 사회주택은 저렴한 임대료, 안정적 거주기간, 일정 수준 이상의 주택품질 등 주거 안정성과

---

25) 은난순 외, 서울시 사회주택사업 평가연구 –2단계–, 한국주거학회·서울시 사회주택종합지원센터 (2017), 40-41.

26) 염철호 외, 앞의 글, 58-59.

함께 수요맞춤, 참여, 공동체, 지역 연계와 같은 거주가치를 구현할 수
있는 가장 적합한 주택공급방식이라 할 수 있으며, 오히려 사회주택에
서 거주가치가 고려되지 않고 주거 안정성에만 치우친다면 일반적인
공공임대주택과 사실상 차별성을 찾기가 어렵게 될 것이다.[27)

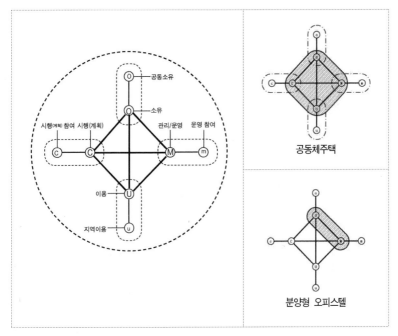

[그림 3] 거주가치 중심의 주택공급방식 개념요소

출처: 염철호외, (2021), 거주가치 중심의 민간주도 주택공급방식 활성화 방안 연구,
건축공간연구원, 59.

---

27) 염철호·박석환, 앞의 글, 35-37.

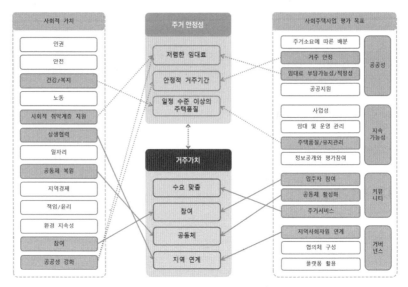

[그림 4] 사회주택의 거주가치와 관련 개념과의 관계

출처: 염철호·박석환, 다양한 거주가치 구현을 위한
사회주택사업 추진체계 개선방안 연구, 건축공간연구원 (2022), 36.

V. 거주가치 구현을 위한 사회주택 제도개선 방안

1. 사회주택 제도개선의 기본방향

우리나라에서 약 10년간의 지난 과정을 거치면서 사회주택과 관련한 여러 논의와 정책, 그리고 사회주택의 공급이 진행되어 왔지만, 사회적 경제주체는 기획부터 운영까지의 주택사업의 주체로서 전문성을 충분히 갖추고 있는가?, 지금까지 시도된 여러 사업방식은 무엇 때문에 확대되지 못하는가?, 지속적인 지원은 왜 담보되지 못하는가?, 사회적 가치와 거주가치는 왜 추구되어야 하는가? 등의 질문에 대한 답변

을 찾는 일은 여전히 현재진행형이다. 지금 우리가 사회주택을 이야기
하고 사회주택의 제도개선을 논의하는데 있어 다시 "과연 앞으로의 사
회주택이 지향하여야 하는 방향은 무엇인가?"라는 질문을 던져볼 필요
가 있다.

　다음은 필자가 선행연구에서 다양한 거주가치 구현의 관점에서 사
회주택 추진체계의 개선방향을 설정했던 내용이다. 그간 우리나라 사
회주택은 사회적경제주체에 의한 사회적 가치 구현에 보다 중점을 두
면서 주거복지 차원에서 공공과 민간의 사각지대를 담당하는 역할로
추진되어 왔다. 이에 따라 저렴한 임대료 기준 및 입주자 자격요건 준
수 등 공공임대주택에 준하는 공공성과 함께 다양한 사회적 가치를 구
현하여야 한다는 목표를 달성하기 위한 주택 관리 이상의 가치 구현을
요구받아 왔다. 이는 어느 정도의 공공 지원을 담보할 수 있는 근거가
되어 왔으나 결과적으로는 사업구조 자체를 매우 경직적이고 지속 가
능하지 못한 형태로 귀결시키는 원인으로 작용하기도 하였다. 공공 입
장에서는 사회주택을 공공주택으로 바라보면서 공공임대주택과 같은
잣대를 적용하였고, 사회주택 사업자 입장에서 추구하고자 했던 사회
적 가치 구현을 위한 시도들은 결과적으로 모두 사업자 부담으로 이어
지는 한계가 노정되었다. 그 결과 매우 의미 있는 사례들이 실현되었
음에도 불구하고 사회주택은 사회적경제주체가 사회적 가치를 구현하
는 주택으로서만 인식되어 왔고, 대규모 단지 형태의 공공임대주택이
나 민간분양주택과 차별화되는 새로운 주거유형으로서 일반해가 되지
못하고 여전히 특수해로 머물러 있는 실정이다. 따라서 앞으로의 사회
주택 사업 추진체계는 창의적인 민간사업자가 기존의 주택시장에서
실현되지 못했던 장기 임대를 통해 안정적 거주가 가능하면서도 다양
한 거주가치를 구현할 수 있는 소규모 또는 중규모 단위의 주택을 민
간시장에서 공급할 수 있는 여건을 마련하는 방향으로 전환·확대될 필
요가 있다. 정부나 지자체의 지원 또한 주거취약계층을 위한 주거복지
차원의 지원과 함께 대규모 단지 방식의 주택공급 위주로 인한 주거의

획일화, 단지의 폐쇄성, 주택의 상품화 등 우리나라 주거문화의 한계를 극복하기 위한 새로운 주택공급 주체의 육성과 차별화된 주택공급 사례 실현이라는 주거문화 측면의 정책적 의미가 강조될 필요가 있다.[28]

이상과 같이 앞으로의 사회주택이 다양한 주거취약계층을 위한 수요 맞춤형의 중·소규모 장기임대주택으로서 주거복지 증진과 주거문화 향상의 두 가지 지향점을 동시에 가진 주택공급·운영방식으로 정착되기를 바라며, 앞서 정리한 쟁점별로 사회주택에서의 거주가치 구현을 중심으로 필요한 제도개선 방안을 살펴보고자 한다.

2. 공급 및 운영주체의 확대 및 역량 강화

「기존주택등 매입임대주택 업무처리지침」제38조에서는 사회적 주택 운영기관의 범위를 비영리법인, 공익법인, 사회적 협동조합, 사회적 기업, 학교 등으로 규정하고 있다. 앞서 살펴본 지자체 조례에서는 주거 관련 사업을 시행하는 주체를 강조하거나, 사회적경제주체 이외에 건설업, 부동산업 및 임대업, 건축설계 및 관련 서비스업에 해당하는 중소기업을 포함하고 있는 경우도 있었다. 그리고 최근 공모된 테마형 임대주택 공고에서는 기존의 「기존주택등 매입임대주택 업무처리지침」 제38조에 규정하고 있는 자격조건에 주택 임대운영을 전제로 두거나, 공유주택 운영 실적이 있는 영리법인 등으로 참가자격을 확대하면서 사업주체의 주택운영에 대한 전문성을 강조하고 있다([표 15] 참조).[29]

---

28) 염철호·박석환, 앞의 글, 101-102.

29) LH공사, "2022년 테마형 임대주택 모집공고문(민간제안형-기획운영방식)" (2022), 2.

[표 15] 테마형 임대주택(민간제안형-기획운영방식) 신청자격 기준

구분	신청자격
1	「기존주택등 매입임대주택 업무처리지침」 제38조 제6항에 해당하는 아래 대상자로서 법인정관에 주택의 임대운영을 사업목적으로 정하고 있거나 주택(기숙사) 임대 운영 실적이 있는 자 · 「민법」 제32조에 따라 허가를 얻은 비영리법인 · 「공익법인의 설립·운영에 관한 법률」 제2조에 따른 공익법인 · 「협동조합 기본법」 제2조제1호에 따른 협동조합 및 제3호에 따른 사회적 협동조합 · 「사회적기업 육성법」 제2조제1호에 따른 사회적기업 · 「고등교육법」 제2조제1호~7호(제5호 제외)에 따른 대학
2	「국토교통형 예비사회적기업 지정제도 및 사회적기업 인증 추천제도 운영지침」에 따른 국토교통형 예비 사회적기업(도시재생분야)으로 법인 정관에 주택의 임대운영을 사업목적으로 정하고 있거나 주택 임대운영 실적이 있는 자
3	셰어하우스 등 공유주택을 공급하거나 운영한 실적이 있는 「민간임대주택에 관한 특별법」 제7조에 따른 주택임대관리업을 등록한 법인
4	「중소기업기본법」 제2조에 따른 중소기업으로써 부동산업으로 등록된 업체로 주택의 임대운영 실적이 있는 자
5	「소비자생활협동조합법」 제21조에 따른 대학생활협동조합으로 주택의 임대운영을 사업 목적으로 정하고 있거나 주택(기숙사) 임대운영 실적이 있는 자

출처: LH공사, 2022, 2022년 테마형 임대주택 모집공고문(민간제안형-기획운영방식), 2.

　　사회주택에서 사회적경제주체의 역할은 매우 중요하나, 다양한 거주가치의 측면에서 본다면 반드시 사회적 가치를 추구하는 사회적경제주체로 사업자의 범위를 한정하기 보다는 건설업, 부동산업 및 임대업, 건축설계 및 관련 서비스업 등을 포함하여 보다 폭넓은 주체가 사회주택에 참여할 수 있도록 확대하는 방안도 검토가 필요하다.[30] 또한 주택을 기획하고 운영하는 데 필요한 전문성을 어느 정도 갖추고 있어야 하므로 주택 임대운영 등에 관한 실적을 갖춘 경우로 자격을 한정하는 방안도 필요하다. 다만 여전히 충분한 역량을 갖춘 사회주택 사업주

---

30) 염철호·박석환, 앞의 글, 102.

체가 부족한 상황에서 참가자격을 과도하게 제한하는 경우 오히려 일부 특정 업체들로 한정되는 문제와 신규 업체의 발굴·육성 등이 어려운 문제도 발생할 수 있으므로 컨소시엄을 폭넓게 허용하거나 사업 규모에 따라 참가자격 요건을 차등화하는 방안도 검토해 볼 수 있다.

3. 사업추진체계의 다양화 및 유연화

서울시의 빈집 살리기 사회주택 사업 추진 이후 다양한 사업추진방식이 검토되고 등장하였으나, 최근에는 비주택 리모델링 사회주택사업, 사회적 주택 사업, 테마형 매입임대 사업 등 「기존주택등 매입임대주택 업무처리지침」에 근거하여 매입약정형 방식으로 추진되는 사업방식이 주를 이루어 왔다. 매입약정형 방식으로 추진되는 만큼 해당 사업방식을 규율하는 법령은 「공공주택 특별법」이다. 이 중 테마형 매입임대방식은 기존의 사회적 주택 방식의 한계를 극복하고자 기획단계부터 민간사업주체의 창의성과 기획력을 반영하여 커뮤니티 활성화 방안 등이 주택 설계 및 시공에 연계될 수 있도록 하는 장점을 가지고 있다. 「공공주택 특별법」에 따른 사회주택의 공급에 관해서는 현재 「기존주택등 매입임대주택 업무처리지침」의 제38조(사회적 주택 운영 특례)가 유일한 법적근거가 되므로, 테마형 매입임대 사업의 활성화와 다양화를 위해서는 LH공사의 개별 공모지침을 통해 정하고 있는 매입약정방식의 유형, 참가자격, 절차, 주요 계획기준, 임대 운영·관리기준, 지원방식 등을 「기존주택등 매입임대주택 업무처리지침」에서 보다 명확하게 규정할 필요가 있다. 또한, 테마형 매입임대 사업의 특성을 고려할 때 입주자 선정기준 유연화 및 입주자 조기 선정을 통한 계획 참여 등을 실현할 수 있도록 관련 기준의 유연화가 필요하다. 입주자의 요구 반영을 위해 커뮤니티 시설의 세부용도나 규모를 사후에 결정하거나 조정 가능하도록 할 필요도 있다. 아울러 적극적인 커뮤니티 공간 설치와 운영을 위해서는 일정 기준 이상의 커뮤니티 공간을 설치하거나 적극적인 커뮤니티 프로그램을 운영하는 경우에는 그 내용과 성과에 연동하여 인센티브를 제공하는 성과보상 개념의 제도 도입도 고려할 필요가 있다.[31]

당분간 「공공주택 특별법」에 근거한 사회주택 공급·운영은 테마형 매입임대 사업을 중심으로 이루어질 것으로 보이나, 기존의 토지임대부 사회주택 방식과 같이 「민간임대주택법」에 근거한 사회주택 사업방식은 현재 신규사업이 없는 실정이다. 토지임대부 방식의 활성화를 위해서는 국가나 지자체의 토지를 사회주택사업자에게 장기간 임대함으로 인해 적용되는 여러 제도의 경직성 문제, 건물과 토지가 구분 소유되는 방식으로 인해 발생하는 기존 제도 적용의 불합리성을 개선할 필요가 있다.

2022년 9월 정부는 「국유재산법」에서 규정하고 있는 민간참여개발 제도의 활성화를 위한 법령 개정안을 국회에 제출하였는데, 해당 개정안은 민간참여 개발대상 국유재산의 범위를 확대하고 장기 대부형 민간참여개발방식을 추가하는 등의 내용이 담겨있다.[32] 법령이 개정될 경우, 민간사업자가 국유지를 장기 임대(최장 50년)하여 생활SOC 등과 임대주택을 복합화한 건축물을 건축하고 임대운영하는 사업방식이 가능할 수 있다. 현재 「공유재산 및 물품관리법」에 근거한 개발방식의 다양화에 대한 논의도 진행되고 있으므로, 국·공유지 관련 법령에서 별도의 사업방식이 구체적으로 규정된다면 이를 사회주택 사업에 활용할 수 있는 여지도 높아질 것으로 기대된다. 장기적으로는 「공공주택 특별법」 또는 「민간임대주택법」에 보다 명확한 사회주택 사업추진에 관한 규정이 마련되거나 현재 발의된 「공익주택 공급 촉진 및 지원을 위한 특별법」과 같이 별도의 법령이 마련되기를 기대한다.

---

31) 염철호·박석환, 앞의 글, 103-106.
32) 정부 발의, "국유재산법 일부개정법률안", 2117315, (2022.09.08.).

4. 지원의 지속성 담보 및 실효성 제고

「주거기본법」제5조에서는 국토교통부가 10년 단위의 장기주거종합계획과 연단위의 주거종합계획을 수립하도록 규정하고 있으며, 매년 발표되는 주거종합계획에는 주거지원, 주택공급, 택지공급, 주거부문 예산의 규모가 제시된다. 2022년부터 본격적으로 추진되는 테마형 매입임대 또한 2022년 주거종합계획에서 연간 2,000호 공급 규모가 제시되었다. 사업예측의 불투명성 해소를 위해서는 주거종합계획 등을 통해 사회주택의 공급계획 등을 정부가 미리 설정하고 제시하도록 규정할 필요가 있으며, 이를 바탕으로 LH공사 등의 공공주택사업자가 보다 구체적인 연간 사업계획을 제시하도록 제도를 마련할 필요가 있다.

공모를 통해 선정된 사회주택 사업자가 일정한 조건을 갖춘 경우에는 정부나 LH공사 등 공공주택사업자가 사업비에 대한 보증뿐 아니라 사업의 파트너로서 주택사업자에 대한 금융기관의 대출을 실현하기 위한 책임을 다할 필요가 있다. 이를 위하여 「민간임대주택법」과 「공공주택 특별법」에 사회주택 사업자에 대한 금융지원에 관한 사항을 규정하고 공모를 통해 선정된 사회주택 사업자에 대한 공공주택사업자 등의 보증 및 지원의무를 함께 규정할 필요가 있다.

사회적 주택이나 테마형 매입임대주택의 경우, 개별 주택은 20호 미만의 규모로 조성되는 경우가 많기 때문에 대규모의 주택에 비해 상대적으로 적극적인 커뮤니티 공간 설치나 운영 프로그램을 도입하기에는 한계가 있다. 따라서 일정 지역을 중심으로 공공주택사업자가 기 매입한 주택들을 패키지화하는 등 사업단위의 확대를 통해 사회주택 사업자의 영세성을 개선하면서 보다 적극적인 커뮤니티 공간 설치나 운영 프로그램 도입을 유도하는 방안이 필요하다.[33)]

국토교통부와 LH공사는 2022년 테마형 매입임대주택 공모에서 "특

---

33) 염철호·박석환, 앞의 글, 107-108.

정테마형"을 도입하여 예술인지원주택(문화체육관광부), 청년 창업지원주택(연세대학교), 장애인 자립지원주택(보건복지부) 등의 운영테마를 설정하고, 민간사업자와 관련주체간의 협력체계를 통해 입주자 대상 프로그램 운영을 위한 지원을 연계·강화하는 방식을 추진 중이다.[34] 이처럼 사회주택의 커뮤니티 공간 설치나 커뮤니티 프로그램 운영의 지원 및 내실화를 위하여 다양한 관련주체와 협력체계를 구축할 수 있도록 제도개선을 통해 명확한 관련 근거를 마련하는 방안도 필요할 것이다.

사회주택이 단순히 저렴한 임대주택으로 머무르지 않고 지역의 커뮤니티 공간으로서 역할을 하면서 입주자와 지역 주민간의 연계를 도모할 수 있도록 하기 위해서는 지자체가 조성하는 생활SOC 등과의 연계를 활성화할 필요도 있다. 사회주택에 문화, 돌봄, 육아 등 생활SOC의 기능을 수행할 수 있는 시설을 적극적으로 도입하면서 입주자와 지역주민과의 관계를 확대할 수 있도록 지자체 시설과 사회주택을 복합화하거나 사회주택에 조성한 생활SOC 등에 대한 지자체 지원을 강화할 필요가 있다.[35] 현재 「공공주택 특별법」제40조의2(공용재산·공공용재산인 토지 등에서의 공공주택사업에 대한 특례)에서는 국·공유지 등을 활용하여 공공주택사업자가 주택을 공급하는 경우 판매시설, 업무시설, 숙박시설 등과 공공주택을 복합화할 수 있도록 하고 있으므로, 매입약정형 방식의 사회주택이나 「민간임대주택법」에 따른 공공지원 민간임대주택에 대해서도 관련된 특례를 적용할 수 있도록 제도를 개선하는 방안을 검토해 볼 필요가 있다.

---

34) 국토교통부 주거복지지원과, "22년도 테마형 임대주택 공모 추진계획 내부자료" (2022. 8.).

35) 염철호·박석환, 앞의 글, 107.

5. 그 밖의 제도개선 방안

2023년 2월 「건축법 시행령」개정을 통해 기존의 일반기숙사에 더하여 임대형기숙사가 추가되었다. 임대형기숙사는 「공공주택 특별법」제4조에 따른 공공주택사업자 또는 「민간임대주택법」제2조제7호에 따른 임대사업자가 임대사업에 사용하는 것으로서 임대 목적으로 제공하는 실이 20실 이상이고 해당 기숙사의 공동취사시설 이용 세대 수가 전체 세대 수의 50퍼센트 이상인 것을 말한다. 임대형기숙사는 학교나 공장의 부속시설로서 조성·이용되는 일반 기숙사와는 구분하면서 부엌·거실 등을 공동으로 이용하는 이른바 셰어하우스를 제도화한 것인데, 이를 통해 청년 등 1인가구를 위한 사회주택 등이 앞으로 임대형기숙사 방식으로 공급될 수 있는 제도적 기반이 마련되었다고 평가할 수 있다. 과거 진행되었던 빈집 또는 비주택을 활용한 사회주택 사업 또한 임대형기숙사로 리모델링을 하는 방식으로 확대 가능성이 높아질 것으로 기대된다. 임대형기숙사는 용도상 주택은 아니지만 「주택법」에서는 기숙사를 준주택으로 정의하고 있고 「공공주택 특별법」에서도 제2조의2(준주택의 준용) 규정을 두고 있으며, 「기존주택등 매입임대주택 업무처리지침」제39조(기숙사 운영 특례)에서도 기숙사형 매입임대주택에 관한 규정을 두고 있어 「공공주택 특별법」에 근거한 임대형기숙사형의 사회주택 공급방식은 도입 가능할 것으로 보여 진다. 「민간임대주택법」에서는 시행령을 통해 민간임대주택에 포함되는 준주택의 범위를 규정하고 있는데, 시행령 제2조 제1호에서 아직까지는 비주택을 기숙사로 리모델링한 건축물만으로 한정하고 있어 향후 법령 개정을 통해 신축 임대형 기숙사의 경우도 민간임대주택의 범위에 포함할 필요가 있다.

공동체주택은 오래전부터 새로운 주거문화 형성 측면에서 주목을 받은 주택사업 유형이지만 사회주택과 마찬가지로 제도적 근거는 충분히 마련되어 있지 않고 서울시와 부산시의 「공동체주택 활성화 지원 등에 관한 조례」가 유일한 상황이다. 하지만 함께주택 3호나 도서당과 같이 토지임대부 사회주택 방식으로 추진된 공동체주택이나 협동조합형 공공지원 민간임대주택으로 주목 받은 위스테이의 사례 등에서 공동체주택과 사회주택의 접목 가능성을 확인할 수 있다.

최민아 외(2021)는 공동체주택 활성화를 위한 연구를 통해 현행 제도의 미비 문제점을 지적하고, 「주택법」, 「공공주택 특별법」, 「민간임대주택법」 등에 공동체주택의 근거를 마련하고 입주대상, 시행주체, 사업지원, 인증 등에 관한 제도를 개선하는 방안을 제시하였다.[36] 해당 연구에서는 공동체주택을 자가소유형, 민관협력임대형, 민간임대형, 공공임대형으로 구분하였는데, 민관협력임대형 공동체주택은 토지임대부형 사회주택 방식으로, 공공임대형 공동체주택은 매입약정형 사회주택 방식으로 추진되는 사회주택 사업과 연계가 가능하다. 우선 토지임대부 방식의 민관협력임대형 공동체주택의 경우에는 사업의 안정적 추진과 현행 법률상의 여러 장애요인 제거를 위하여 「민간임대주택법」의 개정이 필요하다. 매입약정형 방식의 공공임대형 공동체주택의 경우에는 장기적으로 「공공주택 특별법」에 관련 근거나 지원사항 등을 규정할 필요가 있으나, 우선 「공공주택 특별법 시행규칙」제23조(공공임대주택 입주자 선정에 관한 특례)를 개정하여 공동체주택의 입주자 선정 기준을 마련하고, 「기존주택등 매입임대주택 업무처리지침」제4조(주택의 공급방식 및 사업유형)를 개정하여 공동체주택을 추가한다면 기본적인 사업추진의 제도적 근거를 마련할 수 있을 것으로 기대된다.[37]

---

36) 최민아 외, 공동체주택 활성화를 위한 제도 개선 및 사업지구 적용 방안, 토지주택연구원 (2021).

37) 위의 글, 98-99; 염철호 외, 아동친화 주거공간 조성·운영을 위한 사업모델 및 지원방안 연구 -소규모 공공임대주택을 중심으로-, 건축공간연구원 (2022), 134-136.

VI. 결론

우리나라보다 사회주택이 활성화되어 있다고 평가되는 영국, 프랑스 등 유럽의 주요 국가들은 공공임대주택과 사회주택의 경계가 모호하며, 사회주택이 공공이 지원하는 부담 가능한 저렴주택으로 통칭되기도 하고, 주택공급에 있어 공공임대주택사업자와 민간의 사회주택 공급주체가 거의 동등한 지위이거나 경쟁관계를 가지기도 한다. 하지만, 우리나라는 공공주택사업자인가 사회적경제주체인가라고 하는 공급주체의 구분에 따라 공공임대주택과 사회주택을 구분하여 왔으며, 공공주택사업자와 사회적경제주체가 동등한 관계이거나 경쟁관계이라기보다는 정책에 따라 공공주택사업자 등이 주도하는 사업에 사회적경제주체가 응모하여 지원을 받으면서 「민간임대주택법」에 근거한 토지임대부방식과 「공공주택 특별법」에 근거한 매입임대형방식을 중심으로 사회주택이 추진되어 왔다고 정리할 수 있다.

사회적경제에 관한 법률 제정과 서울시의 사회주택 조례 제정 등을 계기로 사회주택의 논의와 공급이 본격화된 지 약 10년이 경과하였다. 그동안 서울시와 경기도를 중심으로 약 5,400여 호의 사회주택이 공급되었고 다양한 사업추진 방식이 시도되어 왔다. 하지만 현재까지 사회주택이 안정적인 사업방식으로 자리매김 되었다고 말하기는 어려울 것이며, 사업주체의 영세성, 정책의 불확실성 등 여러 미흡한 점이 상존하고 있다. 지금까지 사회주택의 활성화를 위한 여러 연구와 논의들에서 행정적·재정적 지원책의 강화를 위한 제도적·정책적 개선방안이 다수 제시되었다. 본 연구에서는 이를 바탕으로 그간의 사회주택 공급과 관련한 추이를 정리하고 사회주택의 현황과 쟁점을 살펴본 다음, 특히 사회주택이 주거문화 측면에서 거주가치를 구현할 수 있는 유효한 주택공급방식이라는 관점에서 제도개선 방안을 모색해 보았다. 이러한 접근은 우리나라의 사회주택이 주거복지 차원에서 공공임대주택과 민간분양주택의 사각지대를 담당하는 역할에 한정되지 않고 새로운 주거문화 형성의 촉매제로서 수요 맞춤, 참여, 공동체, 지역 연계 등과 같은 거주가치를 구현할 수 있는 주택공급방식으로서 확대될 필요성과 기대를 바탕에 두고 있다고 하겠다. 장기적으로는 사회주택이 기존의 분양(소유) 중심의 민간분양 아파트단지나 수익형부동산, 그리고 표준화와 공평성을 기반으로 하는 단지형 공공임대주택 등과 차별화되는 거주가치 중심의 중·소규모 민간 임대주택 공급방식의 바람직한 모델로 자리 잡는 것을 정책의 지향점으로 설정할 것을 제안한다. 아울러 사회주택에 대한 공공의 지원이나 제도적 개선방안 또한 다양한 거주가치를 구현하고자 하는 차별화된 주거유형의 모색이 성공적으로 실현되고 활성화되어 전체 주택시장의 변화로 파급될 수 있도록 지원하는 것에 보다 중점을 두기를 기대한다.

참고문헌

관계부처 합동, 정부혁신 종합 추진계획 (2018)

국토교통부 주거복지지원과, '22년도 테마형 임대주택 공모 추진계획, 내부자료 (2022)

김일현·문영록·임소라·최용완·윤창섭·조유영, 사회주택 활성화를 위한 기초자료 연구, 서울연구원 (2020)

박성기·허재우·조민석·김동성·김민영, 2026 경기도 사회주택 기본계획 수립 연구용역, 경기도·한국지식산업연구원 (2021)

사람인 홈페이지 https://www.saramin.co.kr/ (검색일: 2022.02.09.)

서울시 사회주택종합지원센터, 서울주택도시공사, 2020 서울시 사회주택 입주자 만족도 조사 (2020)

LH공사, 2022년 테마형 임대주택 모집공고문(민간제안형-기획운영방식) (2022)

염철호·손은신·진태승·양동수, 거주가치 중심의 민간주도 주택공급방식 활성화 방안 연구, 건축공간연구원 (2021)

염철호·박석환, 다양한 거주가치 구현을 위한 사회주택사업 추진체계 개선방안 연구, 건축공간연구원 (2022)

염철호·강현미·박유나, 아동친화 주거공간 조성·운영을 위한 사업모델 및 지원 방안 연구 -소규모 공공임대주택을 중심으로-, 건축공간연구원 (2022)

은난순·김정임·신수임·오수훈, 서울시 사회주택사업 평가연구 -2단계-, 한국주 거학회·서울시 사회주택종합지원센터 (2017)

의안번호 제2117315호 국유재산법 일부개정법률안

잡코리아 홈페이지 https://www.jobkorea.co.kr/ (검색일: 2022.02.09.)

정용찬, 사회적주택 현황 및 발전과제, 2021 사회적주택 포럼 자료집 (2021), 14-31

정윤혜·김진성·김지원, 사회주택 커뮤니티 활성화를 위한 지원체계 구축, SH 도 시연구원 (2021)

주거복지재단, 취약계층 및 사회적주택 운영현황 조사, 내부자료 (2021)

최민아·김명식·송가욱·김효진·김태구·임수현·이승은, 공동체주택 활성화를 위한

제도 개선 및 사업지구 적용 방안, 토지주택연구원 (2021)

최상희·정소이·송기욱·최원철·김남훈, 사회주택 모델구상 및 주체별 협력방안
연구, 토지주택연구원 (2018)

한국사회주택협회, 2020년 사회주택 현황조사 결과, 내부자료 (2020)

한국사회주택협회 사회주택 공급 현황. https://datastudio.google.com/u/0/reporting/
bfff9085-101f-4e32-9df4-443b16b7ad23/page/EvYOB (검색일: 2022.02.03.)

사회주택 운영 제도 연구
- 운영주체, 지원제도, 공동체 활성화를 중심으로 -

| 남철관*·한준섭** |

초록

사회주택은 부담가능한 임대료로 장기 거주할 수 있는 공익적 민간 임대주택이다. 사회적 약자를 주된 대상으로 전제하기 때문에 일자리, 건강 등 다양한 사회서비스와 커뮤니티 제공이 필요하여 국내외에서 사회적경제나 비영리 부문이 주된 공급자이다.

주택 품질의 유지와 입주자 보호를 위해 정부나 지방자치단체가 사회주택의 등록기준을 정하여 입주대상, 주택의 품질 기준, 임대관리 방식을 규정할 필요가 있다. 장기임대의 특성상 준공 후 운영관리가 중요한데 시행자인 사회적경제조직이 강점 영역인 커뮤니티, 사회서비스 제공과 함께 시설관리와 임대관리도 통합적으로 수행하는 것이 일반적이다. 향후 사회주택의 특성에 맞는 운영관리 체계가 정착되어야 한다. 안정적인 운영을 위해 사회주택사업자의 주택임대관리업, 주택관리업 등록과 전문인력의 확충이 요구된다.

그간 사회주택을 규정하는 법률적 근거가 없는 상황에서 일부 지방자치단체의 조례에 의존해서 사업을 추진해 왔다. 민간임대주택특별법의 개정이나 별도의 기본법 제정을 통해 안정적인 건설자금과 토지지

---

 * 지역자산화협동조합 이사장
** 지역자산화협동조합 연구실장

원, 입주자 맞춤형 운영관리의 근거를 마련하는 것이 과제이다.

현재, 한국의 사회주택은 입주자 만족도가 높음에도 불구하고 정치적 환경변화로 위기를 겪고 있다. 역량을 갖춘 사업주체에 의한 체계적인 공급과 운영관리가 제도화되고 우수사례가 축적된다면 위기를 기회로 전환할 수 있을 것이다. 본고는 사회주택의 활성화를 위해 운영주체, 지원정책, 입주자 공동체의 세 가지 측면에서 현황과 문제점, 해외사례, 개선방안을 제시한다.

Ⅰ. 서론

2015년 서울시의 '서울특별시 사회주택 활성화 지원 등에 관한 조례' 제정으로부터 본격화된 시작된 사회주택사업[1]은 2017년 '국토교통부 주거복지로드맵'에 사회적 경제주체에 의한 임대주택(사회주택) 공급 활성화 방안이 포함된 이후에 경기도(2020년), 부산시, 고양시, 시흥시, 울진군(2021년) 등이 잇따라 지원조례를 제정하면서 전국사업으로 확대되는 전기를 마련했다. 약 7년여의 기간 동안 토지임대부, 매입약정형(신축 테마형, 비주택리모델링), 사회적주택, 빈집리모델링 등 다양한 형태로 지방자치단체, 한국토지주택공사(이하 'LH공사') 및 지방공사의 지원을 기반으로 한 민관협력 방식으로 공급되고 있다.

한국사회주택협회의 집계에 따르면 2022년까지 전국적으로 총 5,484호가 공급되었는데 2015년부터 2020년까지 점진적으로 늘어나던 물량이 2022년에 급감한 것을 알 수 있다.

---

1) 사회주택에 대해 정의는 지방자치단체 조례, 연구 등에 있는데 본연구에서는 사회적경제주체 등 민간조직이 공급, 운영하는 부담가능한 민관협력형 장기민간 임대주택'으로 정의함.

〈 표1 연도별 전국 사회주택 공급물량 〉

	2015년	2016년	2017년	2018년	2019년	2020년	2021년	2022년	계
공급물량	61	416	233	358	1159	1490	1463	304	5,484

지역별로 보면 전국 사회주택의 95.3%(5,231호)가 지원정책과 수요가 집중된 서울에서 대부분의 물량이 공급되어 왔고, 타 시도는 전주시(84호), 오산시(49호), 부천시(22호) 등 소규모 물량만이 공급되고 있다. 2022년의 공급량 급감은 서울시 오세훈 시장의 취임과 함께 사실상 사회주택 정책이 신규 공급 촉진에서 기존 정책에 대한 공격과 예산과 토지지원의 중단으로 전환한 것에 따른 영향으로 볼 수 있다.

정책의 변화에 따라 공급이 위축된 상황이지만 사회주택은 사회적 경제주체로 대표되는 제한적 영리를 추구하는 민간 공급주체에 의한 다양한 실험이 이어지면서 장기임대주택으로의 특징 때문에 공급뿐 아니라 준공, 입주 후 운영관리와 입주자 커뮤니티가 다른 유형의 공공, 민간주택과 차별화된 특징, 장점을 가지고 있다고 평가되어 왔다.[2] 사회주택 운영은 서울시 사업을 기준으로 보면 긴 임대의무기간(30년)과 입주기간(10년 이상), 저렴한 임대료(시세의 80% 이하), 입주대상의 제한(사회경제적약자)와 같은 임대관리 측면에서의 규정 적용[3]과 함께 커뮤니티 공간의 조성과 입주자 참여형 운영이라는 새로운 실험을 그 특징으로 한다. 정책적으로도 사회주택의 활성화를 위해 서울시를 필두로 국토교통부와 전주시, 시흥시 등 여러 지방자치단체에서 지원

---

2) 고하은·최병숙, "3섹터가 공급한 서울시 사회주택의 공동공간이 갖는 가치", 한국주거학회 추계학술대회 논문집 제33권 제2호(2022. 11.), 231; 김준·최병숙, "사회주택의 사회적 가치측정을 위한 지표 개발", 한국주거학회 추계학술대회논문집 제33권 제2호(2021. 11.), 278-280.

3) 국토교통부의 규정은 임대기간(15년이상), 입주자격(도시근로자 가구당 월평균소득 120% 이하 무주택자, 전체 세대의 40% 이상은 주거취약계층에게 공급), 임대료(시세의 85%이하) 등임.

조례를 제정하고 사업을 전개해 왔다.

향후 정부와 지방자치단체의 사회주택 정책을 예측하기 어려운 상황이다. 하지만 매입약정형임대주택, 사회적주택 정책은 꾸준하게 계속되고 있고 경기도 등 일부 지방자치단체는 최근 활성화에 대한 의지를 표명하기도 했다. 사회주택의 운영관리 실태와 문제점을 살펴보는 것은 정책의 개선과 확대 방안을 모색하기 위해 필요하다. 이러한 전제하에 본고에서는 관련 국내외 법과 제도에 대한 분석을 근거로 사회주택의 운영주체와 지원정책, 공동체 활성화의 현황을 살펴보고 향후 과제를 제시해 보고자 한다.

II. 본론

1. 운영주체

가. 현황과 문제점

(1) 주요 역할

사회주택의 운영주체는 공급주체와 대부분 일치하게 된다. 다양한 형태의 사회주택이 공급, 운영되는 국외의 사례를 보면 공급자(=시행자)와 운영자가 별도로 구성되는 경우도 있지만 국내의 사회주택은 일부 예외적 사업형태를 제외하면 대부분 공급자가 주택 조성(준공) 후 시설운영관리, 임대관리와 커뮤니티 지원까지를 담당하게 된다.

국토교통부 지침[4]에 의거하여 LH공사와 일부 지방공사가 추진하는 사회적주택은 해당 공기업이 건설시행자로부터 매입한 주택을 사

---

4) 기존주택등 매입임대주택 업무처리지침(2019. 7. 29.시행) 제38조.

회적경제주체에게 운영관리만 맡기는 방식으로 공급과 운영이 분리된다.

주류적 모델인 토지임대부사회주택, 빈집사회주택, 리모델링형사회주택 모두 공급과 운영관리를 사회적경제주체가 담당하는 사업이다. 최근에 비중이 커지고 있는 테마형임대주택은 호텔 등 비주택을 주택으로 용도변경하거나 사업자가 토지를 물색, 매입하여 시행후 LH공사에 매각하고 다시 운영권을 받아 사회적주택 방식으로 운영하는 사업인데 마찬가지로 공급(시행)과 운영을 모두 사회적경제주체가 담당한다. 비주택리모델링 유형은 토지(건물) 소유권이 준공후 원소유자로부터 공사로 바로 이전되고, 신축 매입약정형은 리모델링과 같은 지주공동개발이나 사회적경주체가 토지 선매입 및 시공 후 공사에 매각하는 차이가 있다. 과거 SH공사가 사회주택리츠를 출자, 설립하여 노후 고시원 등 상가건물을 매입하여 리모델링공사(시행)과 준공후 운영관리권을 해당 사회적경제조직에 부여한 사업은 공사가 선매입한다는 특징을 제외하면 같은 방식이라고 할 수 있다.

이슈는 일반적으로 공급이 토지나 건물의 소유를 전제로 하느냐, 시행 행위만 하는 경우에도 해당되느냐이다. 일반적인 부동산개발사업에서는 토지매입-시행(시공)-분양 또는 임대를 공급이라고 간주한다. 한국의 사회주택에서 국공유지나 사유지를 사회적경제조직 등 민간주체가 매입하고 소유하면서 공급하는 경우는 매우 희소하고 대부분 토지를 공공이나 민간의 기존 소유주가 보유하는 상태에서 시행과 운영관리를 민간이 하는 차이가 있다.

그 원인은 사회주택 정책이 토지가가 높은 서울에서 시작되었고 사업성 때문에 지방 중소도시나 농어촌 등으로 확산되지 않았으며 사업자인 사회적경제주체가 토지를 매입할 수 있는 재무적 여건을 갖추고 있지 못한 점을 들 수 있다. 공급자 풀(pool)이 마련되지 않은 정책도입 초기에 사업의 확대를 위해 공공이 토지소유자 및 임대인[5]로서의 역할을 자임했던 것도 영향을 미쳤다. 본 연구에서는 토지소유 여부와

무관하게 '시행자'를 사회주택 공급자로 '시설관리-임대관리-커뮤니티
관리'를 통합적으로 수행하는 주체를 사회주택 운영관리자로 지칭하기
로 한다.

이상과 같은 사회주택의 사업구조로 인해 사업자는 적정 사업지로
물색한 토지(물건)나 주어진 공공소유 토지를 일종의 캔버스로 간주하
고 입지나 수요분석을 기초로 어떤 가구를 대상으로 어떤 전유 주거공
간과 공유공간을 배치하고, 조성 후 어떤 커뮤니티 활동이 이루어지며
어떤 주거서비스가 제공되어야 하는지를 종합적으로 구상하는 그림을
그리게 된다. 설계와 연동된 컨텐츠가 확정되면 시공 후 운영관리 단
계로 진입하게 된다. 즉, 하드웨어로서의 주택공급과 소프트웨어로서
의 운영관리를 일체화하여 구상하고 실행하는 것이다. 이 점이 사회주
택의 특징이고 공공, 민간에 의한 다양한 주택공급 및 운영관리와 다
른 점이다. 수요자 기반, 커뮤니티 중심, 참여형 운영이 가능하도록 하
는 기반이 공급과 운영관리의 통합적 기획과 실행에서 나오기 때문에
새로운 주거문화의 실험으로서 기대를 받아왔고 지금 이 순간에도 현
장에서 새로운 시도가 이어지고 있는 것이다.

(2) 제도적 범주

제도적 측면에서 사회주택의 운영주체는 기본법의 부재와 시행과
공급중심의 정책관행으로 인해 세부적인 규율이 부재한 상황이다. 국
토교통부는 사회주택을 사회적 경제주체*가 공급하거나 운영·관리하
는 임대주택으로 민간임대의 거주불안을 보완할 수 있는 대안으로 개
념 규정하고 있다.6) 서울시와 전주시7)는 사회경제적 약자를 대상으로

---

5) 서울시 토지임대부(토지지원리츠)는 2.0%, 빈집사회주택은 1.0%(이상 부가세 별
   도)의 비교적 저렴한 토지임대료가 부과됨.
6) 관계부처합동, "사회통합형 주거사다리 구축을 위한 주거복지 로드맵"(2027. 11.
   29.), 65.
7) 서울특별시 사회주택 활성화 지원 등에 관한 조례(2017. 1. 5. 시행) 제2조; 전주

주거관련 사회적 경제주체에 의해 공급되는 임대주택으로, 경기도[8])는 사회적 경제주체가 무주택자에게 공급하는 장기임대주택으로 사회적 가치를 실현하는 것으로 조례에서 정의하고 있다. 공공은 사회주택을 사회적경제주체가 사회적 약자(무주택자)에게 공급하는 (장기)임대주택으로 규정하고 있고 국토교통부는 운영관리까지를 사업범위에 넣고 있다는 점이 특징적이다.

공급주체의 세부내용은 국토교통부, 경기도, 전주시 등은 사회적경제주체, 서울시는 주거관련 사회적경제주체로 조례 등에 명시하고 있다. 사회주택과 공급주체에 대한 정의는 사회주택 관련 조례를 제정한 그 외 지방자치단체에도 명기되어 있다.

〈 표2 사회주택 조례 현황 〉

시군구	조례명	제개정일
부산광역시	사회주택 활성화 지원에 관한 조례 (제6421호)	2021.7.14. 일부개정
부산광역시 동구	부산광역시동구 사회주택 지원에 관한 조례 (제1211호)	2019.12.23. 일부개정
경기도 고양시	고양시 사회주택 활성화 지원에 관한 조례 (제2424호)	2021.6.4. 일부개정
경기도 시흥시	시흥시 사회주택 지원에 관한 조례 (제2040호)	2021.7.5. 일부개정
경상북도 울진군	울진군 사회주택 지원에 관한 조례 (제2513호)	2021.5.24. 제정

본 연구는 정부(국토교통부)의 사회주택 관련 정책, 법률과 함께 각 지방자치단체별 조례의 내용이 유사하다는 점을 고려하여 가장 많은 사회주택이 공급된 서울, 전주와 인구규모나 입지측면에서 사회주택의 잠재적 수요가 큰 경기도[9])의 조례에 나타난 추진주체, 지원정책 관련 내용을 분석하였다.

시 주거복지 지원 조례(2018.12.28. 시행) 제2조.

8) 경기도 사회주택 활성화 지원에 관한 조례(2020.10. 8. 시행) 제2조.

9) 경기도는 최근 사회주택의 활성화 방안을 발표함[모도원, "김세용 GH 사장 후보자 '매입임대 확대하고 사회주택을 새롭게 시행할 때'", 뉴스투데이, https://www.news2day.co.kr/article/20221205500245 (2022.12.5.)].

〈 표3 사회주택 정의 및 공급주체 〉

		국토교통부	서울시	경기도	전주시
조례 등 출처		사회통합형 주거사다리 구축을 위한 주거복지 로드맵 (65p)	서울특별시 사회주택 활성화 지원 등에 관한 조례 제2조(정의)	경기도 사회주택 활성화 지원에 관한 조례 제2조(정의)	전주시 주거복지 지원 조례 제2조(정의)
사회주택 정의		사회적 경제주체*가 공급하거나 운영·관리하는 임대주택으로 민간임대의 거주불안을 보완할 수 있는 대안	사회경제적 약자를 대상으로 주거관련 사회적 경제 주체에 의해 공급되는 임대주택	사회적 경제주체가 무주택자에게 공급하는 장기임대주택으로 사회적 가치를 실현하는 것	사회경제적 약자를 대상으로 사회적경제 주체에 의해 공급·관리되는 임대주택
공급(운영)주체		사회적 경제주체	주거관련 사회적경제주체	사회적경제주체	사회적경제주체
해당 조직 유형	비영리법인	O	O	O	O
	공익법인	△	O	O	O
	학교법인	△			O
	사회복지법인	△			O
	협동조합	△	O	O	O
	협동조합연합회		O	O	O
	사회적협동조합	O	O	O	O
	사회적협동조합연합회	△	O	O	O
	인증사회적기업	O	O	O	O
	예비사회적기업	△	O	O	
	마을기업			O	
	자활기업				O
	건설관련중소기업	△	O		

　　사회적경제주체에 어떤 조직유형까지 포괄되는지도 중요한 이슈이다. 정부정책과 지방정부의 조례를 기준으로 보면 비영리 목적의 법인 중 어느 법인 형태까지 포괄할지, 협동조합과 예비사회적기업, 관련 업종의 중소기업을 포함할지에서 차이가 있다. 지방자치단체 조례에는

있는 일반협동조합과 협종조합연합회가 국토교통부 정책에는 포함되어 있지 않다. 서울시, 경기도 조례에 포함되어 있는 예비사회적기업을 전주시 등은 제외했고, 국토교통부는 주로 LH공사에 의해 실행되는 세부사업과 주택도시보증공사(이하 'HUG')가 주관하는 금융지원정책에 따라 포함여부가 상이하지만 대체로 국토교통형 예비사회적기업까지는 포함하고 있다.[10)]

중소기업의 포함여부는 정책목표와 관련된 문제다. 서울시는 사회주택의 공급활성화에 초점을 두고 건설관련 중소기업을 포함시켰고, 국토교통부도 LH공사에 의한 실제사업(테마형임대주택)에서는 일부 포함[11)]하고 있지만 사회적경제기업의 육성을 우선시하는 타지방자치단체는 중소기업을 배제하고 있다.

기존의 사회주택을 포함하여 공익적 목적으로 조성, 운영되는 장기 민간임대주택(20년 이상)을 공익주택으로 정의하는 '공익주택 공급 촉진 및 지원을 위한 특별법안(2022.7.26. 천준호 의원 대표발의 : 의안번호 2116670)'(이하 '공익주택법안')에서도 일반협동조합과 예비사회적기업, 중소기업은 제외되어 있다.

> 공익주택 공급 촉진 및 지원을 위한 특별법안 (천준호의원 대표 발의안)
> 제2조(정의) - 중략 -
> 2. "공익주택 임대사업자"란 「사회적기업 육성법」 제2조제1호에 따른 사회적기업, 「협동조합 기본법」 제2조제3호에 따른 사회적 협동조합 또는 「민법」 제32조에 따른 비영리법인, 그 밖에 대통령령으로 정하는 법인 중 공익주택을 취득하여 임대하는 사업을 할 목적으로 제6조에 따라 임대사업자로 등록한 자를 말한다.

---

10) 관계기관협동, "사회주택 사업추진 안내서"(2020. 12.), 1.
11) 신청자격에 따르면 셰어하우스 등 공유주택을 공급하거나 운영한 실적이 있는 「민간임대주택에 관한 특별법」 제7조에 따른 주택임대관리업을 등록한 법인, 4. 「중소기업기본법」 제2조에 따른 중소기업으로써 부동산업으로 등록된 업체로주택의 임대운영 실적이 있는 자가 포함됨[LH공사, "2022년도 테마형 임대주택 사업 공모 (민간 제안형-기획운영)"(2022)].

참고로 현재 국회에 계류중인 사회적경제기본법 9건 중에서 2020.10. 26. 김영배 의원이 대표 발의한 '사회적경제 기본법안'(의안번호 2104663) 에 따르면 사회적경제조직을 아래와 같이 폭넓게 정의하고 있다. 위의 정부, 지방자치단체의 사회적경제조직 정의에는 포함되어 있지 않은 농어업법인·조합·회사·단체, 소비자협동조합과 연합회 및 전국연합회, 지역농업(수산업, 신용, 축산업, 산림)협동조합, 품목별·업종별 협동조합, 협동조합중앙회, 새마을금고, 중소기업중앙회, 우수문화사업자, 소셜벤처 등 사회적 가치 실현을 주된 목적으로 경제활동을 하는 사업조직까지 포괄하고 있다. 현재 사회주택 관련 조례 등은 사회적경제기업을 보다 좁게 정의하고 있음을 알 수 있다. 발의안에 따라 편차는 있지만 향후 사회적경제기본법안이 제정된다면 사회주택 사업자의 범주도 크게 넓어질 수 있는 여기가 있는 것이다.

사회적 경제 기본법안 (2020.10.26. 김영배 의원 대표 발의)
제3조(정의)   - 중략-
2. "사회적 경제 기업"이란 사회적 가치를 추구하면서 재화 및 용역의 구매·생산·판매·소비 등 영업활동을 하는 사업조직으로 다음 각 목의 어느 하나에 해당하는 조직을 말한다.
  가. 「사회적기업 육성법」 제2조제1호에 따른 사회적기업
  나. 「협동조합 기본법」 제2조에 따른 협동조합, 협동조합연합회, 사회적협동조합 및 사회적협동조합연합회
  다. 「도시재생 활성화 및 지원에 관한 특별법」 제2조제1항제9호에 따른 마을기업
  라. 「국민기초생활 보장법」 제18조에 따른 자활기업
  마. 「농어업인 삶의 질 향상 및 농어촌지역 개발촉진에 관한 특별법」 제19조의 4에 따라 재정지원 등을 받는 법인·조합·회사·농어업법인·단체
  바. 「소비자생활협동조합법」에 따른 조합과 연합회 및 전국연합회
  사. 「농업협동조합법」 제2조에 따른 지역농업협동조합, 지역축산업협동조합, 품목별·업종별 협동조합, 농업협동조합중앙회, 제112조의2에 따른 조합공동사업법인 및 제134조에 따른 사업을 수행하는 법인
  아. 「수산업협동조합법」 제2조에 따른 지구별 수산업협동조합, 업종별 수산업협동조합, 수산물가공 수산업협동조합, 수산업협동조합중앙회, 제113조의 2에 따른 조합공동사업법인 및 제138조에 따른 사업을 수행하는 법인
  자. 「산림조합법」 제2조에 따른 지역산림조합, 품목별·업종별 산림조합, 산림

조합중앙회 및 제86조의2에 따른 조합공동사업법인, 제46조에 따른 사업을 수행하는 법인

차. 「엽연초생산협동조합법」 제2조에 따른 엽연초생산협동조합, 엽연초생산협동조합중앙회 및 제14조에 따른 사업을 수행하는 법인

카. 「신용협동조합법」 제2조에 따른 신용협동조합, 신용협동조합중앙회 및 제39조에 따른 사업을 수행하는 법인

타. 「새마을금고법」 제2조에 따른 새마을금고, 새마을금고중앙회 및 제28조에 따른 사업을 수행하는 법인

파. 「중소기업협동조합법」 제3조에 따른 협동조합, 사업협동조합, 협동조합연합회, 중소기업중앙회 및 제35조에 따른 사업을 수행하는 법인

하. 「고용정책 기본법」 제28조 또는 「사회적기업 육성법」 제5조의2에 따라 지방자치단체의 장이나 중앙행정부처의 장에 의해 지정되는 예비사회적기업

거. 「문화산업진흥 기본법」 제15조의2에 따라 지정된 우수문화사업자

너. 그 밖에 소셜벤처 등 다른 관계 법령이나 조례에 의해 설립된 법인 또는 비영리단체로 대통령령이 정하는 기준에 따라 사회적 가치 실현을 주된 목적으로 경제활동을 하는 사업조직

(3) 운영관리 단계

운영관리로 들어가 보면 전통적으로 자산관리, 시설관리, 임대관리 영역이 있는데 사회주택에서는 자산관리는 아직 사회주택의 준공 연한이 7년 이내로 짧고 규모가 적어 상대적으로 중요성이 부각되지 않고 있고,[12] 커뮤니티 관리는 정책 시행 초기부터 매우 중요한 부분으로 간주되어 왔다. 사회주택에서 주요 운영관리 업무영역을 구분하면 다음과 같다.

---

12) 기공급된 사회주택 중 공공이 토지와 건물을 소유하는 사회적주택(42.3%) 다음으로 비중이 큰 토지임대부 사회주택(25.4%)은 건물을 민간이 소유하고 있어 일상적 보수, 특별수선과 장기수선계획의 수립과 실행을 통해 건축물을 장수명화하는 것이 매우 중요한 부분이어서 향후 점차 중요성이 강조될 수 밖에 없다.

〈 표4 사회주택 운영관리 업무영역 〉

분야	대분류	주요역할	사회주택에의 적용
자산운용	AM(Asset Management)	임대의무기간 중 부동산자산 보유, 종료 후 자산매각 업무 총괄	-(기존)LH공사, 지방공사(공공출자 토지지원리츠), AMC -(향후)민간소유형 모델에서 사회적경제 주체
자산관리	PM(Property Management)	부동산 재산관리 총괄 (재무관리 포함)	-(토지)LH공사, 지방공사(공공출자 토지지원리츠) -(건물)사회적경제주체 (토지임대부)
시설관리	FM(Facility Management)	유지보수 등 물리적 관리총괄, 단지 일상 관리	-(사회적주택)소유자(공공), 마스터리스 관리자(사회적경제주체),입주자 역할 구분 -(토지임대부)전체 역할 담당
임대관리	LM(Leasing Management)	임대차계약,임대료/관리비 수납	-(모든유형)전체 역할 담당
커뮤니티관리	CM(Community Management)	공동체활성화 지원, 커뮤니티공간 자치관리	-(모든유형)사업자역할과 입주자역할이 운영모델에 따라 차별화

위 표에 따른 5가지 영역 중 소유권을 전제로 하는 자산운용 분야를 제외한 모든 분야는 현재의 사회주택에도 해당된다. 특히 장기임대주택이란 특징상 시설물의 성능과 미관을 장기간 양호하게 유지관리해야 하므로 임대사업자 입장에서 양질의 건축행위와 체계적인 시설관리(정기적 또는 긴급 시설점검과 교체, 수선, 보수 등)가 매우 중요하다. 임대관리는 입주자와의 신뢰에 기반한 관계형성과 수회 재계약을 통한 장기거주 보장, 권장이라는 과제를 안고 있다. 커뮤니티 관리는 최근 민간 분양, 임대시장에서 그 중요성이 커지고 있는 분야로 사회주택이 다양한 커뮤니티 공간에서 이루어지는 입주자 공동체의 성장과 지역사회 교류를 핵심 특징(장점)으로 내세우고 있어 운영관리의 핵심영역이라고 볼 수 있다. 아울러 돌봄, 취·창업, 여가 등 여러 측면에서 도움이 필요한 사회적 약자가 입주한다는 점에서 주거지원서비스도 현장에서 중요하게 다루어진다.

사회주택의 재고와 운영노하우가 쌓여감에 따라 특히, 임대관리와 커뮤니티관리 영역에서 다양한 사례와 장점이 드러나고 있다. 비중이 점점 커지고 있으나 이웃간 공동체 형성이 어려운 아파트와 차별과 배제의 대상이 되기도 하는 공공임대주택에 대한 대안으로서 사회주택이 선택받고 사회적으로 포지셔닝할 수 있는 기회가 그 영역에 있다. 다만 상대적으로 소규모로 조성되고 사업자별 관리호수도 많지 않은 사회주택의 현실에서 점차 주택관리 영역에서 각종 자격, 면허 등이 중요해지는 정책환경이 펼쳐지고 있는 측면은 대처가 필요하다.

(4) 필요 자격

관련된 주요 과제는 임대주택사업자 등록과 주택관리업 면허취득이다. 임대주택사업자 등록은 대부분의 사회주택은 민간임대주택에 관한 특별법(이하 '민특법')에 따른 공공지원민간임대주택에 해당된다. 민특법 제2조(정의)4. 마에 따르면 국토교통부령으로 정하는 공공지원을 받아 건설 또는 매입하는 민간임대주택으로 공공지원에서 사회주택에 해당되는 내용은 시행령에 있다. 시행규칙 1조의2 (공공지원민간임대주택) 3. 나. 「사회적기업 육성법」 제2조제1호에 따른 사회적기업, 「협동조합 기본법」 제2조제3호에 따른 사회적협동조합 또는 「민법」 제32조에 따른 비영리법인 등이 국토교통부장관이 정하여 고시하는 저렴한 임대료, 안정적 거주기간의 보장 및 사회적 가치의 추구를 위한 민간임대주택을 공급하기 위해 지원받은 융자를 받은 주택은 공공지원민간임대주택에 해당되어 공공임대주택을 조성, 운영관리하는 사회적주택, 테마형임대주택을 제외한 대부분의 사회주택이 이에 해당된다. 민특법에는 현재 사회주택에 대한 정의가 없지만 위 조항은 기금지원 등 사실상 국토교통부 사회주택 지원정책의 근간을 이루고 있다는 점도 기억해야 한다.

현재는 정책이 폐지되었지만 민간소유 부동산을 개량해서 활용하는 리모델링형 사회주택은 건설임대, 매입임대를 민간임대주택으로 간주하는 민특법상 민간임대주택에 해당하지 않는다.

사회적경제주체 등이 공공융자를 받지않고 조성, 운영하는 경우에도 10년 이상 임대조건으로 용적율 완화를 받으면 공공지원민간임대주택에 포함되어 향후 장기임대 민간소유형 사회주택13)이 활성화된다면 포용범위는 더 넓어지게 된다. 여러가지 재원에 기반한 다양한 사회주택이 등장한다면 일부는 공공지원민간임대주택이 아닌 장기일반민간임대주택 또는 단기임간임대주택으로 구분될 여지도 있다.

한편 민특법 제5조(임대사업자의 등록)에 따르면 주택을 임대하려는 자는 특별자치시장·특별자치도지사·시장·군수 또는 구청장에게 등록을 신청할 수 있고, 공공지원민간임대주택을 포함한 민간임대주택(공공임대 운영관리형과 전대형을 제외한 사회주택)은 구분된 유형에 따라 임대사업자로 등록할 수 있다.

다른 현안은 주택임대관리업 등록이다. 사업자가 건물을 소유한 토지임대부는 해당사항이 없지만(주택임대사업자 등록 규정 적용) 그렇지 못한 사회적주택, 테마형임대주택의 운영은 적용대상이다. 민특법 제7조(주택임대관리업의 등록)는 주택임대관리업을 하려는 자는 시장·군수·구청장에게 등록할 수 있고 100호 이상의 범위에서 대통령령으로 정하는 규모 이상으로 주택임대관리업을 하려는 자는 등록을 의무화하고 있다. 법령이 정한 주택임대관리업의 유형중 자기관리형은 주택의 소유자로부터 주택을 임차하여 자기책임으로 전대하는 형태의 업으로 관리를 맡은 주택임대관리업자가 보증금, 임대료를 수령한다. 사회적주택이 이에 해당된다. 위탁관리형은 주택의 소유자로부터 수수료를 받고 임대료 부과, 징수 및 시설물 유지, 관리 등을 대행하는 형태의 업으로 임대인(소유자)가 직접 임차인으로부터 보증금과 임대료를 받는다. 시행령에서는 정하고 있는 유형별 의무등록 대상은 다음과 같다.

---

13) 대구 안심마을에서 지역커뮤니티 활성화의 일환으로 조성한 '다름다운주택'은 시세 95%이하로 10년 이상 임대조건으로 공공융자를 받지 않고 민간사회주택기금의 저리융자로 조성하여 이에 해당된다.

〈 표5 주택임대관리업의 유형 〉

구 분	단독주택	공동주택
자기관리형 주택임대관리업	100호 이상	100세대 이상
위탁관리형 주택임대관리업	300호 이상	300세대 이상

사회적주택, 테마형임대주택 등 전대형사업을 영위하는 사회주택사업자는 관리호수가 100호(세대)를 넘는다면 의무 등록대상인이 되고 등록기준은 다음과 같다. 민특법 7조 2항은 자기관리형 주택임대관리업을 등록한 경우에는 위탁관리형 주택임대관리업도 등록한 것으로 간주하고 있어 임대료 징수업무는 하지 않고 운영관리 수수료만 지급받는 방식으로 공공, 민간임대주택을 임대료나 임대기간 등을 사회주택 규정에 맞게 운영관리하는 새로운 위탁관리형 사회주택사업이 도입된다면 자기관리형 등록만으로 적격사업자의 지위를 취득할 수 있다.

문제는 주택임대관리업 등록기준이다. 민특법 시행령 [별표 1]의 등록기준을 보면 현재 사회적주택에 해당되는 자기관리형은 1.5억 이상의 자본금, 2인 이상의 전문인력을 갖추어야 한다. 이미 100호 이상의 사회적주택(테마형임대주택 포함)을 운영하는 사업자가 다수 등장한 상황에서 이런 등록조건은 상당한 부담이 될 수 있지만 전문인력을 보유한 일정 규모 이상의 조직이 체계적으로 주택을 관리하라는 법령 취지에 따라 필히 등록을 해야 할 것이다.

〈 표6 주택임대관리업의 등록기준 : 민특법 시행령 [별표 1] 〉

구분		자기관리형 주택임대관리업	위탁관리형 주택임대관리업
1. 자본금		1억 5천만 원	1억 원 이상
2. 전문인력	가. 변호사, 법무사, 공인회계사, 세무사, 감정평가사, 건축사, 공인중개사, 주택관리사 자격을 취득한 후 각각 해당 분야에 2년 이상 종사한 사람	2명 이상	1명 이상
	나. 부동산 관련 분야(경영학, 경제학, 법학, 부동산학, 건축학, 건축공학)의 석사 이상의 학위를 취득한 후 부동산 관련 업무에 3년 이상 종사한 사람		
	다. 부동산 관련 회사(공인중개업, 주택관리업, 부동산개발업을 하는 법인 또는 개인사무소나 부동산투자회사, 자산관리회사)에서 5년 이상 근무한 사람으로서 부동산 관련 업무에 3년 이상 종사한 사람		
3. 시설		사무실	

300세대 이상 또는 승강기, 중앙집중식 난방방식(지역난방 포함)를 갖추고 있는 150세대 이상의 공동주택을 관리하기 위해서는 공동주택관리법에 따라 주택관리업 등록을 해야 한다. 주택관리업이란 공동주택을 안전하고 효율적으로 관리하기 위하여 입주자 등으로부터 의무관리대상 공동주택의 관리를 위탁받아 관리하는 업을 말한다. 의무관리대상 공동주택은 공동주택을 전문적으로 관리하는 자를 두고 의결기구를 의무적으로 구성하여야 하는 등 일정한 의무가 부과되는 공동주택이다. 사회적주택 등 큰 규모의 임대주택 운영권을 사회적경제주체가 받는 사례가 생기면서 향후 150세대 이상으로 이루어진 사회주택 주거동(단지)를 관리해야 하는 상황도 있을 수 있어 대비가 필요하다.

〈 표7 주택관리업 등록요건 : 공동주택관리법 시행령 제65조 〉

자본금	기술인력	주택 관리사	시설장비
2억원 이상	-전기분야 기술자: 전기산업기사 이상의 기술자 1명 -연료사용기기 취급 관련 기술자: 에너지산업관리기사 이상의 기술자 또는 에너지관리기 기능사 1명 이상 -고압가스 관련 기술자: 가스기능사 이상의 자격을 가진 사람 1명 이상 -위험물취급 관련 기술자: 위험물기능사 이상의 기술자 1명 이상	1명 이상	-5마력 이상의 양수기 1대 이상 -절연저항계(누전측정기) 1대 이상 -사무실

나. 해외사례 : 영국 사례를 중심으로

영국은 2023년 4월부터 기존의 '사회주택관리국'(the regulator of social housing providers)[14]에게 더 엄격한 권한을 부여하고 있다. 사회주택관리국은 영국의 사회주택 공급자를 규제하기 위한 독립 기관인데, 위에 언급한 사항들을 충족한 소셜하우징 공급자는 사회주택관리국에 가입을 신청한다. 이를 위한 능력을 갖추었음을 증명해야 하고, 감독을 위한 주체 및 사업계획이 있어야 한다. 등록 사회임대인(Resistered Social housing providers)는 정부로부터 지원을 받을 수 있는 자격을 획

14) 사회주택공급자 규제자 관련 내용은 아래 웹사이트 참고
[GOV.UK, About us, https://www.gov.uk/government/organisations/regulator-of-social-housing/about(2023.2.3. 검색일)]; Regulation of social housing providers(소셜 하우징 공급자 규제) 관련해서 'Shelter Legal England'에서 다양한 정보들을 얻을 수 있음 [Shelter Legal England, Regulation of social housing providers, https://england.shelter.org.uk/professional_resources/legal/housing_options/allocation_of_social_housing/regulation_of_social_housing_providers#source-2(2023.2.3. 검색일)]; The Housing and Regeneration Act 2008은 사회주택 공급자 관련된 조항들을 포함하고 있다. ~이 법은 아래의 영국 정부 웹사이트에서 확인할 수 있다[legislation.gov.uk, Housing and Regeneration Act 2008, https://www.legislation.gov.uk/ukpga/2008/17/contents (2023.2.3. 검색일)].

득하여 등록한 사회주택(Resistered Social Landlords ; RSL)을 공급한다.
이는 보조금이거나 혹은 대출의 형태가 될 수 있다. 펀딩에 대한 지원
은 영국주택청(Homes England) 혹은 지역정부에서도 가능하다

영국에서 등록 사회임대인(사회주택 사업자)가 되기 위해서는 만족
시켜야 하는 자격조건이 있다. 이 자격조건을 갖춘 공급자만 사회주택
관리국에 등록할 수 있다. 아래는 자격조건과 관련된 주요 내용을 요
약한 것이다.

---

1) 정체성(constitution): 목적, 목표, 조직의 거버넌스 계획 등이 명시된 깨끗하고
투명한 정체성을 갖고 있어야 한다
2) 거버넌스(Governance): 조직을 관리하고 기획하는 위원회나 운영진이 회사에
있어야 하며, 이는 사회주택 공급자를 관리할 수 있는 관련 경험과 기술을 가
진 개인들로 구성되어야 한다.
3) 재정적 건전성(Financial viability): 재정적으로 문제가 없고, 조직의 목적과 의무
를 다할 수 있는 공급자임이 증명되어야 한다. 이를 위해서는 건전한 사업 계
획과 지속적인 재정 모델을 가져야 한다.
4) 관리 및 인사관리(management and staffing): 공급자는 높은 수준의 서비스를 임
차인에게 공급하기 위해 필요한 관리 및 직원 계획이 있어야 한다. 직원은 경
험 및 자격이 충분해야 하며, 효과적인 시스템과 절차가 필요하며, 적절한 거
버넌스 계획이 있어야 한다.
5) 경험(experience): 공급자는 주택을 공급한 경험이 있거나 관련된 기술이나 경
험이 있어야 한다.
6) 법적순응(Compliance): 공급자는 관련 법 및 규제의 요구사항에 맞게 해야 한
다. 건강과 안전, 화재안전, 자료보호 등과 관련된 규제 등이 있다

등록 사회임대인이 되기 위해서는 위에 언급한 사항에 대한 충족여
부를 확인하고, 사회주택관리국에 가입을 신청한다. 사회주택 공급자
는 이를 위한 충분한 능력을 갖추었음을 증명해야 하고, 감독을 위한
주체 및 사업계획 등을 수립해야 한다.

영국의 등록 사회임대인은 일반적으로 저소득층이나 사회적 지원
이 필요한 사람들에게 저렴한 주거를 제공하고 관리하는 비영리단체
다. 영국의 사회주택 제공자들의 기능과 권한은 특정 단체와 그들의

운영을 관할하는 지역규제에 따라 달라질 수 있다. 등록 사회임대인의
역할과 기능은 아래와 같다.15)

---

1) 부동산 관리: 사회주택 제공자들은 자신들의 부동산을 관리하고 유지보수하여
   건강과 안전 기준을 충족하고 필요한 수리 및 유지보수를 제공함.
2) 부동산 할당: 사회주택 제공자들은 주거가 가장 필요한 사람들에게 주거를 할
   당하는 책임이 있습니다. 일반적으로 소득, 가족 규모 및 의료 필요성과 같은
   기준을 사용하여 주거 자격이 있는 사람들을 결정함.
3) 임대료 설정: 사회주택 제공자들은 자신들의 부동산의 임대료를 설정하는 책임
   이 있습니다. 부동산을 제공하는 비용과 세입자의 소득에 따라 임대료가 부과됨.
4) 입주자 지원: 사회주택 제공자들은 금융 관리, 취업 및 교육 등 추가적인 지원
   을 입주자에게 제공함.
5) 지역사회 발전: 사회주택 제공자들은 지역사회 발전을 지원하기 위해 지역사
   회 시설을 제공하거나 지역사회 행사 및 활동을 지원함.
6) 거버넌스: 사회주택 제공자들은 일반적으로 이사회나 이사회 위원회에 의해
   지배된다. 이들은 조직의 운영을 감독하는 책임이 있음.
7) 대변 활동: 사회주택 제공자들은 저렴한 주거를 지원하고 주거 불평등 문제를
   해결하는 정책과 프로그램을 옹호할 수 있음.

이처럼 영국의 등록 사회임대인은 단순히 적절한 주거를 주거약자
들에게 제공하는 것을 넘어 시민들과 함께 지역의 주거 관련 문제를
적극적으로 해결해야 하는 책임을 가지고 있다. 이런 환경으로 인해
영리보다는 지역사회를 위한 비영리·사회적경제조직 등이 사회주택
운영에 더 적합하다고 인식되고 있다.

---

15) 사회주택 공급자들을 규제하는 내용과 관련된 자세한 내용은 아래 웹사이트 참
고[https://england.shelter.org.uk/professional_resources/legal/housing_options/
allocation_of_social_housing/regulation_of_social_housing_providers (2023.2.3. 검
색일)]; 사회주택을 관리 및 유지하는 것과 관련된 기준은 'Decent Homes
Standard'에 명시되어 있다. 이는 사회주택 공급자가 지켜야 할 최소한의 요구
사항에 대한 것으로 안전(safety)·보안(security)·안락(comfort) 등과 관련된 영역
이다. Decent Homes Standard 관련 내용은 아래 웹사이트 참고 [GOV.UK,
Decent Homes Standard: review, https://www.gov.uk/guidance/decent-homes-standard-
review (2023.2.3. 검색일)].

○ 사례1 - 시민 참여를 통한 의사결정: 영국의 런던CLT

시민 참여로 운영되는 사회주택 공급자의 예로 런던CLT(London Community Land Trust)가 있다. 이 기관은 주민들이 의사결정 과정에 참여하고 집 관리에 대한 의견을 제시할 수 있는 지역사회 중심 모델을 통해 런던에서 저렴한 주택을 제공할 수 있도록 한다. 런던CLT는 비영리기관으로 경제적으로 취약한 계층을 위해 존재하는 주택의 보호 및 생산에 주력한다. 런던CLT는 저렴한 주택 건설에 사용할 수 있는 토지 및 건물을 구입한 후, 지역사회와 협력하여 주택 건설 및 관리를 수행한다. 런던CLT 모델의 중요한 특징 중 하나는 토지와 건물의 소유권과 관련된 부분이다. 이는 주민들이 자신의 주택을 소유하지만 토지는 런던CLT가 소유16)하는 모델이다. 이를 통해 장기적으로 저렴한 주택가격이 유지되며, 부동산 시장에 판매되어 사회주택이 소실되는 것을 방지한다. 런던CLT는 지역 주민들에게 23가구의 저렴한 주택을 제공하는 St. Clements 개발 및 군인과 가족을 위한 24가구의 저렴한 주택을 제공하는 Wilmcote House 개발 등 다양한 성공적인 프로젝트를 수행하였다.

런던CLT는 다양한 사회주택 관련 법률과 규정을 포함하는 법적 프레임워크 내에서 활동한다. 런던CLT의 법적지위는 공동체이익회사(CIC·Community Interest Company)이며, 금융행정청(FCA)이 규제하는 형태의 협동조합이다. 공동체이익회사로서, 런던CLT는 회원이나 주주의 이익보다는 지역사회의 이익을 위해 운영하는 것이 의무화된다.

이 외에도 런던CLT는 다음과 같은 사회주택 관련 법률과 규정에

---

16) CLT의 토지 습득은 기본적으로 구입뿐만 아니라 증여를 받기도 하며, 이는 결국 지역의 공동체가 함께 토지를 소유하는 개념이 된다, CLT는 판매 혹은 임대할 저렴 주택의 개발(the development of affordable housing)을 감독하며 주택이 영구적으로 저렴한 가격을 유지할 수 있도록 한다. 자세한 내용은 아래 웹페이지 참고할 것(상원의사당 도서관 웹페이지, https://commonslibrary.parliament.uk/research-briefings/sn04903/ (2023.2.3. 검색일)].

1) Housing and Regeneration Act 2008[17]: 영국 사회주택이 기준 및 지켜야 할 규정 등
2) The Community Land Trusts (CLTs) Regulation 2010[18]: 커뮤니티 랜드 트러스트의
   설립과 운영에 대한 지침 및, FCA 등록 요구사항 등
3) The National Planning Policy Framework (NPPF)[19]: 정부의 지침과 사회적 경제적
   개발 및 사회적 주택에 대한 계획 정책 등
4) Localism Act 2011[20]: 지역 개발 및 관리에 지역 사회의 권한을 크게 부여하며,
   사회적 주택 및 사회경제적 발전을 위한 토지 할당 등

따라 규제를 받는다.

런던CLT는 이처럼 여러 법률의 복잡한 규제를 받게 된다. 이는 사회주택이 입주민 요구사항을 충족시키며, 특정 개인이나 집단의 이익이 아닌 지역사회를 위해 운영되도록 보장하기 위한 것이다. 한국 또한 이와 관련 제도의 도입을 고민할 수 있다. 입주민의 직접 참여를 보편화하고, 이를 법적 규정 및 조례를 통해 제도화 할 수 있다.

○ 사례2 - 파트너쉽을 통한 사회주택 참여(영국 Choice Care 사례)

돌봄이 필요한 장애인이나 고령자의 경우, 사회주택 공급자만으로는 돌봄에 필요한 주택을 공급하기가 어렵다. 단순히 물리적인 차원을 넘어서 입주자들에게 제공되는 서비스는 이와 관련된 전문성이 필요하다. 하지만 사회주택 공급자에게 모든 관련된 자격을 요구하기 보다는 특정 장점을 가진 조직과 파트너쉽을 형성하는 것이 더 효과적이다. 즉, 사회주택 공급자는 주택 공급을, 파트너쉽을 맺는 돌봄서비스 조직은 단순히 관리의 차원이 아니라 돌봄 서비스와 관련된 구체적인 계약 혹은 동의기준을 설정하게 된다. 이 기준은 사회주택을 정의하는

17) https://www.legislation.gov.uk/ukpga/2008/17/contents (2023.2.3. 검색일).
18) https://commonslibrary.parliament.uk/research-briefings/sn04903/ (2023.2.3. 검색일).
19) https://www.gov.uk/government/publications/national-planning-policy-framework--2
    (2023.2.3. 검색일).
20) https://www.legislation.gov.uk/ukpga/2011/20/contents/enacted (2023.2.3. 검색일).

강제적인 조항이 될 수 있다. 이 파트너쉽을 지역 정부는 주택수당
(Housing Benefit)과 돌봄기금(Care Funding) 등을 통해 지원하게 된다.
만일 이런 방식의 파트너쉽을 지역 정부에서 지원하게 된다면, 조례
등을 통해 지역 실정에 맞는 다양한 협력방식을 설정할 수 있다.

사회주택 공급자를 규제하는 중요한 규정 중 하나는 사회주택관리
국이 감독하는 영국사회주택관리규정(Regulatory Framework for Social
Housing in England)이다. 이 관리규정에 따라 사회주택 제공자들은 협
력적인 파트너십을 통해 필요한 사람들에게 고품질, 경제적인 주거를
제공하기 위해 다른 조직과 함께 협력할 수 있다. 파트너십 작업에 대
한 구체적인 요구 사항은 파트너십 유형에 따라 달라지지만, 일반적으
로 사회주택 제공자들은 다음을 준수하도록 요구된다.

- 지역 정부 및 다른 사회주택 제공업체들과 협력해 지역의 주거 수요를 파악함
- 주민 및 지역 사회와 좋은 관계를 유지하며 그들의 요구 사항이 충족되고, 그
  들의 의견을 적극 수용함
- 다른 제공 업체들과 협력하여 자원이 효율적으로 사용되도록 함
- 다른 사회주택 제공 업체들과 정보를 공유하며 서비스 개선을 위해 노력함

파트너쉽을 맺는 조직이 어떤 성향이나 전문성을 갖느냐에 따라 사
회주택은 입주민의 다양한 수요를 충족하고 주거지로서의 개성과 매
력을 가질 수 있다. 파트너쉽 조직은 장애인에 대한 돌봄뿐만 아니라
일자리, 고령자 돌봄, 펫케어 등등 매우 다양한 형태의 파트너쉽을 통
해 매력 있는 사회주택의 하드웨어·소프트웨어 형성이 가능하다.

〈 그림1 영국의 사회주택 파트너쉽의 구조 〉

그림출처 https://www.choicecaregroup.com/ (2023.2.3. 확인).

영국의 사례를 보면 파트너쉽을 특정조직에 한정할 필요는 없다. 한국에서도 사회주택 사업자를 비롯한 시민사회가 스스로 필요한 조직을 만드는 등 시민 참여형 운영주체를 만들 수 있도록 해야 한다. 예를 들면, 최근 홍수로 큰 피해를 입은 반지하 주민들의 주거권을 위해 지역에서 시민조직을 형성해 사회주택을 위한 파트너쉽을 맺을 수 있을 것이다. 시민조직은 반지하 침수 피해자들의 새로운 주거공급과 서비스, 이를 위한 상담, 돌봄 등 여러 측면에서 사회주택 공급자들과 파트너쉽을 맺고 지역의 주거문제 해결을 위해 활동할 수 있다. 혹은 한국사회주택협회 등 기존의 파트너쉽에 지역의 시민단체들이 적극적으로 참여할 수도 있을 것이다. 즉 사회주택공급자-지역정부-전문조직-시민조직 등이 함께 협력하여 사회주택을 통한 지역문제 해결 및 개선을 위한 시스템을 구상해볼 수 있다.

다. 개선방안

관련 법령과 정부의 정책, 지방자치단체 조례 분석 결과, 현시점에

서 사회주택 사업의 사업주체는 비영리법인까지 포함한 광의의 사회
적경제주체이다. 서울시 조례나 일부 LH공사 지원 사회주택사업에서
는 건설, 주택임대 관리 분야 중소기업이 참여할 수 있는 여지를 두고
있으나 낮은 임대료와 긴 임대기간, 아직은 불충분한 지원정책으로 인
해 수익을 기대하기 어려운 상황은 실제 중소기업의 참여로 이어지지
못하고 있다. 일각에서는 사회주택을 사회적경제기업 육성정책으로 해
석하고 있어 관련 법령의 제·개정이 더딘 이유로 해석되기도 한다. 한
국의 현실에서 사회주택은 기본적으로 적정주거를 공공임대나 민간임
대 시장에서 공급받기 어려운 사회적 약자를 위한 주거정책이라는 점
에 주목한다면 향후 충분한 물량의 공급을 위해서 사업자의 범위를 확
대하는 한편, 사업주체의 공신력을 검증하는 절차의 확립이 필요하다.

이런 취지에서 앞서 살펴 본 영국의 사례를 기초로 사회주택 등록
제를 대안으로 검토할 때 이다. 민간사회주택사업자와 이들에 의해 건
설, 매입되는 민간사회주택의 등록제를 시행하여 사업의 공익성을 충
족하도록 하고, 사업주체와 지역별 특성에 맞는 다양한 사회주택이 등
장할 수 있도록 지원하는 것이 기본적인 취지이다. 사회적 약자 중심
의 입주가 이루어질 수 있도록 정부, 지방자치단체 별로 차이가 있는
임대료기준, 입주자격, 임대조건, 공통시설기준 등을 세부적으로 규정
하여 시민의 보편적 접근성을 확보하는 것이다.

등록제에 따른 지원 프로세스는 사회주택사업자의 경쟁을 전제로
하는 심의, 인가제가 아닌 규정된 '사회주택 등록기준'에 따른 주택별
등록제를 시행하여 공급을 활성화하고 금융지원, 사후관리 등의 근거
로 활용하는 방향으로 설계하는 것이 적절하다. 공공이 직영 또는 위
탁하는 사회주택지원센터가 등록신청, 심사, 사후검증을 담당하도록
하여 지방자치단체의 관리책임과 역량을 강화하면서 사회주택 공급을
전국으로 확대하되 장기적으로는 관할 기초지방자치단체가 등록업무
관할하도록 한다.

〈 표8 사회주택 등록 절차 〉

사회주택사업자 등록		사회주택 조성계획의 수립		사회주택 예비등록 신청
사회적경제주체 및 관련 중소기업 대상 (주사무소 소재지 시, 군, 구)	→	-건축개요, 임대료기준, 입주자격, 임대조건, 공통시설기준 포함 -건축인허가	→	(단기)조성예정 주택 소재지 특, 광역시, 광역지방자치단체 (장기) 관할 시,군,구

	사업비 조달	사업시행		사회주택 등록
→ 예비등록 심사	HUG/HF, 지방자치단체 및 민간사회주택기금 등에 투융자 신청 및 선정	시행/시공	→	-준공후 사업자가 신청 -지방자치단체는 예비등록 기준 부합 여부 검증 및 등록증 교부

사회주택운영		등록기준 검증서류 제출 (2년단위)
입주자선정 주택임대관리 커뮤니티 활성화	→	등록시 기준 대비 변동사항 없을시 기존 융자 등 자금조달 기준, 건축규제 완화, 토지지원 조건 유지 : 등록조건 위반시 융자 조기상환 등 조건상향, 토지임대료 인상, 임대의무기간 중 자산매각금지 등 부과

　　민특법(시행령 별표) 또는 별도의 업무지침에 이상과 같은 사회주택 등록절차의 전제인 임대료, 입주자 자격과 임대기간, 시설기준을 명시할 필요가 있다. 사업자는 민특법 등 관련 법령에 따른 사회주택사업자 자격에 해당되는 법인으로 한정하고, 새롭게 인력과 자격기준을 두어 시행, 운영관리에 필요한 능력을 갖추도록 한다. 관련법에 따른 호수(세대수) 이상을 조성, 임대, 관리하기 위해서는 주택건설사업자 면허 등록, 주택임대사업자 등록, 주택임대업 등록을 의무화하되 특정 자본금, 전문인력을 갖추어야 하는 일부 등록제도의 경우 유예기간을 부여한다.

〈 정책대안 제안 〉

사회주택 등록기준 〈 민간임대특별법 시행령 별표 신설 등 근거 마련 〉

1. 사업자

① 등록신청기준 : 민특법 제6조에 따른 사회주택사업자 (주거관련 사회적경제조직, 건설 및 주택임대 관련 자격보유 중소기업 등)
② 인력기준 : 건설기술진흥법상 건축분야 기술자, 주택관리사, 건축사, 주거복지사 등 관련 자격소지자 또는 관련 분야 3년 이상 경력자 2인 이상(유예기간 2년 부여)
③ 자격기준 : 주택건설사업자 면허 등록 의무(연간 20세대 이상 주택건설시 : 유예기간 2년 부여), 주택임대사업자 등록 의무, 자기관리·위탁관리시 주택임대업 등록 의무

2. 임대료[21]

① 표준임대조건
　　임대사업자는 임대시세를 기준으로 민간사회주택의 표준임대보증금 및 표준임대료(이하 "표준임대조건"이라 한다)는 다음과 같이 산정한다. 이 경우 최초 임대료는 표준임대보증금과 표준임대료를 초과할 수 없다.
　　가. 표준임대시세: 임대시세×공급대상 계수 (인근지역 임대료의 0.8 또는 0.85[22])
　　나. 표준임대보증금: 표준임대시세×임대보증금 요율(사업자가 정함)
　　다. 표준임대료(1년 임대료): (표준임대시세-표준임대보증금)×시장 전환율
　　라. 임대료 증액
② 표준임대보증금과 표준임대료는 임대차계약 시 임차인의 동의가 있는 경우에는 임대보증금과 임대료를 상호 전환할 수 있다.
　　가. 표준임대조건 전환시 시장 전환율을 적용한다. 다만, 시장 전환율보다 낮은 전환율을 적용하는 경우에는 임대보증금을 임대료로만 전환할 수 있다.
　　나. 표준임대조건 전환시 전환 금액의 한도는 임대사업자가 정한다.
③ 법 제44조에 따라 임대사업자가 임대의무기간 동안에 임대료의 증액을 청구하는 경우 1년 전 임대료 대비 5퍼센트 범위 내에서 주거비 물가지수, 인근 지역의 임대료 변동률 등을 고려하여야 한다. 기존 임차인과 계약을 갱신하거나 신규 임차인과 계약을 신규 체결하는 경우에도 같다.
④ 국토교통부장관은 민간사회주택 공급을 효율적으로 운용하기 위하여 세부운영기준을 마련할 수 있다.

3. 입주대상 자격기준

아래 자격기준을 모두 충족하여야 한다.
① 세대주와 세대원 전원이 무주택자 (입주시점 기준)
② 소득기준은 1인가구는 도시가구 월평균소득의 120%, 2인은 110%이하, 3인이상은

100% 이하 (청년, 신혼부부, 고령자 등 특례적용과 소득수준에 따른 입주 우선순위 기준 추가 가능)

4. 임대차 기간

① 세대별로 10년 이상 보장

4. 시설기준

시설 기준		
내용		**세부 내용**
건축물의 종류 및 규모	건축법 시행령 [별표1] 용도별 건축물의 종류 등	○ 공동주택 ○ 도시형생활주택 ○ 주거용오피스텔 ○ 공유형 기숙사[23]
커뮤니티 공간 면적	주거공용부 또는 근린시설로 설치	○ 주거전용면적의 10% 이상 20% 이하(식당과 겸용 가능) *심사를 통해 필요성이 인정되는 경우 총 주거면적의 30%까지 가능
건축 가이드 라인	최소 개실 면적	○ 최소 9m² 적정 10.0m²(1인실), 14.0m²(2인실)[24]
	가구 배치 계획	○ 가구 및 실외기, 보일러(실)을 계획하여 도면에 반영할 것
	위생시설 최소 기준 *셰어형 공동사용일 경우	세면대/좌변기/샤워기 → 최소 4인당 1set(1set=세면대+좌변기+샤워기)
		세탁기 → 최소 5인당 1대
	취사시설 최소 기준 *셰어형 공동사용일 경우	주방 (취사공간) → [1인당 0.3m(5인 이상 시)+1.8m]×1.5m
		식당 (식사공간) → (1인당 1m²)+ 6m²

---

21) 국토교통부 "민간임대주택에 관한 특별법 시행규칙 규제영향 분석서" (2018년). 참조.

22) 현재 국토교통부는 시세의 85%, 서울시 등 지방자치단체는 대체로 80%를 기준으로 삼고 있는데 사업성과 직결되는 금융, 토지, 세제 등의 지원정책에 따라 비율은 조정될 수 있다.

23) 국토교통부가 지난 2월 23일 발표한 '건축분야 규제개선 방안'을 보면 기존의 학교, 기업 외 사업주체도 공급, 운영에 참여할 수 있는 임대형 기숙사 용도를 신설하는 것을 골자로 하고 있다. 공유주거 서비스를 효과적으로 제공할 수 있

침실 외 화장실, 주방, 거실 등을 공유하는 주택구조를 기준으로 시설기준으로 제시했고, 해당 시설을 전유하는 일반적인 주택의 구조를 갖는 사회주택은 최저주거기준을 준용한다.

근거법령은 현재 '공익주택 공급 촉진 및 지원을 위한 특별법안'(이하 '공익주택법안')이 의원발의되어 있지만 다음과 같이 민특법 개정을 통해 사회주택과 사업주체(사회적경제주체와 관련 중소기업), 임대기간(현 국토교통부기준을 준용-15년 이상), 임대료 기준(시행령에 위임)을 명시한다[25]. 사회주택에 대한 정의는 신설하되 공공지원민간임대주택의 하위사업으로 둔다. 사업주체에서 기타 지방자치단체장, 토지주택공사와 지방공사 사장이 사회적목적을 위해 사회주택을 조성, 운영관리할 수 있다고 인정한 법인까지 포함시켜 지방자치단체 조례나 LH공사 사업 공고문에 포함된 공익법인, 학교법인, 주택임대관리업자 등도 참여할 수 있는 가능성을 열어둔다.

2. 지원정책

가. 현황과 문제점

한국의 사회주택은 민관협력형으로 계획되고 실행되어 왔다. 사회주택 정책을 실험하려는 일부 지방단체장의 강력한 의지, 근거 법률이

도록 법적·제도적 기반을 마련하겠다는 취지로 3월중 기숙사 건축기준도 고시 예정이다.

24) 김도연외(2020)에 따르면 국가별 1인 공유주거 정책인 영국 HM0는 6.5㎡, 일본 공동거주형 임대주택은 9㎡, 호주 루밍하우스 7.5㎡, 서울시 리모델링형사회주택은 최소 6㎡를 제시하고 있으나 국내 공유주택 실태조사에 따르면 1인실 평균규모는 9.13, 2인실은 13.68㎡로 나타나 이를 참고하고, 주거기본법의 최저주거기준(1인 침실 5.76㎡, 공유시설을 포함한 최저주거면적 14㎡)도 반영하여 산출한 면적.

25) 한국사회주택협회 법률TF안을 요약정리.

나 제도의 부재와 여건이 갖추어지지 않은 각종 지원정책, 사업시행과 운영관리 능력과 경험을 갖춘 사업자의 부족 등이 주된 원인이다. 정부, 지방자치단체, 관련 공공조직과 민간 모두 충분한 준비가 되지 않은 상황에서 시작되었지만 서론에서 본 바와 같이 착실하게 공급호수를 늘리고 다양한 모델을 민관이 머리를 맞대고 실험해 왔다.

내실있는 민관협력이 이루어지려면 다양한 지원정책이 뒷받침되어야 하고 정부와 지방자치단체는 법령과 조례 등 제도적 여건의 조성, 토지나 금융지원 정책의 마련을 중심으로 10년도 되지 않은 짧은 기간 내 한국의 현실에 맞는 지원방안을 만들고 있다고 평가할 수 있다.

먼저 지원의 근거가 되는 제도적 측면이다. 기본법이나 개념의 정의와 체계적인 지원사업을 담은 근거법령이 개정작업은 더딘 편이다. 발의된 공익주택법안은 상임위에 계류 중이고 민특법 개정안[26]도 통과되지 못하고 있다. 다만, 그간의 제도정비를 통해 공공주택 특별법(이하 '공특법')과 민특법의 하위 규정 일부 조항에 사회주택 정책에서 활용할 수 있는 관련 조항이 포함되었다. 반면에 조례는 서울시를 필두로 여러 지방자치단체에서 제정되었다. 근거법령의 미비로 실행과정에서 한계는 있지만 이를 근거로 토지임대부 등 사회주택이 만들어졌다.

정부 차원의 법률, 정책과 지방자치단체 조례를 중심으로 지원정책을 살펴본다. 가장 기본이 되는 국가(단체장)의 책무와 계획수립이다. 문정부는 주거복지로드맵에서 사회주택 공급을 위한 사회적경제주체의 육성과 법, 제도 정비방침과 자금조달 및 시범사업을 통한 활성화 지원 방침을 밝혔다. 지방자치단체는 경기도, 전주시가 조례로 단체장이 적극적으로 관련정책을 추진해야 한다고 명시하고 있다. 기본법의 부재로 계획수립에 대해서는 조례에서 5년 단위의 기본계획을 수립하도록 되어 있다. 전주는 주거복지조례에 사회주택 관련 내용이 포함되어

---

26) 장경태의원 대표 발의, "민간임대주택에 관한 특별법 일부개정법률안", 2115541, (2022.5.10.).

있어 시장의 책무와 기본계획 모두 주거복지사업이란 용어를 사용하고
있고 아래에서 살펴 볼 구체적인 지원정책 부분에서 사회주택이 언급되
어 있어 주거복지에 사회주택도 포함되어 있다고 해석할 수 있다.

구분	국토교통부(법률, 지침)	경기도(조례)	전주시(조례)
정부 (단체장)의 책무	(주거복지로드맵) 사회적 기업, 사회적 협동조합 등 사회적 경제주체를 임대주택 공급·운영 주체로 육성하여 공공부문 지원의 사각지대 해소 -사회임대주택 지원사항을 체계화한 법·제도 정비 및 자금조달 지원을 추진하고, 공공기관 협력형 시범사업을 통해 활성화 지원	제3조(책무 등) ① 경기도지사는 경기도민의 주거권 보호와 사회통합을 위하여 사회주택 관련 시책을 적극적으로 추진하여야 한다. ② 도지사는 사회주택의 원활한 공급을 위하여 행정·재정적 지원을 하여야 한다. ③ 사회적 경제주체는 이 조례에 따라 사회주택을 안정적으로 공급하고 활성화하여 사회적 가치와 편익이 증대하도록 노력하여야 한다.	제3조(시장의 책무) 시장은 시민이 쾌적한 주거환경 속에서 행복한 삶을 영위할 수 있도록 주거복지 정책·사업을 지속적으로 추진하고, 필요한 예산을 확보하기 위해 노력하여야 한다.

구분	서울시(조례)	경기도(조례)	전주시(조례)
계획수립	제6조(기본계획의 수립) ① 시장은 사회경제적 약자의 주거개선과 주거관련 사회적 경제 주체에 대한 효율적 지원을 도모하기 위해 서울특별시 사회주택 활성화 지원 기본계획을 5년 단위로 수립한다. 제7조(시행계획 수립 및 공고) ① 시장은 제6조의 기본계획에 따라 매년 서울특별시 사회주택 활성화 지원 시행계획(이하 "시행계획"이라 한다)을 수립하여 시행한다.	제5조(기본계획 수립) ① 도지사는 다음 각 호의 사항을 포함하는 경기도 사회주택 기본계획을 5년마다 수립·시행한다. 제6조(시행계획 수립 및 공고) ① 도지사는 제5조의 기본계획에 따른 시행계획을 매년 수립하여 시행한다.	제5조(기본계획의 수립) ① 시장은 주거복지사업을 체계적이고 효율적으로 추진하기 위해 5년 단위로 주거복지 기본계획을 수립한다. 제6조(시행계획) ① 시장은 기본계획에 따라 연도별 주거복지 시행계획(이하 "시행계획"이라 한다)을 수립·시행 한다.

지원정책의 개요를 보면 국토교통부는 민특법 4조 1항에서 사회적
기업, 사회적협동조합 등 비영리단체의 민간임대주택 공급 참여 유도
를 위한 기금지원, 조세감면을, 2항에서 쉐어하우스로 청년 주거를 공
급하는 사회주택도 관련이 많은 공유형 민간임대주택에 대한 행정지

원 근거를 두고 있다. 지방자치단체는 재정 등 자금지원(서울시, 경기도), 인력지원(서울시, 경기도, 전주시), 현물출자(서울시, 경기도, 전주시), 택지제공(서울시, 전주시), 주택 관리위탁(서울시, 전주시), 임대보증금 및 주거비용의 융자·보조(서울시, 전주시), 건설비용 융자·보조(서울시, 경기도, 전주시), 지방세감면(서울시, 경기도) 등 지원이 가능한 사항을 폭넓게 열거하고 있다. 경기도 조례는 타조항에서 사업자, 입주자 보조 등 제8조에서 열거하지 않은 내용을 다루고 있다. 지방자치단체 조례의 세부적인 내용은 아래 조항에서 확인할 수 있고, 향후 기본법 또는 지원근거 법령이 정비될 때 참고가 될 만하다.

구분	지원정책 개요
국토교통부 (법률, 지침)	민특법 제4조(국가 등의 지원) ① 국가 및 지방자치단체는 다음 각 호의 목적을 위하여 주택도시기금 등의 자금을 우선적으로 지원하고, 「조세특례제한법」, 「지방세특례제한법」 및 조례로 정하는 바에 따라 조세를 감면할 수 있다. 1.민간임대주택의 공급 확대 2.민간임대주택의 개량 및 품질 제고 3.사회적기업, 사회적협동조합 등 비영리단체의 민간임대주택 공급 참여 유도 4.주택임대관리업의 육성 ② 국가 및 지방자치단체는 공유형 민간임대주택의 활성화를 위하여 임대사업자 및 임차인에게 필요한 행정지원을 할 수 있다.〈신설 2018. 1. 16.〉
서울시 (조례)	제3조(주거관련 사회적 경제 주체에 대한 지원) 시장·자치구청장·서울주택도시공사사장은 주거관련 사회적 경제 주체에게 예산의 범위 안에서 다음 각 호의 지원을 할 수 있다. 1.자금·인력지원 및 현물출자 2.사회주택 건설 택지의 제공 3.사회주택의 관리·위탁 4.사회주택의 임대보증금 등에 대한 융자 또는 보조 5.사회주택 관리비용의 융자 또는 보조 6.사회주택 건설·재건축·리모델링 비용의 융자 또는 보조 7.사회주택 거주자에 대한 주거비용의 융자 또는 보조 제8조(사회주택 활성화를 위한 도시계획 등 수립) 시장은 「국토의 계획 및 이용에 관한 법률」에 따른 도시기본계획과 「주택법」에 따른 주택종합계획 등을 수립함에 있어서 사회경제적 약자를 대상으로 하는 사회주택 공급 활성화 방안을 포함하도록 노력하여야 한다.

구분	지원정책 개요
경기도 (조례)	제8조(사회적 편익을 고려한 지원 원칙) ① 도지사는 사회적 경제주체에게 재정 및 기금의 투·융자, 자산 중 현물의 출자·지원, 지방세 감면 및 면제 등을 할 경우 아래 각 호에 해당하는 사항을 평가하여 지원하는 것을 원칙으로 한다. 1. 임차인 자격 2. 임대료 수준 3. 공동체 활성화 4. 입주자와 지역사회와의 연계 5. 그 밖에 도지사가 필요하다고 인정하는 사항
전주시 (조례)	제8조의2(사회적경제 주체에 대한 지원) 시장은 사회적경제 주체에게 예산의 범위에서 다음 각 호의 지원을 할 수 있다. 1. 인력지원 및 현물출자 2. 사회주택 건설 택지의 제공 또는 사용허가 3. 사회주택으로 활용할 수 있는 주택의 제공 4. 회주택 관리비용의 융자 또는 보조 5. 사회주택의 임대보증금 등에 대한 융자 또는 보조 6. 사회주택 건설·재건축·리모델링 비용의 융자 또는 보조 7. 민간주택 등의 제3자의 주택을 임차 또는 매입하여 사회주택으로 활용하고자 할 때 임차보증금 또는 건축비용의 융자 또는 보조 8. 그 밖에 시장이 사회경제적 약자의 주거개선을 위해 필요하다고 인정하는 사항

사회주택 정책을 심의, 자문하기 위한 목적의 위원회는 서울시와 경기도 조례가 두고 있다. 서울시는 주차장 설치기준 완화, 경기도는 일반적인 지원 가능성과 공모를 통한 사업선정 방향을 사업주체 지원 사항으로 두고 있으며 국토교통부는 주거복지로드맵에서 지원의 방향성을 제시하고 있다. 서울시 조례의 주차장 설치기준 완화는 청년 등 차량소유 비율이 낮은 일정 소득 이하의 1인 가구가 사회주택의 주된 입주대상임을 감안한 내용이다. 테마형임대주택도 청년용 매입약정주택 조성시 지하철역 및 대학교와 거리(500m이내)와 같은 특정기준을 충족하면 공공주택 특별법의 주차장 완화기준에 따라 기준을 완화해 주고 있다.

구분	국토교통부 (법률, 지침)	서울시(조례)	경기도(조례)
위원회		제16조(위원회의 설치 및 기능) ① 사회경제적 약자의 주거개선 및 주거관련 사회적 경제 주체의 지원 등에 관한 정책 및 사업을 자문 또는 심의하기 위하여 "서울특별시 사회주택 위원회"를 둘 수 있다.	제11조(경기도 사회주택 위원회 설치 등) ① 도지사는 경기도 사회주택 위원회를 설치할 수 있다.
사업 주체 지원	주거복지로드맵에서 법·제도, 자금조달지원, 행정적지원, 시범사업 등 전반에 대해 지원의 원칙을 제시	제9조의2(주차장 설치기준 완화) 주거관련 사회적 경제 주체가 사회주택을 공급할 경우 「주택건설기준 등에 관한 규정」제27조에 따라 주차장을 설치하여야 한다. 다만, 「주택법 시행령」제10조제1항제1호에 따른 원룸형 주택의 주차장 설치기준은 다음과 같이 완화하여 적용 할 수 있다. 1.전용 30제곱미터 이하 : 0.35 대/세대 2.전용 30제곱미터 초과~50제곱미터 이하 : 0.4대/세대	제10조(사회적 경제주체에 대한 지원) ① 도지사는 사회주택 사업을 추진하는 사회적 경제주체에게 행정적·재정적 지원을 할 수 있다. ② 도지사는 제1항의 지원 대상을 공개모집의 방법으로 선정하여야 하며, 공모를 신청하려는 사회적 경제주체는 다음 각 호의 사항을 포함한 사업제안서를 경기도에 제출하여야 한다. 1.사업대상지 2.사업의 목적 및 정책대상 3.사업의 내용 4.자금조달계획 등 경영방안 5.사업주체간 업무·비용·책임 분담 6.사업을 통해 기대되는 사회적 편익

세부적인 지원정책에서 핵심적인 토지지원은 국토교통부가 사회주택 허브리츠 설립, 공공용지 공급(토지임대부 방식)을 제시하고 있다. 서울시 조례는 도시계발계획, 재정비촉진계획, 도시재생계획에 의거한 사회주택용 택지 확보와 체비지, 공유지의 대부, 토지임대부를 위한 SH에의 시의 재정출자와 같이 세부적인 방안을 담고 있으나 토지임대부용 토지의 공급 외에는 이루어지지 못했다. 대표적인 토지지원 정책인 서울시 토지지원리츠의 사회주택 건설용 토지임대와 LH의 토지임대도 정책변화에 의해 현재 중단된 상황이다.

구분	국토교통부 (법률,지침)	서울시(조례)	경기도(조례)
토지 지원	○주택도시기금이 사회주택 허브리 츠를 설립하여 개 별 사업에 대한 출·융자 및 토지임 대 등을 지원하는 방안도 검토 (토지임대부 사회 주택) LH 미개발 공공시설용지(수 원 조원), 점포주 택용지(고양 삼송) 를 활용해 취약계 층 대상 사회임대 주택 공급(´18.上)	제9조(도시개발 등을 통한 사회주택 택지 마련) ① 시장은 다음 각 호의 계획을 수립 하거나 재정비할 때 주거관련 사회적 경제 주체에게 공급할 수 있는 택지를 확보하려 고 노력하여야 한다. 1. 「도시개발법」에 따른 도시개발계획 2. 「도시 및 주거환경정비법」에 따른 정비 계획 3. 「도시재정비 촉진을 위한 특별법」에 따 른 도시재정비촉진계획 4. 「도시재생 활성화 및 지원에 관한 특별 법」에 따른 도시재생전략계획 및 도시재 생활성화계획 ② 시장은 도시개발구역 등의 체비지 등 을 관련 규정 및 조례의 기준에 따라 주 거관련 사회적 경제 주체에게 대부할 수 있다. ③ 시장은 제10조에 따라 시장 등과 공동 사업을 추진하는 주거관련 사회적 경제 주체에게 공유재산인 토지를 대부할 수 있고, 대부료의 요율은 「서울특별시 공유 재산 및 물품관리 조례」 제26조제1항에 도 불구하고 1,000분의 10 이상으로 할 수 있다. ④ 시장은 주거관련 사회적 경제 주체에 게 공급할 토지의 확보를 위해 서울주택 도시공사(이하 "공사"라 한다)에 출자할 수 있다. 이 경우 공사는 주거관련 사회 적 경제 주체에게 토지를 임대하며 대부 료는 제3항을 준용한다.	제17조(토지 임 대) 도지사는 사 회주택사업에 필 요한 토지를 법 령이 정하는 바 에 따라 출자·출 연 등의 방법으 로 확보하여 사 회적 경제주체 에게 임대할 수 있다.

　　토지공급 못지않게 중요한 보조 및 융자 등의 금융지원은 앞서 살
펴본 바와 같이 민특법 시행규칙에 공공지원민간임대주택에 기금융자
를 할 수 있는 근거가 있고, 주거복지로드맵에 보증과 융자의 세부방
향이 포함되어 있다. 민특법 제4조가 사회적기업 등의 임대주택사업

참여 유도 의무를 언급하고 있다면 이 조항은 사회적경제주체가 조성하는 염가 임대료와 장기적 거주보장 등 사회적 가치를 추구하는 임대주택(=사회주택)에 지원한다는 내용을 담고 있어 사회주택과 관련된 가장 구체적인 개념과 지원내용을 담고 있는 법조항이라고 볼 수 있다.

서울시 조례에는 위에서 본 대로 제3조에 사업자와 입주자에 대한 보조와 융자가 있고, 경기도 조례는 주거복지기금을 활용한 주거취약계층의 임대료 보조, 임대보증금 융자와 대출이자 지원와 사업자에 대한 융자와 이자지원을 담고 있다.

HUG가 담당하는 사회주택 기금 및 보증대출은 상대적으로 낮은 금리(CD+1.75%)과 보증료(매입확약시 0.1%), 지방자치단체 등 매입확약시 높은 보증대출 인정비율(총사업비의 90%) 등이 특징이다. SH 빈집사회주택 등 일부사업은 HF보증대출도 활용하고 있다.

구분	국토교통부(법률, 지침)	서울시(조례)	경기도(조례)
보조 및 융자 (금융지원)	민특법시행규칙 제1조의2(공공지원민간임대주택) 「민간임대주택에 관한 특별법」제2조 제4호마목에서 "국토교통부령으로 정하는 공공지원"이란 다음 각 호의 어느 하나에 해당하는 지원을 말한다. -중략- 3.「주택도시기금법」제9조에 따른 주택도시기금의 융자로서 다음 각 호의 어느 하나에 해당하는 융자 나.「사회적기업 육성법」제2조제1호에 따른 사회적기업, 「협동조합 기본법」제2조제3호에 따른 사회적협동조합 또는 「민법」제32조에 따른 비영리법인 등이 국토교통부장관이 정하여 고시하는 저렴한 임대료, 안정적 거주기간의	제3조(주거관련 사회적 경제 주체에 대한 지원) 시장·자치구청장·서울주택도시공사사장(이하 "시장 등"이라 한다)은 주거관련 사회적 경제 주체에게 예산의 범위 안에서 다음 각 호의 지원을 할 수 있다. 1.자금·인력지원 및 현물출자 2.사회주택 건설 택지의 제공 3.사회주택의 관리·위탁 4.사회주택의 임대보증금 등에 대한	제18조(보조 및 융자) ① 도지사는 제10조에 따라 선정된 사업에 대하여 다음 각 호의 지원을 할 수 있다. 1.사회주택 입주자 중 「경기도 주거복지기금 운영 조례」에 따른 주거취약계층을 대상으로 예산의 범위에서 임대료를 보조할 수 있다. 2.도지사는 사회주택 입주자에게 임대보증금의 대출금 이자를 예산의 범위에서 지원할 수 있다. 3.도지사는 사회주택 입주자에게 임대보증

구분	국토교통부(법률, 지침)	서울시(조례)	경기도(조례)
	보장 및 사회적 가치의 추구를 위한 민간임대주택을 공급하기 위해 지원받은 융자 주거복지로드맵 (자금조달지원) 사회적 경제주체의 부족한 재정·신용·사업수행능력·담보가치를 고려하여 기금 융자 및 보증 지원('18.上) ㅇ 최장 20년간 안정적으로 이용 가능한 저리의 기금 융자 도입 ㅇ 낮은 신용도 등을 고려하여 기금 융자 외에 부족한 사업비를 민간금융을 통해 조달할 수 있도록 HUG가 사업비 보증상품 개발	융자 또는 보조 5.사회주택 관리비용의 융자 또는 보조 6.사회주택 건설·재건축·리모델링 비용의 융자 또는 보조 7.사회주택 거주자에 대한 주거비용의 융자 또는 보조 8.그 밖에 시장이 사회경제적 약자의 주거개선을 위해 필요하다고 인정하는 사항	금의 일부를 예산의 범위에서 융자할 수 있다. 4.도지사는 사회적 경제주체에게 예산의 범위에서 사업비의 일부를 융자 또는 이자지원 할 수 있다. ② 도지사는 제1항에 따른 지원대상 및 지원규모 등 세부지원기준을 마련한다.

　　주거복지로드맵은 LH 등 공공과 사회적경제주체의 협력형 사업모델 발굴과 지원을 서울시는 자본금 및 현물출자, 인력지원 등을 기초로 사회적경제기업과 공동사업을 추진하거나 부동산투자회사와 공동으로 사회주택 공급을 지원할 수 있다고 규정하고 있으나 아직까지는 이루어지지 못하고 있다. 국토교통부 업무지침과 서울시 조례를 근거로 하는 공공임대주택을 활용한 사회적주택 사업은 비교적 활발하게 이루어지고 있다. 서울시 조례의 사회적주택 유지, 보수비용 지원은 사례가 없다.

　　국토교통부는 로드맵에 따라 사회주택금융지원센터(HUG운영)를 설립했으나 운영기관의 특성상 기금대출 및 보증서 발급업무로 지원이 한정된 한계가 있고, 서울시는 유일하게 조례에 따른 종합지원센터를 두고 있다. 서울시 조례는 각종 지원은 공공기관의 직간접적 비용절감, 고용창출 및 경제파급 효과를 포함하는 사회적 편익에 비례해야 한다고 규정하고 있는데 사회주택이 공공임대의 단순한 보완재를 넘어서는 사회적 효과를 창출해야 하고 지원은 그런 전제하에 가능하다는 점을 분명히 하고 있어 향후 평가과정에서 고려할 필요가 있다.

구분	국토교통부(법률, 지침)	서울시(조례)
공동 사업의 추진	주거복지로드맵 (시범사업) LH 등 공공기관과의 협력형 모델을 마련, 시범사업 등을 통해 사업모델을 발굴하고 활성화 지원	제10조(시장 등의 공동사업 추진) ① 시장 등은 주택임대 및 주택관리 사업 등 주택 사업에 대하여 자본금 및 현물의 출자, 인력 등의 지원을 통해 주거관련 사회적 경제 주체와 공동으로 사업을 추진할 수 있다. ② 시장 등은 「부동산투자회사법」에 따른 부동산투자회사와 공동으로 사회주택 공급사업을 지원할 수 있다.
공공 임대 운영 관리 위탁	기존주택등 매입임대주택 업무처리 지침 제38조(사회적 주택 운영 특례) ① 공공주택사업자는 제6조제1항에 따라 매입한 주택 또는 제6조의2에 따라 개량한 주택을 비영리법인 등이 무주택자인 저소득층을 위해 공급하는 사회적주택으로 공급할 수 있다. ⑥ 국토교통부장관 또는 공공주택사업자는 다음 각 호의 어느 하나에 해당하는 단체를 사회적 주택 운영 기관으로 선정할 수 있다. 1. 「민법」 제32조에 따라 허가를 받은 비영리법인 2. 「공익법인의 설립·운영에 관한 법률」 제2조에 따른 공익법인 3. 「협동조합 기본법」 제2조제1호에 따른 협동조합 및 제2조제3호에 따른 사회적 협동조합 4. 「사회적기업 육성법」 제2조제1호에 따른 사회적기업 5. 「고등교육법」 제2조제1호부터 제4호까지, 제2조제6호, 제2조제7호에 따른 학교	제13조(공공임대주택 등의 사회주택 활용) ① 시장 등은 해당 지방자치단체 및 산하기관에서 소유하고 있는 주택을 「민간임대주택에 관한 특별법」제7조에 따른 자격을 가진 주거관련 사회적 경제 주체에게 위탁 관리할 수 있다 ② 제1항의 시행은 시장 등과 주거관련 사회적 경제 주체간의 협약에 의하며, 이 조례에서 별도로 정하지 아니한 사항에 대해서는 「주택법」 등 관련 규정을 따른다. ③ 제2항에 따라 협약의 대상이 되는 주거 관련 사회적 경제 주체는 제안자 중에서 정한다. ④ 제3항의 제안자는 제11조제1항에 따른 사업계획서를 작성하여 시장 등에게 제출하여야 하며, 제출된 사업계획에 대한 의견청취 및 사업추진 여부의 결정 등에 관하여는 제11조제2항부터 제4항까지의 규정을 준용한다. 제14조(사회주택으로 활용되는 공공임대주택의 관리비용 지원) 시장 등은 주거관련 사회적 경제 주체에 의해 관리되는 공공임대주택의 유지·보수에 예상치 못한 비용이 발생할 경우 그 비용의 일부를 예산의 범위 안에서 지원할 수 있다.

구분	국토교통부 (법률, 지침)	서울시(조례)	경기도(조례)
중간 지원 조직	주거복지로드맵 (행정적 지원) 사 회적 경제주체의 역량강화, 사회주 택의 공급관리, 공 공지원 등을 위한 사회주택 지원센 터* 설립(’19년)	제24조(종합지원 센터의 설치) 시장 은 사회경제적 약 자의 주거개선 및 주거관련 사회적 경제 주체의 지원 을 체계적으로 추 진하고 사회주택 을 활성화하기 위 하여 서울특별시 사회주택 종합지 원센터(를 둘 수 있다.	제20조(사회주택 지원센터) ① 도지사는 사회주택을 원활하게 공급 및 운영할 수 있도록 경기도 사회주택 지원센터를 설치할 수 있다. ② 지원센터는 다음 각 호의 기능을 수 행한다. 1.지원센터의 사업계획 수립 2.사회주택지원사업 계획의 수립·실행· 평가 3.사회주택 지역 맞춤형 수요조사 4.사회주택사업 대상지 발굴 지원 5.사회적 경제주체 현황 조사 및 발굴· 육성 6.사회주택 입주자·입주희망자 및 사회 적 경제주체의 네트워크 사업 7.사회주택공동체 활성화를 위한 프로 그램 등 지원

나. 해외사례 : 영국의 재정지원

영국에서 등록 사회임대인은 부담가능한주택(affordable housing)개발과 기존주택의 유지·보수를 위해 정부로부터 보조금 지원을 받을 수 있다. 사업자가 받는 보조금은 사회주택 건설자금 지원, 기존주택 개선, 입주자 복지지원 등을 위한 것이다. 사업자는 정부보조금, 사설자금, 임대수익 등을 통해 자금을 조달하게 된다. 즉, 정부보조금 뿐만 아니라 민간은행 및 기타 금융기관에서 대출서비스를 받거나, 채권을 발행하기도 한다. 또한, 사업자는 자선기금(Charitable Donation)을 활용할 수 있다. 사업자는 특정 프로젝트에 자금을 지원받거나 지속적인 사회주택 공급을 위해 개인이나 자선단체의 기부금을 받을 수 있다. 사회주택 사업자는 부담가능한 주택 개발과 유지보수에 필요한 비용과 임대수익 및 기타 조달가능한 수입과의 균형을 맞춰야 한다. 이를 위해서는 장기적으로 지속가능한 사업자 재정관리와 계획이 필요하다.

영국에서 사회주택 제공자를 위한 주요 정부자금 지원프로그램은 다음과 같다.[27]

> 1) The Affordable Homes Programme[28](저렴주택 프로그램): 주택 협회 및 기타 사회주택 제공기관이 새로운 저렴주택을 건설하기 위해 재정적 지원을 받는 것을 목적으로 하는 프로그램
> 2) The Shared Ownership and Affordable Homes Programme[29](공동소유 및 저렴주택 프로그램): 공동소유 제도 확립, 새로운 저렴주택 개발을 위한 자금제공, 시민들의 부동산시장 진입지원 등을 목적으로 하는 프로그램
> 3) The Homelessness Reduction Grant[30](노숙인 감축 지원금): 노숙인의 숫자를 감소시키고 노숙인가 될 위기에 처한 사람들을 지원하기 위해 지방정부의 예산을 통해 제공하는 지원금
> 4) The Social Housing Decarbonisation Fund[31](사회주택 탄소배출 저감 기금): 사회주택 제공자가 자신의 주택의 에너지 효율성을 개선하고 탄소 배출량을 줄이기 위해 노력하는 경우 지원되는 기금
> 5) The Disabled Facilities Grant[32](장애인 시설 보조금): 장애인 입주자의 요구를 적극적으로 수용하고, 사회주택 제공자가 장애인을 위해 공급하는 사회주택에 적절히 적응할 수 있도록 제공하는 보조금

---

27) 영국의 사회주택 제공자를 위한 자금 지원 시스템은 다양한 법률과 규제에 따라 운영된다. 관련 법률은 아래와 같다.
  (1) The Housing Act (1988) - 영국내 사회주택 제공을 위한 법적 틀을 마련하고 지방정부와 주택협회가 저렴한 주택을 제공하는 책임을 명시하고 있음
  (2) The Housing and Regeneration Act (2008) - 영국내 저렴주택 공급 증대를 위한 다양한 조치-정부자금 및 보조금 조항이 포함되어 있음
  (3) The Welfare Reform and Work Act (2016) - 사회주택 제공자의 자금지원 방식을 개선하기 위해 입주자에게 부과할 수 있는 임대료 금액을 감소시키고 지방정부가 제공하는 사회주택 수준을 높이는 등의 변경 사항을 포함하고 있음
  (4) The Social Housing Green Paper - 정부 정책문서로 2018년 발간되었으며, 사회주택 부문 개혁을 위한 다양한 제안-사회주택 제공자의 자금지원과 규제 방식 개선 등-포함되어 있음
  (5) The Social Housing Regulator - 영국내 사회주택 제공자들의 규제를 감독하는 정부기관으로, 자금지원 조항을 포함하고 있음
28) https://www.gov.uk/government/collections/affordable-homes-programme-2021-to-

이와 같은 다양한 지원제도는 앞서 운영주체 관련 파트너쉽 관련해서도 적용이 가능하다.(2023.2.3. 검색일) 즉, 이와 같은 지원제도에 참여하고자 하는 사회주택 제공자들은 적절한 파트너쉽을 통해 사회주택의 발전 및 확장을 계획할 수 있다. 한국 또한 영국의 사례뿐만 아니라 한국에 맞는 다양한 재정지원 제도를 전문조직 혹은 사회적경제조직, 자발적 시민조직과의 적극적인 연계를 통해 사회주택을 건설하고 확장할 수 있는 재정지원 제도를 확립할 수 있다.

다. 개선방안

사회주택 활성화를 위한 국가, 지방자치단체, 공공기관 등의 책임과 역할은 민특법 등 관련법의 개정을 통해 지원조항에 세부적으로 명시한다.[33]

2026 (2023.2.3. 검색일).

29) https://www.gov.uk/government/publications/shared-ownership-and-affordable-homesprogramme-2016-to-2021-summary (2023.2.3. 검색일).

30) https://www.gov.uk/government/publications/homelessness-prevention-grant-2022–to2023/homelessness-prevention-grant-2022-to-2023-technical-note (2023.2.3. 검색일).

31) https://www.gov.uk/government/publications/social-housing-decarbonisation-fund wave-2 (2023.2.3. 검색일).

32) https://www.gov.uk/disabled-facilities-grants (2023.2.3. 검색일).

33) 한국사회주택협회 법률TF의 안을 요약 정리.

현 행	개정안
제18조(토지 등의 우선 공급) ③ 국가·지방자치단체·한국토지주택공사 또는 지방공사는 그가 조성한 토지 중 1퍼센트 이상의 범위에서 대통령령으로 정하는 비율 이상을 임대사업자[소속 근로자에게 임대하기 위하여 민간임대주택을 건설하려는 고용자(법인에 한정한다)로서 임대사업자로 등록한 자를 포함한다]에게 우선 공급하여야 한다. 다만, 해당 토지는 2개 단지 이상의 공동주택용지 공급계획이 포함된 경우로서 대통령령으로 정하는 규모 이상이어야 한다.	제18조(토지 등의 우선 공급) ③ --- --- --- --------------------------- 에게 우선 공급하여야 하고, 이에 따라 공급되는 토지의 10퍼센트 이상의 범위에서 대통령령에서 정하는 비율 이상을 사회주택을 공급하려는 사업자에게 우선 공급하여야 한다.
제22조(촉진지구의 지정) 2. 촉진지구의 면적은 5천제곱미터 이상의 범위에서 대통령령으로 정하는 면적 이상일 것. 다만, 역세권등에서 촉진지구를 지정하는 경우 1천제곱미터 이상의 범위에서 해당 지방자치단체가 조례로 정하는 면적 이상이어야 한다.	제22조(촉진지구의 지정) 2. --- ---------, 역세권등에서 촉진지구를 지정하는 경우와 (사회주택 공급용으로 촉진지구를) 지정하는 경우 1천제곱미터 이상의 범위에서 해당 지방자치단체가 조례로 정하는 면적 이상이어야 한다.
〈신 설〉	제4장의2 사회주택에 대한 지원 제41조의3(사회주택 공급지원계획의 수립) ① 국토교통부장관은 사회주택의 공급을 활성화하기 위하여 다음 각 호의 사항을 포함한 사회주택 공급지원계획을 매년 수립하여 시행하여야 한다. 1.사회주택의 지역별, 특성별 공급에 관한 사항 2.사회주택용 토지 공급, 금융 지원, 인허가 단축, 시행사 혜택 등 사회주택에 대한 지원에 관한 사항 3. 사회주택의 공급 활성화에 관한 사항 4.도시재생사업 중 사회주택의 공급에 관한 사항

현 행	개정안
〈신 설〉	5. 제41조의6에 따른 사회주택지원센터의 설치·운영에 관한 사항 6. 사회주택을 공급하는 임대사업자의 지원 기준에 관한 사항 7. 그 밖에 사회주택의 공급과 관련된 사항으로서 대통령령으로 정하는 사항 ② 제1항에 따른 사회주택 공급지원계획의 수립 및 시행에 필요한 사항은 대통령령으로 정한다.
〈신 설〉	제41조의4(사회주택에 대한 금융지원) ① 국토교통부장관은 대통령령으로 정하는 바에 따라 사회주택용 토지를 포함한 사회주택을 건설·매입하려는 임대사업자에 대하여 필요한 자금을 융자하거나 그 밖에 필요한 지원을 할 수 있다. ② 국토교통부장관은 사회주택의 공급 활성화에 필요한 자금의 원활한 조달을 위하여 주택도시보증공사로 하여금 사회주택사업을 대상으로 하는 보증제도를 수립·운용하도록 할 수 있다.
〈신 설〉	제41조의5(사회주택지원센터의 설치 및 운영) ① 지방자치단체는 사회주택의 활성화를 위하여 사회주택지원센터(이하 "센터"라 한다)를 설치하여 운영할 수 있다. ② 센터는 다음 각 호의 업무를 수행한다. 1. 사회주택을 공급하는 임대사업자에 대한 지원 안내 2. 사회주택에 대한 운영 및 관리에 대한 교육 3. 사회주택의 공급, 입주 등에 대한 홍보 4. 사회주택을 공급하는 임대사업자 및 임차인에 대한 교육 및 상담 5. 사회주택 공급, 관리 및 운영 등 제도 전반에 관한 의견 수렴 ③ 국가와 지방자치단체는 센터의 운영을 전문인력 및 시설 등 지방자치단체조례로 정하는 요건을 갖춘 기관 또는 단체에게 위탁할 수 있다. ④ 센터의 설치, 운영 및 위탁 등에 필요한 사항은 시행규칙과 지방자치단체조례로 정한다.
〈신 설〉	제41조의6(사회주택 건설 등에 관한 특례) 사회주택의 건설 및 임대사업의 원활한 시행을 위하여 다음 각 호의 완화된 기준을 적용한다. 1. 「국토의 계획 및 이용에 관한 법률」 제76조에 따른 용도지역에서의 건축물 용도, 종류 및 규모 제한에도 불구하고 사회주택 외의 건축물 중 위락시설, 일반숙박시설 등 대통령령으로 정하는 시설을 제외하고는 설치를 허용. 다만, 용도지역별로 허용하는 범위를 초과하는 건축물을 설치하는 경우에는 국토교통부의 심의를 거쳐야 한다. 2. 「국토의 계획 및 이용에 관한 법률」 제77조에 따라 조례로 정한 건폐율에도 불구하고 같은 조에 따른 건폐율의 상한 이하로 관계 법령으로 정하는 상한에서 100분의 20을 우대한 상한까지 완화 3. 「국토의 계획 및 이용에 관한 법률」 제78조에 따라 조례로 정한 용적률에도 불구하고 같은 조에 따른 용적률의 상한 이하로 관계 법령으로 정하는 상한에서 100분의 50을 우대한 상한까지 완화 4. 「주차장법」 제12조의3, 제19조 및 「주택법」 제35조에 따른 주차장설치기준에서 100분의 50을 완화

현 행	개정안
제42조(민간임대주택의 공급)	제42조(민간임대주택의 공급)
〈신 설〉	3. 사회주택의 경우: 소득·자산을 충족하는 취약계층 및 사회주택별 특성을 고려하여 국토교통부령으로 정하는 기준에 따라 공급

기타 개선사항은 다음과 같다.

○ 기본계획의 수립 : 민특법 등 관련법령에 명시하여 국토교통부, 지방자치단체가 중장기적인 관점에서 사회주택 공급활성화 및 사업자, 입주자를 지원계획을 세우도록 의무화

○ 주차장 완화 : 공특법 규정은 사회적주택의 범주에 드는 매입약정 방식의 공공임대주택 운영관리 사업에 한정되는 내용인 만큼 민특법 개정시 청년, 노인 1인 가구 등에 공급되는 사회주택에 일반적으로 적용될 수 있는 완화조항을 반영

○ 토지지원의 확대

· 향후 사회주택용 토지를 중장기적으로 비축하기 위한 LH사회주택토지은행의 설립

· 민특법에 따른 촉진지구 기준완화로 공공택지형 사회주택 모델 신설

· 사회주택허브리츠의 실효성있는 개편

· 택지공모형 공공지원민간임대주택사업에서 사회주택용 중규모 필지공급 신설 등의 정책대안을 체택

○ 금융지원의 개선 :

· 주택도기금 호당 대출한도 확대(전용45제곱이하 연2.0% 최대5천만원)

· 보증대출 절차 간소화(통상 3개월이상 소요)

· 매입확약의 대상인 토지임대부 사회주택 정책의 중단 및 후퇴에 따라 확대되어야 할 민간소유형 사회주택에 대한 대출한도 확대

(현행 70%→90%)

· 기금융자 및 보증대출시 사회주택별 공익성 지표(임대료, 임대기간, 입주대상, 커뮤니티 공간 및 프로그램)를 마련하여 사회적 가치에 비례한 이자율 및 융자기간을 적용

· 사회주택 입주자 대상의 저리융자 상품 신설 (서울시 공동체주택, 역세권청년주택의 예 참조)

· 기 시행중인 공유주택모태펀드를 모델로 사회주택모델펀드를 신설하여 사회주택사업자에게 기존 융자 외 다양한 방식의 투자가 이루어질 수 있는 금융 생태계 마련

○ 세제지원 정책 : 사회주택에 대한 재산세 및 종부세 감면, 목적 사업용 토지 취득 시 취득세 감면

○ 민관 공동사업의 추진

· 민간제안형 또는 공공택지형 공공지원민간임대주택으로 사회주택이 조성된다면 이미 HUG의 출자가 가능하여 향후 아파트형 사회주택 공급시 적용 가능

· 국토교통부 훈령에 의거한 사회적주택에 한정되어 있는 공공임대주택 위탁관리형은 서울시 조례의 규정에 따른 중소규모 공공임대주택 운영위탁사업에도 적용 가능 : 사회주택사업자가 해당 사업에 참여하기 위해서는 자기관리형 주택관리업자 자격을 취득(100호 이상)해야 하는데 대상특성사 사회적경제주체가 지원경험을 축적하고 있는 청년층을 대상으로 하는 행복주택 등에 우선적으로 시범사업을 실시

○ 사회주택지원센터 기능확대 :

· 국토교통부 차원에서 현재 HUG가 운영하는 사회주택금융지원센터의 기능을 금융지원 중심에서 컨설팅과 교육을 포함한 사업자 육성과 지원, 사회주택 사업자 및 주택 등록제 운영, 등록 사업자 종합평가 및 사회주택 인증, 사업용 토지 발굴 및 제공, 저리융자 연계 등 입주자지원 등의 기능을 포괄하는 방향으로 확대

· 가칭 '사회주택중앙지원센터'는 LH공사 또는 한국사회주택협회, 전문 민간조직 등에 위탁

3. 공동체 활성화

가. 현황과 문제점

커뮤니티 공간과 프로그램, 일상적인 주거지원서비스 등을 통한 공동체 활성화는 사회주택의 주된 특성이다.

고하은, 최병숙(2022)의 사회주택(55곳)과 사회적주택(37곳) 대한 사례연구[34]에 따르면 평균적으로 17.74제곱미터의 면적에 2.6개의 공동체 공간을 갖추고 있고, 주택당 평균 1.84개의 프로그램을 실행하고 있는 것으로 나타났다. 김준, 최병숙(2021)이 사회주택 사회적 가치 측정지표를 개발, 활용해 입주자 대상의 조사[35]를 한 결과, 커뮤니티나 주거서비스와 관련된 지표에 대한 긍정적 답변이 소통과 관계형성(3개 하위지표) 50.0%, 심리적 안정 57.1%, 취업(2개) 42.9%, 지역사회교류 28.6%, 삶의 행복도 상승이 50.0%로 나타나 사회주택의 핵심적인 장점인 저렴한 임대료, 장기간의 임대기간과 관련된 거주안정성 57.1%, 주거비절감 64.3%와 함께 상당히 높은 수치를 보이고 있다. 현행 법령, 조례는 사회주택 공동체 활성화를 거의 다루고 있지 않다. 경기도 조례가 예외적으로 해당 조항을 두고 있다.

---

34) 고하은·최병숙, 앞의 글, 231.
35) 김준·최병숙, 앞의 글, 278-279.

경기도 사회주택 활성화 지원에 관한 조례
제19조(공동체 활성화 지원) 지사는 사회주택 공동체 활성화를 위하여 예산의 범위에서 다음 각 호의 지원을 할 수 있다.
1. 주민자치기구 구성 및 운영 관련 전문가 자문
2. 공동체 관리자 발굴·육성·인력지원
3. 공동체 활성화 프로그램 운영에 소요되는 비용
4. 그 밖에 도지사가 필요하다고 인정하는 사항

주거복지로드맵은 사회주택이 자생적 커뮤니티 형성을 통한 지역 사회 활성화에 기여 가능(예- 지방자치단체 등과 연계해 지역아동대상 학습지원 서비스 제공, 의료봉사 등)이라고 명시하고 있어 주택 내 공동체 활성화보다는 지역사회 교류, 기여를 중요시하는 것으로 보인다. 사업공고를 보면 공공은 주거문화로서의 공동체보다는 주로 커뮤니티 공간(시설)의 면적이나 설치기준에 집중하고 있다.

	LH테마형임대주택[36]	서울시(토지지원리츠)[37]	전주시 사회주택[38]
설치 기준	1층 등의 공간을 활용하여 커뮤니티 공간(세대당 2.5m²)을 계획하여야 한다. -커뮤니티시설은 기타 공용면적으로 계획 -커뮤니티시설은 라운지 등 다목적 시설과 테마에 따른 특수목적 시설로 구분하여 계획	지역 특성, 입주자 특성 및 주변 근린생활시설 공간과의 연계성을 고려하여 커뮤니티공간 및 수익시설을 계획한다. - 공간규모 : 주거전용면적의 10% 이상 30% 이하	커뮤니티 공간 확보 의무화(신축의 경우 1가구당 1m² 이상 확보)
운영 기준		- 공간용도 : 비영리 시설로 기본적으로 입주민의 커뮤니티활동을 위한 공간이어야 하며, 입주민을 위한 맞춤형 서비스를 제공하거나 커뮤니티 활성화를 위한 특화프로그램 운영 (지역	입주자 특성에 맞는 커뮤니티 프로그램 운영으로 공동체 활성화

	LH테마형임대주택[36]	서울시(토지지원리츠)[37]	전주시 사회주택[38]
		주민도 함께 이용가능) - 운영방법 : 직접 운영 또는 임대(위탁) 가능 ※ 커뮤니티 공간은 수익시설과 통합하여 운영 가능하며 이 경우 입주자가 원하는 시간에 해당공간을 커뮤니티 용도로 무상 사용할 수 있도록 해당 시설을 운용하여야 한다. (수익시설을 임대하여 운영할 경우에도 동일 기준 적용) ※ 입주자의 커뮤니티 공간 사용에 대한 권리와 수익시설 운영자의 커뮤니티 공간 제공 의무는 임대자계약서(주거, 비주거)에 조항으로 반영되어야 한다.	

보통 건축법상 공동주택인 다세대, 도시형생활주택이나 기숙사 등의 형태로 조성되는 사회주택은 세대수가 적어 주택법 시행령상 부대시설의 하위 유형으로 주택건설기준 등에 관한 규정에 정의와 유형이 규정되어 있는 다음의 주민공동시설 설치 규정의 적용을 받는 경우가 드물다. 하지만 호텔 등 비주택을 리모델링하거나 신축하여 조성되는 테마형임대주택, 운영관리만 담당하는 사회적주택의 일부는 의무 설치 기준이 적용되는 세대수에 해당되기도 한다.

문제는 주민공동이용시설이 대부분 주거공용부에 설치되어 사실상 근린생활시설로 용도를 지정하기 어려워 수익자부담원칙 등에 따른 별도의 이용요금 부과가 쉽지 않다는 점이다. 이용요금 부과는 주거공

---

36) LH공사, 앞의 자료, 3.
37) 토지지원리츠, "토지지원리츠 공모지침서"(2019).
38) 전주시, "전주형 사회주택 공급 및 운영 사업시행자 공모"(2019).

용부에서는 불가능한 영업신고(사업자등록)와 과세를 전제로 하기 때문이다.

〈 표9 공동주택 주민공동시설의 종류와 설치기준 〉

유형	설치기준 (주택건설기준등에관한규정 제55조2)	건축법상 용도 (건축법 시행령 별표1)	
		명시시설	미명시시설(추정용도)
가. 경로당	150세대 이상 필수시설	노유자시설	
나. 어린이놀이터	150세대 이상 필수시설		
다. 어린이집	300세대 이상 필수시설	노유자시설	
라. 주민운동시설	500세대 이상 필수시설	운동시설	
마. 도서실 (작은도서관포함)	500세대 이상 작은도서관 필수시설	1종 근린생활시설	
바. 주민교육시설[39]			1종 근린생활시설
사. 청소년 수련시설		수련시설	
아. 주민휴게시설			1종 근린생활시설
자. 독서실			1종 근린생활시설
차. 입주자집회소			1종 근린생활시설
카. 공용취사장			휴게음식점등 (1종근생 나.)
타. 공용세탁실			세탁소 등 (1종근생 다.)
파. 사회복지시설[40]		노유자시설	
하. 다함께돌봄센터[41]	500세대 이상 필수시설	노유자시설	
거. 공동육아나눔터		노유자시설	
너. 사업계획의 승인권자가 인정하는 시설			

---

39) '영리를 목적으로 하지 아니하고 공동주택의 거주자를 위한 교육장소를 말한다.'라고 규정함.
40) 공공주택 특별법 제2조에 따른 공공주택의 단지 내에 설치하는 사회복지시설로 한정함.
41) 아동복지법 제44조의2.

가령, 주로 주거공용부에 있는 공용세탁실은 건축법 별표1의 1종 근린생활시설 중 세탁소와 유사한 기능을 가지고 있지만 현재는 이런 제약으로 인해 무인으로 코인투입 방식 등으로 운영되고 있다. 의무설치 대상 공동주택 전반의 문제이지만 사회주택의 규모확대와 함께 다양한 활성화공간의 필요성이 커지고 있어 향후에 개선될 필요가 있다.

커뮤니티 시설과 관련된 기준이 최소 면적의 제시에 머물러 있는데 공모제안서 제출시 해당 공간의 운영방안(특화 프로그램)을 구체적으로 제시해야 하고, 정성적 평가에 반영되는 방식으로 활용되고 있다. 의무적으로 설치해야 하는 커뮤니티시설의 사용용도는 혐오시설을 제외한 범위내에서 사업자의 재량이고, 사업자 직영운영 의무, 면적 외 설치 층수 제한(대부분 1층 권장), 영리목적의 활용금지, 주거공용부로 배치 등이 일반적 기준이다. 서울시 토지지원리츠의 공고문은 직접 운영 또는 임대(위탁)가능하도록 열어두고 있고, LH테마형임대는 규모가 큰 근린생활시설에 한해서 공간용도와 관련된 전문성을 보유한 사회적기업이나 사회적협동조합이 컨소시엄 운영자로 참여할 수 있도록 허용한다. 근린시설은 예외적으로만 허용되고 있어 공간용도(라운지 등 식음료업, 코워킹스페이스 등)에 따라 공간활성화에 어려움을 겪는 경우도 있다.

일반적으로 주택에서 공동체 활성화를 지원하는 영역은 공동주택 관리영역에서는 커뮤니티 관리(Community Management : CM)로 지칭한다. 한국의 공동주택 관리업무에서는 아직 필요성에 대한 인식의 부족 등으로 독립적으로 분화되지 못하고 있는 분야로 일반적으로 임대관리(LM, PM) 부속업무로 커뮤니티 관리를 하고 있다. 최근 공동주택의 삶의 질 향상을 위해서는 생애주기와 관심사에 따른 다양한 커뮤니티 시설의 배치가 중요하다는 인식이 확산되면서 해당 시설을 지속가능한 형태로 운영관리하는 업무에 대한 관심이 커지고 있다. 정부에서도 공동주택의 주거서비스 예비인증 기준[42]에 커뮤니티를 포함시키고 있다. 아파트 평가에 적용되는 기준이지만 입주자 맞춤형 공동체 활동

계획을 수립하도록 되어 있고, 입주자간 소통, 공동체 활동공간과 지원,
입주자 참여, 코디네이터의 활용과 같이 사회주택에도 적용할 만한 내용
을 담고 있다. 향후 사회주택 인증, 평가 지표 마련시 참고가 될 수 있다.

〈 표10 입주자 커뮤니티 관련 주거서비스 예비인증 기준43) 〉

평가 항목	평가요소 (배점)
입주자 맞춤형 주거서비스 특화전략 및 운영계획	1) 입주계층 맞춤형 주거서비스 특화전략의 타당성 및 운영계획의 충실성 (6)
	2) 입주예정자 소통 프로그램 (4)
주거서비스 시설계획과 운영계획의 구체성	1) 주거서비스 시설계획과 프로그램의 정합성 및 적정성 (10)
	2) 공동체 활동공간 설치 및 지원계획의 구체성 (5)
입주자참여 및 공동체 활동 지원계획	1) 임차인 대표회의 구성 및 지원계획의 구체성(5)
	2) 입주자 참여 모니터링 계획의 구체성(5)
	3) 재능기부 입주자 선정 및 운영계획의 구체성(5)
	4) 주거지원서비스 코디네이터 활용 및 운영계획의 구체성(5)

사회주택 현장의 관점44)에서 커뮤니티는 도움을 청하고 안부를 나
눌 수 있는 이웃과의 최소한의 관계망을 통한 안정감 형성, 커뮤니티
내 최소한의 신뢰감을 통해 건물 내 물리적 안전을 확보하여 안전한
주거 공동체 형성이란 목적하에 추진된다.

사회주택 현장에서 커뮤니티 프로그램은 입주대상, 규모, 커뮤니티
공간의 구성, 입주자의 취향에 따라 여러가지 유형으로 진행된다고
한다.

---

42) 주거서비스는 공동체 활성화와는 다른 영역이지만 인증기준상 밀접하게 연결된
    평가지표로 사용하고 있음.
43) 공공지원민간임대주택 등에 관한 업무처리지침 제82조에 의해 100세대 이상의
    HUG 출자지원 및 보증지원을 받는 민간임대주택은 예비인증, 본인증, 인증갱
    신(2년주기)을 받아야 함.
44) 한국사회주택협회, 사회주택운영메뉴얼(2022), 86-109.

- [성장 프로그램] 시민교육(재무, 노동법, 주거권, 마음상담), 갈등다
  룸 워크샵, 협동조합 활동교육, 스터디 등
- [취미·일회성] 공예, DIY, 미술, 나들이, 번개모임 등
- [입주민 교류] 새입주민환영, 집사모임, 운동회, 송년회, 플리마켓,
  팟캐스트, 그린워크숍, 리필스테이션, 봉사활동 등
- [환경] 생활실천 교육, 마을청소 프로그램, 재활용 소재를 활용한
  생활용품 만들기, 비건생활 탐구 등
- [소모임 (진행순서)45)] 수요조사 → 리더모집 → 온오프 홍보 → 소
  모임 팀원모집 → 모임진행 → 결과 공유 및 공론화
- [지역연계] 근린생활권과의 상생을 위한 식당 등 동네가게 제휴
  (입주민 이용시 할인)

　　공간기획에서 기본 커뮤니티 공간은 입주자 (사전)워크숍이나 수요
조사를 통해 커뮤니티실의 기능과 성격을 함께 결정하는 시간을 갖는
것이 입주자의 관심과 참여, 이용도를 높일 수 있는 방법이다. 짜투리
공간이나 지하 등 유휴공간을 주로 활용하는 기획 커뮤니티 공간은 기
획의도에 따라 기자재나 운영방식이 다르기 때문에 다양한 실험을 통
해 입주자들이 선호하는 용도를 찾아가면서 그 과정을 피드백하는 소
통이 중요하다고 한다. (예-안암생활의 지하공간에서 이루어지는 '무료
할 땐 무료나눔, 무나존'; 안쓰는 물건을 가져다 놓으면 다른 입주자들
이 그 물건을 가져가면서 의무적으로 감사댓글을 다는 방식으로 운영
하여 300건 이상의 무료나눔이 이루어짐)
　　커뮤니티 활성화를 위해 활용가능한 연계자원도 다양하다.

---

45) 호텔을 리모델링한 사회적주택인 안암생활의 예.

〈 표11 사회주택 커뮤니티 지원사업 〉

사업명	주요내용
따뜻한사회주택기금 (나눔과미래) (출처-http://warmfund.ne t/p/)	-사회주택 입주민 커뮤니티 형성을 위한 다양한 지원 프로그램을 매년 공모 (예:ESG 지원사업-사회주택 입주민 ESG 활동 지원사업) -사회주택 통합 공모전 : '모두에게 소개하고 싶은 사회주택, 내가 꿈꾸는 사회주택'을 주제로 영상, 스토리텔링, 아이디어 공모
서울시 사회주택 종합지원센터 (출처-https://soco.seoul.g o.kr/soHouse)	-평가 모니터링에 따른 커뮤니티 프로그램 비용 지원, 사회주택 입주민 대상 자체 커뮤니티 프로그램 진행, 커뮤니티 조사연구(만족도 조사, 기타 커뮤니티 관련 연구) 등 커뮤니티 지원 진행
지방자치단체 지원사업 (서울시, 전주시 등)	-커뮤니티 프로그램 지원(공동체 활성화 사업, 청년 지원 사업 등)

150세대 미만의 사회주택은 의무관리 대상 공동주택에 해당되지 않아 임차인대표회의를 공식적인 절차를 통해 구성할 의무46)는 없지만 공동체 활성화를 위해 자치적 활동이 비중 있게 시도되고 있다. 입주민은 주민자치를 위해 입주민 자치모임 구성, 관리규약 만들기, 정기적인 회의 진행하기와 같은 절차로 참여하고 운영기관은 각 절차를 지원하는 역할을 한다. 입주민이 이상의 절차를 부담스러워 한다면 반상회나 간단한 규칙 만들기 정도로 시작하기도 한다. 대표적인 사례로 민달팽이주택협동조합의 집사제도와 집별 반상회, 함께주택협동조합의 거주자자치위원회를 들 수 있다.

커뮤니티 관리규약은 서울시 사회주택플랫폼에서 사회주택 커뮤니

---

46) 민특법 제52조(임차인대표회의) ① 임대사업자가 20세대 이상의 범위에서 대통령령으로 정하는 세대 이상의 민간임대주택을 공급하는 공동주택단지에 입주하는 임차인은 임차인대표회의를 구성할 수 있다. 다만, 임대사업자가 150세대 이상의 민간임대주택을 공급하는 공동주택단지 중 대통령령으로 정하는 공동주택단지(300세대 이상의 공동주택, 150세대 이상의 공동주택으로서 승강기가 설치되어 있거나 중앙집중식 난방방식 또는 지역난방방식인 공동주택)에 입주하는 임차인은 임차인대표회의를 구성하여야 한다.

티 관리규약 가이드라인을 제시하고 있고, 대부분의 사회주택에서 여
건에 맞게 제정하고 있다. 입주전 워크숍(회의)에서 논의를 시작하여
보통 입주초기에 명문화하고 운영과정에서 운영기관별, 주택별 상황에
따라 유연하게 개정한다고 한다. 협동조합형 공공지원민간임대주택인
위스테이 별내의 존중의 약속이나 민달팽의 주택협동조합의 평등문화
규약 등이 사례이다.

나. 개선방안

정책현황에서 살펴본 바와 같이 공동주택은 세대수에 따라 '주택건
설기준 등에 관한 규정'에 따른 주민공동시설 설치가 의무화되어 있고,
사회적주택을 중심으로 규모가 확대되고 있는 사회주택도 점차 해당
규정의 적용을 받는 경우가 늘어날 것으로 보인다. 2013년부터 주민
공동이용시설 설치 총량제[47]가 도입되어 부대복지시설이 통합관리되
고 있지만 총량제 적용대상이 되는 단지에서도 경로당, 어린이 놀이터,
어린이집 등 세대수별로 의무적으로 설치해야 하는 시설의 종류가 규
정되어 있고, 재량의 범위는 크지 않다.

주택건설기준 등에 관한 규정의 적용을 받아야 하는 규모의 사회주
택은 '(가칭)사회주택 업무처리 지침'의 제정을 통해 사회주택의 입주
대상 특성에 맞는 커뮤니티시설을 설치할 수 있는 근거를 만드는 것이
대안이다. 사회주택과 주요 입주대상이 같은 행복주택도 '공공주택업
무처리지침'에 특례를 두어 다른 유형의 임대주택에 없는 다양한 지역
편의시설과 주민공동시설을 두거나 일부 불필요한 시설의 설치를 면
제받을 수 있게 하고 있다.

---

47) 주택건설기준 등에 관한 규정 제55조의2에 따른 주민공동시설 총량제에 관한
세부적인 사항을 설명하고, 제55조의2 제5항에 따라 의무설치 주민공동시설별
세부면적에 관한 사항을 제시하여, 지방자치단체에서 조례로 최소면적을 따로
정하는 경우에 활용할 수 있도록 하는 목적임.

1.기본설비 : 무인택배보관함 설비, 무선인터넷통신 설비(주민공동시설 구역내 설치), 대학생·청년(1인가구, 전용면적 25m² 이하 원룸형주택)에 공급하는 주택의 빌트-인 설비(냉장고, 전기·가스쿡탑, 식탁·책상 등과 같이 건축물에 부착하거나 공공주택사업자가 입주민 편의를 위해 제공하는 설비를 말한다)
2.입주민 생활편의시설 : 공용세탁실, 공용취사장, 방문자숙소(게스트룸) 등
3.입주민 소통교류시설 : 주민카페, 주민휴게시설, 다목적회의실 등
4.입주민 성장발전시설 : 도서실, 독서실, 세미나실, 창업지원실, 컴퓨터·사무기기실 등
5.입주민 건강체육시설 : 피트니스센터, 단체운동실, 옥내외 스포츠·운동시설 등
6.입주민 취미여가시설 : 동아리방, 교육·체험실, 전시·공연장, 영상·음악감상실, 유희실 등
7.입주민 보육·경로시설 : 영유아놀이방, 공동육아실, 장난감대여실, 옥외 유아놀이터, 고령자 휴게·활동실 등

'공공주택업무처리지침' 제34조의7(행복주택의 지역편의시설 등) ① 공공주택사업자는 행복주택 건설을 위한 주택지구 또는 주택단지에 지역 주민이 함께 이용할 수 있는 고용, 복지, 보육, 문화, 체육, 가족지원 및 창업지원 등의 공공 서비스가 입주할 수 있도록 공간을 설치하여야 한다.
② 제1항에 따라 설치하는 공간은 공공주택사업자가 법 제35조에 따른 사업계획승인 신청전까지 해당 서비스를 지원·운영하는 기관과 협의를 거쳐 지역편의시설의 용도, 면적 및 운영계획 등의 내용을 신청받아 제공하며, 신청이 없는 경우 지역편의시설을 설치하지 아니할 수 있다.

제34조의8(행복주택의 주민공동시설 특화 등) ① 공공주택사업자는 행복주택 입주민의 특성에 따른 이용 수요, 인근 지역의 시설 설치현황 등을 고려하여 다음 각 호의 시설 등을 선택하여 설치할 수 있다. 다만, 제1호의 기본설비는 반드시 설치하여야 한다.

다른 측면에서 주민공동시설 의무설치 의무를 갖지 않는 중소규모 사회주택은 현재 세대당 커뮤니티 필수면적만 제시된 기준을 좀 더 정교화한다면 체계적인 시설조성이 될 수 있다. 공동체공간과 공유공간을 유형화하고 면적, 접근성 등을 배점화해서 넓은 커뮤니티 공간의 확보를 유도하는 서울시 공동체주택의 기준이 그 예이다.

〈 참고 〉 서울시 공동체주택 커뮤니티 공간 면적 기준
(출처-https://soco.seoul.go.kr/coHouse/)

최소 공동체공간 면적 = 가구수×2m²
(단, 원룸 및 다중주택의 경우는 세대 수 × 1.5m²)
※ 공동체주택 인증제 관련 인증기준에 따름

- 서울시는 입주자 특성에 맞춤형으로 조성된 커뮤니티 시설로 지역주민들과 공유가 가능한 공간인 '공동체공간' 과 세탁실과 같이 공동체활동과는 무관하지만 공간의 공유와 생활편의 증진을 위해 설치하는 '공유공간'을 구분하여 각각의 최소면적 기준과 보다 넓은 커뮤니티 공간의 확보를 유도하기 위한 배점기준을 두고 있음.

구분	평가항목	평가요소				배점
계						100
정량적 평가 (20점)	공통체공간¹⁾ 면적 (의무면적 대비 전용면적 기준)	100% 이상 ~ 110% 미만	110% 이상 ~ 120%² 미만	120% 이상		6
		2	4	6		
	공동체공간 접근성	도로에서 1개 층을 초과하는 높이의 계단을 통한 접근	도로에서 1미터 이상의 진입로 또응 1개층 이하 높이의 계단을 통한 접근	도로에서 1미터 미만의 계단없는 진입로를 통한 진입, 또는 엘리베이터를 통한 접근		2
		0	1	2		
	공유공간²⁾ 면적 (의무면적 대비 전용면적 기준) ※의무면적:0.5㎡/호	100% 이상 ~ 110% 미만	110% 이상 ~ 120%² 미만	120% 이상		4
		2	3	4		
	커뮤니티공간지역재생 활용 및 운영주체	미활용 (지역주민 미개방)	활용(활용 시 운영주체)			6
			사회적경제주체³⁾	입주민		
		0	4	6		
	임대사업자⁴⁾ 면허 보유기간 (장기 민간임대 기간만 인정)	미보유	3년 미만	3년 이상 ~ 5년 미만	5년 이상	2
		0	1	1.5	2	

1) 공동체공간 : 회의실·공부방·육아방·창업공간 등 공동체주택 입주민들이 함께 모여 소통할 수 있도록 조성된 시설 또는 북카페 등으로 활용하여 지역주민들과 함께 사용함으로써 지역재생과 연계될 수 있도록 조성된 시설(단, 출입문이 부착된 밀폐된 공간이어야 하며, 외부 개방 시 층 면적의 1/30이상 회의 등의 용도가 가능해야 함)
2) 공유공간 : 세탁실·공동창고 등 주택임차인들이 함께 사용하는 시설
3) 사회적경제주체 : '서울특별시 사회주택 활성화 지원 등에 관한 조례' 제2조 제3호에 따름
4) 임대사업자 : 민간임대주택에 관한 특별법 상 장기민간임대사업자

한편, 청년이 입주하는 사회주택에서 수익금을 활용한 내부 일자리 창출, 관리비 지원과 입주자 할인 등 우대조건 부여를 전제로 최근 공간 트렌드나 컨셉을 적극적으로 실험하면서 입주자의 이용빈도를 높이고 지역사회 주민도 함께 활용할 수 있도록 보다 적극적으로 근린시설을 허용해야 한다. 사회주택의 커뮤니티 시설 활성화를 위해서 용도에 따라 고용, 시설투자, 재료비 등 원가의 투입과 안전, 위생, 교육 등을 통한 재화와 용역의 서비스 품질의 충족 등이 요구되고 있어서 사업자등록과 영리행위가 제한되는 주거공용부에 두기에 불합리한 용도의 커뮤니티 공간이 있는 것이다. 공동주택 거주자 욕구의 다변화와 이를 반영한 다채로운 컨셉의 편의시설 설치와 컨시어지 서비스의 도입 추세와 함께 여가, 교육, 복지, 문화 등 주거생활에 필수적인 서비스 중에서 입주민이 지역사회 상권에의 접근성 등의 문제로 주택 내 공급을 희망하는 서비스가 늘어나고 있다는 측면도 고려해야 한다.

나아가 공동주택관리법은 아주 제한된 범위에서 주민공동시설을 인근 공동주택 입주자에게 사용을 허락하고 이 경우 영리행위가 불가능하도록 제한하여 이웃주민들과 함께 활용, 사용하는데 많은 제약이 따른다. 지역사회와의 소통과 교류를 활성화할 필요가 있는 입지, 규모, 입주자 구성을 가진 사회주택도 있으므로 해당 조항의 개정이 필요하다. 아울러 경기도 조례에 한정되어 있는 공동체 활성화와 공동주택에서 정책이 정비되고 있는 주거서비스에 대한 제도, 정책이 확대되어야 대안적 주거로서의 사회주택의 특징과 장점이 더 잘 부각될 수 있다.

III. 결론

사회주택은 기본적으로 부담가능한 임대료로 장기 거주할 수 있는 민간주택이다. 이런 개념에서 시장에서 주거문제를 해결하기 어려운 가구를 위한 임대주택이란 특성이 도출된다. 그리고 저렴한 임대조건으로 입주하는 일자리, 건강 등 다양한 욕구를 가진 입주가구를 위한 사회서비스와 커뮤니티 제공이 필요하다. 일반적으로 영리를 추구하는 기업이 공급하기가 쉽지 않고 사회적경제나 비영리부문이 주된 공급자일 수 밖에 없는 배경이다. 국외 사례를 벤치마킹해 정책과 제도를 만들어 온 한국의 사회주택도 이와 다르지 않고, 공공임대주택의 공급이 충분치 않은 상황이어서 아직은 입주 대상층도 사회적 약자로 한정되어 있다. 부동산개발사업에서 흔치 않은 공익적 민간조직의 역할 확대도 기대할 수 있다.

정치적 환경변화가 몰고 온 토지임대부 사회주택의 퇴조는 우려스럽지만 다양한 사회주택의 등장을 기대하게 하고 있다. 명의신탁 이슈 등이 있어 면밀한 법률적 검토가 필요하지만 지분적립형, 공동체주택형, 입주자조합·지역공동체소유형 등 국내외에서의 창조적 실험이 사회주택에 어떻게 접목될 수 있는지를 본격적으로 모색할 시점인 것 이다. 더불어 주택품질의 유지와 입주자보호를 위해 영국의 사회주택관리국과 같은 별도의 공공기관이나 국토교통부, 지방자치단체가 사회주택의 등록기준을 정하고, 사업자에게 해당의무를 부과하는 것이 사회적 과제이다. 파트너쉽이 사회주택 성공의 키가 될 것이다.

한편, 장기임대의 특성상 준공 후 운영관리가 중요하다. 우리 현실에서 대부분의 사회주택이 중소규모로 공급되고 있기 때문에 의무관리 대상인 공동주택에서 전문인력과 자격을 갖춘 주택관리업체가 담당하는 시설관리와 임대관리도 시행자인 사회적경제조직이 강점영역인 커뮤니티, 사회서비스 제공과 함께 수행하는 것이 일반적이다. 공급자와 운영자가 일치되는 통합관리 임대주택이 사회주택이라고 보면 향후 특성에 맞는 운영관리 체계가 정착되어야 한다. 안정적인 운영을 위해 사회주택사업자의 주택임대관리업, 주택관리업 등록과 전문인력의 확충이 요구된다.

사회주택을 규정하는 법률적 근거가 없는 상황에서 일부 지방자치단체의 조례에 의존해서 사업을 추진해 온 상황이어서 민특법 개정이나 기본법의 제정을 통해 건설자금 지원, 토지지원, 입주자 복지지원의 근거를 마련하는 것도 시급하다. 임대보증금 보증보험 가입이슈와 같은 현안의 해결도 위해서도 필요하다.

한국의 사회주택은 입주자 만족도가 높음에도 불구하고 확산되기도 전에 위기에 봉착했다.[48] 역량을 갖춘 사업주체에 의한 체계적인 공급과 운영관리가 제도화되고 지금과 같이 좋은 사례가 축적된다면 위기를 기회로 전환할 수 있을 것이다.

---

48) 박용준, "'이런 집 못 구해요' '오세훈발' 사회주택 위기론에 입주자 반발", 뉴스토마토, http://www.newstomato.com/ReadNews.aspx?no=1069810&inflow=N (2021.8.27.).

참고문헌

1. 단행본

한국사회주택협회, '사회주택운영메뉴얼' (2022)

2. 논문

고하은, 최병숙, '제3섹터가 공급한 서울시 사회주택의 공동공간이 갖는 가치'(2022), 한국주거학회(2022) 추계학술대회 논문집 제33권 제2호

김준, 최병숙, '사회주택의 사회적 가치측정을 위한 지표 개발(2021)', 한국주거학회(2021) 추계학술대회 논문집 제33권 제2호

3. 법령 및 조례, 지침

공공주택특별법

공동주택관리법

건축법

민간임대주택에 관한 특별법

사회적경제 기본법안 (2020.10.26. 김영배의원 대표 발의)

공익주택 공급 촉진 및 지원을 위한 특별법안 (2022.7.26 천준호의원 대표발의 : 의안번호 2116670)

사회적경제 기본법안(2020.10.26. 김영배의원 대표발의 의안번호 2104663)

서울특별시 사회주택 활성화 지원 등에 관한 조례

전주시 주거복지 지원 조례

경기도 사회주택 활성화 지원에 관한 조례

국토교통부 공공주택업무처리지침

국토교통부 기존주택등 매입임대주택 업무처리지침

공공주택업무처리지침

주택건설기준등에관한규정

4. 정책자료 및 사업공고문

LH공사, "2022년도 테마형 임대주택 사업 공모 (민간 제안형-기획운영)", (2022)
관계부처합동, "사회통합형 주거사다리 구축을 위한 주거복지 로드맵" (2027.
11.29.)
관계기관협동, "사회주택 사업추진 안내서", (2020.12.)
전주시 "전주형 사회주택 공급 및 운영 사업시행자 공모", (2019)
토지지원리츠, "토지지원리츠 공모지침서", (2019)

5. 언론보도 자료

김세용, "매입임대 확대하고 사회주택을 새롭게 시행할 때", 뉴스투데이 (https://
www.news2day.co.kr/article/20221205500245 (2022. 12. 5. 18:31)
"이런 집 못 구해요" '오세훈발' 사회주택 위기론에 입주자 반발", 뉴스토마토,
http://www.newstomato.com/ReadNews.aspx?no=1069810&inflow=N),
(2021. 8. 27)

6. 관련 웹사이트

한국사회주택협회 http://www.socialhousing.kr/
따뜻한사회주택기금 http://warmfund.net/

7. 영국 관련 자료

○ 영국 법령 웹페이지
영국법령웹페이지, "주택재생법 2008(Housing and Regeneration Act 2008)"
https://www.legislation.gov.uk/ukpga/2008/17/contents (2023. 2. 3. 확인)
영국법령웹페이지, "적절한주거기준리뷰(Decent Homes Standard: review" https://
www.gov.uk/guidance/decent-homes-standard-review (2023. 2. 3. 확인)
영국법령웹페이지. "지역주의법(Localism Act 2011)" https://www.legislation.gov.
uk/ukpga/2011/20/contents/enacted (2023. 2. 3. 확인)

○ 영국 정부 웹페이지

영국정부웹페이지, "사회주택 규제자"

https://www.gov.uk/government/organisations/regulator-of-social-housing/about
(2023. 2. 3. 확인)

영국정부웹페이지, "저렴주택프로그램 2021-2026 (Affordable Homes Programme
2021 to 2026)" https://www.gov.uk/government/collections/affordable-homes-
programme-2021-to-2026 (2023. 2. 3. 확인)

영국정부웹페이지, "공유소유와 저렴주택 프로그램 2016-2021 요약 (Shared
Ownership and Affordable Homes Programme 2016 to 2021 summary)"
https://www.gov.uk/government/publications/shared-ownership-and-affordabl
e-homes-programme-2016-to-2021-summary (2023. 2. 3. 확인)

영국정부웹페이지. "노숙인 예방 보조금 2022-2023: 기술설명서 (Homelessness
Prevention Grant 2022 to 2023: technical note) https://www.gov.uk/government/
publications/homelessness-prevention-grant-2022-to-2023/homelessness-prev
ention-grant-2022-to-2023-technical-note (2023. 2. 3. 확인)

영국정부웹페이지. "사회주택 탄소저감 기금 지원:웨이브 2.1 (Apply for the
Social Housing Decarbonisation Fund: Wave 2.1) https://www.gov.uk/
government/publications/social-housing-decarbonisation-fund-wave-2 (2023.
2. 3. 확인)

영국정부웹페이지. "장애인 시설 보조금 (Disabled Facilities Grants)" https://www.
gov.uk/disabled-facilities-grants (2023. 2. 3. 확인)

영국정부웹페이지. "국가계획정책구조(National Planning Policy Framework)"
https://www.gov.uk/government/publications/national-planning-policy-frame
work--2 (2023. 2. 3. 확인)

○ 기타 웹페이지

초이스캐어그룹 웹페이지 https://www.choicecaregroup.com/ (2023. 2. 3. 확인)

쉘터 잉글랜드, "사회주택 공급자 규제(Regulation of social housing providers)",
https://england.shelter.org.uk/professional_resources/legal/housing_options/al
location_of_social_housing/regulation_of_social_housing_providers#source-
2 (2023. 2. 3. 확인)

상원의사당 도서관 (House of Commons Library). "공동체 토지 신탁(Community Land Trusts)" https://commonslibrary.parliament.uk/research-briefings/sn04903/ (2023. 2. 3, 확인)

주거패러다임 전환을 위한 새로운 공급모델 분석과 개선 방향

| 이윤형*·양동수** |

초록

한국사회는 산업화와 도시화가 진행되는 가운데, 자가소유 중심 주거패러다임을 형성하였다. 하지만, 최근 자가점유율의 장기 답보와 무주택임차가구의 주거권 보호 미흡 등으로, 기존의 자가소유 중심 주거패러다임은 새로운 전환을 요구받고 있다. 주거패러다임 전환은 주거권의 구성요소, 공급의 관점과 공급주체 측면에서 이루어질 필요가 있고, 공급모델을 통해서 구체화된다. 최근 토지임대부, 지분적립형, 이익공유형 분양주택 등이 대안적 공급모델로서 새롭게 시도되고 있는데, 이들 모델들은 소유와 임차의 '중간형 공급모델'이란 특징을 가지고 있다. 이러한 '중간형 공급모델'들은 수요자의 생애주기, 입지에 따라 다양한 모델로 구체화될 수 있으며, 이를 위해서는 관련 정책의 변화 또한 필연적으로 수반되어야 한다. 본고는 새로운 공급모델의 예와 함께 이를 도입하기 위한 공모체계, 사업주체, 금융조건 영역에서의 개선방향을 제안한다.

---

* 소셜디벨로퍼그룹 더함 팀장
** 소셜디벨로퍼그룹 더함 대표

I. 서론

1. 자가소유 중심 주거패러다임과 주거문제

가. 자가소유 중심 주거패러다임의 형성배경 및 과정

1960~1970년대 급격한 산업화, 도시화 과정에서 정부는 국민들로부터 주택공급과 도시공간 개선에 대한 요구를 받는다. 이에 대해 정부는 도시개발을 통해 경기를 부양하고, 중산층을 육성하려는 목적으로 물량 중심의 주택공급정책을 시행한다. 하지만, 도시개발과 주택공급에는 막대한 자금이 소요되기 때문에 재원조달에 대한 어려움이 있었다. 더구나 당시 한국은 중공업 중심의 수출주도형 국가개발을 이어가고 있던 터라 주택공급을 위해 재원을 투입하기 어려웠다. 이러한 상황에서 개발사업에 소요되는 자금을 주택수요자들로부터 조달하는 방식을 취하게 되고, 정부는 재정투입을 최소화하면서 동시에 국민들의 주택요구에 대응하는 과정에서 주택 개발자금에 투자하는 이들에 대한 이익 편중을 설계하게 된다. 자산가격 상승을 전제로 자가소유권 확보에 따른 이점을 들어 모든 가구가 1주택을 확보하는 것을 주택정책의 목표로 삼는다. 이때부터 개별 가구는 '내 집 마련의 꿈'을 꾸게 되고, 월세→전세→자가에 이르는 주거사다리의 경로가 형성된다.

이런 한국의 주거패러다임의 특성을 설명하는 두 가지 단어가 있다. 먼저 '자산기반복지'이다.[1] 자산기반복지는 국가의 정책 지원으로 개인이 금융상품이나 부동산에 투자하여 자산을 형성하고 이를 바탕으로 개별가구가 각자의 복지소요를 책임지는 복지체제이다. 은퇴 등 불안정시기에는 축적자산에 기반해 소득을 창출하여 대응한다. 국가가

---

[1] 김도균, 한국 복지자본주의의 역사 : 자산기반복지의 형성과 변화, 서울대학교 출판문화원(2018).

직접적으로 개인과 가족의 소득을 보장함으로써 빈곤과 안정의 위험에 대응하는 '소득기반복지'와 대비된다.[2] 한국은 고도경제성장기에 수출주도형 성장을 택하며, 사회정책 및 복지정책에의 재원투입을 최소화하며 자산기반복지체제를 형성한다. 문제는 자립기반이 되는 자산의 획득이 국민 다수에게 보편적으로 주어지는 것이 아니며, 그 획득 자체가 경제적인 구매력을 갖춘 이들에게만 주어진다는 것이다. 개별 가구가 구매력을 갖추기 위한 일련의 과정은 정책범위 밖에 있다. 애초 재원투입을 최소화하기 위해 형성한 체제이기에, 개별 가구의 구매력 형성은 개인의 몫이다.

한국의 주거패러다임을 각 참여자들의 참여방식에 따라 분석하는 방식도 있다. '자원동원형방식'이란 정부가 주택 생산비용을 가계와 기업에 전가하고, 대신 주택공급에 따른 이익을 공급참여자에게 분배하는 자원동원과 배분방식을 말한다.[3] 그 과정을 살펴보면 다음과 같다. 정부는 주택소비자의 자금을 주택공급단계의 재원으로 활용하고자 개발 편익을 참여소비자에게 할당하는 방식을 다양하게 고안한다. 내 집 마련의 꿈을 개별가구의 목표로 상정하고, 토지 및 주택가격 상승으로 주택소비자의 분양참여를 독려한다. 대표적인 것이 분양가상한제, 청약제도, 선분양제도 등이다. 전세제도도 중화학공업을 위한 자원 편중 할당을 위해 개별가구의 제도권 금융 접근을 차단하며 만들어진 사금융의 일종이니, 자원동원형 연쇄가 구축한 제도라 할 수 있겠다. 작동 방식을 예로들어 설명해보자. 정부는 LH공사를 통해 종전 지주의 토지를 협의매수하거나 수용하고 일단의 택지지구를 조성한다. 조성한 택지 내 분양주택블록을 민간 주택사업자에게 판매한다. 민간 주택사업자는 지구단위계획, 분양가상한제, 주택공급에 관한 규칙 등의 제도의 틀 안에서 주택을 건설하고 판매한다. 수분양자는 주택청약을 통해

---

2) 여유진 외, "한국형 복지모형 구축: 복지환경의 변화와 대안적 복지제도 연구", 한국보건사회연구원(2017), 277.

3) 김명수, 내 집에 갇힌 사회: 생존과 투기 사이에서, 창비(2020).

주택매수 기회를 얻어 시중 거래가격보다 저렴한 가격으로 주택을 분양받는다. 수분양자는 직접 거주하거나, 매매시장을 통해 주택을 거래해 자본이익을 거두게 된다. 반면, 그 수는 적지만 계획형 공급연쇄에 따라 공급되는 공공임대주택은 택지지구 내 임대주택블록에 공공임대사업자가 사업시행주체가 되어 주택을 건설한다. 준공 후에는 공공임대사업자가 해당 주택 소유권을 유지하며 시세대비 저렴한 금액으로 입주자를 모집하고 임대·운영한다.

나. 특징

자원동원형 주택공급을 위해 자가주택에 이익을 편중하여 할당하다 보니, 개인임대주택, 공공임대주택, 자가주택은 단순한 점유형태의 차이를 넘어 계급화된다. 각 점유유형은 본래 다른 특징을 가지고 있다. 자가는 자산가격 상승에 따른 자산증식 기회와 주거안정을 모두 누릴 수 있어 선호도가 높다. 한편, 가격등락에 민감하며, 높은 가격부담으로 인해 접근 가능한 수요자가 제한적이다. 공공임대주택은 시세대비 저렴한 가격에 장기간 거주 가능하여 주거안정 효과가 높다. 하지만, 자산증식은 불가능하다. 또한, 사회적 낙인효과와 수요대비 부족한 공급량은 문제로 지적된다. 한편 민간임대주택은 여러 측면에서 가장 불리한 점유유형이다. 임대인이 사적주체이다 보니 주거안정성이 떨어지며, 자산축적 가능성 또한 없다.

주택 점유유형별 성격과 특징[4)]

점유유형	자가	공공임대	전세	월세
자산화 효과	상 (단, 시세 및 대출여부에 따라 상이)	없음	하 (강제저축효과 있으나, 이자율만큼 임대수익 지불)	없음 (기회비용으로 타 투자처 투자가능)
주거안정 (거주안정성 관점)	상	상 (단, 소득 상승시 퇴거위험 상존)	하 (2년+2년 단위 계약)	최하
환금성	주택유형별로 상이	해당 없음	명목적으로는 보장되나 임대주체 (공공/민간, 기업/개인)에 따라 보증금 미반환위험 상존	해당 없음
투기 활용 가능성	쉬움	해당 없음	강함 (임대인에 목돈 제공)	약함 (운영수익으로 제공)

많은 수요자들이 자가주택에 거주하길 희망하나, 높아진 자산가격과 부족한 구매력으로 인해 접근가능성이 감소하였다. 공공임대주택은 수요대비 공급이 부족하다. 결국, 많은 수요자들이 둘 사이에 끼여 사적임대인이 공급하는 민간임대주택에 전월세로 거주하게 된다. 짐 케메니(Jim Kemeny)의 분류에 따르면 한국의 주택시장은 '이중임대모델'이라고 할 수 있다. 이중임대모델은 (i) 정부가 공급 및 통제하는 공공임대주택의 재고량은 적고, (ii) 취약계층의 사회안전망 차원에서 공급되며, (iii) 민간이 공급하는 민간임대주택시장과 단절되어 있는 특징을 보인다. 공공임대주택은 취약계층이 격리 혹은 배제되는 방식으로 공급되어 낙인효과가 발생한다. 또한 공공임대주택이 자가소유를 향한

---

4) 최경호, "주거체제로 본 사회주택", 동향과 전망 제111호(2021. 2.), 136, 내용 일부 수정.

주거사다리를 낮추거나 보완하지 못하고, 각 주택점유유형 간의 장벽
이 높게 형성되어 있다. 자가주택과 임차주택은 단순히 점유형태의 차
이를 넘어 계급화되어 있다.

한국 주택시장에서의 공급 유형을 살펴보면, 공급 방식과 이에 따
른 선택의 폭 모두 매우 제한적인 특징을 갖고 있다. 일반 자가소유가
57.3%, 일반임대주택이 34.3%(비제도권 민간임대와 등록임대 포함, 이
하 합쳐서 '일반임대주택'이라 함), 공공임대주택이 8.3%, 공공지원민
간임대주택이 0.26%로, 사실상 '사거나'(자가소유)와 '집주인에게 빌리
거나'(일반임대주택)로 주거 선택권이 제한적으로 양분화되어 있음을
알 수 있다. 문제는 자가주택으로의 이동가능성이 점차 떨어지고, 수요
에 맞는 공공임대주택의 공급이 충분하지 않은 상황에서 민간임대주
택 거주자에 대한 주거권 대책이 미흡하다는 것이다.

다. 문제점

반세기가 넘는 기간동안 이러한 자가소유 중심의 공급기조를 유지
해왔지만, 현재 성적표는 기대 이하이다. 2020년 기준 자가점유율은
57.9%에 그쳤다. 1989년 4월 노태우 정부의 1기 신도시 건설계획을 시
작으로 2003년 2기 신도시와 2018년 3기 신도시 건설에 이르기까지,
세 번의 대규모 신도시 개발을 통해 서울·수도권에는 수백만 호의 아
파트가 공급되었지만, 폭등을 제어하기 위한 공급은 외려 폭등을 조장
했다. 가격을 떠나, '주택난 해결' 차원에서는 문제가 나아졌을까? 2천
1백만 가구를 기준으로 한 주택보급률은 104%를 기록하지만, 이러한
주택보급률이 무색하게도 무주택 가구는 전체 가구수 대비 43.9%를
차지하고 있다.[5] 결국 주택은 해마다 쏟아지고 있지만, 절반의 국민만
이 자가를 소유할 수 있는 것이다. 그런가 하면 일자리·교통·생활편의

---

5) 강미나 외, "2020년도 주거실태조사(일반가구 연구보고서)", 국토연구원(2021.
   5.), 57.

시설 등을 간과하고 추진된 2기 신도시의 경우 한동안 미분양 사태로 골치를 썩이기도 했다.

그럼에도 '내 집 마련의 꿈'은 꺼지지 않고 계속되고 있다. 주거 안정 효과에 더해, 근로소득 대비 월등한 시세차익을 얻을 수 있다는 기대로 인해, 비정상적인 부동산 과열 상황이 지속되었으며, '빚투'와 '영끌'이 시대를 대변하는 신조어가 되었다. 서울 아파트가를 기준으로 하면, 1993년 25평 기준 1.8억 원이었던 아파트가 2020년 12.9억 원으로 오를 만큼 급등했다. '부동산 불패신화'는 계속될 것처럼 보였지만, 2022년 이후 고금리와 고유가, 건축비 급상승 등의 원인으로 부동산 매매 심리가 급격히 위축되면서, 향후 몇 년간은 부동산의 대세 하향 국면이 이어질 것으로 전망된다. 이런 불안정한 상황은 10~9분위의 고소득자를 제외한 대다수 실수요자에게 상당한 피해를 입힐 것으로 보인다. 가계대출자들에게는 막대한 부담을 지우고, 임차인에게는 깡통전세 문제로까지 이어지며 국민들의 삶을 위협하게 될 것이다.

단순한 물량 중심의 주택공급 정책만으로는 대한민국 부동산 문제를 풀 수 없다는 걸 우리는 지난 수십 년간 목도해 왔다. 사실, 자가점유율을 높이기 위해서는 엄청난 자본과 시간이 투입된다. 한국의 경우 세 차례의 대규모 신도시 계획에도 불구하고, 지난 30년간 자가점유율이 불과 8% 상승에 그쳤다(1990년 기준 자가점유율은 49.9%, 2020년 기준 자가점유율은 57.9%로 나타남). 자가점유율을 높이는 전략에는 일정 한계가 있는 것이다. 무엇보다 자가점유율을 높이려 애쓰는 동안, 무주택임차가구 거주자의 상당수가 불안정한 조건을 견뎌야 하는 것은 합당하지 않은 일이다.

1가구 1주택 정책은 개별가구의 재무상황은 정책범위에 포함하지 않고 주택구입에만 집중하고 있기에, 주택가격에 비해 개별가구의 자금조달능력이 허약한 경우가 많다. 주택매수자는 주택구입자금의 상당 부분을 주택담보대출과 전세보증금 등 타인자본에 기댄다. 이는 자가보유율과 자가점유율의 차이에서도 드러난다. 내 집을 마련하더라도,

전세보증금을 레버리지 삼아 소유권을 확보한 것이기에 실제 거주하지는 못하고 임대하는 경우가 잦다. 자가소유권 확보에 따른 이익 편중이 심하다 보니 자가소유권 확보를 위한 경쟁이 과열되고, 자금조달 기반이 부족한 가구도 무리하게 주택구입에 뛰어든다. 가격정체 및 하락기마다 거론되는 하우스푸어, 깡통전세는 주택소유가구들의 허약한 재무적 기반을 보여준다. 주택의 법적 소유권 확보를 위한 과도한 경쟁이 만들어낸 모습이다. 자가주택은 주택담보대출 및 전세보증금을 낀 제한적인 법적 소유권 확보이기에, 주택가격 등락에 연동한 전세보증금 반환위험을 두고 소유주와 은행, 전세임차인은 긴장 관계를 형성한다. 적은 자기자본으로 소유권을 확보한 소유주들은 임차보증금 미반환 사고를 일으키고, 임차인 보호 차원에서 진행한 전세보증의 보증사고가 누적되며, 소유주 개인의 채무불이행이 사회전체의 부담으로 전이된다.

특히 아쉬운 지점은 자가주택의 실효적 차원이다. 주택은 단순히 재무적 지위 확보와 주거안정 역할을 넘어 삶의 질에 큰 영향을 미친다. 하지만 현재 주택정책은 소유권 확보라는 목표달성을 위해 집이 가진 사회안전망으로서의 기능은 주요 논의에서 빠져있다. 우리 사회는 자가소유권 확보라는 측정 가능하지만, 도달가능하지도 수요자의 삶에 크게 실효적이지 않은 목표를 장기간 붙잡고 있는 것으로 보인다.

반면, 공공임대주택의 공급확대를 통해 무주택 임차가구의 주거권을 보호하자는 목소리도 있다. 민간임대시장의 주거권 보호가 미흡하기에 공공 임대주택 확대를 통한 주거권 강화는 매우 중요하다고 본다. 문제는 제한된 자원과 효과성이다. 가용 택지가 줄고, 공공기관의 부채중심의 재무건전성 관리로 인해 공공임대주택의 대량 생산과 공급이 쉽지 않다. 1989년 영구임대주택 도입 이후로 계속해서 물량이 증가하긴 했지만, 주거불안가구 규모에 비해 여전히 공급량은 부족한 상태이다. 공공임대주택 재원 확대에 대한 논의는 계속 되지만, 재원투입에 대한 반대로 물량 확대는 막히고, 재원한계에 따라 수요자의 필요와 괴리된 저품질의 주택이 공급되는 문제가 쉽사리 해결되지 않고 있다. 또한, 공공임대주택이 잔여적 복지수단으로 이용된 탓에 주택의 사회적 안전망으로서의 기능을 담아내지 못하고 있다.

주거로 인한 불평등 심화, 계층이동의 단절, 미흡한 주거권이 장기간 지속되고 있음에도, 우리 사회는 여전히 고도성장 시대의 향수에 젖어 경로의존적으로 근시적인 주거패러다임을 반복하고 있다. 이러한 논의는 현재 주거체제가 형성된 1970년대부터 도돌이표처럼 논해져오며, 구조적인 변동없이 지속, 고착되고 있다. 예컨대, 공급량을 늘리거나, 수요를 적절히 통제하거나, 규제를 풀어주고 조여주면 주거문제가 해결될수 있을 것이라 말하는 것이 곧 경로의존적 방식에 머물러 있음을 보여주는 사례이다. 나아가, 현재의 주택문제를 개인들의 투기적 행위, 특정 기업의 모럴 헤저드(moral hazard), 정치권력의 비리만으로 축소하며, 희생양(scapegoat)을 찾아 비난을 회피하는 방식으로 일관하는 것 또한 구조적 전환의 어려움을 회피하는 모습인 것이다.

2. 새로운 주거패러다임의 필요성과 변화의 방향성

가. 기존 주거패러다임 변화의 필요성

위와 같이 개별가구의 자원동원에 기반한 주택공급은 지속가능성에 대한 의문이 제기되고 있다. 자원동원은 투자에 참여할 수 있는 구매력을 갖춘 이들에게만 제한적으로 편익 수혜가 돌아가기 때문에 많은 수요자를 배제하는 문제가 있다. 한편, 참여의 주된 동기가 주택가격 상승에 따른 자본이익이기 때문에 현 체제는 주택공급을 위해 주택가격 상승이 지속되어야 한다는 전제가 있다. 공급을 위해 가격을 띄워야 하는 것이다. 이로 인해 두 가지 문제가 따라온다.

먼저, 정부는 가격 안정과 상승이라는 상호모순적 역할을 동시에 수행해야 한다. 주택수요 증가와 자연 멸실에 따라 일정수준 이상의 주택을 매년 공급해야 하는 정부는 자원동원형 공급연쇄를 작동시키기 위해 일정 수준 이상의 주택가격 상승을 부추겨야 한다. 둘째로 세대간 형평성의 문제다. 가격이 계속 상승되어야 하기 때문에 후발주자는 높아진 가격을 감당해야 하고 시장에 발을 처음 내딛는 순간부터 공급체제에서 배제될 위험에 노출된다. 최근 청년주거문제가 기존 세대 내 분배 갈등과 다른 양상을 보이는 근원적인 지점이다. 또한, 개인 재원에 의존한 공급방식은 공급에 참여하는 사적주체들의 재무적 요구를 모두 충족해야만 작동하기 때문에 다른 형태의 주택공급방식에 비해 상대적으로 공급비용이 많이 들고, 공공택지 공급 등의 지원에 따른 형평성 시비가 제기된다.

그런가 하면, 최근에는 자원동원의 중심적 역할을 하는 정부의 한계가 드러나며 작동가능성에 빨간불이 켜지고 있다. 부동산 공급방식은 권위주의 군사정부로부터 이어진 정부의 강한 시장개입으로 정부규제를 조이고 풀며 민간의존적 시장 공급을 이어왔으나, 최근에는 금리가 주택시장의 주요변수로 변하고 있다. 금리는 정부가 주택시장 상황에 따라 자유로이 통제할 수 있는 변수가 아니다. 따라서 최소한의 정부재원만을 투입하는 현재 공급방식은 존립의 위기에 놓여있다. 더이상 손 안대고 코 푸는 식의 주택공급은 작동이 힘들어지고 있는 것이다.

나. 새로운 주거패러다임의 방향성

자가점유율이 장기간 답보상태에 머무는 동시에, 비제도권 민간임대주택 거주가구의 주거불안이 심각하다. 이러한 주거문제는 이제 한국사회의 지속가능성까지 위협하고 있는 실정이다. 대다수 서민, 중위계층이 집 문제로 고통받고, 세대를 잇는 선택을 포기하는 '저출생 고령화 시대'에 접어들었다. 새로운 주거패러다임에 대한 모색과 시도가 시급하다.

기존의 자가소유 중심의 주거패러다임에서 우리가 놓치고 있는 부분은 무엇일까? 새로운 주거패러다임에서는 어떠한 요소가 중요하게 다뤄져야 할까? 이 부분에 대한 답은 주거에 대한 본질적인 의미에서 찾아야 하며, 주거를 통해 우리가 본질적으로 추구하려고 하는 권리인 주거권에서 확인되어야 한다. 주거는 우리 삶의 기본적인 보금자리이며, 사회의 기초단위인 개인과 가정의 근거지이며, 건강하고 문화적인 생활을 영위하기 위한 필수적인 공간 요소이다. 즉 인간다운 생활을 하기 위해서는 적절한 주거의 확보가 필요한데, 이는 우리 헌법에서 규정하고 있는 헌법 제10조 행복추구권, 제34조 인간다운 생활을 할 권리, 제35조 건강하고 쾌적한 환경에서 생활할 권리 등을 통해 인간다운 생활을 위한 국민의 주거권 확보가 국가의 의무라고 해석할 수 있는 것이다. 나아가 주거권 확보에 대한 의무는 주거기본법, 주택임대차보호법, 사회보장법, 주택법 등 개별 법령으로 구현되고 있는데, 이 중 주거권과 연관된 개별 법령 중 핵심 법령은 주거기본법이라고 할 수 있다. (참고로 주거기본법상에서는 주거권의 구성요소를 다음과 같이 구분하고 있다. 점유의 안정성, 생활서비스의 이용 가능성, 주거비용의 적정성, 최소주거기준을 만족하는 거주적합한 주택, 사회서비스 이용가능성, 주거입지의 적정성, 문화적 적정성.)

물량 중심 그리고 공급자 중신의 주택공급과 자가소유 촉진을 우선하였던 기존 주거패러다임은 앞서 살펴본 바와 같이 자가점유율 정체와 다수의 주거불안가구 발생이라는 한계앞에 놓여있다. 무엇보다 자가점유율을 높이려 애쓰는 동안, 무주택임차가구 거주자의 상당수가 불안정한 조건을 견뎌야 하는 상황에 놓였다. 주거권 확보를 통해 적절한 주거를 제공하는 것이 주거패러다임의 주요 목표라고 한다면, 이제는 자가소유율을 높이는 방법 이외에도 다양한 방법을 고려해야 한다. 독일, 오스트리아, 스위스 등의 국가는 자가점유율이 50% 미만으로 나타나고 있음에도, 주거 안정성이 높다고 평가받고 있다. 이들 국가는 안정적인 주택임대차제도, 공공임대주택 및 사회주택의 공급을

통해 주거권 보호를 위한 주거 안정성을 확보하고 있다. 이제는 자가
점유율이라는 한 가지 요소에 집착하지 않고, 주거권 확보를 위한 보
다 더 다양한 주거권 요소를 입체적으로 다루는 방향으로 나아가야
한다.

　기존 주거패러다임에서 주요한 목표로 삼았던 자가소유촉진을 통
한 주거안정은 어쩌면 자산기반 복지에 입각한 자산축적의 가능성과
거주(점유)의 안정성에 집중하면서 고도 경제성장의 시기에 일정한 역
할을 한 측면이 있다고 평가할 수 있다. 하지만 이러한 요소들이 물량
중심과 공급자 중심으로 이루어질 때, 좀더 나은 주거환경과 주거복지
를 통해 고양된 삶의 질을 누리고 보다 나은 삶의 전망을 가지기를 원
하는 국민들의 새로운 욕구를 다 충족하기 어려운 것도 이제는 자명하
게 드러난 사실이다. 이제는 무엇보다 주거불안정 가구들을 최우선의
정책대상으로 삼아야 한다.

주택 점유유형별 비율6)

　따라서 첫 번째로, 새로운 주거패러다임에서는 자산축적의 가능성,
거주 안정성 등도 주거권의 요소에 당연히 포함된다고 보지만, 이에
더하여, 수요자의 자산 및 소득으로 부담가능한 수준의 가격부담가능
성(Affordability), 새로운 라이프스타일에 맞는 주거품질에 대한 부분
등도 주거권의 요소에 포함될 필요가 있다.

　그렇게 되면, 자산축적의 가능성도 자산소유의 방식을 건물 및 토
지지분 100%를 개별가구가 입주시점에 모두 획득하는 방식에서, 지분

---

6) 편집자 자체 작성.

비율, 지분형태, 지분획득시점 등에서 다양화할 수 있게 된다. 이를 통해 주택을 통한 자산축적의 가능성을 더 많은 수요자에게 제공할 수 있는 것은 물론이다.

또한, 주거품질도 건축 자재, 마감 등의 물리적 품질을 넘어서 입주자의 생애주기와 라이프스타일을 고려하여 지역 및 입지에 맞게 맞춤형으로 공급할 수 있게 된다. 이를 통해 주택이 단순한 주거기능을 넘어 사람들의 삶의 질을 높여주고, 다양한 삶의 필요를 채워주는 플랫폼으로서 기능할 수 있게 된다. 이에 대한 자세한 내용은 후술하고자 한다.

두 번째로, 새로운 주거패러다임에서는 기존의 공급자 관점에서 수요자 관점으로의 전환되어야 한다. 자가보유 100% 달성을 주거정책의 최종목표로 설정하고 어떻게 공급주택 호수를 더 늘릴 수 있을까 고민하는 것이 아니라, 자가와 임대에 관계없이 입주자의 주거안정과 더불어 어떻게 주거를 통해 행복한 삶을 영위할 수 있을까라는 수요자 관점으로 관점을 바꿔야 한다. 물량중심의 공급 정책, 생애주기적 문제발생 시 사후적 대응, 공급자 역할 종료 후 정책적 보완이 없는 기존 주거패러다임을 이제는 삶의 질, 라이프스타일에 따른 맞춤 공급, 생애주기별 삶의 문제에 대한 사전적 예방, 수요자 생애주기에 맞춰 지속적으로 운영하는 새로운 주거패러다임으로 전환해야 한다. 공급조절을 통해 가격에 집중하는 제한적 주거안정이 아니라, 커뮤니티를 통해 사회적 안전망을 조성하는 입체적 주거안정이 필요한 시점이다. 그리고 이러한 수요자 관점으로의 전환은 주택의 공급단계에서부터 시작되어야 한다. 더불어 공급단계에서부터 개발기간 이후의 운영기간과 운영과정에 대한 적극적 고려가 필요하다.

세 번째로, 새로운 주거패러다임은 공공, 민간, 사회 전 영역이 주체가 되어 역할을 해야한다. 공공은 공공주택 사업 수행 시, 주거안정에 영향을 미칠 수 있는 요소들을 주요 평가지표로 삼아야 한다. 거주지 속성, 가격부담가능성을 공모지침서에 담고, 자산축적 가능성과 주거품질에 대해서는 더 많은 수요자가 참여가능하도록, 입주자의 생애주기와 라이프스타일, 삶의 질 향상을 주요 목표로 사업을 수행해야 한다. 민간주체 및 사회적경제주체도 주거안정이라는 공공적 목표를 달성하기 위해 공공주체와의 적극적으로 협력방안을 모색해야 한다.

II. 새로운 공급모델 도입을 통한 주거패러다임 전환

1. 새로운 공급모델 도입

가. 공급모델 개괄

공급모델은 주택의 개발·운영·재생의 과정에서 벌어지는 비용과 편익 배분의 주체와 역할을 압축하여 표현한 것으로, 개인분양주택과 공공임대주택이 대표적인 공급모델이다. 개인분양주택은 개인이 주택개발단계에서부터 개발비용을 부담하고 토지 및 건물 전부를 매입하는 방식이다. 주거안정성이 높고 자산가치 상승에 따른 자본차익을 거둘 수 있어 개인선호도는 높으나, 수요자 부담이 높아 접근 가능성이 제한적이다. 공공임대주택은 공공이 개발비용을 부담하고, 토지 및 건물 전부를 소유 및 임대·운영하는 방식이다. 주거안정성이 높으나, 공공재정 부담이 높아 양적 확대가 어렵다.

앞에서 말한 새로운 주거패러다임의 전환을 위해서는 이에 적합한 공급모델도 도입 마련되어야 한다. 단순히 주택 소비단계의 일부 거래행위를 수정하는 것을 넘어, 주거안정화의 결정적인 영향을 미치는 공급모델에 대한 개발과 적용이 선행되어야 한다. 하지만, 공급모델은 공급참여자들의 역할, 비용과 편익의 조정과 긴밀히 연결되기 때문에 참여자들의 움직임을 나타내는 공급연쇄를 면밀히 살펴야 한다. 그렇지 않으면 아무리 이상적인 공급모델도 참여자들의 움직임과 괴리되어 작동하지 못한다. 특히 주택공급은 다수의 이해관계자가 참여하며, 사업의 위험과 편익 분배의 긴장이 높아 경로의존성이 강하기에 공급연쇄에 대한 정밀한 설계가 더욱 중요하다고 할 수 있다.

나. 중간형 공급모델의 확대

무엇보다 무주택임차가구의 불안정한 주거 여건을 개선하기 위해서는 안정적인 점유 대안을 다양하게 모색하며 선택지를 넓혀야 한다. 개별가구의 인식속에 보편적으로 자리잡혀 있는 주거 점유유형은 개인이 해당 주택의 대지지분을 100% 소유하는 자가 분양방식이다. 하지만, 점차 대지지분 전체를 소유하는 방식의 주택을 부담할 수 있는 가구가 줄어들며, 새로운 형태의 공급모델이 도입되었다. 토지는 공공이 소유 및 임대하고 건물 소유권만 개인에게 분양하는 토지임대부 분양주택, 대지지분을 거주기간동안 점진적으로 분양하는 지분적립형 분양주택, 대지지분을 공공과 개인이 일정비율로 나누어갖고 이에 따른 처분이익도 그 비율대로 나누는 이익공유형 분양주택 등이 있다.

중간형 공급모델 예시

구분		토지임대부 분양주택	지분적립형 분양주택	이익공유형 분양주택
개념		토지는 공공이 소유하고 건축물만 분양하는 공급방식	입주 후 분양대금을 점진적으로 납부하고 지분을 획득하는 공급방식	주택 처분 시 공공에 환매하되, 공공과 매각손익을 공유
근거법률		주택법	공공주택특별법	공공주택특별법
분양	대상	건축물 (토지는 공공소유)	주택 지분 (토지+건축물)	주택 (토지+건축물)
	분양전환	입주 즉시	20~30년 (분할취득)	입주 즉시
분양가 대비 초기부담(예상)		분양가의 10~80%	분양가의 10~25%	분양가의 50~80%

한편, 준공 후 대지지분을 개인에게 쪼개어 분양하지 않고, 공급주체가 계속해서 소유 및 임대·운영하는 임대주택에서도 중간형 공급모델에 대한 접근이 있어왔다. 2015년도 기업형임대주택(뉴스테이) 사업 도입 이후 협동조합형 공공지원민간임대주택(위스테이), 누구나집, 내집마련리츠 등이 그것이다.

이러한 방식의 공급은 공공이 직접 할 수도 있지만, 민관 협력 방식으로 이루어질 수도 있다. 민관 협력의 대표적인 방식은 부동산투자회사(Reits, 리츠)를 활용하는 방식이다. 보통 리츠를 떠올리면, 민간 주체의 부동산 투자를 떠올리기 쉽지만, 여기에 공공이 일정 정도 지분 참여를 하게 되면 공공성과 사회적 가치 모두를 담보하는 분양과 임대의 중간형태의 하이브리드(혼합) 모델을 만들 수 있다. 여기에 협동조합, 비영리, 사회적경제 주체 등이 주택 공급 및 운영주체로 참여하게 된다면, 부담가능한 주거 비용 책정, 커뮤니티 기반의 주거 운영 등의 보다 더 높은 공공성을 담보할 수 있다.

2. 도입 세부방안 및 사례

가. 사업유형 및 구조별

(1) 공공분양주택

공공분양주택사업이란 LH공사 및 GH공사, IH공사 등의 공공사업 시행주체가 주택을 개발하고 일반수요자들에게 주택을 분양하는 사업을 가리킨다. 공공분양주택은 시중가격에 비해 분양가격이 저렴한 장점이 있다. 청약당첨만 되면 일정수준 이상의 자본차익을 기대할 수 있어 일명 '로또복지'라 불리기도 한다. 이런 비판에도 불구하고, 정부는 주택가격상승기에 단기가격 안정책으로 공공분양주택사업을 활용한다. 시장에 공급량 증가의 시그널을 주고, 시간적 편차를 두고 저렴한 분양기회를 제공함으로써 단기적인 시장참여 동기를 누그러뜨린다.

그동안 이러한 양적, 가격적 관점에서의 공공분양주택사업을 새로운 주거패러다임에 맞게 재편하기 위해 지분적립형 모델을 공급방식으로 적용해 볼 수 있다. 토지가격 및 건축비 상승으로 인해 시장가격보다 저렴함에도 분양가격에도 불구하고 분양가 절대액에 대한 부담이 증가했다. 이로 인해 청약당첨으로 공공분양 입주기회가 주어졌음에도 불구하고 씨앗자금이 부족해 입주기회를 놓치는 경우가 다수 발생했다. 지분적립형 중간모델은 주택에 거주하며 지분을 점진적으로 획득해나가는 방식이다. 따라서 초기 부담액이 적어 씨앗자금이 부족하더라도 분양이 가능하다. 이는 더 많은 수요자가 공공분양의 기회를 누릴 수 있도록 기회 확대에 기여한다.

(2) 공공임대주택

공공임대주택사업이란 LH공사 및 GH공사, IH공사 등의 공공사업 시행주체가 주택을 개발하고, 일정기준에 부합하는 정책대상계층에게 공공주택을 임대·운영하는 사업을 가리킨다. 공공임대주택은 1989년 영구임대주택 도입을 시작으로, 국민임대주택, 매입임대주택 등이 있다. 저렴한 가격에 장기간 거주가 가능하다는 장점이 있지만, 공공소유의 주택이기 때문에 입주자는 자산축적 가능성이 없고, 장기간 잔여복지 성격의 정책 수행으로 인해 입주자에 대한 사회적 낙인효과가 심하다. 주택가격 상승에 따른 주거비 증가로 입주희망자는 증가했지만, 공공 재정투입 한계 등으로 인해 입주희망자에 비해 충분한 공급이 이루어지지 못하고 있는 상황이다.

이처럼 양적 관점으로 공급되어온 공공임대주택을 새로운 주거패러다임에 맞게 커뮤니티 관점으로 체질을 개선해볼 수 있다. 주택공급 단계에서 입주자간 관계망을 형성하고, 공급방향에 수요자의견을 반영할 수 있도록 하는 커뮤니티디자인 프로그램을 도입할 수 있다. 또한,

공공임대주택 운영 시 사회적경제주체를 운영주체로 참여시킴으로써 입주자 개인의 삶과 커뮤니티의 지속가능성을 제고할 수 있다.

(3) 공공지원민간임대주택

공공지원민임대주택사업이란 민간사업자 혹은 공공과 민간이 합작출자한 특수목적법인이 사업시행주체가 되어 주택을 개발하고, 일정기준에 부합하는 정책대상계층에게 주택을 임대·운영하는 사업을 가리킨다. 공급과정에서 공공은 용도지역 변경 및 용적률 상향, 출·융자 지원 등의 혜택을 제공하고 일정한 공공성 요건을 갖춘 임대주택을 확보하게 된다. 공공지원민간임대주택은 2015년 기업형임대주택(당시 뉴스테이)을 시작으로 본격적으로 도입되기 시작한다. 서울시2030역세권청년주택, 위스테이, 내집마련리츠 등이 공공지원민간임대주택에 해당한다. 시세대비 80~95% 가격에, 최소 10년간, 2년 5% 임대료 상승제한 조건이 있어 비등록임대주택 등에 비해 큰 장점이 있지만, 공공임대주택과 동일하게 임대사업자 소유의 주택이기 때문에 입주자는 자산축적 가능성이 없다. 최근 '민간임대주택에 관한 특별법' 등에 적용을 받지 않는 비등록임대주택에서 발생하는 전세사기 피해가 급증하여, 일정수준 이상의 안정성을 담보할 수 있는 공공지원민간임대주택의 선호도가 증가하고 있다.

재원확보의 어려움을 극복하고 민간의 적극적 아이디어를 차용하는 데에 민관협력형 사업을 활용할 수 있다. 특히, 공공과 민간이 합작출자 도관체 및 사업시행주체로 부동산투자회사(리츠 Reits)를 활용할 수 있다. 리츠를 활용하여 민간사업주체의 재원활용이 가능하고 가능하며, 리츠 주식 상장 및 입주자조합 연계 등의 다양한 사업구조 설계가 가능해진다.

나. 수요자 생애주기 및 입지별

새로운 주거패러다임에서는 수요자 관점의 주택공급 모델이 중요하다. 즉, 시민들의 라이프스타일과 생애주기에 맞는 주택공급이 필요하게 된다. 대부분의 사람들은 생애주기에 따라 다양한 삶의 필요와 주거공간의 필요가 생긴다. 예를 들어 학업, 직장 등을 위해 도심에서 주된 시간을 보내는 청년 1인가구, 신혼부부 등은 교통편리성과 접근성이 높은 역세권 입지가 적합할 것이다. 한편, 3040세대는 육아·보육·교육 등에 관심이 많으며 도심접근성이 다소 떨어지더라도 조금 더 넓고 안전한 공간에서 거주하길 희망한다. 은퇴 후 노후시기를 보내는 시니어는 돌봄·의료 및 일거리와 작물재배 등 전원활동이 가능한 지역을 선호할 것이다. 이외에도 개인의 취향, 라이프스타일 등 수요자 맞춤형 주택에는 다양한 요소들이 고려될 수 있다. 이처럼 수요자의 생애주기를 고려한 주거 공급모델 도입을 통해 주택의 단순 주거기능을 넘어 삶의 다양한 문제를 함께 해결하는데 기여할 수 있다.

(1) 도심 역세권 1인가구(청년, 시니어, 세대공존) 유형

공공이 소유부지에 공공 주도로 1인가구 주택을 공급할 수 있다. 주택 개발 시 전문적인 역량을 갖춘 사회적경제주체에게 시행 및 운영을 위탁하여, 청년 수요자 대상의 사전조사를 진행하고, 커뮤니티 공간 설계, 커뮤니티 운영에 적극 참여시키는 새로운 모델을 제시한다. 공모 및 시행 단계에서는 커뮤니티디자인 프로세스 도입, 운영 단계에서 커뮤니티 매니지먼트 분야를 도입하고 일반적인 청년대상보다 주거 취약요소가 큰 지역, 계층(ex. 산단, 공단, R&D 지역) 등에 특화해서 우선 공급해야 한다.

민관협력형 방식의 공급도 가능하다. 공공이 공공소유 토지를 장기 임대하고, 그 부지에 기업들이 청년 커뮤니티주택을 개발(사원주택 연계 가능) 및 운영하는 방안이다. 토지임대부 특성상 자금조달 부담으로 인한 민간사업자의 참여 제약을 해결하려면 사원주택 입주 희망 기업들을 모아 리츠를 설립하고, 이들 기업의 신용도를 바탕으로 개발 자금을 조달하면 개별 기업들이 부담해야 할 리스크나 비용적 부담이 완화될 수 있다. 공공소유의 용도제한 및 개발제한구역 내 부지는, 토지임대부 방식으로 임차하여 인허가에 따른 이익을 방지할 수 있다. 한편 민간이 소유한 용도제한 및 개발제한구역 내 부지의 경우, 규제 해제에 따른 과도한 이익을 방지하기 위하여 기부채납 또는 매입약정을 통하여 개발이익을 환수할 수 있다.

이러한 공급을 통해 전·월세가격 상승으로 주거비 부담이 높아진 사회초년생의 주거비 부담을 경감할 수 있고, 자산 형성 기회의 발판을 마련해줄 수 있다. 사원주택 형태로 개발 시, 사업 참여기업이 기획 단계에 모집되기 때문에 대상 기업 근로자들을 대상으로 사전 수요조사를 실시하고, 이 결과를 시설 설계에 반영할 수 있게 된다.

(가) 참고 사례: 영국 런던의 콜렉티브 올드 오크(Collective Old Oak)

영국 런던의 콜렉티브 올드 오크(Collective Old Oak)는 연면적 4,800평 규모, 546호의 청년 중심의 커뮤니티형 주택이다. 개인의 주거면적보다는 커뮤니티 중심으로 설계되어있는데, 1인 주거면적은 $10m^2$로 매우 협소하나, 커뮤니티 중심의 다양한 공유공간을 구성하여 개인 공간의 한계 보완하였다. 같은 관심사를 가진 타인과 교류하며 경험을 공유하고 싶어 하는 청년세대의 욕구 공략하였고, 대규모 주거공간인 만큼 관심사를 공유하는 다양한 이들과의 새로운 공동체가 형성된다. 교통이 편리한 도심내 거주를 희망하는 청년층의 주거 욕구에 대응하여, 역세권에 입지하고 있다.

영국 런던 콜렉티브 올드 오크(Collective Old Oak)[7]

(나) 참고 사례: 싱가폴 캄풍 어드미럴티(Kampung Admiralty)

싱가폴 캄풍 어드미럴티(Kampung Admiralty)는 커뮤니티 기반의 세대공존형 시니어 주택으로, 104세대 규모의 공공임대주택이다. 일반적으로 시니어주택을 혐오 시설로 인식하여 새롭게 조성하는 것에 지역의 반감이 있다. 특정 계층(저소득, 장애인 등) 시니어만을 위한 주거지원 사업이라고 인지되어 시니어 외 나머지 계층의 연결성과 영속성을 감안한 세대공존형 모델로 설계되었다. 도심 역세권에 위치하여, 근처에 사는 자녀가구가 부모가구에 손주를 맡기고 출근할 수 있도록 설계하였다. 이를 통해 은퇴자만 거주하는 주거시설은 활력이 떨어지고 세대 간 교류가 적어 입주를 꺼리게 되는 문제를 세대공존형 방식으로 풀어냈다. 캄풍 어드미럴티 입주자들은 공동체 내 다양한 마을 일자리에 참여하고 다양한 세대와의 상호 간 교류한다. 건물 3~4층에는 안과, 정형외과, 재활의원 등 의료시설이 위치해있고, 6~7층에는 커뮤니티센터와 함께 아이들이 놀 수 있는 유치원과 놀이터가 자리해있

---

7) https://www.londonnest.com/locations/the-collective-old-oak/ (2023. 5. 27. 검색일).

다. 공간적 측면에서는 대규모 수직정원이 조성되어있는 점이 특징적
이다. 시니어세대가 희망하는 작물재배 및 전원형 라이프스타일을 도
심 내에서 즐길 수 있도록 설계하였다.

싱가폴 캄풍 어드미럴티(Kampung Admiralty)[8]

(2) 신도시 등 아파트 유형

(가) 리츠형 지분공유주택

사업 성격은 '민간임대주택에 관한 특별법'에 따른 민간임대주택에
해당한다. 공공과 개별 입주자들이 출자한 민관합작리츠가 토지 및 건
물을 소유하며, 개별 입주자는 리츠지분을 통해 토지 및 건물 소유권
을 간접 취득(입주자협동조합 및 펀드 등도 활용 가능)하는 방식으로
진행한다. 소유 기간 중 민관합작리츠 지분 변동을 통해 민간 지분을
점진적으로 확대하는 지분적립식 구조도 활용 가능하다.

---

8) https://urbannext.net/kampung-admiralty/ (2023. 5. 27. 검색일).

본 사업 구조를 통해 공공과 민간의 합작 출자로 공급자의 재정 부담이 효율화된다. 특히, 지분적립 구조를 적용할 경우, 부담이 추가로 경감되는 효과가 있다. 토지 및 건물을 일체로 소유 가능하기 때문에 공동체 자산화 모델로 적합하다. 리츠를 통해 계약을 관리할 수 있어 용이하다. 또한, 자금 조달 시에도 리츠를 차주로 한 집합적 자금조달이 가능하기에, 개인별 주택담보대출 조달에 비해 자금 조달이 용이하다. 사업종료 시 입주자와 개별 협의가 아닌 리츠와의 집합적 협의가 가능하여, 개별 협의로 인한 장기화 위험이 감소한다.

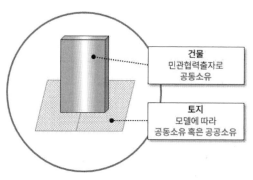

리츠형 지분공유주택 구조도[9]

(나) 리츠형 토지임대부주택

사업 성격은 위와 동일하게 '민간임대주택에 관한 특별법'에 따른 민간임대주택에 해당한다. 토지는 공공으로부터 임대받고(공공에 임대료를 수납하고, 토지임대 종료 시 토지귀속주체는 사업유형에 따라 협의하여 결정함), 건물은 민관합작리츠가 소유하는 방식으로 진행한다. 개별입주자는 민관합작리츠에 출자하고, 리츠지분을 통해 건물소유권을 간접 취득(입주자협동조합 및 펀드 등도 활용가능)할 수 있다. 공공사업자와 민간사업자 모두 사업주체로 참여 가능하다. 공모를 통해 민

---

9) 편집자 자체 작성.

간사업자를 선정하고, 사업자는 HUG/지자체/입주자/사업자 자기자본으로 자금을 조달한다. 「민간임대주택에 관한 특별법」상 입주자모집 기준에 따라 모집한다.

본 사업 구조를 통해 공공과 민간의 합작출자로 공급자의 재정 부담이 효율화된다. 특히, 토지임대구조를 통해 토지매입에 따른 개발원가를 낮출 수 있어 부담이 추가로 경감될 수 있다. 리츠를 통해 계약을 관리할 수 있어 용이하다. 또한, 자금 조달 시에도 리츠를 차주로 한 집합적 자금조달이 가능하기에, 개인별 주택담보대출 조달에 비해 자금 조달이 용이하다. 사업종료 시 입주자와 개별 협의가 아닌 리츠와의 집합적 협의가 가능하여, 개별 협의로 인한 장기화 위험이 감소한다.

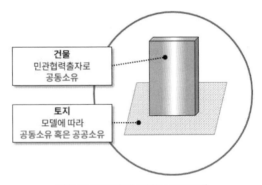

리츠형 토지임대부주택 구조도[10]

(다) 참고 사례: 위스테이(협동조합형 공공지원민간임대주택)

위스테이는 기존 공공지원 민간임대주택 정책(구 뉴스테이)에 '협동조합' 모델을 접목해 만든 국토교통부 시범 사례로, 입주자들로 구성된 사회적협동조합이 개발 단계에서부터 참여하여, 임차인이 간접적인 소유주가 되는 독특한 사업 구조를 가지고 있다. 일반 공공지원민

---

10) 편집자 자체 작성.

다목적체육관 동네헬스장 동네카페 동네스튜디오

동네책방 동네창작소 공유주방 동네세탁소

협동조합형 공공지원민간임대주택 위스테이[11]

간임대주택과 비교하여 본 사업의 특징을 들여다보자. 통상 건설사가
담당하는 사업주관사의 역할을 사회적기업이 담당하였다. 임대료는 사
업공모의 기준이 되는 시세대비 90%이하 조건에서 추가적인 임대료
인하로 시세대비 80%이하로 공급하였고, 2022년 현재 시세대비 45~
60%에 공급되고 있다. 본 사업의 가장 큰 특징은 다양한 입주자 참여
다. 아파트 입주자들은 입주자만으로 구성된 사회적협동조합에 가입한
다. 협동조합은 아파트 입주 시점에 주택도시기금의 출자금 일부와 민
간사업자의 지분을 인수하게 된다. 입주자는 임차인인 동시에 조합원

11) 편집자 자체 작성.

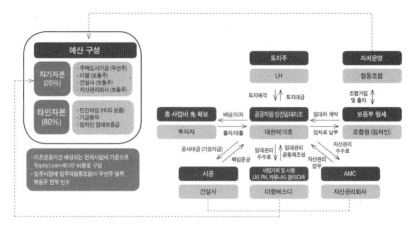

협동조합형 공공지원민간임대주택 위스테이 사업구조도[12]

으로서 아파트를 간접소유하게 된다. 입주자는 공급단계에도 참여한다. 사업주관사, 조합원, 공간퍼실리테이터, 설계사무소가 모여 커뮤니티시설과 운영 계획을 함께 세운다. 입주 전 워크숍, 소모임을 통한 입주자간 관계형성, 정관 및 규약 제정 등의 커뮤니티디자인 프로그램도 진행한다. 별내의 경우 9개월간 총 46번의 모임을 통해 커뮤니티 디자인을 진행했다.

(3) 지역 귀농·귀촌 전원 유형

서울·수도권 등 대도시로의 인구집중으로 지역은 소멸 위기에 놓여 있다. 한편, 코로나19 이후 재택근무, 원격근무가 활성화하며 기업의 새로운 근무 형태로 워케이션(Work, vacation의 합성어로 휴가지에서 근무하는 새로운 근무 형태를 뜻함)이 발달하고, 갭이어, 한달살이 등의 롱스테이 문화가 확대되고 있다. 이는 거주소재지를 옮겨 이사하는 정주인구가 아닌 새로운 형태의 중·장기정착인구라고 볼 수 있다. 또한 최근에는 베이비부머 세대를 중심으로 은퇴 후 지역으로 귀농·귀촌

---

12) 편집자 자체 작성.

LH 전남 구례 귀농·귀촌 주택개발리츠 사업13)

하고자 하는 가구가 증가하고 있으며, 관계인구 기반의 이전수요도 생기고 있다. 하지만 지역은 새로운 형태의 수요자들을 맞이할 준비가 부족한 실정이다. 일거리, 문화, 의료 등의 인프라 부족으로 인해 새로운 형태의 중·장기정착수요에 적절하게 대응하지 못하고 있다. 또한, 지역은 사업성 부족으로 인해 적정 품질의 주택 개발이 이루어지지 않아 대부분의 주택이 노후화되어있다. 귀농·귀촌 및 중·장기정착을 희망하는 수요자들이 거주할만한 공간이 부족한 것이다. 따라서, 새롭게 형성되는 거주수요들을 수용하고 이를 지역의 새로운 활력으로 이끌어내기 위해서는 이들을 끌어들일만한 공간이 필요하다.

지역 농어촌형 주거모델로 LH공사에서 진행한 전남 구례 귀농·귀촌 주택개발리츠사업이 있다. 26세대 귀농·귀촌인을 위한 단독주택으

13) 한국토지주택공사, "LH, 귀농귀촌 주택개발리츠 최초로 전남구례 주택건설 착공", 한국토지주택공사 누리집 보도자료, https://www.lh.or.kr/bbs/view.do?sCode=user&mId=280&mPid=279&pageIndex=&bbsSeq=44&nttSeq=3210&searchOpt=NT T_SJ&searchTxt=, (2022. 7. 14), 5.

로, 금융사와 건설사가 공동 투자하여 설립한 주택개발리츠가 사업시
행주체가 된다. LH공사는 리츠 AMC(Asset Management Company. 자
산관리회사)로 참여하여 주택용지를 공급하고, 지자체는 행정지원과
커뮤니티 프로그램 연계사업을 통해 입주민의 정착을 돕는다. 공동체
를 위해서 공용 농기구 창고, 다목적실, 공동 텃밭이 공급되며, 귀농·
귀촌을 희망하는 누구나 신청 가능하다.

III. 새로운 주택공급모델 안착을 위한 개선방향

1. 공모 체계 개선

가. 운영 및 커뮤니티 중심의 사업기준 마련 및 적용

현재 공공분양, 공공임대 등 공공주택사업 및 택지지구 내에서의
민간 공모사업에서 운영기간 및 커뮤니티 등 수요자 중심에 대한 고려
가 이루어지지 않고 있다. 그간 물량 중심의 공급이 이어져, 운영 및
개별 입주자의 삶의 질을 기준은 사업의 주요지표가 되지 않았기 때문
이다. 커뮤니티 시설과 커뮤니티 프로그램, 주거 서비스 등 운영과 직
결되는 주거서비스에 대한 입주자들의 니즈는 점점 증대되고 있다. 그
럼에도 불구하고, 현재의 건설사업자 중심의 사업은 커뮤니티 시설과
프로그램, 주거 서비스 부문에 대해서 형식적이고 행정적인 수준의 제
품·서비스 공급에 그치고 있다.

이에는 다양한 이유가 있겠으나, 가장 본질적으로는 공모 발주의
주체가 되는 공공의 인식 부족, 그에 따른 주거서비스와 운영 계획에
대해 방점이 실리지 않은 공모 지침 및 평가 기준, 이를 적확히 평가할
수 있는 심사위원의 미선임 등이 주된 이유일 것이다. 이를 보완하기

위해, 실질적이고 효과적인 운영 계획과 주거 서비스 계획을 민간 사업자가 제안하도록 하며, 이 부분에 공모의 당락을 좌우할 정도의 실질 점수를 배정할 필요가 있다. 또한, 커뮤니티 운영 및 주거 서비스에 대해 정확히 평가할 수 있는 심사위원을 위촉하는 방향으로 공모 제도를 개선할 필요가 있다.

또한 운영 및 커뮤니티 중심으로 사업기준이 마련되어야 한다. 예를 들어, 커뮤니티공간 마련을 위한 별도 도급공사비를 책정할 수 있다. 마을 및 지역 공동체를 조성하고 활성화하기 위해서는 공동체가 실제로 필요로 하는 품질·규모·시설을 갖춘 커뮤니티시설에 대한 설계 및 시공이 필수적이다. 이는 필연적으로 커뮤니티시설 법정 규모와 품질을 넘어서게 된다. 따라서, 아파트 및 상가를 건설하는데 대부분의 비용이 투입되는 도급공사비 계정과 별도로, 커뮤니티시설의 인테리어 및 집기 비품에 사용될 수 있는 별도의 커뮤니티시설공사비 계정이 신설될 필요가 있다. 만약 계정이 분리되지 않은 채 하나의 도급공사비로 입찰이 진행될 경우, 아파트와 별개로 커뮤니티시설 품질 강화를 위해 동 비용을 높게 책정한 컨소시엄사일수록 도급공사비 경쟁력은 떨어지게 되는 역설적인 상황이 발생할 수 있다.

나. 공공성 평가지표 다양화 및 실현정도에 따른 차등적 인센티브 부여

현재 공모사업의 평가 지표는 임대기간, 임대료, 주거품질 등에 특정 지표에 국한되어 있으며, 운영 및 커뮤니티 활성화를 위한 재원 투입 및 계획은 평가 가점으로 인정되지 않는다. 새로운 주택공급모델이 가능하기 위해서는 임대기간, 임대료, 주거품질, 자산축적 가능성을 포함한 운영 및 커뮤니티에 대한 평가지표 다양화가 필요하다.

또한 민간임대주택 사업의 경우, 현행 10년의 임대의무기간 이상으로 임대기간을 강화할 경우 이에 대한 가점을 충분히 부여하고, 임대료도 시세 80% 이하를 기준으로 하되, 임대료를 이보다 추가적으로 낮출 경우 가점을 주는 방안을 적용하여 공공성 실현정도에 따라 차등적으로 평가할 필요가 있다. 또한, 공모사업자 당선 이후 추가적인 공공성 강화가 있을 경우, 이를 반영하여 주택도시기금 출·융자의 직접금융지원 및 보증을 통한 간접금융지원의 정도를 차등화하여 사업자의 공공성 강화에 대한 차등적 인센티브를 부여할 필요가 있다.

2. 사업주체 개선

가. 시행·시공 분리 및 개발주체 다양화

서구와 북미에서는 사업의 구조를 설계하고 이끌어 나가는 '시행자(developer)'와 건설을 담당하는 '건설사업자(constructor)'의 역할이 구분되어 있다. 시행자는 사업의 실질적인 조율자이자 주인으로서 건설사업자를 비롯한 다양한 참여자들을 고용하고 지휘하며, 통제하는 역할을 담당한다. 건설사업자는 시행자 또는 시행자가 투자한 특수목적법인으로부터 시공과 관련한 권리와 의무를 부여받아 실제 시공을 수행하는 역할을 한다. 시행자와 건설사업자 사이에는 본원적으로 긴장관계가 형성되어야 하고, 이에 의해 도급공사비에 대한 협상 및 품질수준에 대한 관리 감독이 자연스럽게 이루어져야한다.

한국의 경우 전통적으로 시행자와 건설사업자가 분리되지 않은 채 건설산업이 성장해 왔고, 이에 의해 대기업 건설사들이 시행의 역할까지 겸해 왔다. 공공지원 민간임대주택 사업과 같이 특수목적법인을 활용하는 사업에서 시행과 건설의 역할이 구분되지 않으면, 건설사업자는 특수목적법인에 자본을 투자하여 법인을 지배하고, 이에 의해 본인 스스로를 건설을 수행하는 주체로 선정하게 된다. 이에 따른 당연한 귀결로, 건설사업자는 재무 구조가 허락하는 한도 내에서 가장 높은 도급공사비를 책정하게 된다. 시행자와 건설사업자를 분리하는 간단한 작업만으로도 건전한 긴장관계를 형성할 수 있고, 이에 따라 도급공사비를 적절히 협상하여 전체 사업비를 줄여낼 수 있다. 이런 작업을 통해 낮춰진 전체 사업비는 보다 낮은 임대료 책정을 가능하게 하고, 이는 최종 수혜자인 시민의 이익으로 귀결된다.

개발주체를 민간건설사에 국한하지 않고, 사회적기업, 입주자협동조합 등 다양한 사회적경제주체로 확장한다면, 기존 민간건설사 중심 공급구조에서의 문제를 상당 부분 해소할 수 있다. 또한, 임대·운영기간을 포함한 전체 사업기간의 사업PM역할을 할 수 있는 사업자를 사업주관사로 선정할 수 있다. PM역할을 맡는 사업주관사는 공적 주택(공공임대 및 사회주택 등)을 시행 또는 운영한 경험이 있고, 커뮤니티 운영 등에 있어서도 역량 있는 업체로 구성하고, 개발기간 및 운영기간 동안 사업의 취지와 성격이 온전히 유지될 수 있도록 역할을 수행한다.

나. 출자주체 다양화를 통한 개발이익 분배체계 개선

현재 공공지원민간임대주택은 시공사 등 민간기업이 자본이익을 수령하고 있다. 공공지원민간임대주택사업이 순수하게 민간의 책임과 계산으로 진행되고 민간이 순수하게 리스크를 부담하는 것이라면 그에 대한 반대급부로 이익 또한 정당화될 여지가 있겠으나, 공공지원민간임대주택사업의 경우 감정가·조성원가 수준의 택지공급, 주택도시기금의 2~3% 장기·저리 자금의 총사업비 90~96% 충당 등 높은 수준의 공공지원이 이루어지는 만큼 적절한 수준으로의 통제는 필수적이라고 판단된다.

이익의 절대크기보다 이익의 귀속주체가 중요하다. 다양하고도 압도적인 수준의 공공지원이 이루어지는 데 비해 이익은 전체사업비의 극히 일부만을 투입한 특정 민간사업자에게 귀속되는 사업구조가 유지되고 있다. 공공지원민간임대주택사업은 대부분 특수목적법인을 활용하고, 자본을 투입해 해당 특수목적법인의 보통주를 취득하는 주체가 자연스럽게 청산 시 배당이익을 수취해 가는 구조이기 때문에, 보통주의 소유주체를 다변화하는 것만으로 이익의 상당 부분을 환수하는 것이 가능하다. 예를 들어 자본이익을 수령하는 주체를 민간사업자가 아닌 공공·입주자·일반시민으로 다변화할 수 있다.

예를 들어, 사업시행주체는 특수목적법인이 담당하되, 해당 법인의 보통주 주식을 개별임차인이 획득할 수 있다. 임차인이 주식의 일부를 취득하도록 하고, 실거주자 후 주택가격 상승에 따른 혜택을 공유 받는다. 이는 실제 국토부가 2020년 5월 발표한 '수도권 주택공급 강화방안'에 포함된 내용이다. 한편, 입주자로 이루어진 협동조합이 이익수취의 대상이 될 수도 있다. 입주자가 결성한 사회적협동조합이 입주시점에 특수목적법인의 보통주 전부를 인수하고, 자산 처분시점에 실현된 자본 이익은 협동조합에 귀속되어 입주자 공동체 및 지역사회를 위한 자금으로 사용될 수 있도록 한다. 협동조합을 '협동조합기본법'상 사회적협동조합으로 한다면 개발이익을 개별 조합원에게 배당할 수 없어 특혜 논란을 일부 불식할 수도 있다. 남양주 별내지구와 고양 지축지구에서 국토교통부 시범사업으로 시행된 '협동조합형 공공지원 민간임대주택' 사업으로 기 시행된 바 있다. 공공의 지분참여로 LH공사 및 지자체도시공사가 출자할 경우 사업이익을 공공기관에 귀속시킬 수 있다. 마지막으로, 해당 특수목적법인의 보통주 전부 또는 일부를 주식시장에 공모 상장하는 방법도 가능하다. 이를 통해 일반 시민이 손쉽게 접근할 수 있도록 하여 개발이익이 일반 시민 모두에게 귀속될 수 있는 구조를 설계할 수도 있다. 실제 인천십정구역의 공공지원민간임대주택 사업은 리츠구조로 주식상장되었다.

3. 금융조건 개선

가. 공공성을 기준으로 한 금융지원

현재 정부의 금융지원은 대출 차주를 기준으로 수요자금융과 공급자금융이 나눠어 있다. 주택구입자금 및 전세보증금 지원 등의 수요자금융과 사업자의 PF대출(Project Financing. 프로젝트파이낸싱), 매입자금대출 등의 공급자금융으로 구분된다. 이로인해 같은 성격의 주택일지라도 사업의 진척도에 따라 소유권자가 개인인지 사업시행주체인지에 따라 금융지원도 바뀌게 된다. 예를 들어 현행 임대주택 법제에 따르면 의무임대기간이 종료되면 금융지원 또한 종료되는데, 이는 법인 임대사업자에서 개인으로 소유권이 이전되고 대출 차주가 변경되기 때문이다.

이 같은 대출 차주를 기준으로 수요자금융과 공급자금융을 나누는 형태의 칸막이식 금융지원은 공공성 있는 주택을 확보하는 데에 효과가 떨어지며, 공공성을 유지하는 데에 장애가 된다. 따라서, 금융지원 시 대출 차주가 아닌 해당 주택의 공공성을 기준으로 하는 것이 바람직하다. 주택의 공공성과 금융지원을 연계하여, 해당주택의 공공성을 유지할 경우 주체와 관계없이 금융지원을 지속하는 체계를 마련할 필요가 있다. 수요자금융과 공급자금융을 연계하여 주택의 공공성이라는 기준아래 단일하게 작동하는 모델을 구축하는 것이 필요하다.

나. 국가보증공사 간접금융지원 확대 및 상품 다양화

주택개발사업에서의 금융주체의 역할은 더욱 중요해지고 있다. 개발사업의 규모가 커지고, 사업위험이 다양화됨에 따라 금융주체는 개발사업의 보조자 역할이 아닌 사업 주도권을 가진 핵심적 역할을 수행하게 되었다. 따라서 주택의 공공성 확보를 위해서 적절한 금융지원은 필수적이다. 금융지원은 사업에 공공자금을 직접 출·융자하는 직접금융방식과 부도 등 사업리스크에 대해 보증하는 간접금융방식이 있다. 이때 금융지원은 같은 재원으로 더 큰 효율을 만들 수 있는 방법을 택해야 하며, 민간과의 협업을 통한 공공 금융지원의 승수효과를 극대화하기 위해서는 PF대출(Project Financing. 프로젝트파이낸싱) 등의 민간 금융조달방식에의 적극적 활용이 필요하다.

한국의 부동산개발은 착공 후 개발 기간 중 사업자금조달을 PF대출(Project Financing. 프로젝트파이낸싱)을 통해 마련하는데, 민간 영리사업의 경우 시공사의 신용공여가 PF대출 조달의 중추적인 역할을 한다. 시공사는 신용공여를 제공하는 대신 공사도급 권한과 신용공여에 따른 이익을 수취하게 된다. 공공성을 확보하기 위해서 사업의 재무적 지출을 줄이고, 신용공여주체로서의 시공사 역할을 국가보증공사의 간접금융지원으로 대체할 수 있다.

현재 국내 부동산금융과 관련된 국가보증공사는 주택도시보증공사(HUG)와 한국주택금융공사(HF)가 있다. 주택도시보증공사(HUG)는 주택수요자 금융지원 상품으로 버팀목대출, 디딤돌대출 실행하고 있으며, 주택공급자 금융지원을 위해 주택도시기금 수탁관리에 따른 공급자 출·융자를 담당(공공지원민간임대주택)하고 있다. 한국주택금융공사(HF)는 주택수요자 금융지원 상품으로 보금자리론을 실행하고 있으며, 서울시 2030 역세권청년주택, 부산시 희망더함아파트 등 지자체의 임대주택 정책과 연계한 사업자 금융지원을 하고 있다. 이외에도 양 공사는 전세자금대출지원, 분양보증 등 다양한 수요자 및 공급자 금융지원 역할을 하고 있다. 국가보증공사는 그 역할을 확대하고, 공공성이 담보되는 주택사업에 다양하게 간접금융지원을 해야 한다.

참고문헌

김도균, 한국 복지자본주의의 역사 : 자산기반복지의 형성과 변화, 서울대학교출판문화원 (2018)

김명수, 내 집에 갇힌 사회: 생존과 투기 사이에서, 창비 (2020)

여유진 외, "한국형 복지모형 구축: 복지환경의 변화와 대안적 복지제도 연구", 한국보건사회연구원 (2017)

최경호, "주거체제로 본 사회주택: 주거 안정과 사회 통합을 위한 공급 생태계 다변화의 초석", 동향과 전망 제111호 (2021)

강미나 외, "2020년도 주거실태조사(일반가구 연구보고서)", 국토연구원 (2021. 5)

https://www.londonnest.com/locations/the-collective-old-oak/ (2023. 5. 27. 검색일)

https://urbannext.net/kampung-admiralty/ (2023. 5. 27. 검색일)

한국토지주택공사, "LH, 귀농귀촌 주택개발리츠 최초로 전남구례 주택건설 착공", 한국토지주택공사 누리집 보도자료, https://www.lh.or.kr/bbs/view.do?sCode=user&mId=280&mPid=279&pageIndex=&bbsSeq=44&nttSeq=3210&searchOpt=NTT_SJ&searchTxt=, (2022. 7. 14)

에필로그

유욱 편집위원장

1. 들어가며

최근 전세사기 사건으로 많은 피해자가 나오고 이에 대한 구제입법의 필요성에 대하여 사회와 국회 차원에서 논의가 진행되고 있다. 주거취약계층의 불안정한 상태가 단적으로 드러난 전세사기 사건은 우리 사회 주거의 어두운 민낯을 보여주고 있는바, 이런 현실은 주거공익법제에 대한 연구와 입법적 개선이 시급한 과제임을 말하는 것이기도 하다. 공익법총서 제9권은 집값이 급상승하여 우리 삶의 기본이 되는 주거가 많이 불안해지는 상황 속에서 기획되었다. 주거불안은 특히 젊은 세대에게 지극히 부정적인 영향을 주어 단적으로 여성 1인의 합계 출산율 0.78이 세계 최저 출산율이라는 충격적인 현실을 우리는 마주하고 있고 이러한 처지에 놓이게 된 주된 이유 중 하나가 주거불안 문제라는 뒤늦은 깨달음은 공익법총서 제9권을 기획한 계기가 되었다. 우리 사회의 근간을 무너뜨리고 있는 출산율의 문제에 대하여 태평양과 동천이 무언가 대응할 필요가 있고 그 주된 원인 중 하나인 주거불안에 대하여 공익법의 관점에서 다룰 시급하고 중대한 필요가 있다는 생각으로 공익법총서 제9권을 기획한 것이다.

편집기획은 다른 공익법총서와 달리 2년 전에 시작되었는데, 그만큼 주거공익법제를 공익법총서로 다루어야 할 시급한 필요가 있었다고 하겠다. 반면 집필진을 확보하는 과정에는 생각하지 못한 어려움이 있었는데, 그것은 주거공익법제 관련 전문가들 중에서 법률가를 찾기 어려웠다는 점이다. 최초 실무진이 만들어 온 기획안의 집필진에는 법률가가 한 사람도 없었는데 이는 많이 당혹스러운 일이었다. 주거공익법제 관련하여 도시계획, 건축, 사회주택 업계 등 전문가 이외에 법률전문가의 관여가 거의 없었다는 말인데, 이것이 주거공익법제의 현실인가 생각해 보지 않을 수 없었다. 주거 자가 소유자가 아닌 국민이 전국민의 절반에 조금 못 미친다고 보면, 주거취약계층은 최소한 1천만명 이상인데, 이들의 삶의 기본이 되는 주거공익법제의 법률전문가는 왜 찾아보기 어려운 걸까? 이것이 공익법총서 제9권을 기획하면서 가지게 된 첫 물음이었고 공익법총서 제9권의 편집과정은 이 물음에 대한 답을 찾는 과정이기도 했다.

책을 마무리하는 단계에서 다시 확인하는 것은 주거공익법제 전체 그림을 가지고 있는 전문가와 법률가를 찾기 어렵다는 점이다. 공익법총서 제7권 때도 편집을 마무리하며 기업 공익재단법제의 큰 그림을 가진 법률가를 찾기 어렵고 그런 문제들이 기업 공익재단법제의 개선작업을 힘들게 하는 요인이라는 생각을 가지게 되었는데, 주거공익법제연구를 마무리하는 단계에서도 비슷한 생각에 도달하게 된 것이다. 주거공익법제를 법적으로 보면 부동산법제에 대한 포괄적인 이해를 바탕으로 공공임대법제, 민간임대법제, 사회주택법제 및 주거 관련 금융법제와 세제 등을 종합하여야 하는데, 이런 법률가를 거의 찾기 어려운 것이 현실인 것이다.

다른 한편, 공익법총서 제9권은 주거공익법제를 그간 천착하여 온 도시계획, 건축 및 사회주택 업계 전문가들과 법률가들이 협업을 통하여 주거공익법제에 관하여 비교적 광범위한 주제를 포괄적으로 다루는 책을 만든 첫 작업이라는 의의를 가지고 있다. 첫 작업인 만큼 미진한 부분이 없지 않겠지만, 이제까지 주거공익법제를 정리하고 문제점과 개선과제를 포괄적으로 살펴보았다는 데서 공익법총서 제9권의 의미를 찾을 수 있을 것이다.

에필로그를 작성하는 필자 역시 주거공익법제 전문가는 아니지만, 굳이 에필로그를 작성한 이유는 '구슬이 서 말이라도 꿰어야 보배'라는 말과 같이 주거공익법제라는 큰 그림을 종합하려는 시도가 필요하고 특히 논문 저자들이 제시한 제안들을 종합하여 향후 주된 과제를 도출하고 공유할 필요가 크다고 생각하였기 때문이다.

2. 주거공익법제로 제목을 정한 이유

편집과정에서 어쩌면 처음부터 책을 마무리하는 단계까지 편집위원 사이에도 완전히 같은 이해에 도달하지 못한 것은 사회주택을 어떻게 정의할 것인가 하는 문제와 공익법총서 제9권이 다룰 주거공익법제의 대상을 어떤 범위로 할 것인가 하는 문제였다. 최초 기획 단계에 공익법총서 제9권의 제목은 "사회주택법제연구"였는데, 편집위원회 회의 과정에서 사회주택을 어떻게 정의할 것인지 논의를 거쳐 협의의 사회주택, 즉 사회적기업 등 주거취약계층을 위하여 민간 주체가 건설한 공공주택에 한정하지 아니하고 공공임대주택을 포함하여 보다 넓은 의미에서 주거취약계층을 위한 공공주택을 포괄하는 것으로 정리하면서 공익법총서 제9권의 제목도 "주거공익법제연구"로 정하게 되었다. 협의의 사회주택이 지난 10여 년 노력의 결과 5,000개 정도의 규모에 도달하였으나, 이 정도 규모는 우리 사회 주거취약계층의 주거로서 아주 적은 부분에 불과하기 때문에 170만 개에 달하는 공공임대주택과 나머지 취약계층을 위한 주거에까지 범위를 넓혀 다룰 필요가 있다는 점에 편집위원회의 공감대가 있었기에 보다 광범위하게 주거취약계층을 위한 주거법제를 다룬다는 의미에서 "주거공익법제연구"라는 제목으로 정한 것이다.

3. 비교법

공익법총서 제7권 기업공익재단법제의 비교법 관련 논문을 작성하는 과정에서 겪었던 어려움은 7권 편집위원장의 글에서 밝힌 바 있는데, 공익재단법제에 관여하는 국내법만 하더라도 민법, 공익법인법, 기부금법, 세법, 공정거래법 등 다수여서 그 전체 그림을 이해하는 전문가가 거의 없을 정도이다 보니, 외국의 기업공익재단법제를 외국법 전문가 한 사람이 소화한다는 것이 지난한 일이라는 것을 체감하지 않을 수 없었다. 공익법총서 제9권 비교법 부분 역시 다르지 않아서 영국, 미국, 프랑스 세 나라의 주거공익법제에 대하여 해당 부분의 필자께서 최선을 다한 결과 기대 이상의 성과를 거두기는 하였으나, 법제적 측면에서 첫 작업이라는 한계가 있어서 앞으로 많은 과제가 있다는 점을 인식하게 되었다. 이하에서 비교법 관련 논문을 주요한 제안 중심으로 간략하게 살펴본다.

김지은은 "미국 사회주택 제도 고찰 및 시사점"에서 미국 사회주택의 역사적 전개에 있어서 중요한 전환점을 가져온 연방정부의 사회주택 지원 제도를 소개하고 미국 사회주택의 3분의 1을 공급하는 비영리 민간주체의 성장 과정과 영리 주체와의 경쟁 및 보완 관계를 살펴보고 있다. 이 논문에 따르면 사회주택의 건설과 운영 재원은 여전히 연방정부에 크게 의존하는바, 사회주택에 대한 연방정부의 지원은 저소득층 지원에 주로 투입되는 주택 및 도시개발부(HUD) 예산뿐만 아니라 국세청의 사회주택 투자세액공제(LIHTC), 다세대주택 면세채권, 공적 모기지 보증 및 유동화 기관에 부과되는 수수료 형식의 국가주택기금 등으로 다각화되어 있다. 미국 사회주택 제도의 가장 중요한 특징은 이처럼 자본시장 및 부동산 시장과 긴밀히 연계된 지원 제도를 통해 사회주택 정책의 수혜층을 공급자와 수요자뿐만 아니라 자본시장의 금융투자자, 투자중개기관 등으로 확대하고 있다는 점이다.

김정섭은 "영국의 사회주택 제도 고찰 및 시사점"에서 영국의 사회주택 제도의 역사와 개요를 소개하고 있는바, 특히 정부 주도로 이루어지던 사회주택 건설 및 지원이 1980년대 이후 정부의 역할이 축소되고 민간 주택협회의 역할이 강화된 점, Right to Buy, 유연 임대차 및 부담가능임대료 제도 도입을 통한 사회주택 관리의 유연성 및 효율성 제고 등 주요 시사점을 정리하고 있다.

최민아는 "프랑스 사회주택 제도 고찰 및 시사점"에서 프랑스 사회주택 공급의 법적 근거, 관련 법률의 주요 내용, 사회주택 공급 활성화를 위한 최근 제정 법률의 내용과 관련 체계에 대해 살펴보고 있다. 프랑스 사회주택은 서민층 뿐 아닌 중산층까지 입주대상으로 포괄해 대중모델의 특성을 지니고 있는바, 특히 대부분의 지자체가 2025년까지의 25%의 사회주택을 보유해야 하는 법적 의무가 있다는 점은 우리 주거공익법제에 시사하는 바가 커 보인다.

4. 주거공익법제 역사, 성과, 문제점과 개선방안

진희선은 "우리나라 공공주택 정책 총론"에서 공공주택의 지난 성과, 한계와 문제점 및 개선방안을 살피고 있다. 정부가 1980년대부터 '임대주택건설촉진법'을 제정하는 등 제도 마련과 재정 투자, 세제 및 금융지원을 통해 공공주택 공급에 힘쓴 결과 공공임대주택 173만여호 (총 주택수의 8.15%)에 이르러 OECD와 유럽 국가의 공공임대주택 평균 비율을 넘어서는 등 짧은 기간 안에 물량 면에서는 큰 성과를 이루었고 공공임대주택 공급유형도 영구임대, 국민임대, 행복주택, 매입임대, 전세임대, 청년주택 등 다양하게 발전해왔다. 이 논문은 주택시장이 요동치고 있는 지금 변화하고 있는 시대적 수요에 대응할 수 있는 새로운 유형의 공익적 주택을 시도하여 우리 실정에 맞게 정착될 수 있도록 노력할 것과 오랜 경험과 노하우가 축적된 해외 선진 사례를 연구하여 저소득 취약계층의 주거안정을 이룰 수 있는 획기적인 개선안과 법제도를 마련할 것을 역설하고 있다.

김경목은 "헌법상 주거권과 사회주택"에서 인간다운 생활을 위한 주거의 최저선 확보를 위해 '쾌적하고 안정적인 주거생활을 할 권리' 또는 '존엄하고도 적절한 주거를 보장받을 권리'를 헌법상 기본권인 주거권으로 명시하는 헌법 개정을 제안한다. 이 논문은, 주거권은 단순히 국가가 시혜적으로 국민에게 베푸는 것이 아니라 인간다운 삶의 보장을 위하여 모든 국민에게 보장되어야 하는 기본권이라는 점에서 헌법에 주거권을 명시적으로 규정하고 사법적 심사의 강화를 통해 주거권의 적극적 실현이 이루어져야 한다고 주장하고 있다.

최계영은 "공공주택특별법 개정 연구"에서 공공주택특별법과 사회주택의 관계를 고찰하고, 사회주택 활성화를 위한 공공주택특별법 개정방안을 모색하고 있다. 장기적으로는 공공주택특별법을 개편하여 광의의 사회주택에 관한 사항을 하나의 법률에서 규정하는 방향이 바람직하겠지만, 단기적으로는 기존 법체계를 유지하되 개별 법률에 사회주택에 관한 규정을 강화하는 방향이 바람직하다고 주장하고 있다. 구체적 제안으로, 공공주택특별법에 사회적 경제 주체가 공공임대주택을 위탁·관리하는 유형의 근거를 마련하여야 한다는 점, 사업방식이 구체적이고 명확하게 규정되어야 한다는 점, 민간임대주택법에 기초한 사회주택과 달리 사회적 경제 주체는 위탁·관리만을 맡는 것이므로 다소간 자격요건을 완화할 수 있다는 점, 입주자격은 형평성이 중요하나 입주순위는 유연화할 수 있다는 점, 매입임대주택의 운영을 사회적 경제 주체에게 맡기는 방식의 장점을 살릴 보다 적극적인 규율(공동체 활동을 위한 공간이나 프로그램 운영비용의 반영 등)이 필요하다는 점 등을 제안하고 있다.

남원석, 진남영은 "공공임대주택 개념의 재설정을 통한 법제 개선 방향"에서 공공임대주택의 제3세대 개념으로서 민간비영리/제한적 영리조직의 참여를 상정하고 그에 근거한 법률 개정 방향을 제시하고 있다. 단순히 민간비영리/제한적 영리조직을 공공임대주택 공급에 참여시키는 것만으로 문제를 해소하기는 어렵고 분권과 협력에 기반한 공급체계라는 큰 틀에서 공공주택사업자의 다양성이 고려되어야 근본적인 변화가 가능하다고 하면서 이를 위해 지방자치단체가 주도하는 계획체계, 공공부문과 민간부문에 대한 동일한 수준의 지원, 전담기관 설치를 통한 사업자 등록제 및 관리·감독 수행 등 여러 제도적 장치들이 법률 개선방향으로서 모색될 필요가 있음을 제안하고 있다.

도건철, 이희숙, 김윤진은 "민간임대주택에 관한 특별법 개정 연구"에서 민간임대주택법은 민간 임대주택을 규율하기 위한 법령이나 민간임대주택 공급 확대에 정부의 상당한 지원이 이루어지는 만큼, 공공성을 담보하고 주거권 증진에 기여할 수 있는 방향으로의 개정이 필요하다고 하면서 사회주택의 법제화와 공공지원민간임대주택의 공공성 강화, 임대사업자에게 부과되는 보증가입 의무에 관한 쟁점과 개선방안을 검토하고 있다. 결론으로, 첫째, 사회주택 공급 및 운영의 체계성 및 지속가능성을 담보하기 위하여 그 법적 근거 및 공급주체, 소유관계, 공급대상, 공급기간, 지원방안 등을 규정할 필요가 있고, 둘째, 공공지원민간임대주택의 임대의무기간 경과 후 매각 시 입주자에게 우선분양권을 부여하는 것이 바람직하나, 궁극적으로는 매각보다 임대를 지속할 주체가 확대될 필요가 있으며, 셋째, 토지임대부 사회주택에 대하여 임대보증금 보증 의무 가입의 예외를 규정하기 위하여는 임차인을 보호할 수 있는 다른 방안을 마련하는 것이 필수적으로 병행될 필요가 있는데, 공공이 매입확약, 공동 보증 등을 포함하여 임차인 보호를 위한 적극적 역할과 책임을 다할 필요가 있다고 제안하고 있다.

염철호는 "사회주택 현황 및 제도개선 방안 연구"에서 사회주택의 정책적·제도적 쟁점을 공급 및 운영주체, 사업추진체계, 지원의 지속성 및 실효성, 그리고 사회주택에서의 거주가치 구현이라는 4가지 측면에서 살펴보고 있다. 이를 바탕으로 사회주택 정책과 제도개선 방안으로 첫째, 공급 및 운영주체의 확대 및 역량 강화 방안, 둘째, 매입약정형 방식과 토지임대부 방식을 중심으로 사업추진체계의 다양화 및 유연화를 위한 개선 방안, 셋째, 사업예측의 불투명성 해소, 공공주택사업자 등의 지원역할 강화, 지자체 등 관련 주체간 협력체계 강화 등 지원의 지속성 담보 및 실효성 제고를 위한 방안을 제안하고 있다.

남철관, 한준섭은 "사회주택 운영 제도 연구"에서 사회주택의 활성화를 위해 운영주체, 지원정책, 입주자 공동체 등 측면에서 현황과 문제점, 해외사례, 개선방안을 제시한다. 사회주택을 규정하는 법률적 근거가 없는 상황에서 일부 지방자치단체의 조례에 의존해서 사업을 추진해온 곳을 지적하며 민간임대주택특별법의 개정이나 별도의 기본법 제정을 통해 안정적인 건설자금과 토지지원, 입주자 맞춤형 운영관리의 근거를 마련할 것을 제안하고 있다.

양동수, 이윤형은 "주거패러다임 전환을 위한 새로운 공급모델 분석과 개선 방향"에서 새로운 공급모델의 예와 함께 이를 도입하기 위한 공모체계, 사업주체, 금융조건 영역에서의 개선방향을 제안하고 있다. 최근 토지임대부, 지분적립형, 이익공유형 분양주택 등이 대안적 공급모델로서 새롭게 시도되고 있는데, 이들 모델들은 소유와 임차의 '중간형 공급모델'이란 특징을 가지고 있다. 이러한 '중간형 공급모델'들은 수요자의 생애주기, 입지에 따라 다양한 모델로 구체화될 수 있는바, 이를 위해서는 관련 정책의 변화 또한 필연적으로 수반되어야 한다고 주장한다.

5. 과제

책을 마무리하며 먼저 떠오르는 생각은 우리 공공임대주택이 OECD 중간 이상이라고 함에도 최근 전세사기 등 주거취약계층의 주거불안문제가 심각해 보이는 것은 왜일까 하는 것이다. 관련하여 공공주거의 절대공급물량 자체가 중요한데, 미국 등의 예에서 보듯이 그 재원의 많은 부분은 정부에서 나올 수밖에 없고 이 점에서 역대 정부의 주거복지 관련 예산의 규모와 구성을 살펴보고 그 한계와 문제점, 개선방안에 대한 검토가 추가적으로 필요하다는 생각을 하게 된다.

프랑스 주거공익법제에서 인상적인 것은 지방정부에 2025년까지 사회주택 25% 공급의무를 부과하고 있는 것인데, 관련하여 주거공익법제의 큰 그림과 로드맵을 누가, 어떻게 그리고 있고, 정부와 민간은 어떻게 역할을 분담하여 협력하고 있는가 하는 문제를 추가적으로 살펴볼 필요가 있다는 생각에 이르게 한다. 또한 지방정부의 역할과 비중을 어떻게 높여갈 것인가 하는 문제도 보다 심도 있는 추가 검토가 필요할 것으로 생각된다.

영국이 1980년대 이후 민간 주도로 사회주택 공급 시스템을 변화시켜 간 것과 미국의 비영리법인과 영리법인에 의한 사회주택 공급시스템 역시 민간의 역할과 비중 제고라는 측면에서 주목되는바, 특히 영국과 프랑스 등 나라에서 사회주택 공급의 중심축을 이루고 있는 주택협회와 관련하여 좀 더 상세한 연구가 필요하다고 생각된다. 주택협회는 비영리법인으로 전국적으로 산재하며 사회주택 공급과 유지, 운영의 중심역할을 하고 있는바, 주택협회가 이러한 중심역할을 하게 된 배경과 경위, 그 구체적인 조직 및 거버넌스 구조, 법적 근거, 재원, 주된 사업, 정부와의 관계 등을 심도 있게 검토하여 향후 우리 사회에서 공공주거의 건설 및 유지, 운영에서 민간의 역할을 높여나가려면 어떠한 정책과 제도가 필요한지 시사점을 찾아낼 필요가 있다고 생각된다.

주거공익법제의 근간을 이루는 공공주택특별법 및 민간임대주택특별법과 관련하여 공익법총서 제9권의 관련 논문들은 주로 사회주택에 한정하여 논의를 전개하였는바, 두 법을 전체적으로 조망하고 그 한계와 문제점, 개선방안을 모색하는 작업도 이후 과제로 설정할 필요가 있을 것이다.

주거공익법제의 미래와 관련하여 토지임대부, 지분적립형, 이익공유형 분양주택 등 소유와 임차의 중간모델이 향후 공공주거의 대안이될 수 있는지 살펴보고 이러한 대안적 모델과 관련하여 비영리 및 영리기업의 역할을 제고하도록 하는 부동산, 세제 및 금융법제 등에 대한 종합적인 검토 역시 향후 과제라고 할 것이다.

마지막으로 장애인, 노인 등 주거취약계층의 주거 법제와 관련하여그 현황과 한계, 문제점과 개선방안을 모색하는 일도 향후 과제중 하나로서 자리매김하여야 할 것이다.

이 모든 향후 과제와 관련하여 강조하고 싶은 것은 법률전문가들의 적극적인 참여가 필요하다는 것으로 바람직한 주거공익법제의 개선이 가능하려면 전체 주거 관련 법제의 흐름을 이해하면서 그 속에서 주거공익법제의 자리를 만들고 개선을 만들어내는 역량 있는 법률전문가들의 역할이 필요한 것이다.

이러한 향후 과제를 위하여 주거공익법제포럼을 구성하고 공공주거 전문가들과 법률전문가들이 주거공익법제의 개선방안을 정기적, 지속적으로 논의하여 갈 필요가 있어 보이며 그 과정에서 주거공익법제의 큰 그림을 준비하는 법률전문가들이 속히 출현하여 주거불안으로 고통 받는 수많은 주거취약계층의 눈물을 닦아주는 그날이 오기를 간절히 기대한다.

집필자 약력

| 김경목 |

서울대학교 법학과 졸업 (1993)

제26기 사법연수원 수료 (1997)

미국 University of California, Berkeley School of Law (J.S.D.) (2010)

김·장 법률사무소 (1997~2001)

헌법재판소 (2002~2020)

법무법인(유한) 태평양 변호사 (2020~현재)

| 김윤진 |

서울대학교 정치학과 졸업 (2017)

서울대학교 법학전문대학원 졸업 (2021)

변호사시험 10회 합격 (2021)

재단법인 동천 변호사 (2021~현재)

| 김정섭 |

서울대학교 지구환경시스템공학부 졸업 (2001)

서울대학교 지구환경시스템공학부 석사 (2003)

미국 University of Florida 도시 및 지역계획학과 박사 (2012)

부산광역시 주거정책심의위원회 위원 (2018~2022)

울산과학기술원(UNIST) 도시환경공학과 교수 (2014~현재)

| 김지은 |

U of Illinois, Urban Planning & Policy, Ph.D. (2010)

㈜두산 전략지원실 차장 (2011~2015)

서울주택도시공사 도시연구원 수석연구원 (2015~현재)

서울시 용산구 도시계획위원 (2019~현재)

한국주택학회 이사 (2021~현재)

한국부동산원 소규모주택정비사업 자문위원 (2023~현재)

| 남원석 |

서울대학교 환경대학원 도시계획학 박사 (2007)

LH토지주택연구원 책임연구원 (2007~2011)

경기연구원 연구위원 (2012~2014)

서울연구원 연구위원 (2014~현재)

| 남철관 |

연세대학교 사회복지학과 졸업 (1994)

서울시립대학교 도시행정학 석사 (2012)

한국외국어대학교 글로벌문화컨텐츠학과 겸임교수 (2018~2020)

서울시사회주택종합지원센터장 (2018~2019)

사단법인 나눔과미래 지역활성화국장 (2006~2023)

지역자산화협동조합 이사장 (2020~현재)

| 도건철 |

서울대학교 법학과 졸업 (1988)

제19기 사법연수원 수료 (1990)

미국 Georgetown University Law Center (LL.M.) (1999)

Gale International Korea 법무담당 부사장 (2008~2009)

한국토지주택공사 해외도시개발자문위원회, 경영투자심사위원회, 스마트

도시수출자문위원회 위원 (2016~현재)

법무법인(유한) 태평양 변호사 (1993~현재)

| 양동수 |

고려대학교 법학과 졸업 (1998)

제37기 사법연수원 수료 (2008)

재단법인 동천 상임변호사 (2009~2015)

고려대, 연세대, 이화여자대학교 법학전문대학원 겸임교수 (2011~2017)

사회혁신기업 더함 대표 (2016~현재)

법무법인 더함 고문 (2019~현재)

재단법인 카카오임팩트 이사 (2017~현재)

재단법인 LAB2050 이사 (2020~현재)

| 염철호 |

부산대학교 건축공학과 졸업 (1995)

일본 교토대학대학원 석사, 박사 (2003, 2006)

일본 주택종합연구재단 특별연구원 (2006~2007)

국가건축정책위원회 전문위원 (2009)

일본 동경대학교대학원 객원연구원 (2017)

건축공간연구원 선임연구위원, 부원장 (2008~현재)

| 이윤형 |

건국대학교 부동산학과 졸업 (2016)

중국은행 기업금융부 (2016~2017)

코람코자산신탁 신탁사업팀 (2017~2020)

사회혁신기업 더함 팀장 (2020~2023)

| 이희숙 |

성균관대학교 법학과 졸업 (2005)

제37기 사업연수원 수료 (2008)

북한대학원대학교 북한학(정치·통일) 석사 (2017)

법무법인(유) 로고스 변호사 (2008~2010)

주식회사 포스코 변호사 (2010~2015)

재단법인 동천 상임변호사 (2015~현재)

(사)나눔과미래 이사, 한국타이어나눔재단 감사 (2020~현재)

| 진남영 |

한성대학교 부동산학과 박사 (2010)

(사)새로운사회를여는연구원 원장 (2016~현재)

민달팽이주택협동조합 이사 (2016~현재)

사회적기업 ㈜새사주 대표 (2019~현재)

(사)한국사회주택협회 정책위원장 (2021~현재)

| 진희선 |

연세대학교 건축공학과 졸업 (1988)
기술고등고시 합격 (1987)
미국 아이오와주립대학교 도시계획과 석사 (1996)
연세대학교 도시공학과 박사 (2007)
서울시 주택건축국장, 도시재생본부장, 행정2부시장 (1988~2020)
연세대학교 도시공학과 특임교수 (2020~현재)

| 최계영 |

서울대학교 법과대학 법학과 졸업 (1999),
서울대학교 법학석사 (2004), 법학박사 (2008)
서울지방법원 예비판사 (2003~2005)
서울서부지방법원 판사 (2005~2007)
서울대학교 법과대학 전임강사, 조교수, 부교수, 교수 (2007~현재)

| 최민아 |

파리 8대학교 건축학 박사 (2007)
파리 라-빌레트 국립고등건축학교 정부공인건축사 (2005)
서울연구원 초빙부연구위원 (2007~2008)
한국토지주택공사 토지주택연구원 수석연구원 (2008~현재)
행정중심복합도시 총괄자문위원, 공공건축가 (2016~2023)

| 한준섭 |

단국대학교 부동산학과 졸업 (2005)
단국대학교 도시 및 지역계획학 석사 (2012)
한국스마트시티협회 선임연구원 (2012~2013)
영국 스완지대학교 인문지리학 박사 (2019)
강원도시재생지원센터 연구원 (2019~2020)
지역자산화협동조합 연구실장 (2022~현재)

법무법인(유한) 태평양은 1980년에 인재경영, 가치경영 및 선진제도경영이라는 3대 경영철학을 바탕으로 설립되었으며, 설립 이후 현재까지 지속적으로 로펌의 사회적 책임을 다하기 위해 다양한 공익활동을 수행해 오고 있습니다. 2001년에는 보다 체계적인 공익활동을 위해 공익활동위원회를 구성하였고, 변호사들의 공익활동 수행시간을 업무수행시간으로 인정하였으며, 2009년에는 공익활동 전담기구인 재단법인 동천을 설립하였습니다.

법무법인(유한) 태평양은 2013년에 공익활동의 선도적인 역할을 한 공로를 인정받아 대한변호사협회가 시상하는 제1회 변호사공익대상(단체부문)을 수상하였고, 2015, 2016년 2년 연속 아시아 법률전문매체ALB(Asian Legal Business)가 발표하는 CSR List에 등재되었고, 2022년에 산업계 전반으로 자리잡은 'ESG(환경·사회·지배구조) 경영' 성과를 평가하고자 신설된 ALB '올해의 ESG 로펌'상을 국내 최초로 수상하였습니다. 나아가 2018년에는 The American Lawyer의 아시아 리걸 어워즈에서 '올해의 프로보노분야 선도 로펌'으로 선정되었고, 2019년에는 '2018 평창동계올림픽' 법률자문 로펌으로 공로를 인정받아 유공단체 부문 대통령 표창을 수여 받았으며, 난민의 근로권과 관련한 공익활동 성과를 인정받아 Thomson Reuters Foundation로부터 제9회 TrustLaw Collaboration Award를 공동수상하였습니다.

2022년 한 해 동안 법무법인(유한) 태평양 소속 국내변호사 498명(대한변호사협회 등록 기준) 중 74.1%인 369명이 공익활동에 참여하였고, 국내변호사들의 공익활동 총시간은 21,601시간에 이르며, 1인당 평균 공익활동 시간은 58.54시간으로 서울지방변호사회 공익활동 의무시간(20시간)의 약 3배 가까이 됩니다. 2022년 주요 사건으로는 부실하게 운영된 난민면접으로 인하여 난민인정을 받지 못한 난민신청자에 대한 국가의 손해배상책임을 인정한 판결, 장애인의 이동권을 실효적 권리로 인정하고 장애인차별시정을 위한 적극적인 구제조치를 대법원 단계에서 인정한 판결, 공익법인 인건비에 대한 비합리적 규제의 부당성을 확인한 주무관청을 상대로 한 처분취소 판결, 아동이 친모의 학대로부터 벗어나 학교장의 후견과 보호를 받을 수 있도록 한 친권상실 및 후견인지정 심판, 공장에서 사고당한 북한이탈주민의 피해를 배상 받은 손해배상사건 등에서 승소하였습니다. 2023년 상반기에는 법인의 정관에 따라 '후원회원' 등 자격을 얻은 후원으로부터 납부 받은 금원은 기부금품법의 규율 대상인 기부금품에서 제외되어야 한다는 대법원 파기환송 판결, 30년 넘게 소방관으로 근무하면서 화재진압 업무 등을 한 결과 다계통위축증(비정형 파킨슨 증후군)이 발병한 소방관에 대해 국가유공자요건비해당결정 취소사건 승소 판결을 이끌어냈습니다. 태평양 공익활동위원회는 분야별로 난민, 이주외국인, 장애인, 북한/탈북민, 사회적경제, 여성/청소년, 복지 등 7개 분과위원회로 구성되어 2023년 6월 현재 230여 명의 전문가들이 자원하여 활동하고 있습니다.

재단법인 동천은 2009년 법무법인(유한) 태평양이 설립한 국내 로펌 최초 공익재단법인으로서 '모든 사람의 기본적 인권을 옹호하고 우리 사회의 법률복지 증진과 법률문화 발전을 통해 모두가 더불어 함께 사는 세상을 만들어 나가는 것'을 목표로 전문적인 공익활동을 해오고 있습니다. 장애인, 난민, 이주외국인, 사회적경제, 탈북민, 여성, 청소년, 복지 분야에서 법률구조, 제도개선, 입법지원 등 법률지원활동을 수행하는 것과 함께 태평양공익인권상, 장학사업, 주중배식봉사, 나무심기, 플로깅, 연말 나눔행사 등 다양한 사회공헌 활동을 수행하고 있습니다. 특히 2016년 12월에는 NPO(비영리법인, 단체) 법률지원의 허브를 구축하여 NPO의 성장, 발전에 기여하고자 '동천NPO법센터'를 설립하여 매년 NPO법률지원단을 운영하면서 NPO에 대한 전문적인 법률지원을 할 수 있는 변호사단을 배출하였고, 주거취약계층의 주거권 보호를 위한 체계적이고 종합적인 공익법률지원 및 연구를 실천하고자 2023년 3월에 '동천주거공익법센터'를 설립하였습니다. 동천은 이러한 성과를 인정받아 2014년 국가인권위원회 대한민국인권상 단체표창, 2015년 한국인터넷기자협회 사회공헌상, 그리고 2019년 국가인권위원회 대한민국인권상 단체표창을 공동수상하였습니다.

편집위원회

- 편집위원장

유욱 변호사 (법무법인(유한) 태평양)

- 편집위원 (가나다 순)

양동수 대표 (사회혁신기업 더함)
유철형 변호사 (법무법인(유한) 태평양)
이희숙 변호사 (재단법인 동천)
진남영 원장 (새로운사회를여는연구원)
진희선 교수 (연세대학교)
최계영 교수 (서울대학교)

- 기획팀

김윤진 변호사 (재단법인 동천)
구대희 사무국장 (재단법인 동천)

주거공익법제연구

초판 1쇄 인쇄 2023년 6월 2일
초판 1쇄 발행 2023년 6월 9일

편   자 법무법인(유한) 태평양·재단법인 동천
발 행 인 한정희
발 행 처 경인문화사
편   집 김지선 유지혜 한주연 이다빈 김윤진
마 케 팅 전병관 하재일 유인순
출 판 번 호 제406-1973-000003호
주   소 경기도 파주시 회동길 445-1 경인빌딩 B동 4층
전   화 031-955-9300   팩   스 031-955-9310
홈 페 이 지 www.kyunginp.co.kr
이 메 일 kyungin@kyunginp.co.kr

ISBN   978-89-499-6705-9   93360
값 34,000원